普通高等学校旅游管理教材

U0361966

酒店管理信息系统

（第二版）

陆均良　沈华玉　杨铭魁　来卓佳◎著

Hotel Management
Information System

清华大学出版社
北京

内 容 简 介

随着酒店竞争的日益激烈，以及信息技术和移动互联网的发展，酒店管理信息系统正在从一个应用型软件向云化平台转型，并担负着酒店经营的管理、服务、电子商务等多重任务。本书重点介绍酒店的前台系统、后台系统、CRS 和 CRM 等应用系统，还介绍酒店电子商务等相关内容以及新技术在酒店管理信息系统中的应用，最后以新一代的平台化酒店系统 iHotel 为例，全面介绍信息系统在酒店管理实践中的应用。本书根据管理信息系统的体系组织内容，紧跟新技术的演变，力争做到理论与实践相结合，既可作为旅游管理和酒店管理专业的专业课教材，也可作为酒店业界的业务指导书。

图书在版编目（CIP）数据

酒店管理信息系统/陆均良等著. —2 版. —北京：清华大学出版社，2022.3（2024.8 重印）
普通高等学校旅游管理教材
ISBN 978-7-302-60206-4

Ⅰ.①酒…　Ⅱ.①陆…　Ⅲ.①饭店－商业管理－管理信息系统－高等学校－教材　Ⅳ.①F719.2-39

中国版本图书馆 CIP 数据核字（2022）第 030799 号

责任编辑：邓　婷
封面设计：刘　超
版式设计：文森时代
责任校对：马军令
责任印制：宋　林

出版发行：清华大学出版社
　　　　网　　　址：https://www.tup.com.cn, https://www.wqxuetang.com
　　　　地　　　址：北京清华大学学研大厦 A 座　　　　　　邮　　编：100084
　　　　社 总 机：010-83470000　　　　　　　　　　　　邮　　购：010-62786544
　　　　投稿与读者服务：010-62776969，c-service@tup.tsinghua.edu.cn
　　　　质量反馈：010-62772015，zhiliang@tup.tsinghua.edu.cn
印 装 者：三河市龙大印装有限公司
经　　销：全国新华书店
开　　本：185mm×260mm　　　印　　张：21.5　　　字　　数：545 千字
版　　次：2015 年 5 月第 1 版　　2022 年 5 月第 2 版　　印　　次：2024 年 8 月第 3 次印刷
定　　价：65.00 元

产品编号：087792-01

前　言

改革开放以来，我国酒店业已形成了一个庞大的服务产业，成为我国服务经济的一个重要分支，对我国旅游业的蓬勃发展起到了非常重要的作用，也成为旅游学科中的重要内容。酒店管理信息系统是酒店信息化的重要手段，已成为酒店经营中的强大核心系统，系统正在从信息化走向数字化，有力地推进了酒店数字化的转型，也为酒店数字经济发展赋能。自 1982 年起步至今，酒店管理信息系统经历了无数的软件变化，已成为管理信息系统学科中的一个重要分支，也成为旅游管理类专业的核心课程。

2020 年，全球暴发了新型冠状病毒肺炎（以下简称"新冠肺炎"）疫情，酒店业和其他服务业一样经受了巨大考验，快速发展的酒店业突然停顿下来，如何发展、以什么方式发展成为业界思考探讨的共性问题。从大趋势看，数字经济已成为 21 世纪全球经济增长的重要驱动力，酒店业也一样，传统的酒店发展模式肯定已行不通，酒店业发展数字化已逐渐成为业界的共识。酒店需要借助数字化技术降低运营成本，提高服务效率，实现微组织架构，开展无接触服务，为酒店的低能耗、低费用经营保驾护航。为此，本书编写组开展了改版修订工作，在书中增加了酒店管理信息系统的数字化内容，补充了酒店电子商务和云技术应用的内容，对无接触服务中的智能终端和智能嵌入模块进行了补充，形成了目前的第二版全新内容。酒店的发展已从单体向连锁经营发展，形成了集团化、联盟化经营的重要方向。酒店管理信息系统也从开放式的架构走向更开放的云端化，对酒店云服务系统以及酒店大脑建设进行了一定的介绍，以满足酒店连锁经营、联盟经营以及无接触服务的系统需要。现在，酒店管理信息系统已不是简单地以管理为主，而是正在转型为以服务为主、管理与服务融合的新一代系统，未来的酒店管理信息系统必将成为完全开放的酒店电子商务系统。近几年来，由于经营环境的变化、技术的进步，酒店业已经出现了智慧大脑的概念，酒店管理信息系统也已成为智慧大脑核心的智慧系统，肩负着智慧客房、智慧餐厅、智慧服务、智慧娱乐等管理与服务重任。

第二版的理论体系与第一版的理论体系基本相同，系统地介绍了酒店管理信息系统的起源、概念、开发与设计、新技术应用等内容，重点介绍了酒店不同业态的信息系统应用，如酒店前台系统（前厅、客房、餐饮、娱乐、会议等）、后台系统（人力资源、财务、工程、收益等），以及中央预订系统和电子商务系统，并讨论了酒店管理信息系统运行管理的内容，最后向读者介绍了新一代酒店管理信息系统的应用实例。全书内容深入浅出，围绕本科教学的要求展开，适合旅游管理相关专业本科生教学使用，也可以作为业界培训的参考教材。

全书共九章，每章主题还是和第一版一样，第一章内容加强了数字化内容的叙述和数字化应用的背景；第二章在应用类型中补充了 CRM 系统的介绍；第三章主要介绍有关酒店管理信息系统开发与设计的内容，让读者了解相关的开发流程和酒店业务流程；第四章补充了会议管理系统，把酒店电子商务移到了第六章；第五章补充了收益管理系统，其他几乎没有变；第六章重点介绍电子商务，从 CRS 到酒店电子商务系统，去掉了 GDS 的相关内容；第七章补充了酒店云系统的运行管理；第八章补充了酒店管理信息系统与云技术，以及介绍了智能嵌入模块在信息系统中的应用；第九章介绍了一个应用实例，介绍新版 iHotel 系统的前台、后台、集团管理和电子商务等内容，以及新一代系统的云管理和云服务等内容，补充了新的图标和软件界面。相信通过补充这些新内容，酒店管理信息系统应用将会更加完善，符合当前酒店数字化建设和教育的需要。本书第一章、第六章由陆均良老师执笔，第三章、第五章由沈华玉老师完成，第二章由浙旅投的来卓佳高工补充完善，第四章由朱照君老师完成，第七章、第八章由陆均良和沈华玉老师共同完成，第九章由陆均良和杨铭魁老师共同完成。全书由陆均良老师负责统稿。

最后，感谢清华大学出版社，浙旅投蝶来酒店集团，开元酒店集团，杭州绿云科技公司的高辉、吕江红对本书内容所提出的修改意见，同时感谢浙江省饭店协会、浙江大学旅游系、浙江工商大学旅游学院、暨南大学深圳旅游学院相关老师对本书具体内容的指导。

由于作者知识有限，再加上修订讨论获取意见的范围不全面，书中难免还有不妥之处，敬请读者提出宝贵意见，以期再版时予以进一步完善。

陆均良

浙江大学求是园

目　　录

第一章　酒店管理信息系统起源与酒店数字化

学习目标

　　通过本章的学习，要求学生：① 了解酒店管理信息系统的起源，了解信息技术在酒店应用的概况；② 熟悉酒店数字化的概念及内容；③ 掌握酒店常用的数字技术及其作用；④ 熟悉数字技术和数字化发展对酒店经营的影响；⑤ 了解酒店数字化的发展现状及发展趋势。

　　酒店管理信息系统的发展与应用给酒店业的发展带来深刻影响。在学习酒店管理信息系统课程之前，我们需要了解酒店管理信息系统的起源与发展，了解酒店信息化和数字化的内容与发展变化，这不仅对你未来成为酒店管理人具有重要意义，也会给你的职业发展带来许多新理念和新梦想。从信息的角度管理酒店，你将成为成功的职业经理人，酒店也会因有你而成为消费者喜欢的酒店，因为新一代的数字化酒店可以让消费者体验数字化温馨服务，享受更个性化、更舒适的自助式服务。

第一节　酒店管理信息系统的起源

　　在现代酒店的经营管理中，信息系统已成为酒店经营管理的一个重要组成部分。2010年，信息系统已成为构建智慧型酒店的核心系统，并逐步开始了云端化。随着酒店经营管理要求的不断提高和移动互联网应用的普及，酒店信息系统应用已步入更高的发展阶段，从一般的作业层使用信息系统到一般的管理层使用信息系统，现在已进入了酒店管理高层使用信息系统的智慧阶段。借助于信息系统可以提高酒店的管理效益和管理精度已成为酒店管理人的共识，信息系统已成为酒店建设中不可缺少的重要系统。数字化时代的酒店企业，可以真正实现从信息的角度去管理酒店，从数字化的角度去发展酒店，改变了人们的酒店管理理念。同时，信息系统丰富了酒店管理的理论，提高了酒店经营管理的效率和效益。从 20 世纪 70 年代初简单的计算机应用，到现在基于移动互联网智慧型信息系统的高级应用，酒店业完整的信息系统应用理论已经形成。

一、酒店信息系统的产生背景

　　信息作为信息科学中最基本、最重要的元素，指的是经过加工处理之后的一种数据形式，是一种有次序的符号排列。互联网时代，人们随时随地、每时每刻都在传递海量的有用和无用的信息，信息逐渐成为企业核心竞争力的重要组成部分。为了在竞争日益激烈的市场经济中求得生存，谋求更大的发展，除了拥有独特的、无法复制的资源优势，还要注重对信息价值的开发和利用，在此背景下信息系统（IS）应运而生。该系统采用科学的、有效的手段，对信息加以分析，通过建立一套科学的处理规则，提高工作效率、降低运营成本、减少经营费用，最终达到提高经济效益和社会效益的目的。随着信息系统的发展，20 世纪 70 年代出现了管理信息系统的概念，到 1985 年，形成了管理信息系统（management information system，MIS）的完整概念，这是信息系统发展的高级阶段。MIS 是由人和计算机等组成的能进行信息收集、传递、储存、加工、维护和使用的综合型系统。鉴于 MIS 的管理功能和系统效率，一出现就受到学术界和企业的重视，成为管理学科下的一个重要分支，与计算机、网络技术融为一体，成为知识经济发展的热点。

酒店业既是一个古老的行业，又是一个新兴的产业。现代酒店业除了经营餐饮、住宿业务外，还增加了度假休闲、旅游、购物、康乐、运动等服务，其宗旨是为消费者在商务和旅行活动中提供吃、住、游、娱等一条龙便捷服务。酒店业也是一个信息极其丰富的行业，业务流程涉及旅游、交通、银行、保险等多个行业和部门，具有较广泛的横向和纵向联系，跨地区、跨国界、跨时间。随着酒店业的发展，需要处理的信息量越来越大，靠人工处理已经无法完成，到了 20 世纪 60 年代末，基于计算机的酒店信息系统开始出现。

随着酒店信息量的不断增大，如果酒店业无法对内外部所产生的海量数据和信息加以科学管理和利用，酒店业的发展和经济效益就会受到很大的影响。到 20 世纪 70 年代中期，酒店管理信息系统（hotel management information systm，HMIS）这一概念顺势而生，成为酒店的信息管理系统。这一应用解决了酒店发展过程中处理海量数据的难题，是信息技术和酒店业深度融合的产物，满足了酒店业发展的需要，并促进酒店业更快地发展。

二、酒店管理信息系统的起源

酒店计算机信息管理的软件已有近五十年的发展历史。美国 ECI 公司于 1969 年最早开始研制酒店管理系统，是酒店管理软件应用开发的始祖。1970 年，该公司在美国夏威夷的喜来登饭店（Sheraton Hotel）装设了全世界第一套 EECO 酒店管理系统，由此开始了酒店信息管理软件的应用。我国酒店信息管理软件的研究和应用比国外晚了 10 年，起步于 20 世纪 80 年代初，第一套酒店信息管理软件于 1983 年在杭州饭店运行，成为国内酒店信息系统的首次应用。到 20 世纪 80 年代末，国产软件大量涌现，形成进口软件和国产软件共同争夺市场的局面。

1995—1997 年，基于 Windows 的酒店信息系统在北京泰能和杭州西软公司诞生，由此进入国内酒店软件的大发展时期，受管理信息系统发展的影响，酒店管理信息系统形成了完整的概念和体系。酒店管理信息系统是利用电子计算机技术和通信技术对酒店信息进行综合管理的、人机相结合的控制系统，负责酒店相关信息的收集、分类、处理、发布和运用，尤其互联网出现以后，基于云、开放型的酒店信息系统不断涌现。因此，HMIS 的发展逐渐成为 MIS 中的一个重要分支，其主要功能是数据处理、预测管理、统计分析和辅助经营决策。目前已有操作型、管理型、决策型等多种形式的 HMIS。

HMIS 主要用于酒店各级领导和管理人员对酒店经营活动、重大管理事件以及日常经营活动的辅助管理和决策支持。因此，HMIS 是电子计算机技术、通信技术、信息技术、移动互联网技术和现代酒店管理技术相结合的产物。酒店管理信息系统的使用极大地提高了酒店信息数据处理的及时性、准确性和敏捷性，提升了酒店管理的效率和效益。经过四十多年的发展，HMIS 已成为酒店业现代化经营管理的重要标志系统之一。

三、酒店管理信息系统的特点

随着酒店信息系统功能的发展，酒店信息管理软件在经历了启蒙型（1980—1985 年）、事务管理型（1986—2000 年）、管理决策型（2001—2010 年）、智慧型（2010 年至今）发展时期以后，已发展成为具有一定智慧的信息系统，具有如下 4 个特点。

（一）辅助性

酒店管理信息系统是以人为主体的人机综合控制系统，现代酒店业还是人才密集型产业，虽然计算机发挥的作用越来越大，但人才依然是酒店发展不可替代的因素。管理人员依据信息系统数据处理的结果信息，迅速做出管理决策，提高经营效率，降低管理成本。因此，经过 HMIS 的快速数据处理，管理人员可以迅速得到管理所需的信息，依据这些信息做出更加理性的管理决策。由此可以看出，最后做决策的还是人，信息系统仅是辅助工具。酒店管理信息系统的辅助管理，使得酒店管理更加科学化和现代化，日常事务处理更加有序，更加规范，更加准确。

（二）反馈性

酒店管理信息系统处理的是酒店具体业务数据，由于酒店处于快速变化的环境中，不同的社会环境对酒店管理信息系统的需求会产生不同的影响，因此酒店管理信息系统在运行过程中应当根据环境变化不断调整和扩充系统内容，增加系统处理功能。这种适应环境的反馈系统，使得酒店管理信息系统输出的结果更加精准和实用，有利于酒店调整经营策略。如今酒店业"扁平化"的组织结构趋势、协作型信息系统发展趋势，就是利用信息系统反馈性的一种表现，这种反馈性促使酒店管理信息系统更加完善和智能化，以替代不必要的人力资源。

酒店管理信息系统的应用主要是对酒店经营过程中的人流、物流、资金流、信息流进行网络化管理，管理信息系统就其表现形式看是对酒店经营中大量的常规性数据的输入、存储、处理和输出，产生对管理决策有价值的信息，再根据输出的信息调整和控制酒店的经营过程。

（三）层次性

现代酒店为了提高管理效率和降低运营成本，采取了基于信息系统的科学管理制度，这种科学管理制度要求各部门管理职责分明、分工明确，要求信息系统的模块或子系统具有可操作的层次性。酒店管理信息系统为适应不同的管理层次，设计成具有层次性的管理软件。酒店信息系统一般可分为三个层次。

第一，作业层。作业层主要从事日常的旅客住店情况、客人的资料、客房的状况以及酒店餐饮娱乐消费等费用的数据处理工作，包括数据的收集、统计和查询，产生各部门的业务报表，完成各种会计账簿录入系统等基础性工作。这些基础数据的录入，极大地提高了酒店的服务质量。

第二，管理层。管理层对整个酒店的销售、顾客及客账信息、客房、电话、财务、库存、人事等方面进行管理和控制。管理层的处理基于作业层的数据，其产生的信息又提供给决策层使用。该层主要是管理和汇总一些综合数据，利用这些数据提高酒店的管理精确度，减少管理中的"大概""差不多"等工作用词，使得整个酒店的计划、组织、协调及控制更加有序、有效。

第三，决策层。决策层确定酒店发展的目标，制订实现目标的战略计划。决策层所需的数据可以从两方面获得：一方面是酒店内部的作业层和管理层提供的信息；另一方面是酒店的外部环境，如国内外的经济和政治形势、竞争对手的情况等。酒店决策者制定经营策略时不仅需要分析酒店当前的数据，还要与历史的数据进行比较，因此信息系统可以提供辅助决策的依据，决策者可以结合自己的经验对管理问题做出处理。根据酒店业务的管理模式，酒店 MIS 系统可分为前台和后台，前台直接面向顾客进行业务处理，后台进行系统管理和控制，为决策提供辅助。在现代管理中，酒店信息系统在决策层中的应用将会越来越受重视，并且在酒店管理中发挥越来越重要的作用，如成本控制决策、财务计划决策、决策支持系统等。

（四）实时性

快节奏的旅居生活方式要求酒店管理信息系统必须实时满足顾客提出的各种服务要求，如快速登记和查询、实时响应旅客个性化需求、快速预订以及快速退房等。例如，一位客户在结账前几分钟在客房打了长途电话，在结账时应迅速反映该客户的所有消费情况。

第二节　酒店信息技术应用概况

从前台员工的角度来讲，酒店信息技术的应用一方面使得酒店的前台服务人员能够通过管理信息系统高效、快捷地为顾客办理各种业务（如入住登记、预订、退房结账等），另一方面可有效地减轻前台服务人员的工作压力，提高其工作效率，进而减少酒店的资源浪费，降低酒店运营成本以及提高收益。

从管理者的角度来讲，酒店信息技术的应用能够通过人力资源管理模块更加有效地管理员工，更加合理地分配和调度酒店的全部人力资源，全面进行员工的人力资源开发与管理。

从高层管理者的角度来讲，高层管理人员可以通过管理信息系统更有效地管理酒店的各种业务，快捷方便地查询决策所需数据，以便为酒店的计划、战略提供信息支撑。

从客户关系角度来讲，信息系统具有对客户信息的收集管理功能（包括客户基本信息、客户偏好等），收集这些信息有利于客户关系管理，与客户建立长期互利关系，根据客户喜好为用户提供个性化服务，从而提高客户满意度，进而提高客户对酒店的忠诚度，以便酒店形成与常客实时互动的营销体系。

一、酒店信息技术的基本应用

为了迎合网络化和数字化发展的基本要求，酒店信息技术的应用包含了基本应用和扩展应用。基本应用主要用科技和技术支持酒店经营的基本业务处理，目的是提高效率；扩展应用主要是利用新技术来提升酒店的服务以及提高经营管理的效益，增加酒店经营的收益。

（一）客房管理业务

客房管理的最主要任务是修改客房状态，提供经营中房间是否空闲、是否出租、干净与否、有无预订等信息，以便酒店预订接待员分配房间。一般来说，酒店均通过客房中心或服务总台的信息系统修改客房状态。

酒店信息技术的应用，能够让客房部和总台之间合作进行客房管理，有利于客房的实时管理。客房管理的功能模块包括以下几种。

第一，客房消费的录入和统计分析，如洗衣费、饮料费、零食费、物品赔偿费、遗漏物品管理等。

第二，客房历史查询、客房维修与维修历史查询、客房内部管理等。

第三，打印客房报表，包括预计抵达/离开客人报表、实际抵达/离开客人报表、特殊要求客人报表、VIP 客人报表、回头客报表、催账单、当前排房表等。

除此以外，客房管理还包括客房的安全、消费、保洁等管理。

（二）酒店预订业务

目前自助游和旅游电子商务迅猛发展，以艺龙旅行网、携程旅行网、去哪儿网、同程旅行网为代表的旅游电子商务企业迅速成长壮大，为游客提供了越来越方便的在线旅游预订服务。在线预订数量的增加大大提高了酒店的开房率。在线预订数据的增多迫使酒店采用信息技术的手段来确保在线预订需求的有效管理，减少前台员工的手工操作所产生的延误和出错率。信息技术可处理的预订业务包括以下几种。

第一，自助游预订。用于自助游预订单的输入、修改、取消及查询，根据预订单预留信息编制客史档案，以此为客户关系管理提供基础数据。

第二，团队预订。团队预订的房间数量相对较多，酒店信息技术的应用能够实现更加精准化的团队订房和排房管理，以便合理地分配预留房间。

第三，预计抵达/实际抵达酒店的人员信息，包括预计抵达/实际抵达客人报表、所有预计抵达/实际抵达客人列表、预计抵达/实际抵达团队报表、房间出租率报表、客人来源信息。

第四，预分房。根据实际抵达酒店的顾客数量对预留房进行合理分配。

（三）接待入住业务

接待系统的目标是以最快的速度为客人开房，减少客人在开房过程中的等待时间。随着旅游电子商务的发展，越来越多的客人开始异地预订，客人在预订过程中会提供到店时间、住店偏好等信息，酒店管理信息系统记录这些信息，使酒店服务人员能提前做好为客人服务的准备工作，如准备好入住登记表、客房钥匙、贵宾客人的鲜花和水果等，同时将即将到达客人的基本信息传递到相关部门，这样客人到达后前台接待员只需要直接在预订单上补充客人重要信息即可，大大缩减了入住等待时间。相应地，walk-in客人（未预订客人）到达酒店时需要输入的内容就更多了，客人的全部信息都要在接待时输入，所以为了不让客人等待时间太长，非常有必要对前台接待员进行操作技能的培训以及对酒店管理信息系统进行普及。接待入住业务应包括以下几方面内容。

第一，散客登记。已经预订的散客信息入住登记，包括预订多个房间的客人接待、共享客人接待、提前到达客人接待等。前台接待人员办完入住登记后，要对客人信息进行保存、修改等。此外，散客登记也包括对在住客人信息的修改；若房间全部客满，则需要建议客人去附近的其他同等级的酒店，系统仍然应该保留该客人的预订信息，并记录该客人的联系方式，以备其重新返回和查询；删除超时预订；入住客人信息查询；到期客人续住，系统自动推迟客人离开的时间；根据客史档案办理入住登记；等等。

第二，团队入住登记。团队自动登记或系统自动登记一个已经预订的团队，对尚未分房的成员进行手工分房或系统自动分房，在分房过程中必须考虑到客人的特殊偏好和需求；系统统计当天可以入住的房间数（预留房间减去当天已经分配的房间数）并根据每房需开的账号数自动产生账号，以后就可以批量修改每位团队成员的姓名、入住日期、离开日期、房号等信息；团队成员信息快速修改，所有预计当天抵达的预订成员自动登记后，再进行各个成员的个别修改；无预订团队入住登记；在店团队查询；返回团队重新入住，一个团队暂时结账退房一段时间后，又重新返回酒店入住，此时只需要更换一个团队账号，对成员重新分配房间，再做一些小小的修改后即可快速入住。

第三，客人应收账目和应付主账单的建立、修改和删除。

第四，入住动态信息管理。旅行社、协议公司、合作单位等有关信息的输入和处理；客人留言，备注的输入、修改、显示、打印和传送；职员留言；修改房间状态；处理客人的各种优惠（长包房、协议单位、贵宾卡、领导签字等）；住店客人信息报送公安局户籍管理处；VIP客人管理；客史档案的建立和管理。

第五，黑名单。黑名单用于记录在酒店有不良行为的客人（如逃账、卖淫等）以及被公安部门通缉的犯罪嫌疑人信息，其中逃账客人由财务部门控制，在夜间审查时自动转入；其他信息要求前台接待员输入。当一名客人预订或入住登记时，系统如果发现该客人在黑名单中，就会自动提醒前台接待员注意和处理，具体操作包括黑名单的建立、修改和删除以及黑名单查询。

第六，各种报表。前台业务有当日抵店客人报表包括散客和团队成员；当日预订、接待客人报表；在住客人报表；可用房报表；当日VIP接待报表；当日回头客报表；特色要求报表和员工当前工作情况报表。

目前，由于新技术的支持，接待入住最快30秒就可以办理完成。

（四）结账离店业务

前台结账系统与接待系统一样，直接面对顾客服务，属于酒店前台业务系统，其主要职能是处理客人账务，有的酒店还进行应收账款的管理工作，具体功能包括以下方面。

（1）客人账号的输入、调整和冲账；各种付款方式（现金、支票、信用卡、财务报账、转应收账、折扣、消费券等）的处理。

（2）客人结账退房，打印明细账单、汇总账单或混合发票等；部分结账功能，即只结清部分款项但不退房。

（3）临时挂账处理，可分时间段打印客人账单；提前结账处理；讨账追回和讨账处理；事后优惠处理。

（4）预订金及押金处理；团队自动结账及团体成员私人账单处理；定义客人之间的自动转账关系；处理客人事后转账、全部转账及部分转账。

（5）打印催账单，服务员输入的报账单、交班报表。

（6）外汇兑换系统。

（7）应收账务处理；各种应收账款报表，将离开客人报表、成员私人报表、特殊要求报表等。

（8）各种账务报表处理，如查账报表、税务报表、利润报表、长包房及往来账户的账务细目的清理和压缩报表等。

（五）夜审业务

在酒店信息技术应用中，夜审业务是控制酒店经营的一个核心部分，利用信息技术每天仅需要做一次。在信息系统的应用中，夜审功能极为重要，与预订、接待、收银共同组成最基本的前台操作型管理信息系统，其主要职能包括以下几点。

（1）交接班，分为总台交接班和非总台交接班两部分，并提供查账报表功能。

（2）酒店账务处理。将酒店中未使用信息技术的各个营业点的营业数据输入酒店的财务系统。

（3）过房费。每天一次将在住客人的账目上自动加上当天的房租费用，在实际过房费之前，提供预过房费功能，打印预审报表以供核对。

（4）营业报表。对当天的收入进行分类统计，对每班收入报表、全系统的数据库进行更新维护，打印各种前台报表数据，每日数据备份，增加系统的可靠性。

（5）打印各种夜审报表，以备相关人员审阅。

二、信息技术的扩展应用

"顾客就是上帝"这句话历来被公认为酒店业的座右铭，可见亲情服务的重要性。那么，在使用信息技术之后，是否会减弱这种亲情服务呢？信息处理委员会的联合主席 Dwoite 就曾指出，当美国的酒店业片面地强调对客人的面对面服务时，德国和日本却在使用新技术进行管理后在客户服务方面超过了美国。这证明由于有了信息管理新技术，酒店能腾出更多的时间去为客人服务，或能提供更个性化的服务。信息系统中的新技术使用并不减弱对客人的服务，在酒店服务操作层面，它可以提高工作效率，使员工有更多的时间去为客人提供更多、更优质的服务；在服务产品方面，它可以直接改善对客人的服务质量，让客人拥有更完善、更舒适的体验；在酒店营销领域，它可以提供更好的工具，增强营销效果；在酒店管理层面，它可以通过建立快速沟通渠道，设计工作流程及数据流的自动监控和反馈分析功能等，大大提高经营者管理控制和市场经营预测分析的能力。

进入 21 世纪，万维网地理信息系统、虚拟现实技术、无线电射频识别技术、物联网技术、商务智能构成等新兴信息技术也成为管理信息系统的一部分，帮助客人获得更好的服务体验。新兴信息技术在酒店经营管理中更是发挥着越来越重要的作用。

（一）万维网地理信息系统和虚拟现实技术在酒店信息管理中的应用

万维网地理信息系统（WebGIS）指基于互联网平台、手机客户端应用软件，采用 WWW 协议运行在万维网上的地理信息系统。WebGIS 不仅能够存储、分析和表达现实世界中各种对象的属性（非空间的）信息，还能够处理其空间定位特征，能将其空间和属性信息有机地结合起来，从空间和属性两个方面对现实对象进行查询、检索和分析，并将结果以各种直观的形式，形象而不失精确地表达出来。此外，WebGIS 更为资料与信息的获取、发布、共享与操作开辟了广阔的空间，也使地理信息系统技术得以通过互联网技术在许多行业中得到广泛的应用。

虚拟现实（virtual reality，VR）是一种利用计算机可视化将现实世界虚拟化的新型信息技术，通过建立网络虚拟空间，使人"进入"多媒体虚拟世界之中，实现人机互动、互相交流的操作及身临其境的感受，使人成为"景中人"，即人境一体化。虚拟现实技术弥补了 WebGIS 在空间场景表达上的不足，使地理空间数据能够以三维立体方式表达，更逼真地展现一定的现实空间。

酒店的 WebGIS 和虚拟现实技术主要用于网络营销信息，通过该技术可为客人提供更系统、更详细、更精确、更真实的酒店相关信息。

1. 实现位置、属性双向查询

区别于传统的酒店网络营销信息系统，应用 WebGIS 的系统通过查询功能不仅能看到查询结果的表格或清单，还可以看到表示在地图上的查询结果，这样就可以实现既有数据记录又有属性的空间描述。如华祝酒店的智能终端 App，不仅能够实时定位，还可以在线支付后根据自己的偏好自主选房，这极大满足了顾客掌握主动权的心理需求。因此，通过万维网地理信息系统有效地管理地理空间图形（酒店位置）、多媒体数据（房间类型）、虚拟实景信息（客房环境和布置）和酒店要素属性数据（包括文本），客人能够方便快速地实现酒店位置与属性信息之间的双向检索查询。

2. 特有的空间分析功能

万维网地理信息系统是以空间信息为载体，以处理空间信息的 GIS 技术为支撑的应用系统，除了具备传统的 MIS 的信息管理功能外，增加了空间分析功能，充分考虑了客人的需求，能为客人提供一条龙的服务。例如，应用空间最短路径方法方便客人查找最近的相关服务设施，然后应用缓冲区分析查找既定范围半径内的服务设施的基本情况，最后用道路网络分析的方法为客人找出出发地与目的地之间的最短距离及各种出行方式，便于客人出行，起到智能引导的作用。

3. 虚拟实景显示

给人以沉浸感、交互感和构想感的虚拟现实技术能为客人提供客房和酒店各种服务设施及产品的三维实景信息，由此可以产生真实的体验感；虚拟现实技术还具有眺望作用，能清晰地看到房间外的日夜景观，更好地满足客人需要景观房间、无烟层等各种个性化要求，从而激发和刺激消费者的消费欲望。而这种激发消费者具有强烈搜索信息动机的网络互动式营销模式，可以改善酒店和客人之间的关系，使酒店及时了解客人的需求并通过网络迅速给予答复，这种信息展示能在客人心中留下深刻印象，具有非常有效的营销效果。

（二）无线电射频识别技术在酒店信息管理中的应用

设想当客人步入一家酒店，酒店的信息系统马上辨认出其身份，根据已有的客史信息得知客户的喜好和习惯，在最短的时间内办理好入住手续；当客人走到房间门口，信息系统又很快确认其身份，自动打开房门，启动空调和灯光；客人在酒店内用餐、购买商品、享受 SPA 带来的舒适服务时，心里不必惦记钱包和酒店住房钥匙或房卡等物品，费用会自动计入总费用，或者从预付款项中扣除，如此贴心和感知式的人性化服务，会让客人产生宾至如归的感觉。无线电射频识别系统的应用使酒店的个性化服务和定制化服务不再是梦想，能够使酒店迅速辨认客人的身份，读取客人偏好，抓取客人需求，从而给予客人更贴心的敏捷服务。

无线电射频识别（red of frequency identification，RFID）于 20 世纪 90 年代开始兴起，是一项利用射频信号通过空间耦合实现无接触信息传递并通过所传递的信息达到识别目的的技术。RFID 主要由存储标识物数据信息的无源电子标签、用于识别及写入标签数据的阅读器和发送接收信号的天线三部分构成，其工作原理是当电子标签进入磁场区域后，接收阅读器发出的信号，凭借感应电流所获得的能量发送存储在芯片中的信息，或者主动发送某一频率的信号，阅读器读取信息并译码后，送至中央信息系统进行有关的处理并得到结果。顾客只要随身携带一张嵌有 RFID 微芯片的卡片，RFID 使用无线电可以在短距离内同读码器对答，一靠近任何读码器，顾客身份就会被识别确认，而且芯片中存储着使用者的相关信息，每一枚标签都有唯一的 ID 号码，连接到酒店相关的计费数据库进行处理。例如，位于美国威斯康星州的旅游度假胜地威斯康星溪谷的 Great Wolf （大狼屋旅馆）室内水上乐园部署了无线电射频识别系统，允许室内水上乐园游客使用智能无线电射频识别表带，这种无线电射频识别表带内置 13.56 MHz 标签，具有很多用途，可以用于信用支付、购买物品、充当游戏币以及门禁管理等，可谓身兼数职。这一技术的应用，提高了客人住店期间的愉悦感，将酒店管理所必需的一些程序对客人的打扰降到最低程度，提高了顾客的满意度，这对改善休闲度假型酒店和高级商务酒店的服务质量尤其有效。

同时，视频识别技术也可以用于客房内物品的库存管理，房间管理人员通过读码器就可以知道什么物品需要补充，且对于具有某些额外物品需求习惯的客人，就可以在客人开口之前事先提供这一服务。若对 RFID 标签芯片的一部分进行特别处理，如增加综合时间标记要素，就可以更好地保证客人入住客房的安全性和便捷性；将 RFID POS 终端机与电子快照打印机相连接，在酒店的客人就可以使用 RFID 表带上网看电子邮件或打印照片，这样能扩大无线电射频识别系统的应用范围，丰富无线电射频识别技术的内涵。

使用 RFID 技术还可以让客人自行登记入住和退房，形成便捷的自助服务站，它既可以改善客人的住宿体验，同时也可以提高酒店生产力并降低成本。

（三）商务智能技术在酒店信息管理中的应用

随着酒店发展规模的不断扩大，传统的业务模式和经营理念正面临着强大的冲击。酒店所积累的信息，包括内部业务数据和客户相关数据越来越多，达到数 TB 的数量级，如何从大量的数据中提取出酒店发展所需要的有用信息成为酒店继续发展的难题之一。商务智能的应用，能够促使酒店充分利用海量信息，通过海量信息的筛选、处理和分析为酒店的日常管理和经营决策提供支撑。商务智能的基础是建立酒店的数据仓库，该数据仓库能够有效地存储和分析酒店的海量有用数据，从数据的变化和演进规律中发现市场变化的趋势、客户需求的变迁等决定酒店生死的有用信息。商务智能将现有的数据转化为酒店发展壮大所必需的企业知识，是帮助酒店进行高效的日常管理控制和具有前瞻性的业务经营决策的有效工具。

商务智能具体指运用数据仓库、在线分析和数据挖掘技术来处理和分析数据，它帮助用户查询和分析数据库，进而得出影响商业活动的关键因素，最终辅助用户做出更好、更合理的决策。商务智能主要由商务智能应用、访问工具、数据存储和数据源、元数据管理、安全管理和数据集成工具等几部分组成。其中，数据仓库是面向主题的、集成的、随时间而变的、持久的数据集合，用于支持管理中的数据制定过程。数据仓库有两种存储方式：一种是关系数据库存储，另一种是多维数据库存储。由于数据仓库中的数据经过了筛选、清理和集成，因此为数据挖掘提供了良好的基础。

这些商务智能技术可以将酒店日常运作中产生的大量数据按各种管理需要进行不同标准的各种细分分类或大类汇总，以便进行进一步的数据处理，从而满足酒店高层管理人员对酒店运行情况的了解和监控需求。此外，这些技术对客人的数据分析，有助于酒店了解客户群体的特征、消费模式、个性化偏好以及进行客户流失性分析，也有助于酒店对市场细分并进行销售预测，帮助酒店研究竞争战略，使酒店可对当前快速变化的市场环境做出迅速判断和响应。

（四）物联网技术在酒店信息管理中的应用

物联网（Internet of things）通过传感器、RFID、全球定位系统（GPS）等技术，实时采集任何需要监控、连接、互动的物体或过程，采集其声、光、热、电、力学、化学、生物、位置等各种需要的信息，通过各类可能的网络接入，实现物与物、物与人的泛在链接，实现对物品和过程的智能化感知、识别和管理。在这个网络中，物品彼此进行"交流"，实现自动识别和信息的互联与共享。因此，物联网技术在酒店的应用，一方面能给客人带来与众不同的舒适、便捷、高效的体验，充分提升酒店的整体形象、竞争力和档次；另一方面能节能降耗，符合当前酒店业绿色低碳的发展趋势，而且可以提供高效的物流管理，避免能源、人力、物力、运输等方面的浪费及重复建设，能够提升酒店员工的工作效率和服务品质。物联网技术在酒店管理中的应用主要体现在以下几个方面。

1. 兼顾效益和效率

酒店管理过程中，应当兼顾效率和效益，才能突出服务，实现酒店的可持续发展。物联网技术的使用可帮助酒店从以下三个方面兼顾效益和效率。

第一，通过物与物的直接沟通，管理系统大大减少了对员工的依赖，导致运营效率提高，人工出错率降低。

第二，基于物联网的客户关系管理系统可以迅速精确地计算出客房、餐厅、酒吧及各种服务的费用。

第三，远程感应室内、室外、周边等与客房相关的环境的状态，最适当地调整房间的温湿度、亮度、动力，可以最大限度地节省能源费用，降低成本。

2. 信息同步化

在以知识与服务为基础的服务经济时期，客户日益关注感情、情境与体验等方面的个性化需求，并且客户的需求变化得越来越快，如何创造客户价值和提高客户满意度成为酒店竞争的主要因素之一。物联网技术可以使酒店不同的信息系统实现信息同步，从而提升客户的价值体验。

实现信息同步是满足客户多样化、个性化需求和提升客户满意度的有效途径。一旦信息在整个服务过程中同步化，服务人员就能够实时跟踪客户需求，及时、准确地预测需求变化，捕捉到客户需求的变动并及时做出反应，提高客户满意度，进而提高客户忠诚度。此外，信息同步可增强酒店信息系统对信息流和资金流的控制力，帮助酒店降低管理成本、提高服务效率以及优化服务方式，使得酒店能在最短的时间内应对复杂多变的环境。

3. 绿色饭店管理

酒店需要占用、消耗大量的自然资源，排放大量的废弃物质和产生大量的噪声，因此需要树立绿色酒店的管理理念，使得酒店在追求经济效益的同时提高环境效益。这要求酒店首先培养绿色意识，其次提供绿色产品，最后降低能源消耗。物联网技术的应用能够实现以上要求。

第一，基于物联网的客户关系管理系统可根据客房状况进行自定诊断及控制，有效调节空调温度、客房亮度等，以节省电能。

第二，将物联网应用于酒店垃圾分类，有效控制污染废弃物和危险废弃物的运送和处置。

第三，目前，酒店管理中存在一次性消耗品导致的资源浪费现象，通过物联网为网络中的每一件物品贴上标签，包含该物品的所有互用性信息，客户通过信息系统能够追溯产品的成分，使客户了解产品质量如何以及是否卫生，让客户放心使用可回收利用的消耗品，如木梳、拖鞋等。

4. 真正"以人为本"的服务

物联网技术可提供"以人为本"的个性化服务。例如，当客人进入房间后，客房会自动按照客人的习惯进行环境设置，如自动调节客房温度、湿度等，使客人能立刻在自己熟悉的环境里工作、娱乐或休息；互动电视系统和 IP 电话系统可自动获取客人的入住信息，自动选择客人的母语作为默认语言，使客户能感受到家的温暖。当客房门铃响起时，客人不必走到门前就能知道是谁来访，访客图像将自动跳转到电视屏幕上；当客人需要服务时，酒店客服中心会向邻近的服务员发送信息，服务员收到信息后，会及时出现在客人面前，在提高了工作效率的同时，也提升了服务品质，缩短了服务时间；客人登记完走出电梯后，楼层门牌指示系统会自动闪烁，指引客人至其房间，节省了客户寻找房间的时间。所有这些都是"以人为本"服务的具体体现。

5. 日常用品和设备可视化

物联网的应用使得酒店能为客房中的每一件物品贴上标签，包含该物品的所有互用性信息，让客人通过信息系统能够追溯产品的成分，使客户放心产品质量的同时，愿意使用可重复使用的消费品。在设备管理中，所有的使用设备都可以贴上标签，一旦设备变更位置，信息系统就会感知到异常，真正实现酒店全部设备的可视化管理，违规移动设备都会得到及时处理。

6. 更加完善的员工绩效考核

运用物联网技术可以实时观察员工的工作状态，了解客户对某位员工所提供服务的满意程度，也可了解员工与周围同事的关系等关键性事件，通过这些事件可以了解到该员工的工作效果（对酒店提高客户满意度的目标做出贡献的大小）、工作效率（解决客户问题的快慢）、客户和同事对该员工的看法等信息，实现员工绩效的实时考核。这种考核方法能够很好地解决目标管理法、关键事件法等绩效考核方法的瓶颈，同时能更大地发挥其他绩效考核方法的优势。

当然，要建立基于物联网技术的员工绩效考核系统，需要特别注意保护员工和客户的隐私权，找出最佳的解决方法，以规避法律风险；并且要与员工充分沟通，以消除或减少员工的抵触情绪。

7. 提升酒店文化

酒店文化是酒店核心竞争力的重要来源，优秀的企业文化能够对酒店在行业中的市场表现产生深远的影响。在物联网应用模式下，酒店企业需要各个部门的员工密切合作，共同为酒店的成长贡献力量，更加需要坚持不断创新、注重团队精神的企业文化。因此，酒店应该力求提升自身的企业文化，注重树立鼓励创新、团队合作的思想，通过加强酒店文化建设，培养酒店企业的团队精神及员工对酒店的责任感，增强凝聚力，推动酒店管理创新的实现。物联网技术的应用能够将设备、部门、员工、顾客、消费品等互联起来，实现客户服务的透明化、员工绩效管理的透明化，员工也能及时获得自己所关心的信息，提高了各层管理的可视度，提高了员工互相之间以及管理者与员工间的信任度，使得企业组织能够更好地形成相互信任的企业文化。这样的企业文化是酒店可持续经营的基本点，也是提高顾客满意度的基本要求。

第三节　酒店数字化概述

随着移动互联网平台的普及应用，各行各业都利用互联网创新产业经济发展，一个崭新的数字化经济时代即将到来。酒店业也不例外，为了顺应时代的发展，也为了提高自己应对不确定危机的能力，酒店正在从信息化迈向数字化时代。已有研究表明，大数据、人工智能等新技术已经在各个垂直产业开始应用，并成为整个产业转型升级的催化剂。在经历了新冠病毒疫情的危机以后，传统酒店正在意识到利用数字化自救手段的重要性，重新振兴旅游酒店业，由此数字化已成为酒店转型升级的催化剂，酒店的信息系统也将通过数字化改造转型为开放的互联系统。尤其是基于人工智能的数字化，将重构酒店经营的生产、分配、消费等经济活动各环节，进而催生出数字化下的新产品、新技术、新服务，给酒店消费者带来全新体验。因此，数字化必将成为信息系统升级和酒店产业发展的新驱动力。

一、酒店数字化概念

酒店数字化是 IT 应用信息化发展阶段的升华，它利用数字技术即新一代的信息通信新技术，包括信息技术和数据技术，尤其是大数据技术和人工智能，将现代管理思想、管理方法、管理技术通过数字流动固化成协同的业务流程，以智慧地提高酒店生产与服务的效率和效果，通过基于数据的分享、沟通和交流提高酒店的生产力和服务水平，最终提升了酒店的服务能力和市场竞争力，体现了酒店信息技术应用能力的迭代提升过程。它反映出的软件平台化和大数据行程的建设过程，将是酒店未来数字化经济发展的技术基础。

（一）什么是数字化

数字化与信息化的区别在于信息化是围绕酒店业务点应用开展的软件开发，体现的是点的应用，如酒店前台的软件、财务管理的软件、人力资源的应用软件等；而数字化是围绕酒店业务的协同与整合开展的软件开发，它是信息技术应用的高级阶段，需要一定的数字化战略才能实现，体现的是应用点的整合和软件平台化应用，如酒店服务的云平台、用于营销的自媒体平台以及酒店电子商务的中台服务等。典型的实例就是绿云科技的 i-Hotel 酒店平台，它整合了酒店所有的管理、服务和营销等软件应用，已被市场认可，成为综合性的酒店数字化电子商务平台。简单的例子如客人通过互联网预订了酒店客房，但他必须到服务台登记才能入住，退房也必须到服务台才能办理，这就是一般的信息化酒店，仅实现了预订、登记入住、退房等业务点的信息化。如果客人通过互联网预订了酒店，那么它到酒店既可以在服务台登记入住，也可以在智能化的自助机上办理入住；住宿期间的消费既可以选择第三方支付，也可以选择服务台退房时统一支付；退房还可以在客房或自己手机上直接自助办理，而且酒店最后可以把电子发票即时、直接发送给客人。在线办理完客人从客房直接离店就可以了。这就是数字化酒店的业务处理流程，每个业务节点都有数据对接在线处理。当然数字化酒店的核心竞争力在于数据分析，通过数据分析为客人主动推送信息或主动推荐服务产品。

数字化体现的是数据分析过程，在于通过分析的数据驱动业务的自动处理或协同处理。如前台的预订和付款数据，我们可以通过数字化系统转化为客人所需的个性化服务；客人的消费数据，同样通过数字化系统可以转换为精准的推荐服务和定制服务；基于客人的访问数据，酒店通过自媒体平台可以精准地为客人画像，获取客人的访问动机和消费意向。酒店有许多应用的管理系统和服务系统，如果其数据都能自如流动，释放客户数据的流动性，形成所谓的酒店"数据生态"，这就是数字酒店的基本形态。如果数据生态形成了互联网化信息系统，形成了酒店唯一的数据中心，这就是全数字化的 WebHotel。如锦江集团的 WeHotel，就是一个服务客户、服务酒店的全数字化应用平台，它结合移动化、智能化全方位地为成员酒店提供业务支持，包括数字化运营、数字化营销、数字化服务和客服等。数字化酒店和普通酒店（或信息化酒店）相比较最基本的特征，就是其经营的管理决策、服务规范等依据数据，由数据指导管理者的经营决策，指导对客服务的规范和等级。因此，对于数字化酒店，数据将成为酒店经营的最大生产力。

（二）数字化管理的特点

对比酒店信息化管理的特点，酒店数字化管理具有如下一些特点。

1. 客观性

传统管理依赖管理者的经验，是主观的。这种基于过去经验的管理模式，越来越难以适应不断变化的市场。数字化管理通过数据表达信息，可以更加客观、全面地反映饭店的运行情况和发展规律，具有客观性。

2. 精确性

数据是管理的基础，数据是否精确、完整直接影响数字化管理的成败。通过数字化管理技术，可以将饭店企业的一切经营数据和管理状态用数字的形式呈现出来，有助于科学管理。

3. 实时性

随着现代网络技术的发展，数据的传输更加方便、快捷、精确。管理者可以实时获得饭店运营过程中产生的各种数据，及时发现问题，制定对策。

4. 全局性

数字化管理全链路打通饭店内、外部的资源，消除信息孤岛，消除传输障碍，实现饭店内部资源和外部资源的无缝、全链路打通，数据的共享是全局性的。

5. 以人为本

数字化管理的主体是人，数字化管理服务的对象也是人，通过数字化技术手段，挖掘人的潜能，激发人的主观能动性，实现人的管理。

二、酒店数字化的建设内容

随着软件平台化发展趋势的加速，酒店将面临后疫情时代市场竞争更为激烈的环境，提高科学管理手段、提高服务效率、提升营销效果等需求日趋迫切。已有越来越多的酒店意识到，将信息化战略融入其总体发展战略并提升至数字化战略成为当前的首要任务，对提升酒店管理水平和综合竞争能力都是极其重要的。然而传统的酒店管理信息系统往往缺乏有效的信息整合和业务的可扩展性，存在管理效率低下、维护复杂、费时费力、建设成本高等问题，许多酒店已无法承受如此高的代价，也远远不能满足互联网时代实际业务的需要。酒店数字化可以有效解决当前的问题和困惑，不但可以防范经营风险，还能提高酒店的创收能力。酒店数字化的具体建设，通常包含以下内容。

（一）数字化管理

在数字化转型过程中，酒店管理团队非常重要的工作就是梳理各个管理方向和业务转型需求，通过酒店管理基础与数字新技术的结合，制定全新的数字化管理流程和标准。数字化技术如何赋能酒店运营数字化转型，这是酒店管理者必须厘清的工作要点。

酒店数字化管理的核心就是前台管理和后台管理的融合建设。未来，在数字化整合下，酒店的前台和后台边界会越来越模糊，它们的管理都是依据系统提供的数据在执行，包括需要服务管理的数字化、流程管理的数字化、人力资源管理的数字化，更需要财务管控和执行的数字化。酒店是提供服务的场所，没有服务就没有收益，在做好服务管理的同时，还要注重人、财、物的数字化管理。数字化管理的最大好处是可以改变企业的组织结构，形成可以灵活架构的微组织，通过微组织可以自发或统一进行业务管理，它可以灵活地应对大业务量，又可以灵活地应对突发事件后的小业务量，使酒店运营的管理成本永远控制在合理范围内，降低经营风险。未来酒店的数字化管理，通过智能化的移动式管理，后台的管理人员将会越来越少。

数字化管理的另一个重点建设内容是远程办公，在遇到像新冠病毒疫情的突发事件时，远程办公就能发挥积极的作用，保障酒店的微组织运行，如音视频会议、远程会议、综合协作等办公工具成为酒店不可缺少的数字化内容。酒店要实现远程办公，先要解决员工远程办公的配套硬件和网络环境，使酒店的运营流程实现无纸化、移动化、自动化，从而提高员工的运营效率。运营效率提高后，才能帮助酒店提升对客服务水平，降低相应的人力成本。遇到突发事件，酒店也要同时建立在线应急管理流程，当紧急事件发生后能够在线了解酒店应对方案和跟进情况，保证对客服务不受影响。

（二）数字化服务

数字化服务建设的目的是为客人提供敏捷的精准服务。例如，新冠肺炎疫情期间利用智能机器人实现无接触式服务，通过人脸识别和热成像实现远端监控酒店住客身体状况以及服务需求，这就是客人期望的精准服务。在互联网快速发展的今天，移动互联网与人们生活形成了更加紧密的联系，客人在预订和住店过程中都会产生大量的用户数据。通过大数据+应用分析，我们能获取更多客人的消费行为，为每个客人建立精准的用户画像，通过互联网、物联网等技术为客人在酒店消费过程中提供更加精细的敏捷服务。未来的社区化服务、友好性服务都需要数字化支持。

现代酒店已经从单一的住宿演变成集社交、购物、游戏为一体的多功能空间，服务已变得多样化，经营除了为客人提供个性化服务，还需要酒店有社区化的本地性和友好性的服务特质，这样住店客人可以获得和在居住地不一样的生活体验，而这些都离不开酒店的数字化服务内容。现在很多传统酒店的住店客人在客房很难获取服务，或者不知道到哪里去获取服务，这样的酒店其实就缺乏一个在线服务平台。数字化服务建设就是要在客人和酒店之间构建一个无间断沟通交流的在线平台，让客人能轻松获取所需的服务。目前酒店的数字化服务实践可以说是遍地开花，如早期的预订服务、公众号服务，以及大家都在探索的客房在线服务、会员定制服务、电视数字化转型、餐饮配送服务以及会议预约服务等，它们的共同点都是通过一个移动小程序或 App，就可以和客人实现即时沟通，并可以把服务延伸至所在城市的区域，形成酒店与同城活动一体化的服务生态圈。

（三）数字化营销

酒店的数字化营销就是在充分认识消费者需求的前提下，为满足消费者需要在营销过程中所采取的一系列在线活动。数字化营销所要求的就是如何选择关键时间点，通过互动或主动服务等多种在线方式为客户打造极致的服务体验，并贯穿客人搜索酒店、预订酒店、入住酒店、在店消费、离店退房的全过程，提升客人的满意度，以达到理想的营销效果。数字化营销建设的关键是基于客户数据的营销平台打造，这个平台必须打通酒店 PMS（property management system，物业管理系统）、CRM（customer relationship management，客户管理系统）、CRS（central reservation system，中央预订系统）等系统上的用户数据，包括交易消费数据、线上互动数据、个人信息数据等，然后根据这些数据给客户画像，构建客户的行为标签以及用户类型，系统再依据画像对客人需求进行理解和预测，并在合适的时间，通过合适的在线工具，向合适的客户定向精准推送合适的服务内容，实现与客人当下的需求无缝切合，并利用智能化社交媒体或工具和客户在线互动，起到精准营销的效果。数字化平台还可以对用户的体验、交互效果进行数据收集，并对客户的关键服务接触点进行感知调研，以获取客户的期望差距，然后制订改进系统方案，对数字化平台的精准营销进行不断优化，从而达到进一步改善服务和提升在线营销效果的目的。

（四）数字化管控平台

在数字化酒店建设的过程中，急需一个统一的管理平台，让各个软件系统既能独立运行，又能够联合在一起运行，并能管控所有系统的运行和数据有序流动，如数字化管控平台。在管控平台下，所有系统的运行互不影响，但数据可以相互流动。数字化管控平台的核心功能是实现流程管理以及数据共享，并通过智能分析实现系统的自动组合和业务协同，即通过人工智能和大数据技术，以及采用工作流技术对酒店所有的业务流程进行可定制、易扩展的规范化智能管理。在数字化管控平台下运行着多个不同的应用系统，如 PMS 系统、收益管理系统、CRS 系统等，这些系统均是管控平台的数据提供者，数据均可以在管控平台下有序地释放或流动，形成酒店真正意义的数据中心，它是酒店数字化管理以及所有业务流程管理的基础。近几年发展起来的智慧酒店、无人酒店，都需要建立这样的管控平台监管所有的数字化管理和数字化服务软件，实现软件运营的可视化管理。一家具体的酒店需要有一个数字化发展战略来指导管控平台的建设，包括数字技术应用战略、电子商务发展战略、企业业务扩展战略等。

三、数字技术在酒店的应用

随着数字化浪潮在经济发展中不断涌现，基于数字化处理的新技术也不断涌现，现阶段常用的数字技术在酒店的应用主要有以下几个方面。

（一）VR 技术

VR 技术即虚拟现实（virtual reality），是一种利用图形和计算机技术实现的仿真系统，让用户身临其境地沉浸在一个人为虚构的场景中的技术。饭店的商品和服务具有无形性的特点，无法像普通商品那样流通到消费者面前。虚拟现实技术可以让用户身临其境般地沉浸其中，虽身在异地，又如同就在现场。把现实场景搬到互联网上进行全方位展示，对饭店的销售工作有着极大的帮助。

（二）AR 技术

AR（增强现实）技术与 VR 技术不同，这是在智能设备上，把虚拟世界展现在现实世界并进行互动的一种技术。VR 技术更加侧重于让用户沉浸于一个完全虚拟的世界，而 AR 技术则把虚拟世界带入用户的真实世界中。星巴克是应用 AR 技术比较早的企业之一。早在 2011 年，星巴克为其圣诞节纸杯配套开发了手机 AR 应用程序。在该程序中，当手机镜头朝向星巴克圣诞节杯子时，屏幕上会出现各种可以互动的动态卡通人物。星巴克和阿里巴巴也进行了部分 AR 方面的合作，在一部分星巴克的店面顾客通过支付宝扫描，就可以学习烘焙、咖啡的制作流程等。

（三）AI 技术

AI 技术（人工智能）于 1956 年诞生，是计算机科学的一个分支，是模拟、延伸和扩展人的智能，实现某些脑力劳动自动化的技术基础。人工智能领域包括智能机器人、语言识别、图像识别、自然语言处理和专家系统等。酒店人工智能主要应用于客服，包括智能机器人，服务领域包括迎宾、入住、运送物品、安防巡逻、餐厅服务、清洁服务等。

（四）大数据技术

随着酒店网络化经营的不断发展，在移动互联网的支持下，结构化、半结构化以及非结构化的数据积累为大数据分析提供了基础。最基本的应用就是大数据技术能够让 PMS 系统的数据创造新的价值，挖掘客户潜在的新需求。例如，美国的红屋顶酒店（Red Roof Inn）就曾经利用天气情况和航班取消率的大数据，针对那些可能会受天气影响的地区的移动设备用户进行了针对性的营销活动，大获成功。

（五）物联网技术

物联网技术（the Internet of things，LoT）实现的是物与物、人与物之间的信息传递与控制。通过物联网技术，酒店的服务可以实现智慧化服务，如前台引领服务等；酒店的硬件设备系统也可以通过物联的传感设备，自动调节客房温度，减少能源消耗。例如，喜达屋酒店度假村通过检测进入房间的自然光的多少，自动调节 LED 照明，既节省了能耗，又提高了客户体验的一致性。

（六）5G 技术

5G 技术，全称为第五代移动通信技术。5G 的数据传输效率要远远高于之前的通信系统，同时，5G 延时更低，响应时间低于 1 毫秒。5G 网络的诞生，为酒店行业突破原有的业务模式提供了无限可能。2019 年 4 月，广东深圳华侨城洲际大酒店、深圳电信、华为联合启动全球首个 5G 智慧酒店建设，通过 5G 系统可以远程控制房间的温度湿度，体验 VR 游戏、云游戏、云办公，进行 VR 直播、全息互动等。

（七）云服务技术

云服务技术包括软件服务技术、平台服务技术、设施服务技术，即 SaaS 模式、PaaS（平台即服务）模式、IaaS（基础设施即服务）模式等服务，简化了酒店网络环境下的软件技术应用，为构建数字化酒店提供了服务便利。例如，酒店的 PMS 应用可以云端化，酒店App 移动服务可以云端化，酒店的财务软件经营管控可以云端化。通过云端化，酒店的软件运营管理成本大大降低，效率大幅度提升，客人获取服务也更加便利。

四、酒店数字化发展新趋势

当人们生活在一个数字化的时代，酒店的客人对数字化服务的需求也将日渐增加。例如，服务前客人需要最有用、最实时的资讯；服务中客人需要最方便、最迅捷的互动沟通和流程处理；服务后客人需要最及时、最快捷的分享和关怀服务，以及最舒适、最优美的体验回顾，当然客人还需要最前沿、最震撼的远程娱乐享受……所有这些，都需要酒店的数字化环境支持。因此，仅仅做到房间内有宽带、互动电视可以查信息，已经远远不能满足客人对数字化服务的需求。然而，酒店数字化服务怎么做，未来数字化发展有怎样的新趋势，业界却没有一个统一的认识。现阶段，大家都在进行数字化尝试，并开发了类似"数码客房""数码 E 房""智慧酒店""数字酒店"等数字化服务系统，但真正能够达到为客人营建一个"数字化生活环境"、满足客人数字化生活各方面需求的平台还很少。在数字化大环境的影响下，根据酒店现有数字化建设的实践预测，未来酒店数字化发展有两个重点，即将从两个方面深入探索：会员数字化平台应用和企业数字化平台应用。

（一）会员数字化平台

会员数字化平台是专门为酒店会员客户打造的。随着互联网技术的快速发展，面对层出不穷的新技术、新事物，中国酒店业正面临着巨大的会员争夺战。酒店数字化发展首先考虑的是发展市场、发展客户，通过数字化服务赢得客户青睐，这是中国酒店行业在数字化时代的转型之路。已有发展表明，在互联网全面普及的今天，酒店销售和营销的线上化极其发达，但相对应的是，酒店企业内部的互联网营销能力和营销人才培养却极其匮乏，数字化发展和服务能力提升受阻。因此，打造会员数字化平台能提升酒店的精准营销和服务能力，最终提升酒店的市场核心竞争力。而且这样的会员数字化平台其他酒店无法复制，会员脱离的成本又非常高，因此已成为酒店数字化发展的主要方向。在现阶段，酒店会员数字化平台可以从两个方面来开展建设：一个是基于酒店现有的 CRM 系统，对 CRM 系统开展基于移动互联网的数字化改造，使其可以和会员客户进行即时沟通，开展精准的营销和关怀服务；另一个是基于酒店的会员管理系统，对会员管理系统同样进行数字化改造，使其具有对客户在线的互动服务功能。对于大型的酒店集团企业，最好的办法是自己组织力量定制、设计会员数字化平台，利用最新的人工智能技术和大数据技术，开发符合自己商业流程的会员数字化平台，以使自己具有不可复制的市场竞争优势。未来酒店面临的互联网时代，IT 将不再是一个独立的部门，而是要融入各个业务团队的具体流程中，形成一个以用户需求和会员类型为基础，以业务数据为依据的"赋能型"结构框架，以使酒店的核心竞争力和会员服务能够通过持续迭代而不断提升。

（二）企业数字化平台

企业数字化平台是专门为酒店组织架构打造的。未来酒店的核心竞争力是提高酒店经营管理能力，用数字化技术为酒店赋能，重点是内部的流程数字化，夯实酒店的核心竞争力，尤其适应酒店集团的优先发展。建设的主要内容包括酒店的组织架构革命，以及商业模式转型，因为现在的酒店组织架构不适应或无法发挥数字化管理的潜能。例如，2019 年年底暴发的全球新冠肺炎疫情，酒店面临着前所未有的经营停顿，这时酒店无法启动面对新冠肺炎疫情的经营方式，组织架构处于瘫痪或高成本的运转状态。如果酒店具有许多数字化的微组织，或称可独立运转的业务小组，如餐饮外送、消毒客房等，酒店还是可以在数字化平台下小范围运转，最大限度地为酒店经营赋予活力，因此酒店的组织架构必须以业务为导向，开始适应互联网时代的组织架构革命，以激发每一位员工的经营活力。商业模式转型是为适应酒店微组织，以数字化的手段为用户创造价值，时刻以用户满意度为目标，使微组织成为酒店业务发展的主导力量。因此，在新的商业模式下，酒店每一位员工都将是酒店经营的营销员，也都是贴心为客户着想的服务员。

在现阶段，酒店的企业数字化平台必然以为客户服务为宗旨的目标构建，既要考虑到前台的经营管理，如客房管理、餐饮管理、娱乐管理、会议室管理等，又要考虑内部的核心管理，如财务管理、工程管理、人力资源管理、物资采购管理等，每一个管理环节都有数字化系统支撑，而且可以根据业务需要进行智能化组织架构配置，形成协同型的对客敏捷服务管理体系，达到酒店所有的对客服务都有数字化赋能支持。如绿云科技公司的 iHotel 酒店平台，是目前酒店比较理想的企业数字化平台，它具有集团管理、单体酒店管理所要求的数字化管理与数字化服务的基本内容，目前欠缺的是数字化营销方面的内容。

随着新技术在酒店数字化建设中的深化应用，酒店将出现部门结构微化、弱电与 IT 岗位交融、接待服务软件云化、产品服务虚拟化颠覆传统展示方式，所有这些将进一步促使酒店向社区化、集团化方向发展。作为酒店集团，未来必然用数字化平台重构商业流程，用个性化小程序重构用户体验，用人工智能重构产品与服务，用大数据重构商业经营模式。酒店将出现大部分的收入来源于线上员工的工作绩效取决于其独特的知识与技能的现象。未来酒店数字化除了移动互联网和人工智能将进一步深入外，5G 通信网络登场将形成制高点，成为酒店数字化应用最强场景；新的云计算和大数据将全面改变酒店管理信息系统的架构和价值，趋向于平台化的应用场景；区块链技术应用将颠覆酒店的信息数据管理方式，去中心化影响未来的酒店数据架构；前台的机器人将成为贴心服务员进入成熟应用阶段。酒店数字化是一个复杂的建设过程，每家酒店对数字化的需求也各不相同，因此将来数字化的发展必然向多维路径及多元化方向快速发展。

第四节　信息技术和数字化对酒店经营的影响

信息技术和数字化的发展对酒店业发展会产生积极影响，如出现的网络订房和网络营销等新的业务形态，都与信息技术密切相关，旅游消费者可以足不出户通过网络安排旅行住宿，也可以通过移动互联网在行程中安排住宿。酒店业的发展同样也会促进信息技术的创新发展，对信息技术的不断创新产生影响，如旅游中的实时订房，以及客房在网上虚拟展示等业务需求，促使信息技术的组件技术和虚拟现实等技术出现。因此，信息技术的发展和旅游业的发展是互动的，在发展过程中互相影响。

一、酒店的信息密集型特点及信息处理特点

酒店在互联网环境下经营，需要关注互联网信息、客户信息、需求信息、旅游市场信息以及社会大环境等信息，不管是经营过程还是每一个客人的接待登记过程，都与信息相关，因此酒店的经营具有信息密集型的特点，当然也就存在其信息处理的特点。

（一）信息密集型特点

酒店是游客旅行中住宿和用餐的地方。酒店在经营过程中需处理的信息量很大，也非常集中，因此酒店是最早应用信息技术的旅游企业。旅游酒店和旅游景区一样，游客都是到目的地来旅行消费的，这就需要酒店把自己的情况以及周边吸引物的情况整理成信息，通过各种途径发布出去。此外，酒店处理客人的信息也非常集中，而且量很大，如客人大多数在上午结账离店，需要快速处理每个离店客人的账务情况，这是和其他旅游企业不同

的客人账务信息处理，要求正确、敏捷，不能有差错。除此以外，酒店还要处理相当丰富的环境信息，如旅游信息、交通信息、景区信息、金融信息以及天气状况等信息，这些信息可以为客人提供便利，是经营中不可缺少的服务信息。

酒店在经营过程中同样要关注客流的变化，因此酒店每天要统计客流的分布和来源地。通过分析可以有目的地开展市场营销，当然也可以分析营销的效果，以便改变营销策略。另外，酒店经营十分重要的工作就是开拓分销渠道，在各分销渠道整合自己的营销内容，一方面让各地的游客知道酒店的品牌，另一方面可以使酒店有稳定的客源。目前，酒店都有自己的信息系统和网站，甚至是微信系统，酒店在提供实时信息给游客的同时，可以实现互动营销和在线订房，吸引广大的自由行散客。而网站可以提供大量的酒店信息，也可以在线订房，由于游客在异地看不到酒店的设施和地理位置，以及所提供的服务，因此酒店必须通过丰富网站信息来吸引异地游客。酒店密集型的信息需要多种途径和系统来处理，网站和微信系统就是处理和提供不同信息的途径。

酒店在经营过程中，要求有完整的信息技术系统作支持，而且酒店涉及的中间分销商比较多，同样需要敏捷处理协同业务中的密集型信息，在处理商务信息上要有一定的策略。酒店信息的密集型特点主要表现在以下几个方面。

（1）酒店客源和客人信息量比较大，处理集中，而且要求快速、准确。

（2）酒店营销信息量比较大，而且要求范围广、渠道多，且协同要求高。

（3）酒店产品价格的层次信息量比较大，而且要满足不同客户的需要。

（4）酒店结账信息量比较大，而且很集中，要求处理的敏捷度要高。

（5）酒店客户关系维系的信息十分丰富，而且要求互动性要好。

（二）信息处理特点

酒店的信息处理主要围绕前台经营管理、后台管理和市场营销管理三个方面的内容。前台经营管理主要包括前厅接待管理、销售管理、餐饮管理、客房管理以及娱乐管理等；后台管理主要包括财务管理、采购管理、工程设备管理、仓库管理以及人力资源管理等；市场营销管理主要包括公关、渠道、分销等管理。分析这些管理活动的信息处理特点，对实施酒店信息化管理工程有很大益处。

1. 前台经营管理的信息处理要求特点

所谓前台经营管理，是指直接与顾客接触的相关部门的服务管理，涉及前厅部、客房部、餐饮部、销售部和康乐部等部门。目前，前台经营管理由前台管理信息系统进行信息处理。据调查，我国星级饭店基本上都实现了前台信息化管理。由于前台信息管理主要记录了顾客的住店消费情况，因此前台信息处理要求主要围绕信息处理的敏捷、准确。在客房管理、餐饮管理和康乐管理中允许顾客进行挂账（或记账），这样可以实现总台的一次性结账，方便顾客在住店期间的消费。因此，酒店的信息系统都是基于网络环境的，任何一个经营点的消费记录，在其他部门或经营点都能查询到。

2. 后台管理的信息处理要求特点

后台管理主要针对前台经营的各支持部门，如财务部、工程设备部、保卫部和人力资源部等。这些部门都是通过后台信息系统来实现管理的。据调查，我国高星级酒店都具备完善的后台信息系统，低星级酒店拥有后台系统的不多，而无星级酒店基本还没有后台信息系统。后台的每个部门的信息处理都有各自的特点。财务部门主要管理酒店的所有财务，其信息处理的特点是要求正确和完整，前台经营的夜审数据每天必须到位；工程设备部门主要管理工程设备的运转和经营中的所有能耗（水、电、油、气等），其信息处理的特点是要求完整、实时，要完整记录设备维护和维修中的信息以及能耗的信息，及时分析异常情况，实现节能降耗的最佳运行状况；保卫部信息处理的特点是要求敏捷，当发生意外时能迅速到达现场处理，要求监控图像清晰、完整；人力资源部信息处理的特点是要求完整，要记录每位员工的绩效和职位变化过程，同时要挖掘和激励员工的积极性，让每位员工感觉到有透明的考核体制，利用信息技术系统可以实现对每位员工的全方位考核。

3. 市场营销管理的信息处理要求特点

市场营销的信息化管理是互联网出现以后发展起来的一种方式，也是酒店实现差异化营销和个性化营销战略的基础。市场营销信息处理的特点主要是智能分析，获取营销知识（对酒店有用的知识），有针对性地开展促销活动（也可以在网上开展促销活动）。营销管理中很重要的两个方面就是渠道管理和客户管理，尤其是酒店经营，充分利用渠道和维系客户是酒店经营的重要策略。信息网站目前是酒店营销的重要工具，信息网站不但有助于开展营销，还可以作为维系客户的重要窗口，更可以利用它开展电子商务。营销部要充分利用网站，设计客户访问的分析软件为营销所用，如：哪些人关心你酒店的网站？哪些地区的客户访问网站次数最多？主要访问哪些页面？停留的时间有多长？这些客户消费频率怎样？通过信息网站的互动，还可以给忠诚客户送去关怀，听取客户的需求意见，实现个性化营销。目前利用微信、微博开展的微营销已成为酒店市场营销未来发展的方向，酒店可以利用这些新媒体对移动中的顾客开展营销，这些新媒体的特点就是信息传播的实时性。

分销渠道有效性可以通过信息网站了解和分析，也可以通过客户或产生的订单去分析。如果酒店境外客人接待比较多，可以选择国际 GDS（全球分销系统），如从 Galileo/Apollo、Amadus/System One、Sabre、Worldspan 等分销渠道中选择；如果仅是接待国内客人，则可以在畅联、德比（www.derbysoft.com）等分销渠道以及类似携程旅行网等分销渠道中去选择。

以上酒店不同系统中的信息处理特点，充分说明了酒店信息技术和信息系统应用必须考虑这些要求，如果缺乏针对性地开展信息技术应用，会对酒店经营产生不良影响。研究信息技术应用对酒店经营的影响就要正确选择新技术，正确理解信息技术的作用和在酒店管理战略中的地位，尤其基于大数据技术分析的信息系统会对未来酒店经营产生重大影响。

二、数字技术对酒店客户管理战略的影响

客户管理战略是酒店发展战略的重要内容，数字技术应用对客户管理的影响最大。对酒店来说，客户就是财富，酒店的一切经营都是围绕客户进行的，挖掘有价值的客户是酒店经营的关键环节，也是酒店发展之本。酒店纷纷建立信息网站、构建微信系统或自媒体系统、引入电子分销系统等都是为了客户。涉及客户管理的信息系统是 CRM，CRM 是选择和管理有价值客户及其关系的一种商业策略，同时也是一个集成软件，它要求以客户为中心的商业哲学和酒店文化来支持有效的市场营销、销售与服务流程，并最大限度地改善、提高整个客户关系生命周期的绩效。

作为一名酒店的经营者，客户管理战略总的目标是稳定和扩展自己的客户群体，客户群体扩大了，酒店才有发展。因此在日常经营中，酒店经营者要关心或关注客户的消费情况，要了解客户在想什么，最需要的是什么，客户什么时候需要服务，以什么样的形式提供服务。另外，酒店用什么形式去影响客户、吸引客户、关心客户，这些都是客户管理中需要实实在在解决的问题。而这些问题只有依靠数字技术，如电子商务，才能很好地解决。依赖数字技术以后，客户管理涉及的问题就是方法问题，即用什么方法来管理，用什么方法来分析，形成什么样的管理软件，这些都是酒店经营者需要考虑的问题，因为不同的管理者对客户管理有不同的理念和方法。酒店数字化技术应用对客户管理战略的影响反映在以下几个方面。

（1）发展客户的途径问题，数字技术会影响途径的改变。

（2）维系客户的方法问题，数字技术会改变维系的方法。

（3）差异化营销的实现问题，数字技术是差异化的魔棒。

（4）细分客户的策略问题，数字技术可以无穷细分。

（5）客户需求的挖掘问题，数字技术可以智慧挖掘。

（6）个性化服务的实际问题，数字技术是个性化的抓手。

因此，作为一名酒店管理者，如何利用数字化技术系统去解决以上问题是创造市场竞争优势的关键，如开元旅业集团在 2003 年就开始用信息系统管理会员客户，2015 年又升级了系统，很好地解决了以上问题，初步享受到了数字化管理客户所带来的益处。上海锦江集团、南京金陵集团都先后建立了自己的 CRM 系统。

三、数字化对酒店业发展的影响

酒店在经历全球疫情暴发的发展停顿后，数字化技术将是新的历史发展时期又一个经济发展推动力，市场竞争的激烈、客户需求的升华、公共卫生要求的升级，将促使酒店发展数字化改善服务以获取竞争优势。在当下物联网、云计算、大数据、人工智能等新技术快速发展的信息智能时代，酒店管理者已充分认识到数字化技术对酒店未来发展的重要性和价值，并将数字化转型列为酒店重要的战略性发展目标，由此影响了酒店经营的组织方式，影响了酒店前厅的接待方式，影响了酒店客房的体验方式。那么，数字化浪潮对酒店业发展将会产生哪些具体影响呢？

（一）促进酒店集团化、连锁经营发展

数字化建设需要一定的战略和资金投入，对于单体的小规模酒店很难有足够资金投入数字化建设与酒店集团抗衡，为了获取一定的竞争优势和考虑未来生存，这些单体酒店纷纷向连锁酒店靠拢，或自发建立有相同数字化理念的酒店联盟。

酒店连锁企业将此视为发展机遇，他们采用统一的客户服务，统一的数字化企业平台，统一的清洁和硬件设施等标准，统一的数字化服务规范，如免费高速无线网络、有线电视、服务 App 等，形成以市场占有率为目标的统一服务品牌，这样就可以在各种互联网渠道开展在线营销，壮大自己的市场份额。如泰国 ZEN Rooms 和新加坡 RedDoorz 就在东南亚采用了类似的商业模式与规范。这两家公司都创建于 2015 年。

过去，这些连锁酒店的经营模式只是提供了一个预订平台（网站），把经过品牌包装的小型酒店和旅舍使用数字化手段整合在了一起，但随着时间的推移、数字化要求的规范，酒店连锁企业不仅为所有成员酒店提供管理软件，还开展了统一的网络营销，建立平台化的中央预订系统（CRS）等，由此推动了酒店集团以及连锁酒店的快速发展。

（二）酒店组织架构趋向扁平化

数字化带来的另一个影响将以酒店业务重构组织架构，而这些酒店业务不是传统的客房和餐饮，而是通过数字技术细分客人类型来决定酒店的组织架构，而且未来酒店的业务将呈多元化，甚至是跨界形成的业务组合。例如，酒店有些客人是本地的，他们的要求就是定期的会议场地租用、定期要求送餐或指定地址用餐；还有些客人每年会定期到酒店消费，某一地区的客人还会指定酒店的客房类型消费，尤其是大客户的定制消费，等等。这些都需要专门的业务小组去规划，而类似业务需要酒店高层的直接关心和指导才能完成。因此，未来酒店的部门可能会分解成很多个业务小组，每类业务小组都有不同的服务要求，为提高业务处理效率，通过数字化手段直接由酒店分管的高层管控和领导，形成以业务收益为目标的扁平化组织架构。例如，在 2020 年的全球新冠肺炎疫情期间，基于数字化的业务微组织的酒店通过酒店高层的直接管控，都取得了比较好的非常时期收益，其中数字化的高效率起了关键性的作用。

（三）对酒店前厅部的影响

酒店前厅部负责客人订房、入住登记、问讯、礼宾、商务服务等工作，受智能化影响最大的岗位是前厅接待。这个岗位主要完成为客预订到身份验证确认、选房、付钱、领房卡、退房、开发票全过程，这个岗位成为前厅部第一个被数字化影响的部门。客人订房被互联网取代了，入住登记被自助设备取代了，问讯或咨询被酒店的公众服务号取代了，礼宾服务被智慧的机器人取代了，商务服务也被机器人或移动 App 取代了，退房和开发票也被移动的云 PMS 和电子发票取代了。所以前厅的接待基本都可以由数字化系统的在线处理去完成，前厅的服务台正面临消失的命运，或功能正在发生转化。

对于高星级酒店，可能更要考虑的因素是与客人微笑交流，担心数字化会使酒店错失与每位客人交流以致失去销售的机会。酒店前厅接待从一般功能上说是很容易被机器替代的，但是其附加功能则无法被替代，接待员的微笑、问候给客人带来的愉悦感是机器无法满足的，接待员还可能利用短暂的接触向客人推荐酒店的其他服务设施，如餐饮、SPA 等。因此，前厅接待这一岗位在五星级酒店中还不会被数字化完全替代，但岗位职能会出现较大变化。未来数字化更要解决酒店的微笑服务、主动推荐的互动服务等，这些都是高星级酒店需关心的。2016 年 11 月，坐落在马来西亚云顶高原的第一大酒店完成了酒店服务系统的全面升级工作，并在全马首次大范围推出中英双语的客房自助入住互动服务系统，大大简化了传统柜台办理入住手续的程序。五星级酒店的礼宾服务也会受到一定的影响，机器人替代行李员帮助客人搬运行李并引领客人入房间的技术已经逐渐成熟，礼宾服务应该紧守其业务的核心（金钥匙服务），完成客人的各种委托代办服务，这也是数字化未来需要解决的内容。

（四）对客房设计的影响

数字化对客房设计的影响主要体现在客房的服务管理、安全管理以及商务管理等方面，如智慧客房、温度调控、客房电子商务等都是数字化技术在客房中的具体应用。

酒店客房在新的发展时期以及新消费影响下其功能已不是简单的住，客户需要在住以外有更多的消费体验。在客房服务科技方面，管理者除了致力于客房智能控制器/控制系统，特别是智能门锁的应用外，还积极为客房配置商务与娱乐融合的移动服务应用，把酒店信息系统延伸到客房的应用服务端。从酒店客房智能控制器，到智慧型的数字酒店客房系统应用，再到基于不同技术的酒店客房智能 POS 系统，客房智能控制将从独立智能控制器向运用手机 App 实现客房智能自助控制不断发展。未来的数字化客房，还迫切需要能满足客人对数字时代全新舒适需求的酒店客房视听解决方案，让客人旅游在外也能像在办公室或家里一样工作和娱乐，享受个性化的各种数字服务，如数字购物、数字娱乐、数字咨询、数字结账、数字影像、数字（远程）办公、数字退房等高科技体验。

四、数字技术与酒店业发展的相互影响

随着人民生活水平的提高以及整个社会消费个性化时代的到来，越来越多的消费者已经不再满足于传统旅游的订房方式，个性化、多样化的订房形式正广泛地被消费者所接受。有通过中介网站订房的，有通过酒店微信系统订房的，也有通过 GDS 分销商订房的。这一切说明了信息时代已经真正到来，酒店需要应用多种技术方案来满足消费者的需求，而旅游消费者的个性化和多样化在数字技术的帮助下已经完全可以实现操作，有力地促进了酒店业的快速发展。

（一）数字技术对酒店组织结构的影响

我国酒店业是一个竞争性很强的行业。由于酒店硬件产品可模仿性强导致了产品层面同质化竞争很严重，因此只有提升服务的质量和水平才能增强酒店的竞争力。从当前消费者的需求来看，旅游者通过网络获取酒店服务是一种趋势，这种趋势要求酒店企业提供网络化的综合服务，包括通过网络订房、订餐、退房、结算等。这种综合化的服务必须依靠强大的数字技术和网络来支撑，即要求数字技术改变酒店服务的组织结构。研究表明，利用数字技术手段对酒店结构的再组织，提供网络化的综合服务，是当前酒店企业提升核心竞争力的主要途径。

从目前酒店企业接待的顾客类型来看，团体住客不断减少，自由行住客不断增多，他们希望从酒店获取全程综合化的服务，这就给酒店带来了很大的信息处理量，并要求酒店内部要有很强的信息甄别处理能力，在外部要有很强的信息传递和沟通共享能力，这一切都需要信息技术系统来改变。从内部来看，酒店需要建立起畅通的内部网络，应用各种数据处理软件把不同的住客需求信息进行分类处理，这样才能提高运营的效率。对于外部来说，酒店需要将产业链各方（旅行社、饭店、大商场、旅游景点等）的信息资源进行有效整合、衔接、共享，才能更及时、便捷地为住客提供满足他们需求的服务，才能形成规模化优势。这就要求传统的酒店通过再造流程来改变组织架构，以适应数字技术的普及和推广。数字技术造就了现代酒店业的个性化服务。

（二）数字技术对酒店营销方式的影响

数字技术的应用对酒店营销的影响是最大的，尤其是网络营销的出现提高了酒店业的营销效率和效果。但是，我国酒店业目前单体酒店居多，经营效益还比较低，与国际酒店业发展水平的差距还是很明显的。随着互联网二十多年的发展，互联网完成了从 Web1.0 到 Web3.0 时代的转变。在线订房网站从 Web1.0 时代的单纯展现功能，发展到 Web2.0 时代的简单互动功能，再迭代到现在的智能化 Web3.0 时代。基于互联网的电子分销和营销潜力巨大，酒店已开始面向全球化的电子营销和分销。

网络营销的关键是对各营销渠道和营销内容的整合。如何处理网上酒店品牌、渠道、促销等要素，有效扩大品牌影响，向传统用户渗透，网络营销正在发挥越来越大的作用。网络市场具有较大优势的携程网（www.ctrip.com.cn）正在不断尝试新的营销方式来增强品牌影响力，如移动营销。该服务商通过广告投放和线下活动营销相结合，包括提供给 VIP 会员的增值服务，获得了很高的市场竞争力。特惠商户是携程给予 VIP 会员的增值服务，携程的 VIP 会员可在这些特惠商户处享受到最低至 6 折的消费优惠。此外，像南京金陵集团、开元旅业集团、7 天连锁、锦江之星等，也纷纷开展了各种形式的网络营销，并把互联网线上营销和线下营销有效地结合起来，取得了快速扩展的惊人业绩。许多高端酒店，通过整合营销服务，更快、更有效率地满足了顾客的需求。在我国，越来越多的小规模酒店也已经意识到数字技术和网络的作用，纷纷利用网络营销开展网上酒店服务，由此进入了网络化的低成本营销时代。

另外，数字技术的应用对酒店经营管理模式、酒店职业经理人以及酒店普通员工都产生了积极的影响，限于篇幅，这里不再细述。

（三）酒店业发展对数字技术的影响

酒店电子商务是目前旅游业最大的电子需求，也是对数字技术要求最高的新业态。在酒店电子商务发展过程中涉及许多应用性问题，如交易安全问题、实时预订问题、电子支付问题、产品在线展示问题、在线排房问题、客户在线互动问题以及交易速度问题等，这些问题都需要数字技术来实实在在地解决。从目前的数字技术现状来看，有些问题已经解决，如实时预订和在线互动问题；有些问题正在解决，如电子支付问题和交易的安全问题；有些问题还没有解决或解决得不彻底，如在线排房问题和交易速度等问题。这些应用需求进一步推动了新技术的发展和研发。交易速度永远是人们追求的目标，如网络速度、存储器读写速度、商务处理速度和网络宽带速度等。目前还有一个问题没有完全解决，就是酒店电子商务系统与微信平台的接轨问题，需要开发一个能使我国大多数中小规模酒店企业实现微信平台与酒店的电子商务系统随时交换数据的接口技术，至少目前许多小规模酒店还在等待着这种简单易用的接口技术，这需要数字技术的进一步开发。

酒店业的发展需要高性能的数字系统，能智慧地处理网络业务，这就需要数字技术不断创新。在信息化进程中，如果抛开酒店产业的特点开发信息系统，这个系统必然如空中楼阁一样缺乏坚实的基础；而离开酒店产业的应用需求搞国民经济的信息化建设，则根本不能实现预期目的，数字技术也无法实现创新，因为它缺乏行业的需求支撑。对酒店企业的数字化建设而言，道理也一样。只有把酒店所有的业务处理都数字化了，跨行业、跨地域的信息网络才能建立起来并为酒店管理的信息化奠定基础。酒店业发展对数字技术发展的影响在应用需求上表现在以下几个方面。

(1) 异构系统的数据交换技术。

(2) 酒店产品的网上实景展示技术。

(3) 客户关系数据的移动分析技术。

(4) 酒店大数据的构建技术。

(5) 分布节点的数据联动和更新技术。

(6) 电子数据无缝交换的安全确认技术。

(7) 应用软件的云架构技术。

酒店业发展对数字技术的影响主要表现在软件结构方面，随着酒店集团化发展需求的增长，数字化软件结构随着云计算技术、互联网技术的深入应用，其软件的体系架构、软件的使用方式、软件的维护方式已产生了深刻变化，形成基于云架构的酒店管理软件，以满足酒店集团化发展的需要。新一代的数字软件体系顺应了网络技术的变化，顺应了酒店企业应用需求的变化，也顺应了酒店电子商务需求的变化，更顺应了酒店网络消费者的需要。因此，数字化软件结构与云技术相结合已成为酒店未来发展的新趋势。云计算技术在酒店的应用，可使酒店无须服务器硬件及其相应能耗、无须昂贵的服务器操作系统及数据库软件、无须购买酒店管理软件和支付升级费用，从而降低系统使用和维护难度，因此可以极大地减少酒店使用成本和应用难度，可广泛地应用于国内 30 多万家星级酒店、经济型酒店、招待所、酒店式公寓、度假村、旅馆、客栈及家庭旅馆，极大地提高整个酒店行业的信息化建设水平，满足整个行业经营发展上的需要。杭州绿云科技有限公司研发的基于云技术结构的 iHotel 就是这样的系统，iHotel 的核心技术是云计算技术，它有酒店层面和集团层面两个体系，酒店层面主要是 PMS 应用，集团层面主要是 CRS、CRM 以及集团控制及分析等应用，集团对下属酒店的控制及管理利用云端技术，每家酒店都是 Web 上的一个点，所有管理都通过浏览器就能实现，故称为 iHotel。该公司从 2010 年成立开始研发，2011 年产品发布，现在已有近两万家酒店用户。

基于云架构的酒店应用软件是一套集成化的应用，是一个完全由程序控制的开放系统，因此除了实现传统意义上的酒店管理软件功能、享受云计算技术的低成本，更能享受互联网时代的种种便利和优势：可内嵌第三方支付平台；支持苹果及 Android 等移动平台；可内嵌短信平台；支持电子商务，很方便打通第三方 OTA（在线旅游代理）接口，实现与OTA 系统的实时互联；实现与信息门户网站系统的一体化管理；实现消费者自助登记和结账。因此，基于云架构的数字化软件必将成为酒店集团、连锁酒店开展电子商务和信息化管理的首选。

拓 展 学 习

1. 信息通信技术在酒店业的应用

2. 移动互联网的原理与应用

3. 酒店信息化管理与酒店信息化服务

4. 信息技术与酒店经营的深度融合

案例分析与习题

一、案例分析

维也纳酒店的数字化开启与扩展之路

维也纳酒店有限公司创始于 1993 年，是中国中档商务连锁酒店知名企业，连续多年蝉联中国连锁酒店中端品牌规模第一。2016 年，锦江股份战略投资维也纳酒店有限公司，维也纳酒店有限公司成为全球第二强酒店集团的成员之一。

维也纳酒店有限公司致力于为客户提供健康、舒适的高附加值产品及良好的睡眠体验，形成了"舒适典雅、健康美食、豪华品质、安全环保、音乐艺术、健康好眠"六项品牌价值体系，在管理模式、人才梯队、品牌培育、扩张发展、资本管理等方面走在行业前端。

目前，维也纳酒店有限公司拥有维纳斯皇家酒店、维也纳国际酒店、维也纳酒店、维也纳智好酒店、维也纳 3 好酒店、维也纳好眠国际酒店 6 大主力品牌。截至 2020 年年底，维也纳酒店有限公司在全国 326 个大中城市运营 3000 多家（在营及在建）分店，超过 40 万间客房，现每年以新增 800～1000 家门店规模的速度扩张。

（一）开启数字化发展战略，拥抱绿云科技

随着集团加盟门店数量极速增长，公司制订了百城千店的战略目标，在高速扩展的战略背景下，公司原有自主研发迭代 3—4 年的 PMS3.2 系统已无法适应维也纳发展，如果没有一套成熟稳定的数字化系统支撑，一方面难以将运营管理标准落地，另一方面也将严重制约企业的高速扩展战略的实施，使公司缺乏强劲的竞争力。因此，公司决定寻找合作伙伴采购市面上成熟的、有影响力的品牌产品。经集团仔细研究评估，综合对比整个酒店行业多家 PMS 提供厂商后，决定选用绿云科技产品，借用绿云团队几十年的酒店 PMS 经验和开发能力，来支撑未来维也纳的高速发展战略的实施。2016 年，公司开始实施绿云科技的 iHotel 云平台，正式开启公司的数字化发展之路，用绿云的云 PMS、云餐饮、云 POS、云服务信息系统助推维也纳酒店的市场扩展。

（二）数字化云平台的适应期和发展期

从 2016 年开始引入绿云系统到实施上线的一年多时间，集团已有 500 多家店的在营店规模，当时需要培训接近 1 万名的操作人员，因此，为确保新老系统的平稳过渡，确保财务数据准备无误，公司做了大量的前期准备工作，从系统功能到与维也纳内部各系统之间的接口，都是充分调研并研发完成后才开始试点。开始阶段选取了 3 家门店进行试点，试点通过后，逐步增加切换分店数量，最高峰一次成功切换 116 家分店；上线完成后重点处理为散客预订、OTA 预订以及接待入住等业务，在收银层面落实有效管理房态、入住、收银、宾客状态等基本的酒店业务处理。在此阶段也同步完善了 PMS 系统与各外围系统的数据对接，从而为后期的快速扩张夯实了基础。

到了 2018 年公司开始进入发展期，门店规模达到了 1200 家左右，门店对绿云软件产

品的接受度也不断提升，业务层面也开始加入团队预定、大客户预定、会议室预定等预定产品。随着绿云 CRS 产品的不断升级，集成了维也纳原来的自研 CRS 系统，实现了各渠道体系订单的全面统一管理；同时也在策划与 WeHotel 的对接，为后期全面支持锦江系列会员、协议客人下单入住，实现维也纳会员体系、锦江会员体系并存的经营模式，丰富加盟门店订单量、集团整体出租率，实现集团整合战略需求提供了技术支撑。至此，绿云云平台已全面融入了公司发展的数字化战略，门店扩展步入了发展的快车道。

（三）数字化发展战略助推公司发展战略

至 2019 年，公司门店规模达到 2000 家以上，数字化战略实施已初见成效，公司进入了成熟的扩展期。此阶段随着多品牌、集团化的发展，公司开始实施绿云科技的数字化渠道管理、数字化集团融合管理、数字化集团营销管理、数字化中央审计、数字化经营分析等数字化模块，进一步落实公司数字化发展战略。为满足越来越多样化的经营管理需求，快速助推维也纳市场扩展，绿云科技为维也纳提供了多个经营解决方案，如简化系统操作流程、优化各类报表查询体验、新增大型企业托管挂账需求等，既方便了财务内控对门店经营合理性的监管，也为一线部门员工提供了更多便捷操作，提升酒店工作管理效率；同时通过数字化服务、数字化支付提升了客人的入住体验，使集团业务和运营管理得以全面提升，实现了管理与服务的数字化融合。以下为该公司管理与服务提升的具体表现。

（1）集团标准化运营层面实现。在数字化运营方面，通过云平台部署，获得安全、稳定、可拓展性强以及系统安装简单等优势，门店运营管理上手快，能快速纳入集团运营系统中。集团也可随时查询酒店任何经营情况、集团标准实现 3 类控制级别、集团统一代码、房价体系的审核和下发。

（2）集团门店管理层面实现。通过数字化拷贝集团能快捷有效地增加旗下不同类型的门店，集团可对旗下酒店按区域、管理类型、品牌进行管理，集团可对旗下酒店按不同分组进行数据汇总和分析。

（3）集团全渠道管理层面实现。通过数字化渠道管理，集团基于不同渠道的不同产品设计和发布管理集成了上百个渠道，包括携程、艺龙、美团、飞猪、去哪儿等。

（4）集团营销层面实现。在数字化营销方面，活动和促销产品可以跨品牌全面线上线下各签到交叉发布，实现早定早惠、尾房、折扣特权、无券单日折扣、无券连住折扣等数十种营销模式的管理和发布。

（5）集团账务管控层面实现。集团端 AR 实现了对所有门店的 AR 明细入账与汇总分析管理，方便财务实时了解整个集团门店账款回收率；同时，也实现了与锦江中央结算系统的对接，客户回收账款的自动核销，提升了账款回收后实时核销效率；集团使用绿云 AR 管理功能后，极大地方便了财务对所有门店应收账款回收全过程的监控管理，提高了应收账款收回效率，降低了门店呆账、坏账风险，增加了资本回报率，保证了应收账款的安全性，最大限度地降低应收账款的风险。从另一层面来讲，绿云 AR 管理功能助力集团对应收账款的有效管理，给公司管理层制定自身适度的信用政策提供了科学可信的依据。

（6）集团门店支持层面实现。通过数字化管理，集团能简单快捷地实现新增门店房型、房号导入，实现快速激活酒店开业上线，相比以前极大地减少了人力资源的浪费。

（7）集团智能化层面实现。通过数字化的智能服务，无论是对客房内各种设备的远程控制、智能门锁微信开门，还是无接触入住，绿云科技与市场上绝大多数智能化厂商都有成熟对接模式，在集团推行智慧酒店、自助入住方面，提供了可靠的技术支持。

随着绿云数字化系统的全面应用，在全面支撑和提升维也纳酒店扩展管理能力的同时，公司市场扩展数字化系统架构全面升级，整个云系统有效支持 5000 家以上酒店已为期不远，并可支撑 70 万间以上数字客房的房量。

（四）数字化战略的绩效以及未来设想

酒店的竞争力来源于酒店服务和产品，当达到一定规模后则是服务+产品标准化再加上规模化，维也纳酒店发展过程也与此相同。当酒店的服务、产品、规模不断提升，为达到效率、体验、成本之间的平衡，必然需要走信息化和数字化发展之路。绿云系统的启用和发展正迎合了大规模直营和加盟连锁酒店的需求，在酒店前台管理、财务管理、标准化管理、渠道管理、销售管理、结算管理、移动化管理各个方面全方位支撑了维也纳的发展和竞争优势。同时也降低了酒店运维成本，数字化云系统使集团每家成员酒店的 IT 维护人员从原有的 4 名减少到 1～2 名，数字化流程不但提高了经营效率也减少了经营中的集团管理成本和通信成本。

未来维也纳集团信息系统的数字化战略将从三个方向全面支持企业快速发展：其一围绕酒店生命周期的数字化管理，包括招商、筹备筹建、加盟服务管理、酒店运营管理等；其二围绕酒店的中央预订和营销的数字化管理，包括 CRS、CRM 和 PMS 三者之间的业务融合，重点就是电子商务的智能化；其三围绕后台以及技术应用的数字化管理，包括通用软件管理、财务管理、人力资源管理以及办公自动化等智慧管理。未来，随着数字化战略落实的深入发展，数字化应用将面向 C 端客户、加盟商客户、内部员工客户、供应商客户、合作伙伴客户的价值链层面全面移动化覆盖，利用云计算、大数据、移动、AI 等数字化技术，全面体现酒店经营中更敏捷、更高效、自适应的数字化服务和在线直销，让 IT 在酒店企业中的定位从支撑走向引领企业发展。

（案例来源：本案例由维也纳酒店管理公司提供。）

思考题：

1. 维也纳酒店为什么要采用数字化战略助推企业中端品牌的市场扩展？
2. 维也纳集团的数字化发展分了哪几个阶段？产生了怎样的效果？
3. 为什么说酒店 IT 技术应用已从支撑企业经营的角色转向引领企业的发展？举例说明。
4. 酒店数字化转型能带来怎样的市场竞争优势？

二、习题

1. 什么是旅游数字化？它包含哪些内容？
2. 简述酒店数字化建设的内涵。
3. 请结合实际谈谈酒店数字化建设的作用。
4. 简述酒店数字化建设的具体内容。
5. 什么是旅游信息系统？其核心技术是什么？
6. 通过查阅资料，总结金陵饭店电子采购网的作用。
7. 酒店信息系统的功能发展经历了哪几个时期？

8．简述酒店信息技术的初级应用涉及哪些酒店业务。

9．简述酒店信息技术的扩展应用涉及哪些酒店业务。

10．简述酒店电子商务包含哪些内容。

11．通过查阅资料，选择某一主流酒店前台信息系统，介绍其功能特点及应用情况，要求 1000 字左右。

12．结合实际应用以及数字技术的发展，谈谈酒店数字化建设的发展趋势。

13．结合实际案例，介绍数字技术应用对酒店经营产生的影响。

14．结合实际，谈谈酒店业的发展对数字技术发展产生怎样的影响。

15．什么是云计算技术？云计算在酒店有哪些应用？

16．作为单体酒店，应怎样开展数字化建设？

17．结合实际，谈谈酒店数字化能给酒店经营产生怎样的竞争优势。

18．为什么说酒店管理信息系统是酒店数字化建设的核心系统？

19．作为一家单体酒店，应如何利用数字化创造竞争优势？

20．作为一个酒店集团，应如何利用信息技术战略有效支持公司发展战略？

21．找个酒店集团开展数字化建设的案例，分析它是如何利用数字化创造酒店经营的竞争优势的。

第二章 酒店管理信息系统概述

学习目标

通过本章的学习，要求学生：① 掌握信息的概念，了解信息的特征及生命周期；② 熟悉信息系统的概念及结构；③ 掌握酒店管理信息系统的概念、作用；④ 熟悉酒店管理信息系统的应用类型；⑤ 了解酒店管理信息系统的发展现状及发展趋势。

酒店管理信息系统是信息时代的产物，属于管理信息系统的一个学科分支。随着信息系统在酒店应用范围的扩大，出现了支持各类业务的多样化的信息系统，酒店管理信息系统在酒店的经营管理中发挥着越来越重要的作用，现代酒店经营的管理、服务、营销、商务都离不开它。酒店管理信息系统不仅能促进酒店提升管理效率，而且能提高顾客满意度，改变经营模式，并提升市场竞争的能力。本章主要围绕酒店管理信息系统介绍信息的概念、特点、作用，重点介绍酒店管理信息系统的概念和结构，以及酒店管理信息系统的特征、应用类型等，最后介绍其发展现状及趋势。

第一节 信息与管理信息

信息系统是以数据为驱动的应用系统，它输入的是原始数据，输出的是对企业经营有用的信息。本节介绍信息与管理信息基本内容时，将从数据开始。

一、数据

数据（data）是一种按照某种规则排列组合的能够表示客观事物属性的物理符号。数据首先能够表示事物在某个方面的特性。例如股票，红线代表上涨，绿线表示下跌。这些数据需要按照一定的规则排列组合起来，才能够体现某段区间股票的总体走势。数据的表达有多种方式，可以是数字、文字、图像，也可以是计算机代码。

数据是信息的载体，为了能够掌握信息，我们需要对数据包含的主要信息和主要特征进行解读。我们需要了解这些物理符号序列的规律，要知道每个符号和符号组合的含义，从而获得该组数据所代表的信息。经过我们的"解读"，数据就经过了加工处理，从而被提炼成为有用的信息。例如，在酒店业常见的房态图中，VC 表示"空净房"，我们需要知道字母"V"是英文"vacant"的缩写，表示"空的"，字母"C"是英文"clean"的缩写，表示"干净的"，字母"V"和字母"C"组合在一起，意为"空的干净的房间"，简称"空净房"。在这里，"VC"就是数据，通过我们的加工，就获得了酒店整个"空净房"的信息。

除此以外，酒店还有内部数据和外部数据的概念，它们都是信息处理的基础。

二、信息

信息是一种初级的知识，是企业知识获取的原材料。酒店在经营中需要获取大量的信息，包括客源信息、旅游信息、政策信息。同样，信息也有酒店内部信息和外部信息之分。

（一）信息的定义

人类正在迈入信息化社会的大门。21世纪被称为信息时代，信息已成为推动社会进步的巨大推动力。人们每天都从电视、收音机、报纸、电话、图书、杂志、网络、智能手机等多种媒体上接收大量的信息。那么，什么是信息？广义上，信息就是消息。一切客观存在的数据都是信息。但是，关于信息的学术定义，至今还没有形成一个普遍认可的表述。以下表述是信息的众多定义中相对经典的。

1. 香农和维纳的定义

1948年，美国数学家、信息论的创始人香农在论文《通讯的数学理论》中指出："信息用来消除随机不确定性的东西。"

1948年，美国著名数学家、控制论的创始人维纳在《控制论》一书中指出："信息就是信息，既非物质，也非能量。"

这些定义，虽然不完全，但是产生了很大的影响，这是信息的原始定义。

2. 钟信义的定义

著名学者钟信义得出这样的结论：信息是事物的运动状态及其状态变化的方式。

3. 逆香农、逆维纳的信息定义

信息是确定性的增加，即肯定性的确认。

信息就是信息，信息与物质、能量构成了社会的三大资源。

信息是事物属性的标识。

通过分析可以看出，信息可以体现事物运动状态及其变化，并且是普遍存在的一种属性，这种属性可以减少事件的不确定性，从而对信息接收者产生实际的影响。因此，在本书中，我们采用我国《科学技术信息系统标准与使用指南：术语标准》中的信息定义："信息是物质存在的一种方式、形态或运动形态，也是事物的一种普遍属性，一般指数据、消息中所包含的意义，可以使消息中所描述事件中的不确定性减少。"

（二）信息的特征

在信息时代，信息能获得广泛应用，主要基于以下特征。

1. 可识别性

信息是可以识别的，可采取直观识别、比较识别和间接识别等方式来把握。直接识别是通过人的感官进行识别；比较识别是通过对比的方式进行识别；间接识别是指通过各种测试手段进行识别。不同的信息源有不同的识别方法。

2. 可转换性

信息常见的形态包括数据、文本、声音、图像等。信息可以从一种形态转换为另一种形态，如自然信息经过人工处理后，可以转换为语言或图形等方式。输入计算机的各种数据文字等信息，可以通过声音、绘图等方式输出。

3. 可存储性

信息也是可以存储的，大脑就是一个天然的信息存储器。我们可以将接收到的信息存储到大脑中，在需要的时候，信息会再次显现。人类发明的文字、摄影、录音、录像以及计算机存储器等都可以进行信息存储。

4. 可处理性

人脑就是最佳的信息处理器。人脑的思维功能可以进行决策、设计、研究、写作、改进、发明、创造等多种信息处理活动。随着信息技术的发展，计算机也具有信息处理的功能，构建的信息系统能够进行数据分析、数据挖掘等深层次的信息处理活动。

5. 可传递性

信息的可传递性是信息的本质特征。信息的传递是与物质和能量的传递同时进行的。语言、表情、动作、报刊、书籍、广播、电视、电话、电脑等是人类常用的信息传递方式。

6. 可再生性

可再生性是指信息资源具有非消耗性。信息经过处理，满足社会的需求和被利用后，不仅不会消耗，经过积累后还可以再生成其他表现形式的新信息。在社会活动中，信息资源的利用结果是再生新信息。

7. 可压缩性

信息可以进行压缩，可以用不同的信息量来描述同一事物，信息的压缩是为了储存和传递。人们常常用尽可能少的信息量描述一件事物的主要特征。

8. 可利用性

信息是物质存在的一种方式、形态或运动形态，它能够帮助人类减少事物的不确定性，具有一定的利用价值。信息的处理、储存和传递就是为了利用，同时信息的利用也是具有时效性的，即信息在特定的范围内是有效的，否则是无效的。

9. 可共享性

信息具有共享性，它不会像物质一样因为共享而减少，反而可以因为共享而衍生出更多的信息。例如，如果你有一种思想，我也有一种思想，我们相互交流，我们就都有了两种思想，甚至因为共享激发出更多的思想。

10. 价值相对性

信息具有使用价值，但是这种使用价值是相对的。这个价值的有或无、大或小，会根据接收者对信息的理解能力和利用能力的不同而不同。有的人能从凌乱的信息中分析处理得到价值，有的人可能对此不感兴趣或看不出有什么价值，这就是价值相对性。

（三）信息的生命周期

信息也是有生命的。信息从产生、收集、传输、加工、储存、使用、维护直到失效的过程通常被称为信息的生命周期。

1. 信息的产生

信息的产生分为两大类：原始信息和通过加工后产生的新信息。原始信息是事物在发展变化中产生的分散化的信息。信息通过积累或其他方式进行加工处理后也可以生成新的信息。

2. 信息的收集

信息收集过程也是信息获取的过程。信息收集是指通过各种方式获取所需要的信息。信息收集是信息得以利用的第一步，也是关键的一步。信息收集工作的好坏直接关系到组织管理工作的质量。信息收集的方法主要有集中化收集、有目的的专项收集和随机积累法等。

3. 信息的传输

信息要发挥作用，首先就需要将产生的信息传送到需要它的地方去。信息的传输受信息系统的规模、时空分布的约束、所采用的信息传输技术与设备等因素的影响。信息传递程序中有三个基本环节。第一个环节是传达人为了把信息传达给接收人，必须把信息译出，译为接收人所能懂得的语言或图像等。第二个环节是接收人要把信息转化为自己所能理解的解释，称为"译进"。第三个环节是接收人对信息的反应，要再传递给传达人，称为反馈。

4. 信息的加工

信息并不等于数据，数据经过加工后，通过人们的解释用于决策活动中才成为信息。一般来说，信息加工首先需要进行信息的筛选和判别。在大量的原始信息中，不可避免地存在一些假信息和伪信息，只有认真地筛选和判别，才能防止鱼目混珠、真假混杂。然后，要把这些信息进行分类和排序，才能存储、检索、传递和使用。最后，还需要对分类排序后的信息进行分析比较、研究计算，才可以使信息更具有使用价值乃至形成新信息。

5. 信息的存储

信息存储是指将经过加工整理有序化后的信息按照一定的格式和顺序存储在特定的载体中的一种信息活动，其目的是便于信息管理者和信息用户快速地、准确地识别、定位和检索信息。信息存储主要解决的问题包括为什么要储存这些数据，以什么方式储存这些数据，存在什么介质上，将来有什么用处，对决策可能产生什么效果，等等。

6. 信息的使用

信息使用包括技术和实现信息价值转换两个方面。技术方面主要解决的问题是如何快速及时、高质量地向信息用户提供信息服务。实现信息价值转化是分配目的，信息使用的深度大体可分为提高效率阶段、及时转化阶段和寻找机会阶段。信息的价值只有通过使用才能实现，因为信息的寿命有限，所以信息必须及时使用。在实际经营中，许多企业获得对企业经营有重大影响的战略信息后，不能及时使用并转化为价值，失去了企业发展的良好机遇。企业可以利用先进的技术得到充分的信息，较充分的信息可以提高企业经营决策的准确性，不及时的信息可能使企业失去发展的有利时机。

7. 信息的维护和失效

信息维护是指保证信息处于适合使用的状态，其主要目的是保证信息的准确性、可靠性、及时性和安全保密性。狭义的信息维护是指经常更新存储介质中的数据，使其保持正常状态。广义的信息维护是指信息系统建成后的全部数据管理工作。信息维护的目的是保证信息的准确、及时、安全和保密。当信息经历了一定的时间和空间，就会走向生命周期的终点——不再有价值，变成了失效的状态。

（四）管理信息

通过前面的论述，我们可以知道，信息具有消除不确定性的作用。管理信息是为某种管理目的和管理活动服务的信息，是经营中形成企业知识所需要的基本素材。所以，管理信息可以帮助组织消除管理中的不确定性，形成具有竞争力的企业知识。这些信息可以通过文字、数据、图表、音像等形式，反映组织的各种业务活动的状态和变化情况，并给组织的管理决策和管理目标的实现提供有参考价值的数据、情报资料。例如，一家新开的酒店需要确定房价，首先一定要在其周边了解酒店的房价，可能有各种类型的酒店价格，这些收集来的价格信息就是这家新开酒店所需的管理信息，然后经过加工，得出不同类型酒店的平均价格。这时候新开酒店根据自己的类型以及优势，结合调查所得的管理信息，就可以确定新开酒店的房间价格，这个价格就是新开酒店的企业知识，因为只有它执行这个价格才能盈利，进而取得竞争优势。

管理的主要职能包括计划、组织、领导、协调和控制。管理者在进行管理的时候，会面临各种决策。组织应该制订什么样的目标？如何评估组织的资源和环境条件？应该如何组织工作才能实现这些目标？如何控制组织的资金、物料以实现成本控制？如何针对目标市场开展营销？这些管理工作都需要管理信息为其提供参考依据，从而实现对组织内外部各项资源的合理利用，并达到组织的目标。

1. 信息是很重要的资源

美国信息资源管理学家霍顿（F. W. Horton）和马钱德（D. A. Marchand）等人在 20 世纪 80 年代初就指出，信息资源与人力、物力、财力和自然资源一样，都是企业的重要资源。信息资源与自然资源、财物资源、人力资源统称现代社会发展的四大资源。21 世纪是信息社会和知识经济时代，随着信息技术的发展，信息化和网络化已日益渗透到整个社会经济领域，信息资源相比其他资源显得日益重要。信息资源对酒店的经营管理也产生了重大影响，为了充分发挥信息资源的价值，酒店需要建立以信息流为纽带的管理体制和信息化管理平台，从而提高酒店的效益和竞争力。能否真正把信息看作企业的宝贵战略资源并有效地加以开发利用，是酒店决策者所面临的新挑战。

2. 信息管理是科学管理的基础

企业的科学管理需要通过对企业外部情况、内部情况的客观了解才能做出正确的判断和决策。为满足客人的需求，企业必须及时获取各类客人的消费信息和客源市场信息，充分了解当前的消费时尚、不同客源市场的不同消费习惯和消费倾向，并正确地制定相应的决策。然而，传统的企业管理是依靠经验或者"灵机一动"进行决策的，这种决策与领导者的经验、风格、个人能力有着很大的关系，对决策者的要求也很高。这种凭借经验的决策，很容易造成管理失误。所以，在管理过程中，管理者需要通过信息来控制整个生产过程、服务过程的运作，同时也靠信息的反馈来不断修正已有的计划，依靠信息来实施管理控制。在酒店管理中，有很多事情不能被很好地控制，其根源是没有很好地掌握全面的信息。所以，信息管理是科学管理的基础，没有全面、准确的信息，科学管理也无从谈起。

3. 信息是联系组织内外的纽带

要想企业能够上下一心，共同向企业的目标前进，就需要通过信息进行联系和保持沟通，企业需要通过网络建立通畅的信息传输纽带，从而获得一线的最新市场动态、各部门最新的工作进展、企业管理层最新指令等，从而实现组织内部各职能部门之间的协调合作。企业与外界的联系也是通过信息互相沟通的，没有信息就不可能很好地获得内外沟通和步调一致地协同工作。

管理信息对于组织而言，就犹如血液对人体的意义，我们必须建立高效的循环系统，把必要的信息传送到需要它的地方，从而实现组织的有序管理和良好发展。在 21 世纪，信息呈爆炸式增长，所以管理者面临着巨大的管理信息数据库。同时，组织形式也出现结构网络化、全球化发展的趋势，管理这些信息，并合理、高效地利用信息做出正确的管理决策显得尤为重要。

第二节　管理信息系统

认识酒店管理信息系统必须先了解管理信息系统的概念。什么是管理信息系统？管理信息系统的结构如何？管理信息系统的作用有哪些？本节将介绍这些内容。

一、管理信息系统的概念

当今，在市场竞争激烈的环境中，信息系统已成为现代生产经营体系中最重要的投入。管理人员和决策者所面临的问题是如何把信息看作一种有价值的基础性资源，认识信息在物质社会中的先导作用，从而认识建立信息系统的重要性。建立计算机管理信息系统是体现这个认识的主要形式，也是实现管理现代化、信息化的重要步骤，它已成为经营管理和决策部门的客观需要，也是企业的一种基础性建设。

人们对管理信息系统的认识是一个不断提高和完善的过程，随着信息化的深入，其概念也在不断拓展和深化。20 世纪 60 年代，美国经营管理协会及其事业部第一次提出了建立管理信息系统的设想，即建立一个有效的信息系统，使得各级管理部门都能了解本单位的一切有关的经营活动，为各级决策人员提供所需要的信息。但当时由于硬、软件水平的限制和开发方法的落后，并没有取得明显效果。

20 世纪 70 年代以后，随着科学技术特别是计算机等信息技术的迅速发展，以及经济管理模型得到一定的实际应用，管理信息系统在信息系统的基础上得到了较大发展，逐步形成管理信息系统学科体系。"管理信息系统"（MIS）一词最早出现于 1970 年。1970 年，Walter T. Kennevan 给刚刚出现的"管理信息系统"一词下了一个简单定义："以口头或书面的形式，在合适的时间向经理、职员以及外界人员提供过去的、现在的、预测未来的有关企业内部及其环境的信息，以帮助他们进行决策。"很明显，这个定义是出自管理的，而不是计算机的。它没有强调一定要用计算机，它强调了用信息支持决策，但没有强调应用模型。

进入 20 世纪 80 年代以后，随着各种技术特别是信息技术的迅速发展，MIS 也得到了同步发展，MIS 的概念逐步得到了充实和完善。1985 年，管理信息系统的创始人，明尼苏达大学的管理学教授 Gordon B. Davis 给了管理信息系统一个较完整的定义："管理信息系统是一个利用计算机软硬件资源，手工作业，分析、计划、控制和决策模型以及数据库的人机系统。它能提供信息支持企业或组织的运行管理和决策功能。"这个定义全面地说明了管理信息系统的目标、功能和组成，而且反映了管理信息系统在当时达到的水平。它说明了管理信息系统的目标有高、中、低三个层次，即在决策层、管理层和运行层上支持管理活动。

"管理信息系统"一词在中国最早出现于 20 世纪 70 年代末 80 年代初，根据中国的应用特点，许多从事管理信息系统工作的中国学者也给管理信息系统下了定义，其中最具代表性的定义是：管理信息系统不仅是一个能向管理者提供有帮助的基于计算机的人机系统，而且是一个社会技术系统。该定义说明管理信息系统的应用不仅依赖于信息技术本身，而且更多地依赖于组织中的人和外部环境。这是对信息系统的社会技术系统属性的充分认识。

从前面对管理信息系统定义的分析，我们可以发现，管理信息系统是基于信息技术的人机系统，也是需要综合考虑系统环境的社会技术系统，该系统提供的信息能够支持企业或组织的运行管理和决策功能。了解了管理信息系统的各种概念后，我们也可以重新描述管理信息系统的定义：管理信息系统是以人为主导，充分利用计算机软硬件系统、网络通信技术等，进行信息的收集、传输、加工、存储、更新和维护，支持组织高层决策、中层管理、基层运作，从而提高组织管理效率、创造竞争优势的人机系统。它具体包括以下部分。

（1）人机系统：管理信息系统是一个人机系统，并且以人为主导。

（2）管理信息系统能够从基层业务处理、中层管理、高层决策三个层次支持组织管理。

（3）系统功能：包括信息的收集、传输、加工、存储、更新和维护。

（4）系统组成：由人、计算机软硬件系统、数据及其存储介质、通信网络、办公设备、规章制度等组成。

二、管理信息系统的结构

管理信息系统的结构是指管理信息系统的组成及其各组成部分的相互关系。由于可以从不同的角度理解管理信息系统的各组成部分，因此形成了不同的管理信息系统结构。

（一）物理结构

按照信息系统硬件在空间上的拓扑结构，其物理结构一般分为集中式与分布式两大类。

集中式结构是指物理资源在空间上集中配置，管理系统软件集中安装在一台服务器上，每个系统的用户通过网络来登录并使用系统。早期的单机系统是最典型的集中式结构，它将软件、数据与主要外部设备集中在一套计算机网络之中，实现共同操作同一套系统，使用和共享同一套数据库，通过严密的权限管理和安全机制来实现符合现有组织架构的数据管理权限。由分布在不同地点的多个用户通过终端共享主机资源的多用户系统，也属于集中式结构。

集中式结构的优点是资源集中，便于管理，资源利用率较高。数据集中管理、集中使用，只要保证服务器的运行稳定和定期备份，就解决了整个系统的维护问题。同时，也帮助企业实现了系统扁平化处理业务，总部的管理人员可以随时了解一线运营现场的每个细节。但是随着系统规模的扩大，以及系统的日趋复杂，集中式结构的维护与管理越来越困难。此外，资源过于集中会造成系统的脆弱性，一旦主机出现故障，就会使整个系统瘫痪。目前在信息系统建设中，一般已很少使用集中式结构。

随着数据库技术与网络技术的发展，分布式结构的信息系统开始产生，分布式系统是指通过计算机网络把不同地点的计算机硬件、软件、数据等资源联系在一起，实现不同地点的资源共享。分布式结构又可分为一般分布式与客户机/服务器模式。一般分布式系统中的服务器只提供软件与数据的文件服务，各计算机系统根据规定的权限存取服务器上的数据文件与程序文件。客户机/服务器结构中，网络上的计算机分为客户机与服务器两大类。服务器包括文件服务器、数据库服务器、打印服务器等；网络节点上的其他计算机系统则称为客户机。用户通过客户机向服务器提出服务请求，服务器根据请求向用户提供经过加工的信息。

分布式结构的主要优点是可以根据应用需求来配置资源，提高信息系统对用户需求与外部环境变化的应变能力，系统扩展方便，安全性好，某个节点所出现的故障不会导致整个系统的停止运作。然而由于资源分散，且又分属于各个子系统，系统管理的标准不易统一，协调困难，不利于对整个资源的规划与管理。由于分布式结构适应了现代企业管理发展的趋势，即企业组织结构朝着扁平化、网络化方向发展，因此分布式结构已经成为信息系统的主流模式。

某酒店管理信息系统的物理结构如图 2-1 所示。

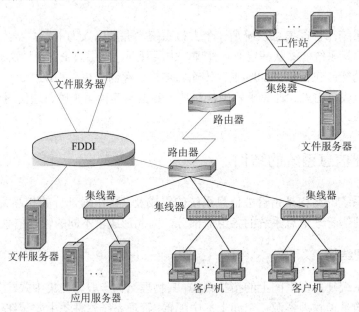

图 2-1　某酒店管理信息系统的物理结构

（二）功能结构

管理信息系统的功能结构是其功能综合体和系统概念性的框架。由于管理信息系统种类繁多，规模不一，功能上存在较大差异，其功能结构也不尽相同。

从组织职能角度而言，对于组织内部的每一个职能部门都有各自的信息需求，因此都需要为它设计一个信息系统模块或子系统。这就意味着可以按照需要使用信息的组织职能来建立管理信息系统，根据组织职能来划分管理信息系统的子系统。对于一般的生产组织，从管理职能角度划分，往往包括供应、生产、销售、人事、财务等主要功能的子系统。

　　一个完整的管理信息系统支持组织的各种功能子系统，每个子系统可以独立完成各自的任务，并且可以有自己的专用文件和专用数据，也可以通过接口文件实现子系统之间的数据联系。管理信息系统的任务在于支持管理业务，因而管理信息系统可以按照管理任务的层次进行功能规划和设计，主要包括基层业务处理、中层管理、高层决策层次，不同的管理层次有不同的系统功能要求。根据处理的内容及决策的层次来看，可以把管理信息系统功能结构看成一个金字塔式的系统结构，如图 2-2 所示。

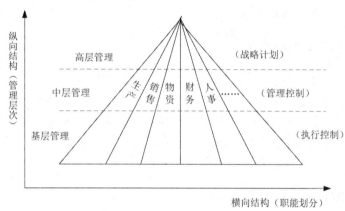

图 2-2　管理信息系统基于功能的金字塔结构

（三）概念结构

　　从信息技术的角度来看，管理信息系统的处理对象是组织的管理信息。所以，从信息流的技术角度分析，管理信息系统无非信息的输入、处理和输出等功能。在处理信息时，需要考虑信息如何传输、如何存储、如何修改、如何检索等功能要求，这是管理信息系统的基本概念，由此出现了系统的概念结构，如图 2-3 所示。因此，在开发管理信息系统时，必须考虑这些基本概念的功能实现。有时还必须考虑细节，如信息的检索有指定检索和模糊检索；信息的统计有时要考虑按常规时间段（如月、季）统计，有时还要考虑按非常规时间段统计；信息的增加有时还要考虑让系统自动记录增加的时间点，以便对系统的操作进行追踪等。

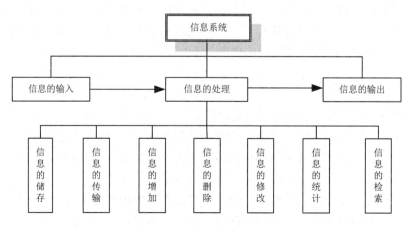

图 2-3　管理信息系统概念结构

管理信息系统的机构还有其他一些结构，都是从不同人员的角度去看或认识管理信息系统，如对于设计的技术人员或系统维护的技术人员而言，还有系统的软件结构等。限于篇幅，这里就不再细述，读者可以自己归纳相关系统结构的知识点。

三、管理信息系统的作用

管理信息系统是现代企业经营管理中不可缺少的技术系统，它不但能促进企业组织的科学化管理，也能使企业组织机构扁平化，更可以促进企业流程的再造，创造企业的竞争优势，支持企业组织的战略执行和实现。

（一）促进组织科学化管理

管理信息系统可以广泛使用信息通信技术、移动网络等先进技术，博采众学科领域的先进理念，依靠定量化的科学管理方法，通过预测、计划优化、管理、调节和控制等手段支持管理决策。通过管理信息系统可以避免传统决策依靠决策者的个人经验、凭直觉判断的弊端，避免空泛管理学下管理的表面化和"拍脑袋"式决策带来的盲目和不必要的损失，提高企业决策和运行的效率，提升管理效率和效益。

（二）促进组织机构扁平化

传统企业组织结构采用金字塔式的、纵向的、多层次的集中管理，这样容易造成信息传输速度慢、传输过程容易失真、管理效率低下等问题。管理信息系统的引进，可以改变企业的这种组织结构，促进组织向扁平化的方向发展。在扁平化组织结构中，简化了管理的层级，信息流动顺畅，降低了组织内部信息交流的成本，从而使纵向金字塔式的官僚体制开始崩溃，企业正向无边界网络化组织迈进。

（三）有利于业务流程再造

管理信息系统是一个"人机社会系统"，所以组织内部的流程必须与管理信息系统的流程相适应。在构建管理信息系统初期，就需要充分考虑组织内部的业务流程优化，从而逐步实现组织内部业务流程再造。同时，近年来，随着互联网技术和电子商务的发展，管理信息系统已突破原有的界限，成为组织内部业务流程和外部商务流程集成的平台，即跨组织的信息交流平台，在这种业务流程下，管理信息系统不仅能有效地改造组织过时、僵化的业务流程，提高组织内部业务流程的效率，还能提高与外部交易过程的效率，一举两得。

（四）支持组织战略执行

企业的竞争优势是在企业开展各种活动的过程中展现的。企业通过各种生产管理活动，为顾客创造价值。企业所创造的价值，通常是以顾客愿意支付其产品或服务的总和来进行评估的。企业是否盈利就要看它所创造的最终价值能否超过本身业务的总成本，要在激烈的竞争中赢得优势，企业必须提供给顾客更具有竞争力的价值，可以比竞争对手更高的效率，或以独特的方式创造更高的顾客价值、更好的产品价格等来取得竞争优势。通过管理信息系统，企业可以实测各种活动过程的运行情况，利用过去的数据预测未来，从全局出发辅助企业进行经营决策，制定战略，并利用信息控制企业行为，帮助企业实现发展目标。

第三节　酒店管理信息系统的基本概念

酒店的服务具有超前性的特点，这就要求酒店企业必须不断地提高客人住店的舒适度、安全性和方便性，如快速的接待服务、信息多样化的客房服务、便捷的位置服务、疫情要求的无接触服务等，即必须采用先进的信息技术对酒店的设施设备进行改造和更新，用便捷的信息系统提升服务，不断进行服务创新，只有这样才能使酒店持续地以崭新的面貌迎接客人的到来。酒店管理信息系统为这一切提供了可能。

一、酒店管理信息系统的概念

酒店管理信息系统是信息系统在酒店行业的具体应用，是管理信息系统的一个重要分支。国内学者和业界对"酒店管理信息系统"一词有很多类似的称呼，主要有酒店信息系统、酒店信息管理系统、酒店计算机管理信息系统、酒店计算机管理软件、酒店综合管理信息系统等。这些称呼在一定程度上反映了人们对酒店管理信息系统的理解，也反映了信息系统在酒店业应用的变化过程。

我们可以借鉴前面对管理信息系统的定义，实现对酒店管理信息系统的概念界定。酒店管理信息系统是由人、计算机、网络等组成的能够对酒店信息进行收集、传输、加工、存储、使用和维护，并以人为主导，为酒店经营、管理和决策提供服务的人机系统。它能实时反映酒店经营的各种情况，预测酒店经营的未来，帮助酒店实现经营目标。对于该定义，我们需要理解以下几个方面的内容。

（一）酒店管理信息系统是一个信息处理系统

这是从技术层面得出的关于酒店管理信息系统的最基本的理解，即该系统能够对酒店的信息进行收集、传输、加工、存储、使用和维护等一系列处理，这是酒店管理信息系统应用的较低层次，属于初级应用。酒店通过构建分析型的软件、硬件及其网络应用系统，实现酒店经营管理方面的信息反馈，并通过该系统，可以再生出一些新的信息，以辅助酒店经营管理者进行决策，实现信息系统的中、高级应用。20 世纪末至 21 世纪初，我国大部分酒店对酒店管理信息系统的应用也仅停留在初级应用层面。

（二）酒店管理信息系统是一个经营管理系统

这是从应用角度来理解的，人们开发并使用酒店管理信息系统，主要是为了解决酒店的经营管理问题，如接待、排房、服务、结算等。由于酒店是服务性行业，属于"信息密集型"的行业，为了满足客人需求，酒店服务人员需要大量的信息，包括客人的特殊喜好、酒店当前客房的状态、餐饮的食品状态、酒店未来的出租率等。在没有酒店管理信息系统以前，所有这些都通过手工制表的方式进行，效率低下而且容易出现差错。酒店管理信息系统的使用可以为酒店的常规经营提供技术手段，使人从繁重的劳作中解脱出来，提升工作及管理效率。同时，通过将经营情况数据化，可以有效地为管理者管理、决策者决策提供有效信息作为参考依据，帮助酒店提升经营管理的竞争力。21 世纪初至 2010 年，我国大多数酒店对酒店管理信息系统的应用基本都达到了中级应用层面。

（三）酒店管理信息系统是一个人机系统

人们很容易把酒店管理信息系统理解为一个纯技术系统。事实上，酒店管理信息系统不仅仅是一个技术系统，它更是一个人机系统，并且是以人为主导的人机系统。人机系统是指由人和机器构成，并依赖于人机之间相互作用而完成一定业务功能的系统。人机系统的研究开始于第二次世界大战期间，在设计和使用高度复杂的军事装备时，人们逐步认识到必须把人和机器作为一个整体去考虑，系统设计和使用必须考虑人的因素，这样才能使系统可靠、高效地发挥作用。由于酒店管理信息系统涉及管理科学、系统理论、计算机科学和信息学科等多个领域，是一门交叉性非常强的边缘性新兴学科，如果仅将其限制到技术系统，那么系统很难发挥理想的作用。因此，我们需要充分考虑经常与系统接触的"人"，包括系统各个层面的使用者、系统的开发者、维护者，这样的酒店管理信息系统才能真正可靠且高效。机器是"死"的，人是"活"的，人所在的环境也是"活"的，因此，酒店管理信息系统除了考虑系统本身，更需要考虑人、人所在的组织、人所在的社会环境等。达到这样境界的系统应用，就处于高级应用层面了，我国到目前为止只有少数的酒店达到该层面，它们不仅向系统要效率，更要效益。

二、酒店管理信息系统的特征

酒店管理信息系统是一个综合性的应用系统，酒店又是一个服务性很强的行业，尤其需要服务的敏捷性和灵活性，由此显示出酒店管理信息系统的一些应用特征。

（一）信息更新快

酒店管理信息系统必须能够反映酒店当前的经营状况和变化趋势，包括最新的客人住店情况、客人消费情况、客人预订情况、客房销售情况、酒店的营业收入情况、酒店的物料库存情况等，这是管理者是否能够根据酒店的现状正确地制定决策的基本要求和基本保障。因此，酒店管理信息系统的信息更新，反映了经营中信息实时性要求的特征。

（二）信息容量大

酒店的经营管理除了需要内部的员工信息、设备信息、财务信息、产品信息外，更需要客人的消费信息、交互信息、客源的市场构成信息、社会的消费趋向信息以及环境的旅游服务信息等，而且，这些信息不但要反映当前的状况，还应记录过去的状况和变化过程。这些信息种类繁多、数量庞大、处理复杂，是酒店管理信息系统的显著特征。

（三）开放型系统

酒店管理信息系统是一个开放型的系统，尤其是基于云端的信息系统，因为它的业务是开放式全天候的，涉及旅行社、景区或度假区以及大客户合作伙伴等。每天都有源源不断的信息输入，经加工后产生不同类型的信息输出。此外，系统的各种信息资源使用的权限也是开放的，不同酒店根据需要可以设置不同的功能权限，功能权限的设置也非常灵活。不同用户会看到不同的操作功能栏目，会获得不同的使用功能。

（四）综合协调性

酒店对客人的服务不是仅靠一个部门就能够完成的，而需要酒店与其他服务企业之间的协调。酒店内部部门与部门之间、员工与员工之间、员工与部门之间的工作需要协调一致，保证酒店向住店客人提供优质服务。酒店的管理信息系统必须具备能够使酒店各组成部分之间协调工作的功能。例如，销售部门必须将当天预计要到达的预订客人和团体及时地通知各接待部门（如前厅、餐饮、客房部等），做好接待准备工作；客房清洁员在打扫房间的过程中发现房内设施、设备损坏时应及时报告主管人员，填写工作单通知工程部门修理。

三、酒店管理信息系统的作用

狭义的酒店管理信息系统也称为酒店经营管理系统，可以是前台系统，也可以是营销系统或客户管理系统，它开始是为了经营管理而产生的应用软件。作为经营管理系统，它首先是为了提高工作效率、改善客户体验，后来该经营管理系统可以用来改变酒店的商业模式，甚至改变作业流程，实现酒店的服务创新，形成新一代的信息系统。广义的酒店管理信息系统包括酒店所有的软件应用系统，不仅要提高酒店经营的工作效率，更要提高酒店的经营效益，如电子商务系统一类的应用系统等。许多酒店管理者认为，酒店管理信息系统的软件可以创造酒店的竞争优势，更可以驱动服务创新。下面就来了解管理信息系统的具体作用。

（一）提高工作效率

酒店管理信息系统可大大提高业务运作的速度和准确性。无须手工填写资料，可将客人资料直接输入计算机，自动打印入住登记表或预付金收款单，简化入住登记手续，缩短客人等待时间；酒店管理信息系统的夜间稽核产生的报表功能完备，为管理层提供决策数据，彻底结束手工报表的历史；电脑资料的正确保存避免了抄写客人名单的低效工作；电话费自动计费及电话开关程序控制、叫醒服务设置（需要电话交换机支持这些功能）等，使话务员从烦琐的话务台管理中解放出来；多样化的房态显示，可以为相关部门提供详尽、明了的房间使用信息，方便员工快速查询可售房信息，等等。

（二）提升顾客体验

如果用一个词来形容酒店业必须追求的境界的话，那就是"良好的顾客体验"。如果每个光临酒店的顾客在入住或者就餐期间，都能够有非常好的消费体验，那这样的酒店将在市场竞争中立于不败之地。由于酒店管理信息系统处理信息的速度很快，可以大大减少客人入住、退房结账的等候时间，提高对客服务质量，提升顾客体验。在顾客决定预订酒店服务产品的过程中，酒店可以通过信息技术提供实时预订服务，在第一时间为顾客提供高效、准确及可互动的订房或订餐服务。通过酒店管理信息系统的客史档案，回头客可以自动识别，黑名单客人会自动报警，VIP 客人能够立即鉴别。并且在酒店的管理信息系统中，详细记录了每一个客人的住宿信息和特殊要求，方便酒店根据客人的个人习惯提供个性化服务。国外的众多酒店都非常重视客户档案，通过对客户的统计分析改变了酒店的经营策略，通过个性化服务满足了顾客的特殊要求，提升了顾客的体验，成功地保留了固定客户群，也不断吸引新的客户加入，最终形成了自己的市场定位，在市场竞争中立于不败之地。

（三）改变商业模式

信息技术的出现，彻底改变了酒店与酒店之间、酒店与消费者之间的沟通模式，进而改变了商业经营模式。传统的酒店企业扩张，需要大量熟悉酒店管理模式的管理人员的输出。然而，利用酒店管理信息系统可以快速地复制酒店企业的营销和管理模式，实现企业复制。酒店管理信息系统的流程设计，可以很快为新的酒店所利用，并且所产生的经营数据和统计数据也是采用相同标准，有利于酒店的快速扩展。例如，开元旅业集团就是利用集成的酒店管理信息系统实现了企业复制，在短短的 5 年时间里，从旗下拥有 20 多家成员酒店，迅速扩展成拥有 120 多家成员酒店的国际酒店集团。国际连锁酒店的发展史也是一个很好的证明。经过长时间的发展，大多数国际连锁酒店都拥有了比较成熟的集团信息系统，这些管理信息系统往往成为全球化的营销/分销系统，吸引着更多的酒店加盟这些国际连锁酒店。信息技术不但改变了酒店的发展模式，也改变了与顾客的沟通方式，使酒店与顾客的一对一营销和互动式营销成为可能。近几年，随着移动技术的发展，微博、微信等移动社交技术在酒店经营上的应用，又为酒店的商业模式提供了新的发展契机。

（四）驱动服务创新

随着信息技术的飞速发展，产品技术和功能的同质化水平越来越高，通过提高产品质量、降低产品生产成本进行竞争的空间越来越狭窄，因而服务创新成为酒店进行市场竞争的重要武器。实践证明，酒店的服务创新超过一半来自信息技术，信息技术是服务创新的重要驱动力。相关调查研究表明，酒店的服务创新都是通过信息技术和信息系统软件实现的，通过在不同的服务环节挖掘信息技术应用的切入点，可以持续不断地实现服务创新。例如，杭州黄龙饭店为了提升客户体验，将酒店的菜单换成用 iPad 点菜。客户可以通过 iPad 点菜系统查询菜品的图片、做法、营养结构等知识，点完菜后，还可以保留 iPad 在身边直到用餐结束。这时 iPad 就不仅仅具备点菜的功能，还可以成为顾客打发等待时间的好伙伴。点菜系统切换之初，媒体竞相报道，吸引了不少客户慕名就餐。事实上，黄龙饭店的这一创新还是算过经济账的：传统的纸质菜单的成本高达两三千元，一年更换 2～3 次菜单，支出就需要七八千元。而一台 iPad 的价格为 3988 元，应用之后，每次需要更换菜单时，只需更换照片即可，成本上并不见得多出多少。

（五）创造竞争优势

信息技术到底能不能创造竞争优势？不管是国内还是国外，都有学者为这个问题争论，还有一些学者对该问题进行了专门研究，从而提出信息技术并不能提高生产力之类的悖论例证。事实上，信息技术首先是一项技术，技术本身是不能直接带来经济效益的，但利用技术来改善管理和提升服务可以提升竞争优势。对于酒店而言，通过信息技术创造竞争优势的主要路径应该是，通过先进的酒店管理信息系统改变酒店的运营模式（如酒店操作流程）和服务模式，通过把不合理的流程加以改变，并将改进后的流程推广到酒店的每个部门，落实到每位员工身上，从而保证这些流程能够始终如一地执行。通过不断地寻找酒店不合理的流程并加以完善和实施，或者对相关的业务流程进行整合，最终打造出一套与酒店自身管理相契合的操作流程，在不断的管理和服务创新过程中，实现经营的竞争优势。

四、酒店管理信息系统的结构

作为一个系统，酒店管理信息系统有自己的一些结构，这些结构也是从应用的角度去认识的。这里我们重点讲解两种主要的结构形式，一种是反映软件整体技术性能的结构，即 HMIS 的体系结构；另一种是反映软件管理功能的结构，即 HMIS 的功能结构。

（一）酒店管理信息系统的体系结构

目前在酒店前、后台信息系统中流行的体系结构大致有两大种类：C/S 结构和 B/S 结构。

1. C/S（client/server）结构

C/S 又称 client/server 或客户/服务器模式，即大家熟知的客户机和服务器结构。C/S 模式的体系结构出现在 20 世纪 80 年代，最典型、最流行的是两层结构。第一层为客户端层，应用程序安装在用户客户机上，集中了用户操作界面与各种业务逻辑与处理功能；第二层是服务层，客户端用户的申请通过网络连接到数据库服务器。这种结构模式可以充分利用两端硬件环境的优势，将任务合理分配到 client 端和 server 端来实现，降低了系统的通信开销。目前，基于酒店信息的安全性考虑，酒店系统比较多地采用 C/S 结构的酒店管理信息系统。C/S 模式体系结构如图 2-4 所示。

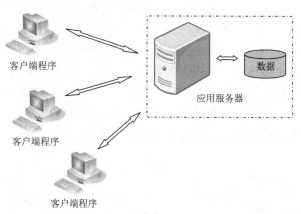

图 2-4　采用 C/S 结构的酒店管理信息系统

（1）C/S 结构的优点。

① 客户端响应速度较快。由于客户端也能够进行数据处理，可以充分发挥客户端 PC

的处理能力，很多工作可以在客户端处理后再提交给服务器，这样既减轻了服务器的负担，又提升了整体响应速度。

② 有效地降低服务器运算量和负荷。由于客户应用程序运行在用户自己的电脑上，有效减轻了服务器的负担。一旦服务器程序被启动，就随时等待响应客户程序发来的请求。当需要对数据库中的数据进行任何操作时，客户程序就自动地寻找服务器程序，并向其发出请求，服务器程序根据预定的规则做出应答，送回结果，应用服务器运行数据负荷较轻。

③ 稳定性和安全性较好。由于 C/S 结构对环境要求较高，一般应用在安全性相对较高的局域网、广域网上，可以采取多种措施，保障网络安全，对信息安全的控制能力较强。

（2）C/S 结构的缺点。

① 首先，培训、维护工作量大。由于客户端软件功能复杂，一般来说，客户端用户须经过培训才能正确使用，因此培训工作量较大。其次，相对来说其维护成本较高。网络管理工作人员既要对服务器维护管理，又要对客户端维护管理，这需要高昂的投资和复杂的技术支持。客户端应用程序升级时，所有客户机均须安装升级版本。客户端的电脑如果出现问题，如病毒、硬件损坏，都需要进行安装或维护。

② 对于酒店集团，数据的实时更新和同步更新存在问题。采用 C/S 结构，要选择适当的数据库平台来实现数据库数据的真正"统一"，使分布于两地的数据同步完全交由数据库系统去管理。如果需要建立"实时"的数据同步，就必须在两地间建立实时的通信连接，保持两地的数据库服务器在线运行。

③ 环境要求高，跨平台移植困难。C/S 结构对客户端操作系统有一定的限制要求。根据客户端应用软件使用环境的要求，不同的应用软件需要相应的操作系统支撑，如有些要求 Windows 操作系统，而有些则要求 UNIX 操作系统。不仅如此，可能同一类别操作系统因为版本的问题而无法兼容。此外，C/S 结构跨平台移植困难，虽然有众多的开发工具，但通常开发工具对应用程序的运行环境有要求，因此很难做到跨平台运行。

2．B/S（browser/server）结构

B/S 结构即浏览器和服务器结构，它是随着互联网技术的兴起，对 C/S 结构的一种变化或者改进的结构。在这种结构下，软件应用的业务逻辑完全在应用服务器端实现，用户操作完全在 Web 服务器实现，客户端只需要浏览器即可进行业务处理。目前的云服务架构应用软件都属于这种类型结构。用户工作界面通过浏览器来实现，极少部分事务逻辑在前端（browser）实现，主要事务逻辑在服务器端（server）实现，形成所谓的三层（3-tier）结构。这样就大大简化了客户端的电脑载荷，减轻了系统维护与升级的成本和工作量，降低了用户的总体成本（TCO）。以目前的技术看，局域网建立 B/S 结构的网络应用，并通过互联网/内网模式实现数据库应用，相对易于把握，成本也是较低的。B/S 模式体系结构如图 2-5 所示。

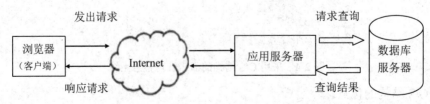

图 2-5　基于 B/S 结构的三层体系结构模式

（1）B/S 结构的优点。

① 维护和升级方式简单。随着技术的发展和酒店业务的改变，酒店信息系统的改进升级也会越来越频繁。B/S 结构的软件只需要管理服务器就行了，所有的客户端只是浏览器，根本不需要做任何的维护。所有的操作只需要针对服务器进行，如果是异地，只需要把服务器连接专网或放在云端即可，实现远程使用、维护、升级和共享。这对于酒店集团或者酒店联盟，将是非常有优势的一种结构模式。

② B/S 结构的系统，由于数据是集中存放的，客户端发生的每一笔业务单据都直接进入中央数据库，不存在数据一致性的问题。酒店集团总部可以直接追溯到各级成员酒店的原始单据，更有利于酒店对基层情况的控制。

③ B/S 结构的使用范围更广，只要能够上网，就可以访问系统。系统完全是开发型的，即能实现不同的人员，从不同的地点，以不同的接入方式（如 LAN、WAN、Internet/Intranet 等）访问和操作共同的数据库。

（2）B/S 结构的缺点。

① 页面动态刷新，响应速度明显降低。客户端不能直接访问数据服务器以实现数据处理，而是必须先向中间 Web 服务器申请，由 Web 服务器实现对数据服务器的数据操作后，将相关数据转换成 Web 页面，提供给客户端，因此对于大量实时数据的处理不适合。

② 对复杂的操作和处理感到困难。由于浏览器只是为了进行 Web 浏览而设计的，因此较复杂的业务逻辑功能，如大量数据的输入、复杂报表的处理等，应用在 Web 系统时，将不能实现或实现较困难。

③ 应用服务器运行数据负荷较重。由于数据都存储在中央数据库，客户端只能完成浏览、查询、数据输入等简单功能，绝大部分工作由服务器承担。Web 服务器在处理众多客户端的请求的同时，还要进行数据库连接、数据操作等处理。因此在访问量较大时，服务器端负载显得较重。一旦发生服务器"崩溃"等问题，后果不堪设想。因此，许多单位都备有数据库存储服务器，以防万一。

随着硬件设备的快速更新换代，服务器处理信息的能力也越来越强，所以从 C/S 结构发展为 B/S 结构已是大势所趋。目前，很多酒店管理信息系统要么已经是 B/S 结构的，要么正在经历从 C/S 到 B/S 结构的转变。B/S 结构的酒店管理信息系统势必在未来成为主流。

（二）酒店管理信息系统的功能结构

HMIS 是一个综合性经营管理系统，具有多种功能，它围绕酒店经营构成了一个有机结合的整体。对于酒店来说，一个信息系统是围绕酒店的管理层次以及为了完成酒店业务数据处理需要而定义的功能模块（或子系统）来构建的。在酒店业务管理中，除了前台信息系统以外，HMIS 还包括后台信息系统、扩充系统和接口系统等。扩充系统其实也可以根据是否提供直接对客服务功能划分到前台系统和后台系统。图 2-6 是为了展示方便，将扩充系统独立划分出来，以与前、后台的核心业务区别。下面就来了解一下 HMIS 的具体功能。

随着互联网技术的深入应用以及电子商务发展的要求，基于互联网的预订中心、营销中心都是前台系统的关键功能。另外，扩充系统已成为 HMIS 应用发展最快的功能系统，如现在的收益管理、自媒体、营销服务 App、会员管理、经营管控等都属于扩充系统的功能内容。

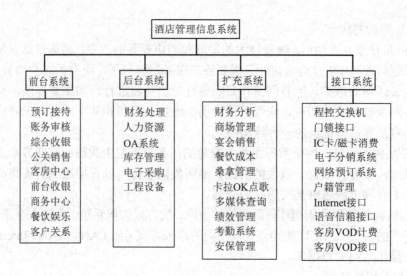

图 2-6　HMIS 的软件功能结构

　　酒店管理信息系统也有软件和硬件等结构形式，读者可以通过其他教科书去了解这方面的结构知识。限于篇幅，这里就不再细述。

第四节　酒店管理信息系统的应用类型

　　管理信息系统在酒店的各个部门、各个环节都展开了应用，根据业务类型目前已经形成了各种各样的酒店管理信息系统软件形式，常见的有酒店前台管理信息系统、酒店后台管理信息系统、酒店电子商务系统、集团酒店中央预订系统（CRS）、酒店客户管理系统（以 CRM 为代表）等。下面就这些应用系统进行简单的介绍，具体内容将在本书的后续章节详细展开。

一、酒店前台管理系统

　　这是酒店前台业务类的应用类型。在酒店经营管理中，直接对客服务的部门统称为前台部门，主要是为客人提供预订、接待、住房、餐饮、娱乐等服务。住店客人从与酒店发生联系开始，一般要经历预订、登记、住店消费和结账离店四个环节，前台系统围绕这些环节为客人提供完善的全套服务，主要包括客房预订、前台接待、前台收银、客房管理、公关销售、商务中心、账务审核、餐饮系统、报表管理等模块（或子系统）。

（一）客房预订模块

　　该模块主要通过快速、准确地提供客房库存信息和房价信息，协助预订员销售客房。通过该模块使酒店快速地处理各种订房需求，并及时准确地向各渠道发布客房信息，生成关于客房销售预测、未来收入预测等的报告。客房预订业务不仅能够在客人抵店前做好有关准备，而且有助于酒店更好地预测未来的客源情况，及时调整销售策略。旅游业的航班信息可根据预订情况随时变动价格，而酒店的产品和航空公司的产品是相似的，但是目前国内很少有酒店能够做到像航班信息那样随时变更。但是，一些酒店集团在积极尝试。例如洲际集团，其信息系统就可以在不同出租率的情况下，通过自动变价来实现收益最大化。

（二）前台接待模块

接待是整个酒店对客服务的一个最重要的环节。高效的接待过程是十分关键的，为了提升酒店入住效率，很多酒店在制定的 SOP（标准操作流程）中规定，员工必须在 2～3 分钟完成客人入住。通过前台接待模块，可以快速获取客人的预订信息，或者实现 walk-in 客人的快速入住。如果 HMIS 能够无缝对接身份证识别系统，则前台员工只需要将身份证（二代）轻轻一刷，客人的姓名、性别、身份证号码、生日、地址信息等就会立即录入登记窗口，前台接待只需要输入抵离时间、房型和房价码，就完成了系统登记，打印登记单给客人签字后便完成了配房工作。绿云的智慧接待模块 30 秒就可完成接待登记和配房工作。客人的房卡也可以直接通过接待系统发行，这不仅提高了接待的效率，还提高了信息输入的准确率，也便于房卡的管理。

（三）前台收银子系统

收银是酒店工作中非常重要，却又很容易出错的环节。为了预防逃账、赖账行为，酒店一般要求客人预付 1.5 倍房价作为押金。前台收银主要完成押金入账、各种消费入账、客人结账的工作。为了便于客人消费，酒店往往会提供签单挂账服务，前台收银可以通过信息系统控制各个营业点的挂账功能，以控制酒店的经营风险。当客人的预付押金不足时，前台收银只需要在收银系统关闭该客人的挂账功能，客人就无法在其他营业点挂账，必须现付或者再支付押金。前台收银模块不仅可以采用多种账务显示方式，如汇总、分项汇总、明细，也可以采用多种处理方式，如账务分拆、部结、转结、提前结算等，还可以采用完全满足客户要求的可定义账单，操作简单快捷，方便财务核算。当客人要退房时，前台收银只需要打印账单，并完成收款工作，就可以快速退房。

（四）客房管理模块

该模块主要维护酒店最新的房态信息，使酒店及时掌握房态的整体情况，并掌握实时房态信息，主要包括净房、脏房、在检查房、已分配客房、需大修的客房和需小修的客房等。当客人离店或者信息系统过了夜审之后，客房状态自动变成脏房。客房主管通过查阅当天的预离房和住店脏房，可以合理分配客房服务员的清洁工作量。服务员清洁完成后，由客房中心的人员进行干净房设置，或者客房服务员直接在客房通过电话（如果酒店管理信息系统与电话系统进行了对接的话）进行客房状态设置。前台接待就是根据客房中心设置好的房态安排客人房间的。如果客房需要维修，则可以将客房设置为维修状态，以防前台将该房售出。客房管理模块的这些信息将帮助酒店把房态冲突的可能性降到最低，有效地提高出租率和收入。

（五）公关销售管理模块

该模块主要进行销售管理和客户档案管理。系统能够自动统计销售员的销售业绩，随时掌握销售员的工作情况和工作业绩，支持各种佣金计算方式，实现量化考核，达到最有效的激励机制。由于大多数酒店往往通过第三方分销渠道进行客房销售，佣金的统计和计算的工作量很大，通过公关销售模块，系统可以提前设置好各个分销渠道的佣金计算模式（如百分比、定额、阶梯价），到了月底，系统可以自动产生佣金统计报表，大大减少了财务统计的工作量，从而帮助酒店改善服务质量，帮助酒店市场部制定具有竞争力的销售策略，帮助酒店高层管理人员分析业务利润来源，有效提升酒店经营的收益。

（六）预订中心模块

该模块主要管理所有的酒店预订单，包括渠道预订、互联网预订、一级代理商预订等，为未来的酒店营销提供预测信息和数据依据，并产生各种类型的预订分析和汇总报表等。

（七）账务审核模块

账务审核模块是酒店相当重要的模块，它是保障酒店营业收入统计是否正确的最后一道关卡。这个模块往往由财务部负责，通过对前台、后台的应收账款进行审核，对各个收银员的入账信息进行审核，可以及时发现一些错误，保证酒店统计数据的准确性。酒店业传统的操作都是由夜审员借助软件来完成对当天数据的核查，如对入住记录、房价信息、入账信息、挂账信息进行全方位的核查，然后再进行夜审，由此产生当天的营业报表。

（八）餐饮子系统

餐饮子系统是前台系统中相对独立的一个应用系统，主要完成餐饮的预订、点单、打印账单、结账等工作。近几年，随着餐饮行业的蓬勃发展，餐饮系统的发展很快。从计算机处理发展到掌上机电子点单，再发展到现在的 iPad 等无线智能系统的自助点单，所有的餐单信息都可以通过无线网络实时传输到厨房、账台，餐厅服务员再也不用在厨房和餐厅之间来回跑了，客人点单、催菜、叫起等，都可以通过服务员手中的无线智能点菜系统实现传输。更为重要的是，无线智能点菜系统可以实现客人自助点菜，当客人拿着 iPad 边看图文并茂的菜单边点菜的时候，顾客体验就会大大提升。该系统还具有完善的报表管理以及成本管控功能，并且与前厅服务台的收银系统实现账单的自动对接。

（九）报表管理子系统

该子系统可以提供各个管理岗位所需要的报表。报表管理模块几乎包含了所有的关键管理报表，能够制作各种格式的报表，来概括发生在客人和酒店之间的会计事务、酒店营收的各种情况以及审计中的各种发现，使管理者能够及时地获取重要的财务信息，并掌握如出租率、平均房价以及各部门收入等基本信息。具体有前台需要的入住客人报表、VIP客人报表、团队报表、当班员工的入账报表等；餐厅需要的早餐统计报表，便于确定需准备早餐的数量；销售部的市场、来源统计报表；客房部需要的客房布置报表；管理层需要的营业日报表，上面有详细的出租率，平均房价、不同市场（散客、团队、会议等）的收入情况等，并且还能够和同期数据进行对比分析。

（十）宴会销售子系统

宴会销售子系统是很多外资高星级酒店会选择的系统，主要是为了实现要求多、服务程序多、内容广的宴会服务的管理信息系统。与客房前台业务系统不同的是，其主要针对对象是企业客户和婚宴客户，而不是单一的客人。企业商务客户和会议客户是酒店稳定收入来源的重要组成部分，不仅为酒店带来大量的房间数，而且也为酒店的配套服务设施，包括餐饮、康乐、商务中心、会议室带来可观的收入。有效的财务统计数据（历年消费的房间数和消费金额、账单结算情况、未来的预订情况、过往每次的预订记录、折扣回佣情况和应收未收记录等）、客户关系数据（从预订和销售收集回来的客户资料，包括客户所在的地区、行业、优先级别、潜在消费能力、覆盖范围、产品消费意愿、来源、竞争对手、影响因素、销售的方式和频度等，支持多联系人、多地址、多通信方式甚至通过第三方进行联系的方式，从前台系统中收集到的客人偏好信息等）以及可以存储各种类型的附件（如双方交换的邮件、备忘录、关于该客户的内部注意事项等），这些资讯集中在一起，关联到一个客户账号上，随着这个客户打来电话，可以在销售人员面前的屏幕上一览无遗。完备的企业客户档案数据的建立，不仅为酒店内部销售人员随时了解客户相关资讯、掌握销售的主动权提供帮助，也为宴会系统实现智能化辅助销售提供依据。

（十一）娱乐管理子系统

一些高星级酒店和度假酒店配备了游乐园、骑马、亲子活动等娱乐场所，还提供传统的桑拿、棋牌、SPA 服务等项目，娱乐管理子系统也就应运而生，以满足娱乐活动的预约、接待、结算等管理工作。娱乐管理软件与酒店前台预订系统有相似的流程，主要包括对娱乐活动的服务安排、安全指导、技师管理、取消与结账等功能，主要的区别在于该系统以项目内容为管理核心，客人的所有消费项目都记录到客人的消费账单上或客房账单上。在开单、加单、转单、结账整个业务流程中都是对消费项目直接操作的，这使得操作更加直观、简便、敏捷和灵活，流转的实时性强。

二、后台管理系统

这是酒店后台业务类的应用类型。后台部门是与前台部门相对的，主要为前台部门服务客户提供支持，以及提供相关的保障，这些后台部门使用的软件称为后台管理系统。酒店后台管理系统需要与前台业务紧密结合，在管理的深层次上实现对业务流的控制与动态分析，从而使管理更加顺畅和严谨，使酒店提高经营利润、降低成本真正成为可能。后台管理系统主要包括财务管理系统、人力资源管理系统、OA系统、库存管理与采购系统、工程设备管理系统、成本控制系统、安保管理系统等。

（一）财务管理子系统

该子系统主要用于处理酒店财务相关数据，一般包括应付账管理、分类总账、固定资产管理、报表工具等模块。数据从前台系统送入财务管理系统，以进行每日统计分析。财务管理系统存储的数据是酒店最重要的数据，必须有一套安全数据管理机制，并且一定要有灾难恢复功能，以保证整个系统运行的数据安全。

（二）人力资源管理子系统

该子系统的主要功能包括个人档案管理、组织岗位管理、合同管理、工资管理、绩效管理、考勤管理、报表等，主要是为了实现人力资源的开发和利用，有效地控制人工成本。其中绩效管理功能对员工的绩效指标进行设计、考察，并提供实施建议。考勤系统主要完成员工的考勤工作，通过指纹识别等技术，智能识别员工的到岗情况，并且能够出报表，减少人事处的考勤统计工作。

（三）OA 系统

酒店 OA 系统是新经济时代的产物，主要功能是提高酒店办公自动化水平和处理行政事务的效率，节省纸张。一家酒店企业每天需要处理大量的公文、信函、文件、报告和表单，各种统计报表需要上报，内部文件资料需要传递，办公室自动化系统就是为应对这些工作而设计的。利用办公自动化系统，可以实现办公事务的自动化管理，电话、传真等自动记录与跟踪管理，提高酒店行政事务的处理效率。

（四）库存管理与采购子系统

该子系统具有采购管理、库存管理、计划管理等功能，主要用于加强管理上对采购和库存的控制。对于仓库管理员来说，只需要进行简单的单据录入工作，系统自动按照录入的单据进行商品分配，实现商品价格的记录、应付账款的记录、领用量及购入量的汇总、结存统计、计划完成统计、商品超限检查、积压物品进出统计等功能，让库管人员从烦琐的手工单据中解放出来。当库存低于警戒线时，系统可以进行提醒，采购员通过系统进行采购申报单填写，各级审批部门也在网络上直接批示，当一级批示完毕后，流程会自动进入下一个级别的审批，便于追踪控制。当物品送达时，在系统中确定验收和入库，则物品自动转化为库存状态，这样大大减少了操作的重复性和工作量，同时也避免了作弊现象的发生。

（五）工程部管理子系统

该子系统通过接口系统与前台各部门紧密结合，可以完成报修、派工、维修及验收等一系列工程部的日常工作并与库存系统结合完成设备管理与备件管理。系统可以建立各种设备的档案及其基本信息，包括设备开箱记录、随机工具及备件明细、设备技术文件、调试记录、易损件明细、润滑明细、设备检修记录、大修记录、故障记录、事故记录等。该子系统可以根据维修计划和保养周期提醒用户定期完成设备的日常维修和保养任务，可以根据库存量报警及时补充库存备件以保证日常维修工作正常进行，还可以根据部门、设备类型等统计分析设备维修费用及设备故障率。例如，前台发现一些设备存在问题时，直接在系统中进行报修，当工程部受理报修时，系统可以直接指定具体的维修工作人员，并且可以记录具体的维修记录和维修成本等，这样就可以有效检测工程设备的运行状况、故障发生频率、维修效率和维修成本等。同时，通过设置设备的运行模式，可以很好地控制酒店运行的能源费用。

（六）成本分析控制子系统

成本分析子系统是介于前台系统及库存系统之间的分析系统，用于餐饮成本的控制。子系统根据前台的销售及菜品定义的成本卡计算出各种原料的理论用量，从库存的领用及二级库的盘点中计算出各部门的真实用量，从而获得理论与实际的用料情况并形成分析报告。酒店通过对理论成本、真实成本的分析可以监督厨房的用料情况，减少浪费及意外损失；通过对销售额及理论毛利率的分析可以得到餐厅的销售情况，及时调整商品的定价；通过成本用量差异分析可以看出采购中是否存在商品质量低下的问题；等等。

（七）安保管理子系统

安保管理子系统实现对酒店的安全智能、集中式的管理，主要包括闭路电视监控系统、防盗报警系统、门禁系统、火灾报警和灭火系统等。监控系统与防盗报警系统、门禁系统联动，能够根据需要自动把现场图像切换到指定的监视器上显示，并自动录像和复核图像。门禁控制系统主要实现酒店各个通道、出入口的监控，通过系统设置可以进行发卡授权管理、查看各通道口通行对象及通行时间、巡更计划完成情况、防区报警情况等，并进行相关的实时控制。防盗报警系统主要用于重要房间（如财务室、领导办公室、收费处、贵重物品存放室、库房、大厅、员工区域）、重要机房（如网络中心、数据中心、设备间）的安全防护。当出现强行入侵的情况时，报警系统会产生报警信号，主机接收到报警信号时，会自动将相应区域的摄像机画面弹出到监视器上显示，同时硬盘录像主机对该摄像机进行实时录像。

三、电子商务系统

这是酒店商务电子化类的应用类型。电子商务是 20 世纪信息化、网络化的产物，进入 21 世纪，电子商务已成为酒店新常态。近几年来，随着知识经济和数字经济的发展以及信息高速公路的建设，酒店电子商务已是当今酒店业发展的必然趋势。通过电子商务系统连接上国际互联网向全球图文并茂地展示酒店的风貌、特色，推销自己的客房和各种服务，并可依此组成酒店连锁业，结成战略联盟，以强劲灵活的营销手段向全球市场进军。电子商务可以向众多的客户提供面对面的营销方式。它开拓了市场的广度和深度，拓展了酒店的销售渠道，并开展在线的市场营销和销售，这些都是平常方式下的人力、物力所无法比拟的；它代表了最新和最有效的营销方式，为酒店开发客源市场带来了无限的商机。

随着移动电子商务技术的发展，未来的酒店电子商务已向增强与客户的双向交流、改善信息服务、通过个性化服务增加附加值的方向发展。目前，我国酒店电子商务"以交易为中心"的色彩较浓，预计未来几年，将真正实现以人为中心的电子商务应用。目前酒店电子商务的应用类型主要包括市场营销类、服务预订类、物资采购类、联盟协同销售类、第三方电子分销代理类、短视频直播类、自媒体应用类等。将来，随着大数据、人工智能等技术的应用普及，酒店电子商务功能将更加完善、便捷，服务更加人性化，应用也更加普及。

酒店的电子商务系统主要是实现酒店商务活动电子化的系统。所以，酒店电子商务系统主要由围绕商务活动的各个环节开展活动的子系统构成。通常，根据其服务对象的不同，其应用系统可以分为电子商务网站、营销管理系统、公众关注的 App、基于社交平台的自媒体系统、网络采购系统、电子分销和电子商务后台管理平台等。电子商务网站是酒店的官网，其服务对象是酒店客户和一部分酒店合作伙伴，主要实现酒店及其产品展示、在线预订、在线支付、在线交流、会员中心管理等功能。电子商务的后台管理平台主要提供电子商务网站运营的业务支持以及渠道分销管控等，包括电子商务系统的用户及权限管理、酒店基础信息管理、前台网站维护、采购管理、订单管理、分销管理、财务结算、客户关系管理等功能。其他的一些子系统限于篇幅这里就不一一介绍了，有兴趣的读者可以通过网络或相关酒店电子商务去了解。

四、CRS 系统

这是酒店订房类业务的应用类型。对 CRS 的解释一般有两种（谷慧敏，1998）：中央预订系统（central reservation system）和计算机预订系统（computerized reservation system）。中央预订系统主要是指酒店集团所采用的内部预订系统，是一种封闭的、归属特定企业集团，由集团成员共享的预订网络，具有排他性，较少对集团外开放。中央预订系统既是企业集团综合实力的体现，又是其垄断客源的一种途径。计算机预订系统是指用于整个旅游活动包括机票、酒店等预订在内的预订网络，它的范围比中央预订系统更为广泛，是一种开放的、面向多个供应商及客户的专业预订网络系统。CRS 的这两种解释既有区别又有联系。区别主要在于使用对象的差别，中央预订系统强调的是预订的集中、集成化，其主要使用者是酒店企业集团，而计算机预订系统的使用者可以是酒店集团，也可以是单体酒店，还包括其他与预订相关的企业。计算机预订系统比中央预订系统的适用范围更加广泛，二者的联系在于计算机预订系统是中央预订系统的基础。酒店集团的中央预订系统通过将集团内部的计算机预订系统联合起来构成一个网络预订体系。为了阐述方便，本书中所提及的 CRS，一般默认为集团的中央预订系统。

几乎所有的国外酒店集团都建立了自己的中央预订系统并提供在线网络订房服务。早在 1965 年，假日酒店集团就建立了自己独立的计算机预订系统 Holidex I。随后，假日酒店集团又建立了 Holidex II 预订系统。到了 1989 年，假日酒店集团的第三代电脑预订系统 Holidex 2000 投入使用，该系统集预订和管理于一体，将所有的预订与商业分析功能都整合在一起。1973 年，希尔顿酒店公司所有的酒店也开始使用中央预订系统。到了 1999 年，希尔顿酒店公司又投资 3000 万美元，建立了新的中央预订系统（hilstar）。该系统使全世界 5000 多家希尔顿酒店联结成网络。精品国际的精品 2001 预订系统（choice 2001 reservation system）利用"地址编码"原理，能够在瞬间联结到精品系统中的各个成员酒店，每年能够处理 2100 万通电话。此外还有洲际集团的 Global II 预订系统，雅高集团的 Accor 订房系统等。国外酒店集团所拥有的统一的预订系统和销售网络，提高了酒店集团在国际市场中的竞争能力。通过中央预订系统，各成员酒店收集、整理的大量顾客信息可以共享，从而可以了解当前顾客消费的最新动态，更大程度地实现了顾客价值的挖掘。在提高酒店集团竞争力的同时，这些预订系统和销售网络也成为方便分销中介和吸引顾客的重要手段。分销中介和顾客可以直接访问集团的中央预订系统，从中得到酒店的详细资料和服务信息，包括酒店客房资源的出租情况并能立即预订和确认。

我国本土酒店集团的发展开始于 20 世纪 90 年代。在吸收国外先进管理经验的基础上，国内酒店集团获得了快速发展。到了 2005 年，中国本土酒店管理公司共有 190 余家，托管酒店总数近 1600 家，都是星级酒店，集团化程度达到 14.55%（张红卫，2006）。国内也出现了不少实力派集团，如锦江国际酒店管理公司、金陵酒店管理公司、东方酒店管理有限公司、凯莱国际酒店有限公司、中旅酒店总公司、开元旅业集团以及首旅集团等，它们都是国内酒店集团投资和管理领域的佼佼者。为了缩小与国外酒店集团的差距，为了集团发展战略的需要，国内一些较具实力的酒店集团开始探索中央预订系统。金陵集团在 2005 年建立了中央预订系统并推出本土第一家具有在线互动功能的网站；同年 8 月，首旅建国酒店采用了国外的 iHotelier 中央预订系统；锦江集团于 2005 年 12 月推出自有的多语种网站，并于 2006 年初建立了中央预订系统。

五、CRM 系统

这是酒店客户类业务的应用类型。客户关系管理是酒店管理信息系统中又一个重要的系统应用，也是现代酒店经营资源的重要组成部分，已成为新时期酒店经营管理的核心内容，良好的客户关系是酒店求得生存与发展的重要资源，也成为酒店数字化管理的重点内容。酒店在经营中如何提高客户满意度，改善与客户的关系，从而提高酒店的综合竞争力，需要一套完整的客户关系管理的理论和理念，也需要一个软件平台来实现内部的统一管理，这就是 CRM。CRM（customer relationship management，CRM）指的是从酒店的发展战略和竞争力角度出发，通过对酒店业务流程中客户关系的交互式管理以及关怀式服务，提升客户的满意度和可感知价值，建立长期的客户关系，拓展酒店附着于客户关系网络的无形资产基础，为相关的业务流程和营销战术提供有效的决策信息，以提高酒店业务流程的效率和整体效益，从而为酒店获取有利的市场定位和持续的竞争优势。

客户关系管理的理论基础来源于西方的市场营销理论，经历了以"产品为中心""市场为导向"以及"客户为中心"的演变过程，对应的客户关系管理也从早期的桌面软件、接触管理的会员管理系统演变成今天的 CRM 系统。早期的客户关系管理从数据库营销中发展起源，随着信息技术的发展，尤其是互联网技术的发展，发展为今天的基于互联网的开放型 CRM 系统，已成为酒店经营中改善客户关系不可缺少的重要系统。因此，市场营销理论从 4P 到 4C，又从 4C 到 4R，客户管理也从接触式管理的系统，变成关系式管理的开放性系统，它的发展得益于信息技术的发展和管理创新的完美结合。目前，随着移动互联网的深入应用，新一代的 CRM 系统将进一步呈现"e"化特征，酒店与客户的即时沟通更加便捷了。未来的 CRM 在新技术的支持下，系统内部的各功能模块将进一步整合，支持网络应用的客户联络中心，同时商业智能的能力将进一步加强。RFID 技术在 CRM 中的运用也将实现全程客户数据的跟踪，CRM 必将成为酒店电子商务的重要系统，也是 HMIS 中的重要系统。

第五节　酒店管理信息系统的现状及趋势

酒店管理信息系统基本每 5 年就进行一次更新换代，随着技术日新月异的发展，软件的结构及应用功能已日趋完善。从封闭式的应用结构到开放式的应用结构，再到基于云计算的云服务架构，酒店信息系统功能结构也越来越趋于完善。本节将系统地介绍 HMIS 发展的历程、HMIS 软件提供商的现状、未来 HMIS 发展的趋势等，最后归纳 HMIS 建设中还存在的相关问题。

一、酒店管理信息系统的发展历程

旅游酒店是旅游业中发展最快的一个产业分支，是旅游的支柱产业；同时，它是信息化普及率较高的一个行业，也是旅游业中信息系统应用最早的一个行业。美国在 20 世纪 70 年代已有信息系统应用于酒店，我国在 1983 年才开始有信息系统应用于酒店。所以，酒店行业信息化建设经过了近四十年的发展，其发展的历程并不算太长，但大体上经历了以下五个阶段。

（一）电算化阶段

按平均发展和计算机应用普及的情况看，该阶段基本在 1983—1993 年。在没有信息系统之前，酒店面临着很大的预订工作量，大量的电话、传真、文件需要处理，每家酒店都需要耗费不少人力和时间处理预订。随着航空业和工业企业信息化的展开，国外酒店被这些高科技带来的巨大商业价值所吸引，也投入到信息化的建设中。早期的国外酒店业信息化应用主要是针对这个问题而设计的。通过该系统，员工可以处理简单、琐碎、重复性的日常工作，如财务管理，可进行收银、账务查询与对账、出纳管理等；可进行客房管理，如可用房查询、客房统计报表等；酒店计算机管理系统可执行入住登记、收银、查询、结账、报表生成等多种功能。这个阶段的信息化应用主要是替代机械式、高重复性工作的手工操作，对员工提高工作效率、改善服务质量等起到了一定的作用。但是，这一阶段的信息化应用主要还是停留在表层，并没有从深层次上改变传统酒店业的内部管理流程。

（二）自动化阶段

该阶段（1994—1999 年）基本发生在计算机 Windows 操作系统的普及应用。随着计算机技术和自动化技术的发展，酒店的信息化应用走向了自动化，特别是在旅游酒店的设备运行管理和后台管理上，逐步走向高层次应用。一方面，通信系统、暖通系统、给排水系统、供配电与照明系统的监控，火灾报警与消防联动控制，电梯运行管制，门禁系统等发展成为由中央管理站、DDC 控制器和各类传感器、执行机构组成的能够完成多种控制及管理功能的智能化自动化控制系统。例如，楼层服务员通过运用自动化智能技术，不用频频敲门，便可根据客房内安装的红外线安全消防监控系统，感应客人是否在房内。另一方面，酒店人事、行政、财务、采购、保安、工程等部门引入财务管理系统、人力资源管理系统、采购库存管理系统等管理信息化系统，实现了办公自动化，不断提高酒店整体的管理效率，降低行政开支。此阶段的酒店信息化主要表现在对酒店后台管理系统的开发建设以及对前、后台系统的有效整合方面。

（三）网络化阶段

该阶段（2000—2006 年）基本发生在互联网出现几年后并开始在酒店应用。随着互联网的出现和普及，网络化建设也已成为酒店业信息化建设的重要组成部分，于是以宽带高速数据网络为核心的"数字化酒店"（cyber hotel）也应运而生。这个阶段的应用主要集中在网络营销和网上预订功能，酒店基本实现了宽带所能带来的便利服务。酒店通过网络宣传企业形象和服务，开展网上预订客房，让客人了解酒店设施，选择所需要的服务进行远程预订。而客人上网就可以利用酒店的门户网站在线查看酒店的信息，客人无论身处何处都可以选择自己中意的酒店。这一阶段的特点是酒店的信息化建设的内容从酒店内部开始向价值链的上下游拓展——将客户服务也纳入信息系统建设中。

（四）集成化阶段

该阶段（2007—2013年）互联网基本已普及应用，开始出现开放型的酒店管理信息系统。随着酒店信息化管理系统深入运用，酒店信息化建设又出现了新的问题。由于各个信息系统是由不同部门在不同阶段完成的，往往没有统一的规划，从而导致酒店软件系统各自为政，形成了一座座"信息孤岛"。"信息孤岛"对于酒店充分实现信息共享是非常不利的，酒店业是跨部门合作的服务行业，酒店信息无法全面共享，影响了酒店的效率和服务水平。因此，在继网络化阶段之后，酒店业信息化步入了酒店流程再造的全新集成化应用阶段。酒店的各个软件系统，如前台系统、餐饮和成本控制管理系统、宴会与销售管理系统、财务管理系统、OA系统、人力资源管理系统、工程设备管理等各个系统之间实现无缝对接，同时，还能够通过接口软件将酒店软件系统和酒店的自动化系统进行对接。这样就进入了全面集成化阶段，又促使酒店的业务流程不再是某个部门的流程，为了使业务流程适应集成化，酒店开始了业务流程再造（BPR），酒店流程的再造不仅是为了信息化而信息化，更重要的是变革酒店的组织结构，使信息技术架构与酒店的新业务流程及组织的管理目标相互适应协调，形成酒店在信息时代的新竞争优势，这也是酒店集团化发展的需要。

（五）智慧化阶段

该阶段（2014年至今）出现在"智慧酒店"概念出现以后，它的出现掀起了人工智能应用并全面倡导和建设智慧旅游的热潮。2010年全球第一家智慧酒店在杭州出现，酒店信息管理软件已向智慧型软件发展，"智慧酒店"概念被提出。什么是智慧型系统呢？智慧型信息系统就是充分利用物联网、云计算、移动互联网等最新技术，使得酒店管理软件能相互通过感知来交换数据，使酒店管理更精细化、酒店服务更加敏捷。智慧型软件可以实现人、物交换信息，可以实现经营服务人员与消费者的实时互动，可以实现酒店经营未来趋势的自动预测，同时可以实现酒店经营的自动节能。例如，杭州的黄龙饭店是我国第一家智慧型酒店，并于2010年成功投入运行，它的成功转型对现代酒店业的发展产生了重要影响，如目前通过智能手机订房、结算都是智慧型系统在酒店业的重要应用。

智慧型阶段软件的特点就是逐步实现信息系统的协同作业、协同管理、协同服务。通过打造统一、经整合的信息化平台，将酒店内各部门、会员酒店、客户、供应商和合作伙伴联合为一个软件整体，形成可相互感知的"智慧"，创建一个跨行业、跨组织、跨地区、实时在线的高效全面协同的酒店经营系统，最终实现直接面向顾客的实时、互动的个性化服务。在智慧型阶段，酒店主要运用基于移动互联网和物联网的企业资源计划（ERP）、客户关系管理（CRM）、供应链管理（SCM）和电子商务（EC）等方面的新系统，来提升酒店的核心竞争能力，能够让酒店对价值链下游的客户价值实现有效开发，不断开发新客户和潜在客户，提升客户满意度和忠诚度，最终创造酒店的市场竞争优势。

二、酒店管理信息系统的发展现状

信息系统在酒店业中的最早应用是在 20 世纪 70 年代初开始发展起来的，经过十几年的发展，到了 20 世纪 80 年代，国外酒店管理信息系统（如 HIS、ECCO、Lodgistix、FIDELIO、CLS 等）整个模式已基本定型，技术较成熟，功能也齐全，在全球得到了普遍的推广应用。

国内的酒店管理信息系统是在 20 世纪 80 年代初发展起来的。它们充分吸收了国外管理系统的精华，再结合国内的实际情况逐步发展成熟，到目前已经形成了几个较成熟的市场化软件系统，同时诞生了几家专职从事酒店业信息系统研发的公司，主要有杭州绿云的 iHotel、杭州西软科技的 Foxhis 系统、华仪酒店管理系统、北京泰能酒店信息系统、中软好泰酒店信息系统等全国性的软件企业，还出现了如深圳捷信达电子、大连华盛科技、桂林奥普、珠海高柏、珠海万维科技、镇江资深等地方性酒店软件企业。到了 20 世纪 90 年代中后期，随着互联网技术在酒店中的普及应用以及信息网络技术的不断发展，酒店管理信息系统的发展进入了开放型的新时期，使用率和应用普及率得到了大幅度的提升，促进了酒店信息化管理水平向数字化提升。

进入 21 世纪 20 年代，酒店管理信息系统将进入全新的平台化阶段，新的系统特点及发展方向将不断涌现，尤其是云计算技术在酒店的应用。国内各大型酒店将传统的管理软件纷纷进行云化，通过云服务技术开展信息系统的改造，有条件的酒店一般采用私有云或与开发商合作构建具有竞争力的新一代信息系统软件。部分大型酒店也已经使用市场上出售的云酒店管理信息系统，小型酒店开始通过公有云租用新一代的酒店管理软件。

下面就国内外主流的酒店管理信息系统软件做简单的介绍。

（一）国外的主流 HMIS

国外 HMIS 应用起步于 1970 年，下面是几个代表性公司的主流产品。

1. ECI（EECO）

ECI 系统是美国易可（ECI）公司于 1969 年开发的酒店信息系统，这是酒店信息管理系统的鼻祖。ECI 公司是美国加州电子工程公司（electronic engineering CO.，EECO）所属的子公司，因此该软件也被称为 EECO 系统。该系统于 1970 年在美国夏威夷 Waikiki 的喜来登酒店（Sheraton Hotel）安装使用，成为全世界第一套 ECI 酒店电脑系统。经过四十余年的发展，在其鼎盛时期，全世界有六百多家用户（中国有六十余家），如杭州香格里拉、桂林文华、广州中国大酒店、北京天伦、青岛海天等。ECI 系统采用的是集中式标准多用户系统，目前还在使用的是其第三代产品 GEAC/UX 系统。

2. HIS

酒店业资讯系统有限公司（hotel information systems，HIS）于 1977 年成立，总部位于美国洛杉矶，目前是美国上市公司 MAI systems corporaion 的全资子公司，全盛时期在全世界 80 多个国家拥有 4000 多家用户，如中国的北京王府井、北京中国大酒店、北京长城、上海锦江、上海华亭、上海希尔顿、广州花园等，而香港地区采用 HIS 系统的高星级酒店最多时占了 75%，目前该系统市场占有率已下降，已有许多被更换。

3. FIDELIO

FIDELIO Software GmbH 于 1987 年 10 月在德国慕尼黑成立，并推出了 FIDELIO 6、

FIDELIO 7 等版本。FIDELIO 犹如一匹黑马很快在世界范围酒店市场领先，该公司成立 4 年即成为欧洲领先的酒店软件产品，成立 6 年跃居世界酒店信息系统供应商之首。据统计，FIDELIO Suite Version 6 在全世界有超过 7500 个安装项目。后来该公司合并入美国 MICROS System Inc.公司。目前，FIDELIO 系统在国内四五星级酒店占据了最大的市场份额，是那些由外资或外方管理的酒店采用最多的软件。1995 年，公司在中国香港成立了 FIDELIO Software(China)Limited，专门开发中国内地市场。2003 年 7 月，MICROS 公司与北京中长石基信息技术股份有限公司（简称"石基公司"）共同签订中国大陆市场（不包括香港、澳门、台湾）独家技术许可协议，自此，石基公司全面代理了 MICROS 公司 FIDELIO 系统和 OPERA PMS 在中国大陆的全部销售业务。

4．OPERA

OPERA 系统是美国 MICROS 公司在 MICROS-FIDELIO 系统的基础上开发的基于 B/S 的新版本。OPERA 已经不仅仅是一个酒店管理软件，还是接待业企业的软件综合解决方案（OPERA Enterprise Solution）。它主要包括 OPERA 前台管理系统（OPERA property management system，OPERA PMS）、OPERA 销售宴会系统（OPERA sales & catering，OPERA S&C）、OPERA 中央预订系统（OPERA reservation system，ORS）、OPERA 中央客户信息管理系统（OPERA customer information system，OCIS）、OPERA 渠道管理系统（OPERA channel management，OCM）和 OPERA 收益管理系统（OPERA revenue management，ORMS）等，其中 OPERA 前台管理系统是其核心部分，简称 OPERA PMS。OPERA PMS 可以根据不同酒店之间运营的需求多样性，合理地设置系统以适应酒店的实际运作。它分为完整版（full services）和精简版（express），主要区别在于内部功能开放度不同，如接口数量等，但 Express 可适用于绝大多数酒店。

（二）国内的主流 HMIS

国内生产的主流 HMIS 应用公司化运作从 1983 年开始，但第一家公司 1983 年推出的 HMIS，由于竞争的原因，目前已不存在了。下面是几家主流产品的情况。

1．华仪软件

北京华仪系统工程有限公司是国内第一家从事酒店计算机管理系统开发的专业性公司。其创始人金国芬教授于 1979 年为北京前门酒店用 Basic 语言，在单机上开发了一个具有查询功能的酒店管理软件，开创了国内酒店管理的先河；她于 1984 年开发了国内首个基于微机局域网系统的酒店管理系统；她于 1987 年正式成立华仪公司，是国内最早成立的致力于国内酒店管理信息系统的开发和实施的专业公司。多年来，华仪公司为全国各地三百余家用户提供了三个版本的管理软件：① DOS 版，称 Hua-Yi 酒店管理系统，是最早的产品，采用 Novell 网络系统平台，使用 Basic 语言编程；② CHIMS 系统，1995 年推出，采用 Novell 网络系统平台，用 Access 数据库，用 VC/VB 编程，工作站用 Windows 3.1/3.2；③ HY2000 系统，采用 Windows NT 平台（C/S 结构），使用 SQL Server 数据库，用 VC/VB 编程，客户端使用 Windows 95/98/2000 系统。目前最新版本为 HY.COM 版本，该版本是 B/S 架构的酒店管理系统，主要针对星级酒店，典型客户包括吉林世纪大酒店、英皇娱乐酒店、九华山庄、乌鲁木齐银都大酒店、苏州新城花园酒店、厦门国贸金门湾大酒店等。

2. 西湖软件（FOXHIS）

杭州西湖软件（西软科技）有限公司，简称"西软"，从业历史始于 1988 年，由浙江大学杨铭魁老师和高亮等自然人创办。到目前，其推出的 FOXHIS 系列产品已成为国内用户数最多、高星级用户最多、用户数量增长最快的酒店管理软件，连续多年被中国软件行业协会评为"中国优秀软件产品"，成为中国最大规模的酒店软件供应商，其资产规模、综合实力在国内遥遥领先。公司于 1993 年推出 DOS 版，1997 年推出 Windows 版（采用 C/S 结构，操作系统用 UNIX 或 Windows NT/2000，数据库用 Sybase，开发工具用 Power Builder），2000 年年底推出 Windows 五星版（专用于高星级酒店）。公司于 2006 年 12 月 18 日与北京中长石基信息技术股份有限公司合并。FOXHIS 软件主要包括针对四星、五星及国际品牌酒店的 X 系列，针对三星、四星酒店的 V 系列，针对快捷连锁酒店的 S 系列等。杭州西软在国内占有最大的市场份额，截至 2012 年上半年，拥有客户超过 4000 家，挂牌五星级用户 170 家（占国内挂牌五星酒店的 1/4），典型客户包括九寨天堂洲际大酒店、杭州索菲特西湖大酒店、成都凯宾斯基酒店、南京金陵酒店、四川锦江宾馆、三亚天域酒店、新疆康城建国国际酒店等。

3. 绿云软件

绿云软件是新一代酒店信息系统软件的代表，由杭州绿云科技有限公司（简称"绿云"，取自绿色环保、云计算之意）研发提供。该公司致力于打造国内外领先的集酒店管理与电子商务、网络营销为一体的 iHotel 酒店信息化平台，单体酒店可以租用该软件，不需要对软硬件系统进行投资，连锁酒店可以通过建私有云的形式实现低成本的统一管理。公司 2010 年一成立就直接开发基于云计算和 Web 架构的开放型应用软件，取名 iHotel，核心团队均有二十多年酒店信息化系统的开发和服务经验。iHotel 应用平台基于云计算、大数据、SaaS（软件即服务）等互联网技术，内容包含 CRS、CRM、会员系统（CMS）、PMS、餐饮系统（POS）、门户网站（包括手机移动应用）等，还有苹果及安卓移动终端的各种集成应用，如手机网站、手机 iPMS、iPad 经营分析、客房宝、电子签名等，各种支付平台、短信平台、微信平台等的集成，酒店分销数据中心及直销平台的建立和运行等。截至 2021 年 3 月，酒店用户数已经突破 20 000 家，包括开元国际、世贸君澜集团、锦江都城（锦江之星）、四川岷山集团等，是目前国内发展最迅速、最有竞争力的酒店信息化应用产品。

4. 千里马酒店管理系统

千里马酒店管理系统最初由广东劳业电脑系统开发公司（简称"劳业公司"）于 1993 年推出 DOS 版，1998 年推出 Windows 版（采用 C/S 结构，用 Visual Basic 开发，采用 Windows NT/2000 平台，使用 SQL Server 数据库），到目前有 300 家左右的酒店用户，主要分布在广东、湖北、湖南、四川等地。劳业公司于 1998 年被香港万达电脑系统有限公司收购，改名为广州万迅电脑软件有限公司。千里马产品覆盖 PMS、餐饮管理系统、温泉和水疗管理系统、会员储值卡管理系统、票券管理系统、后台管理系统、iPad 点菜系统、手机订房系统等。典型客户包括非洲加纳酒店、Furama Bukit Bintang（富丽华集团）、广州大厦、四川宝元通河畔酒店、丹东中联大酒店等。

5. 泰能软件

北京泰能计算机系统工程公司成立于 1993 年，由清华大学博士倪源滨创办。该公司于 1994 年推出国内最早的 Windows 版酒店管理软件（采用 Paradox 数据库）。1999 年，推出酒店管理系统 THIS2000。2006 年，泰能公司重组，成立北京泰能软件有限公司。同年，整合上海沪泰信息科技有限公司。2007 年，泰能 Delta 酒店管理系统 V2008 问世。目前，泰能公司拥有约 2200 家用户。

6. OPU 酒店管理系统

该产品 1994 年由桂林奥普计算机网络集团有限公司开发，公司总部在广西桂林市。奥普是专业从事酒店信息管理软件研发与信息化、智能化建设的高新技术企业和双软认证企业，至今已有 27 年历史；奥普软件在全国各大区域设有办事处或分支机构，用户遍布 32 个省及东南亚的部分地区，产品适合单体中高端酒店、酒店集团、酒店连锁，也提供专门的酒店信息化管理建设的标准化、个性化，乃至定制化服务，特别是可持续性的发展，竭力提供最大的、最可信任的技术保障。主要软件产品有 OPU 酒店管理系统、OPU 餐饮管理系统、OPU 酒店供应链管理系统、OPU 酒店电子商务系统等，目前最新版本为奥普智云 plus 酒店管理系统和奥普领航 plus 酒店管理系统，为精品酒店提供运营/管理/营销一体化的云系统服务，提升酒店的销售能力，并为酒店行业的数字化提供切实有效的解决方案。目前，奥普星级用户数量已有 5000 多家，用户都是各种类型的星级酒店。

7. 中软好泰

北京中软好泰酒店计算机系统有限责任工程公司是金士平等自然人与中软总公司合作建立的专业从事酒店计算机管理系统开发、推广及服务的专业化公司（简称“中软好泰公司”），该公司于 1995 年成立，先后开发基于 Windows 与 DOS 平台的两大系列产品，在全国各地拥有 400 余家用户。CSHIS V1.0 及 CSHIS V2.0 为 DOS 版，建立在 Novell 网络环境之上，用 C 语言开发。CSHIS 96/97/2000 系统采用 C/S 结构，用 Delphi 开发，采用 Windows NT/2000 网络平台，使用 MS SQL Server 数据库。该公司主要产品为中软酒店管理系统 International 和 Professional 两大版本，其典型客户有外交部钓鱼台国宾馆、京都信苑酒店、北京新世纪酒店、鸿坤国际大酒店、粤海酒店管理集团等。

三、酒店管理信息系统的发展趋势

从功能上来说，国内最早的酒店管理信息系统软件仅简单地运用于前台接待、排房、结账、查询等，逐渐形成较为成熟的酒店管理信息系统，具备前台管理，如餐饮娱乐管理、客房管理等，同时具备完整的后台管理，如财务管理、人力资源管理、收益管理、工程管理以及物业管理等。发展至今，HMIS 已包含了客户关系管理以及电子商务等多项管理功能。从系统结构上来说，HMIS 已发展成为开放型的应用系统，并形成了网络化的云 HMIS。从现阶段来看，基于对国内外主流酒店管理信息系统软件和对酒店业信息化实际需求的分析，笔者认为酒店管理信息系统的发展有如下几大发展趋势。

（一）基于云的网络化趋势

HMIS 云化已是一种趋势。HMIS 是随着计算机技术和通信技术的发展而发展起来的，尤其是网络技术的发展，给酒店管理信息系统的网络化带来了机遇，极大地提高了系统处理效率。所以 HMIS 从最初的封闭型操作平台发展到开放型网络操作平台，发展到今天的移动互联网开放平台的移动 HMIS。现在，酒店管理者拿着移动设备（如平板电脑）就可以管理接待和结算业务，为客人提供个性化的住店服务。在软件结构上，随着基于互联网的云端网络普及，基于云计算的软件应用模式将彻底改变现有 HMIS 架构，酒店通过 SaaS 模式就可以使用云端 HMIS。云化软件的应用为酒店省去了庞大的系统管理和运行费用，也使系统运行的业务数据更加安全。这种网络化的发展趋势同时也使酒店业由单体酒店逐渐发展为酒店集团或者酒店联盟，有利于酒店的集团化发展，因为云化的 HMIS 给跨地区的成员酒店带来便捷的沟通和协同操作，相互之间通过云 HMIS 能有效实现经营数据的流动，实现跨地区酒店业务的协同。

（二）智能化趋势

人工智能应用使 HMIS 呈现智能化趋势。虽然现在大多数星级酒店都在使用 HMIS 软件进行管理，但其应用水平往往是参差不齐的，多数只满足于日常事务的处理，用于提升处理事务的效率。近年来，随着人工智能应用的兴起、酒店劳动力成本的提高，商务智能及机器人助理开始在高星级酒店应用，以实现高效率的智能化经营管理，这就对 HMIS 提出了更高的要求，VIP 识别、客房助理、自动结账、机器人服务等在 HMIS 中得到了广泛应用。随着人工智能技术的发展，数据仓库、数据挖掘技术在 HMIS 中也开始应用，酒店管理信息系统必将向着智能化方向发展。现在，很多酒店信息管理系统中的客户档案、客人偏好、消费统计、积分及使用、个人照片及签名、投诉处理、回访记录等信息，都还"躺在那里睡大觉"，需要智能挖掘。如何利用数据挖掘技术为酒店提供分析数据，辅助营销和管理层决策，将是 HMIS 系统的真正核心价值所在，也是未来 HMIS 应用研究的主要方向。目前出现的智慧酒店，提倡的智慧管理、智慧服务和智慧营销，就是 HMIS 智能化发展的明显趋势。

（三）基于平台的集成化发展

基于平台的集成化也是 HMIS 的重点发展方向。酒店在信息化建设过程中存在各种业务需要的信息系统，由于各个信息系统是由不同软件服务商在不同的时期研发供不同酒店部门使用的，使得 HMIS 中存在多个独立的系统，限于技术因素这些系统会存在比较多的"信息孤岛"，这对酒店的整体经营管理是非常不利的。随着酒店行业的加速发展，酒店之间的竞争将不再是设施设备等硬件的竞争，而是服务质量、顾客关系等的软性竞争，即需要协同服务，造成 HMIS 存在严重的协同管理问题。这就需要信息系统整合技术的支持，需要高质量地集成各系统的信息，由此出现了平台概念。系统平台化就是用集成化的手段，把所有独立系统整合在平台之下，形成酒店的数据中心，实现系统各数据在平台下的有序流动，从而消除信息孤岛，提高系统的服务效益。因此，平台化的 HMIS 是将酒店所有独立子系统有机地整合起来，或把各成员酒店的信息系统整合起来，实现信息共享，达到相关部门或酒店互通信息、共享数据资源的目的，其支撑技术是软件平台技术。通过平台化的 HMIS，可以将酒店企业内外部的信息及时地导入酒店内部，并进行快速共享，实现高效的敏捷服务和个性化服务，从而提升客户的满意度，创造竞争优势，也便于推进电子商务。

（四）与控制系统和智能设备相结合

为了提升服务效率、管理效率，构建智慧型酒店，HMIS 往往通过接口系统与电话交换机、门锁系统、语音信箱、VOD 系统、空调系统、银行卡、互联网、分销渠道、公安局户口系统进行无缝对接，采用无线网络或物联网的相关技术，实现信息系统与自动化设备的信息交换。酒店直接在 HMIS 上操作即可实现对其他自动化设备的相关操作和控制。HMIS 的未来发展，还将把更多的自动化设备纳入信息系统当中，实现真正的智慧型酒店。

1. 与客房房态控制系统联网

通过与客房控制系统的接口联网，前厅部、总机、财务、商务中心等相关服务部门的员工也能知道客房中是否有人、客人是否已经休息、勿扰灯是否点亮，从而更好地做到对客服务。此外，前台 HMIS 系统中的客人喜好（如房间温度、灯光状态要求）也能自动转送到客房控制系统，以满足客人的特殊需求。客人的到店和离店，能自动通知客房控制系统，自动打开和关闭电源系统、设置房间温度、启动新风系统，以达到节能的目的。

2. 与迷你吧控制系统联网

通过 HMIS 与迷你吧控制系统联网，迷你吧系统能自动探知物品消耗情况，并自动计入客人应付账款中，使酒店及时了解物品的消费情况以便随时补充物品，并能根据客人的喜好对所提供的物品进行调整。

3. 自动登记及结账系统

通过自助智能机的自动登记入住及结账系统也被越来越多地应用于酒店。客人到店时，只需在自助智能设备中插入他的信用卡，自己操作就可直接办理入住手续。离店时，在客房通过操作相关设备，即可实现自助离店。目前，国内也有一些酒店开始对 VIP 会员提供类似服务，宾客通过大堂、地下车库的自助系统，可以实现自由选择房间，自助入住客房。如 VIP 会员已经有预订，在其开车进入酒店停车场或地下车库的时候，通过感应 VIP 会员卡，客人即可实现自助入住，直接进入客房。

4. 与银联和第三方电子支付联网

酒店 HMIS 为了和银联电子支付和第三方电子支付联网，以满足各种不同客户的支付需求，在 HMIS 的收银系统中专门设计了智慧住，在智慧住模块中可以任意选择银联系统不同银行的电子支付方式，也可以选择任意第三方的电子支付方式。如杭州绿云科技提供的智慧住，登记入住和退房都可以在 30 秒内完成任何客人的押金收取和退房收银，大大地提高了 HMIS 收银环节的工作效率，减少了客人的等待时间，受到了酒店和客人的一致好评。

5. 服务移动化

技术在不断改变世界。移动设备、掌上电脑和智能手机在消费者个人和工作生活中占据越来越重要的地位，从而引起了酒店从业者的关注。他们开始利用移动设备为旅客提供服务。例如，通过 iPad、PDA（掌上计算机）、智能手机等提供服务，实现客人在客房结账，外出时通过手机享受服务等，酒店管理信息系统由此开始走向服务移动化。一些酒店信息化产品供应商开始通过顾客的移动设备展示酒店服务和当地旅游信息的解决方案。有的软件系统能帮助顾客预订餐厅和 SPA 护理，请求在房间用餐，提供唤醒服务和额外的枕头或牙刷。有些软件系统可以提供、获取外部的服务，如机场登机服务、租车服务、本地天气预报和社交网络站点的链接。还有其他应用程序包括预订引擎，可以为未来住宿预订房间，以及客房内购物平台，还可以提供多条信息途径，促进当地企业和酒店合作为顾客提供服务，从而为酒店带来额外收益。通过移动设备，酒店工作人员能对顾客请求做出快速回应，同时能向顾客发送包括欢迎邮件或促销活动在内的文本、音频或视频消息，从而提高向顾客提供个性化服务的水平，实现用二维码对住店客人开展面对面营销，等等。

四、对未来酒店管理信息系统建设的建议

酒店管理信息系统已成为酒店业竞争力的一个重要标志，也是酒店发展战略中需要建设的重点内容，总结酒店信息化近四十年来的历程和经验，我国酒店管理信息系统在建设中还存在许多问题，在提出建议前我们先看看存在的普遍问题。希望能引起读者或未来的酒店管理人员的重视，使他们少走弯路。

（一）酒店管理信息系统建设存在的问题

酒店经营者在信息系统应用以及建设过程中，往往存在以下问题。

1. 缺乏战略意识，造成对系统建设认识不足

大多数酒店经营者没有把酒店管理信息系统建设与提高酒店的经营管理、战略竞争和长期效益结合起来，仅重视硬件的高档配置，对酒店管理信息系统软件的本质认识不足。由于自身信息技术和信息管理方面的技术力量薄弱，尤其缺少既懂信息技术又熟悉酒店管理的信息化复合型人才，酒店管理者容易听信服务商宣传说教，并没有结合酒店自身的管理思想和管理理念进行管理信息系统建设，更没有和自己的发展战略相结合。酒店也缺乏对信息系统应用能力的培养，造成信息系统无法发挥出应有的效果。产生这样的结果，其实也是酒店管理层对酒店信息系统的认识不足导致的。由于酒店管理层对信息化建设的认识不足，加上缺乏战略意识的运用，导致他们所购买的信息系统、设备设施与酒店实际需求产生错位，或者在实施过程中，并没有真正发挥信息技术的作用，从而可能导致系统投资失败。

2. 缺乏足够重视，造成信息化人才匮乏

对于酒店而言，信息化是一个工具，是一种手段，更是一种服务，服务水平的好坏直接影响酒店的经济效益和市场竞争力。我国高级技术人才辈出，却大多投身于高新技术领域，服务行业层面的服务型技术人才却非常缺乏。酒店也一样，酒店在进行信息化建设时，往往对信息技术人才不够重视，导致人才引进困难或流失，没有树立起自己培养专业人才的计划。同时对基层、中层员工信息化培训，信息化专业人才的培养不够重视，也导致酒店缺乏信息化的专业人才。我们始终认为高校是培养通才的地方，适合企业的专才必须由酒店自己培养。21 世纪是人才竞争的时代，信息技术的应用需要酒店配备较高素质的人才，缺乏信息化专才将阻碍酒店业的信息化甚至数字化建设的进程。

3. 缺乏数字能力底气，导致业务流程变革受阻

酒店企业在应用信息技术和新系统时，需要经营者有足够的勇气对酒店业务流程进行再造，否则，无法发挥新技术的作用。作为服务业的酒店企业，其核心竞争力就是服务质量。而服务质量的好坏，除了服务人员的因素之外，合理、及时地应用酒店管理信息系统提供的数字能力也非常重要。不少酒店在安装了新的管理信息系统之后，管理模式和流程并未变更，依然使用原有的报表、原来的统计数据。结果，不少酒店既保留了原有的手工操作流程，又徒增了新系统的电子流程。这就造成员工对新系统的抵触心理，不仅无法发挥信息系统提升数据效率的作用，还增加了员工的工作量，影响了工作效果。所以，酒店业务流程变革需要结合酒店信息系统的流程以及数字能力进行彻底的变革，这样才能真正

发挥酒店管理信息系统的作用。

4. 缺少知识工程师，导致系统应用水平较低

对比发达国家的酒店集团，我国酒店业的信息系统应用还处在低水平层次。国外很多酒店集团通过数据库技术和数据挖掘技术，对顾客数据进行采集和分析，得出顾客的个性化需求信息，并提供互动、实时、个性化的信息化服务。国内大多数酒店已经建立管理信息系统，已经拥有了详细的顾客资料、销售资料和财务资料等信息。这些都是当今的酒店管理者能够轻易掌握的信息，但那些不断积累的顾客资料库，还只是停留在传统的使用价值——再次识别顾客的信息库而已。所以，对于信息的掌握，并非只是获得信息内容本身，更主要的是通过对数据的分析、利用，充分利用酒店管理信息系统积累的数据来挖掘潜在的模式数据，实现以个性化的"信息化服务"，提升酒店整体的服务水平，缩短与国外酒店的差距。这需要知识工程师的支持，通过他们的工作向酒店高层提供具有决策意义的信息，从而提高 HMIS 的应用水平。

（二）酒店管理信息系统建设的建议

我国酒店业还是单体酒店居多，信息化发展过程中存在问题并不奇怪，总体上酒店连锁和酒店集团信息系统建设领先于单体酒店。根据已有的信息化实践以及未来数字化发展的需要，结合现状和存在的共性问题，下面提出一些普适性的建议，供读者思考。

1. 应从战略层面规划系统建设

对酒店管理信息系统的建设，酒店必须根据自己的发展战略、规模和经营目标，从业务流程重组、系统设计、产品选型、工程实施、工程监理等方面考虑，进行合理的规划，合理选择信息系统的类型和合作伙伴，并对总体方案进行论证和审核，以确保方案的先进性、可行性。新建的酒店需要从战略层面进行信息系统规划，明确需要重点建设的内容，分步骤、分期实施各个子系统。老酒店在信息化建设中或多或少都已经有了投入，不可能推翻一切从头再来，所以必须以整合为主完善信息系统。通过对现有酒店信息系统进行整合，努力建立一个快捷、易用、内容丰富、信息能够畅通无阻的共享平台，提高信息资源的利用率，围绕酒店战略目标建设和完善 HMIS。

2. 以酒店为主培养复合型专业人才

酒店信息系统的有效使用，不仅要求员工具备酒店的专业知识、能力和技能，还需要掌握一定的 IT 技术、网络技术的应用能力。同时需要培养复合型的专业人才来维护和管理信息系统，提高系统中信息的利用率。酒店具备了复合型的专业化信息人才是酒店信息系统建设和运行能够成功的重要因素之一。因此，酒店应充分利用各种途径、方式，建设全方位、多层次、高素质的信息化人才队伍，自己培养专业人才。酒店需要让既懂酒店专业知识又懂信息技术开发应用的复合型人才队伍不断壮大。这一点对连锁酒店非常重要。目前酒店市场上非常缺乏信息化复合型人才，学校培养的信息技术人才基本上都是计算机专业毕业的本科生或专科生，不具备酒店业务知识和管理知识。针对这种状况，酒店在引进信息技术专业人才后，可以安排他们到酒店的各个部门实习，了解酒店总体的运转情况和业务流程，加强对他们在酒店业务和管理等方面知识的培训，从而培养适合酒店自身的复合型专业人才。

3. 以信息技术和数据技术结合为驱动力整合业务流程

传统的业务流程是以接待（总台）为中心、以职能划分的业务流程，酒店在建设信息系统的时候，都是根据职能业务流程进行软件设计的。现代的业务流程是以客户（服务）为中心，酒店的信息系统须按照客户服务需求进行整合，如客户可能需要在客房结账离店，这时传统流程的信息系统就无法满足。这种业务流程的整合，不是简单地对流程进行分析和再设计，而是需要打通数据流通环节，是对传统酒店经营理念的一次变革，是数字化服务创新的需要。业务流程改造需要把顾客放在第一位，把顾客的满意度变为系统建设追求的目标。酒店需要以顾客为导向，将顾客从一开始接触酒店到完成入住并离店的流程进行合理划分，使实际操作和信息系统操作都能够自然而顺畅地进行。只有信息系统流程和酒店的实际业务流程进行充分融合，数据能高效流动，信息系统的效果才能够充分发挥出来，从而满足对各种个性化服务的需要。

4. 用创新的视角重视和提升信息化服务

传统的 HMIS 重视的是酒店管理，这样的 HMIS 已无法满足现代酒店经营的需要。互联网普及以来，尤其是移动互联网的发展，使得 HMIS 的服务功能显得更加重要。随着移动网络的普及，客户的服务需求瞬息万变，酒店的服务也随着信息技术的发展而瞬息万变。酒店行业的性质和服务的特点决定了酒店的服务会受服务员的服务水平、环境、信息系统服务功能的影响。随着移动网络的应用，信息系统可提供的信息可以减少服务水平的差异，为实现个性化的敏捷服务提供了可能。所以，酒店必须用创新的视角，不断优化信息化服务，如位置服务、无线服务等，充分利用基于移动网络的信息系统为顾客提供个性化服务，提升客户的满意度。酒店可以利用数据挖掘技术，对数据库中的顾客数据进行划分、归类，从中选出常住客和消费大户，实施差异化服务，形成精准的数字化服务。用数字技术不断吸引和留住对酒店有很高价值的顾客，以提升酒店的经营效益和竞争力。

拓 展 学 习

1. 数据、信息、知识的相互关系
2. 管理信息系统的结构及战略作用
3. 酒店管理信息系统与酒店管理
4. 酒店 ERP、酒店 CRM 等系统的类型、概念

案例分析与习题

一、案例分析

蝶来酒店集团用运营管理平台提高绩效

蝶来酒店集团系浙江省旅游投资集团下属的全资子公司，旗下参控股酒店企业共 162 家，

员工 1.2 万余人。从 2020 年开始，蝶来酒店集团实施平台战略，立足于资金和信用两大传统优势，着重建立和完善品牌体系、数字化体系和运营管理体系，构建由资金、信用、品牌、信息资源和运营能力组成的发展和整合的大型平台企业，致力于发展成为国内受人尊敬的知名精品酒店集团，服务内容以酒店规划建设咨询、酒店开业管理、酒店全权委托管理、酒店顾问式管理等为主体，同时亦从事酒店专业培训、酒店诊断指导性管理和物业管理等相关业务。

（一）集团运营管理中存在的痛点

酒店服务业发展到现在，房务服务和对客服务还是按照传统标准操作程序（SOP）进行运作。房务服务通常都是每天根据房态情况安排服务员进行清扫，服务员按 SOP 完成客房清扫工作后用纸笔记录情况反馈给上级领导；而对客服务基本都是酒店接到宾客电话，按电话中的服务描述再用电话通知服务员完成对客服务。随着集团经营规模的不断扩大、客源结构的日益复杂，目前在经营管理中存在的痛点主要包括以下几点。

1. 通信不通畅

集团上级与下级的信息传达，部门与部门之间的信息传达经常出现误差，包括业务信息方面、客服需求方面、指令传达方面等，如房间漏报、房号报错等现象。

2. 对客服务管理无序

在工程维修、客户特发需求方面，不能及时了解和掌握服务工作进度，需要通过电话沟通信息才能获取相应的进展。常规房间的清扫情况及对客服务的进度也缺乏即时情况掌控，遇到经营中的突发需求，尤其在客房服务中常会出现混乱现象。

3. 大量的纸质台账

客房服务员在服务过程中记录大量纸质的操作信息，尤其是住店客人突发的服务需求，缺乏在线的处理方式，当出现问题追溯时，需要翻阅大量台账和材料，即费时又费力。

4. 缺乏电子数据存档

工程维修服务、客房即时服务都缺乏有效的电子文档，尤其对于客人需求信息的汇总处理，没有电子数据做科学判断支撑决策，或者电子数据存在大量的信息孤岛，无法在线查阅，所有服务管理基本靠原有的工作经验。

为了解决上述问题，蝶来酒店集团信息技术部联合旗下部分酒店通过调查访谈、数据搜集等手段，完成了酒店服务运营平台的研发。根据酒店服务 SOP 规范的标准，酒店服务运营平台实现集团化管理，应用在蝶来酒店集团下属各成员酒店中，主要涉及客房、前厅、工程三个部门的联动运营，以客房为系统服务区域。平台开发参考国务院"最多跑一次"的改革精神，提高服务办事效率，建立信息反馈机制以将服务进行到底，改善酒店对客服务质量，提升客人入住体验。同时，通过将纸质材料集成到系统中，达到了绿色办公的效果。最后，通过数据汇总、数据分析，每日生成日报向管理层汇报，日报具有穿透查看的功能，让管理有据可循、有据可查。

（二）运营管理平台的功能及特点

蝶来酒店集团目前使用的是绿云科技的云 PMS 主平台，作为酒店业务管理的核心系统，云系统集成了周边配套的应用系统，依托核心业务系统所产生的信息，通过实时获取房态及住客信息，可做到房态实时查询、修改，并能在客户入住时快速识别客人身份，记录实时需求信息。在绿云科技的支持下，集团运营管理平台实现了与云 PMS 的数据对接，实现了集团经营管理与服务管理的融合。系统设计以前，课题组首先理顺了运营管理中的服务流程，如图 2-7 所示。

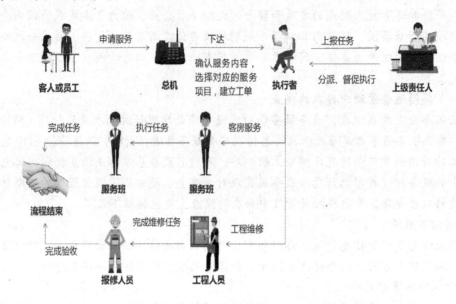

图 2-7　酒店运营管理平台的服务流程

在图 2-7 中，客人可通过电话或手机提出服务请求，客房部接到电话做出判断后将服务请求抛送给执行人员去执行。并且每项工作都有限定服务时间，超出限定服务时间将逐级上报，有效提升服务效率。同时，执行人员将执行结果反馈给房务中心进而推送给客人，形成一套闭环操作，让所有服务都有迹可循，无论是哪一环节出了问题都能找到直接责任人，杜绝出现推诿现象，给管理层带来了极大的便利。

根据运营管理的服务要求，平台集成了排班管理、客房清扫、房务管理、对客服务管理、工程报修、能耗管理、设备管理等功能，使得酒店运营管理中的房务管理、保修管理、对客管理实现了在线化，不管是客人还是服务员都可以一键搞定要求的服务和管理，极大地提高了运营管理中的服务效率。图 2-8 是房务管理的功能结构示意图，工作人员用手机企业微信或钉钉接受工作任务，任务实时传达，清扫后报物耗和迷你吧商品情况以及工程维修情况；服务人员用手机处理各种日常工作，移动办公客房情况实时跟踪，随时调整；清扫质量随时掌握；管理层可在手机查询部门工作的状态、房态，进行任务调度等。与绿云 PMS 系统高度集成：房态实时查询、房态实时修改、住客信息实时查询、快速识别客人身份、迷你吧账务实时自动抛转等。

对于 PMS 退房后自动生成的查房工单，也可以自动传输给运营管理平台自动处理；运营管理平台也可以对 PMS 客房存量进行实时查询，以及对 PMS 营业日报进行实时查询，从而实现运营管理平台与云 PMS 的融合化管理。

（三）运营管理平台的整合优势

运营管理平台的应用特色就是扁平化了服务流程，量化了服务质量管理，提升了客户满意度和房务管理水平，最终大大提升了住中环节的数字化服务与管理水平。同时实现了非接触的有管控的房务管理和对客服务，具体在酒店运营管理、客户体验、质量管控等方面发挥着以下优势。

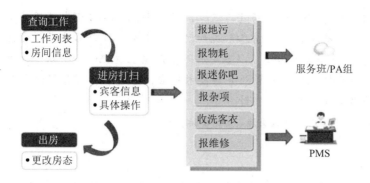

图 2-8　房务管理的功能结构

1. 平台支撑，科学运营

运营管理平台支持不同角色排班及工作分配、手机一键操作即可完成变更房态、入账"迷你吧"、管理物耗及客借品、查房报房、报修、设备保养、自助服务、后台支付、信息分发等业务，实现房务管理、对客服务、设备管理等业务处理的规范化、移动化。多业务协同，多系统集成度，部署及升级都很方便。各部门在协同方面特别是房务排班工作由之前的 2 小时缩短到 10 分钟以内，全面提高了酒店整体的服务效率，同时填补了客房部信息化工具的空白。

2. 交互体验，提升品质

移动端的交互已经成为主流方式，宾客可通过电话、微信小程序、小度智能音箱随时随地呼叫客房服务，信息直接发送至服务员，需求实时传递，超时异常工单逐级上报至管理层，服务链条上的每个人都是责任人。为客人的个性化需求提供了解决方案。尤其在疫情的情况下可以尽量减少客人的不必要接触，让酒店服务透明化、高效化、个性化，提升客人体验与品质满意度。

3. 规范统筹，提高效率

平台优化了操作流程，减少了沟通环节，从 5 个业务节点缩减到了 2 个节点，执行了过程电子化，数据沉淀决策化，不仅在物料分配、耗材使用、能耗控制上做到了科学统筹，避免了无序浪费，更重要的是岗位合并、职能创新使得一家酒店至少减员 3~6 人，在提高效率品质的同时大大减少了人工成本。

4. 拓展渠道，提升效益

将通过微信小程序购买酒店超市商品或点菜送餐等服务作为入口，一方面为酒店商品拓展增加销售渠道，增加了客房的电子商务收益。另一方面对酒店集团的会员体系增加了渠道，实现"享服务成会员"，使用平台后的宾客会员转化率达到 100%，后续到达一定规模后也可以进行数据分析。向客人推送酒店产品和活动，也可定制相关的产品链接，提高客人的黏性，提高酒店集团整体的商务效益。

5. 数据说话，部门协同

平台科学、系统的数据汇总和分析有效地帮助管理人员对员工的工作量和工作时间进行更合理的分配和安排，加强了客房与工程的沟通和对接，促进部门的合作，对酒店管理层服务管理决策提供有效的数据支撑，科学合理、实事求是地评价工作。

通过对运营管理平台的实践总结分析，蝶来认为酒店数字化战略要以酒店业务战略为指针。同时，酒店数字化是一个渐进的过程，在数字化的过程中也伴随着企业战略、管理和业务变革的过程。当前，酒店信息系统如何适应变革、迎合客户不断变化的需求，已成为酒店 CIO 思索的一个突出问题。以不变应万变是适应变化的一个基本战略，酒店数字化战略规划所描绘的蓝图容纳了各种业务与技术标准，它是未来酒店 CIO 掌握数字化发展的方向、适应业务战略变革的前行指针。

（案例来源：本案例由浙旅投蝶来酒店集团提供。）

思考题：

1. 蝶来酒店集团的运营管理平台软件解决了什么管理问题？它有怎样的服务特色？
2. 作为一个酒店集团，运营管理的关键点是什么？如何管控？
3. 从信息系统战略的角度，如何定位一家酒店的运营管理系统（平台）？

二、习题

1. 什么是信息？什么是管理信息？
2. 简述酒店管理信息系统的概念及作用。
3. 简述 C/S 和 B/S 结构的优缺点。
4. 酒店管理信息系统的应用类型主要包括哪些？
5. 简述酒店管理信息系统的功能。
6. 结合实际，谈谈酒店管理信息系统的发展趋势。
7. 简述酒店前台信息系统和后台信息系统的概念。
8. 请结合实际谈谈国内酒店信息系统提供商的情况。
9. 简述酒店前台系统的范围及内容。
10. 通过查阅资料，总结国内酒店的信息系统有哪些类型。
11. 酒店管理信息系统的发展经历了哪几个阶段？
12. 简述酒店 CRS 的用途及相关概念。
13. 简述酒店 CRM 的用途及相关概念。
14. 怎样利用 HMIS 为酒店创造竞争优势？
15. 结合实际，谈谈酒店 HMIS 建设存在哪些实际问题，如何解决。
16. 结合实际，谈谈中小型酒店 HMIS 建设的应对策略。
17. 根据你所学的知识，请你预测一下未来酒店管理信息系统的软件架构将发生怎样的变化。
18. 作为一家小规模酒店，应如何利用信息通信技术提升自己的经营优势并实现经营模式的转型？
19. 作为一家小规模酒店，应如何结合 HMIS 开展电子商务业务，提升自己的市场经营优势？
20. 作为一家酒店集团，应如何利用 HMIS 应用创造自己的市场竞争优势？

第三章 酒店管理信息系统的开发与设计

学习目标

通过本章的学习，要求学生：① 了解酒店管理信息系统规划的意义；② 掌握酒店管理信息系统规划的原则和内容；③ 了解酒店管理信息系统的业务流程和数据流程；④ 熟悉酒店管理信息系统的需求和数据描述；⑤ 熟悉酒店管理信息系统的功能设计与开发。

从 20 世纪 70 年代起，随着个人计算机和局域网等技术的发展，一些大型酒店集团开始自己开发酒店管理信息系统（尤其是酒店预订系统）。20 世纪 90 年代广域网以及 21 世纪互联网的发展，尤其是网络操作系统的成熟和流行，使国外软件和国内软件出现竞争发展，酒店管理信息系统进入了飞速发展和普及阶段，更多的酒店集团和单体酒店加入酒店信息系统的开发和使用队伍中。由于技术的发展、网络的普及，酒店管理信息系统的软件结构已今非昔比，从开放型系统走向云端化，但软件的规划设计方法基本没有变，作为旅游管理类的学生，需要大概知道应用软件设计的过程，因此本章还是从软件的规划、流程分析、数据描述和功能设计等基础开始，介绍酒店管理信息系统开发与设计的基本内容。

第一节　酒店管理信息系统的规划

酒店管理信息系统的开发有较强的综合性，尤其是信息和业务流程开发的综合性，同时对资金和时间消耗也较大，开发这样的系统应重在规划。好的规划是系统开发成功的一半，在进行酒店管理信息系统开发之前，规划应从酒店自身的现状出发，拟订详细的需求计划，每个部门都参与到计划的制订当中。当然，之后还需要对每个部门的需求计划进行整合，形成一个完整的、兼容性高的系统规划方案。只有在前期规划上下足功夫，以后的系统开发才会更加顺利，才能缩短开发时间、降低开发成本、避免开发的失败等，也能够从酒店整体的角度对酒店管理信息系统进行思考，提升未来软件系统的整体性和高效性，更好地满足酒店的各项服务、管理、商务、发展等实际需求。

一、酒店管理信息系统规划的意义

系统规划是明确系统开发的任务和目标，需确定开发怎样的系统才能满足酒店经营的需要，即明确系统开发的需求，因此系统规划的文本是系统开发的指导性文件。对酒店管理信息系统进行有效的规划可以避免更多软件建设的盲目性，满足酒店长远和整体战略发展的需要。

（一）酒店信息系统规划是实现集成化和一体化的起点

进入 21 世纪，酒店信息化的软件走向数字化，管理与服务一体化要求比较高，这样便于经营管理与提升服务。酒店信息系统只有很好地集成，才能发挥更大的作用，实现智慧酒店建设的要求。通过系统规划，酒店信息系统可把前台和后台所有相关部门的信息，如前厅、客房、餐饮、娱乐、厨房、人力资源、财务等信息整合起来，也可以把外部环境的信息整合起来，用一体化的软件提供整套的解决方案，最终开发的信息系统才有市场竞争力和价值，从而实现对酒店业务流程中各个环节的整合管理，包括客房、餐饮、娱乐等信息以及客户消费等信息。因此，通过规划实现了酒店信息的资源化管理，有利于软件的一体化开发建设，这样构建的系统才能够满足一般员工和酒店管理人员对各方面信息的需求。

（二）酒店信息系统规划是长远化和个性化的保证

进入互联网时代，软件的个性化是体现软件质量的第一要素，只有对酒店信息系统采用超前的眼光进行规划，用个性化的视角去规划系统，才能够让系统的生命周期更长。如采用先进的人工智能技术、移动网络平台、云数据库平台、新媒体工具等规划系统，这些新技术应用符合未来互联网发展的主流，也符合客户的服务需求，为信息系统的个性化发展及不断升级提供了根本保障。而系统规划的一个很重要的意义在于提供使顾客更加满意的服务，随着顾客个性化需求越来越显著，在系统规划时考虑到这些需求，将对系统未来的有效运转提供极大的帮助。例如，在系统中引入先进的客户关系管理，建立完备的客户消费档案，记录客人的爱好、口味等，为后续的个性化或针对性的服务做好铺垫，也有利于未来酒店的大数据建设。

（三）酒店信息系统规划是节约成本和保证成功的关键

系统规划可以减少和降低开发成本，少走弯路，提高需求实现成功率。作为一个信息系统，只有在开始设计和开发酒店信息系统的时候认真进行系统规划，才能够避免开发过程中产生的各种问题，避免人力、物力、财力等多方面的浪费，在保证信息系统顺利和成功开发的同时，降低开发的综合成本。此外，信息系统经过科学合理的规划之后，能够制订出各种预期的方案，防止由于人力、资金等缺乏导致开发中断，并且能够从整体上规划系统的功能结构，让其达到酒店管理的各种性能和需求，保证系统应有的作用和功效。

二、酒店管理信息系统规划的步骤

酒店管理信息系统属于管理信息系统学科范畴，但酒店企业属于中小规模企业，有单体酒店企业和连锁酒店企业之分，相应的信息系统规模差异较大。这里的规划步骤主要针对单体酒店对应的信息系统开发。按照一般管理信息系统规划的步骤，酒店管理信息系统规划应该是确定规划的性质，收集相关信息，进行资源分析，确定系统目标，确定时间顺序，估算成本费用，签字实施，最后形成系统开发的规划报告文档。

（一）规划基本问题及收集相关信息

首先，酒店应该确定信息系统规划的性质，也就是基本问题，明确开发信息系统应该解决酒店哪一类管理问题，即信息系统规划的时间（短期、中期、长期等）、信息系统规划的方式、规划的基调以及支持酒店经营的方式等。其次，收集与规划相关的信息。可以多渠道地获取信息，如企业内部的高层管理者、中基层管理者和员工，企业外部的客户需求、供应商和利益相关者，也包括技术支持信息以及竞争者的相关信息等。其中客户需求信息和网络信息是收集的重点。

（二）资源分析和设置目标

在上述基础上，对现有经营状态和资源约束进行分析，包括对系统开发的目标难度、现有的技术人员、现有的硬件和软件资源、资金情况、已有软件的质量等情况进行分析，也包括软件开发中的整合程度分析。此外还需要成立专门的项目开发小组，一般由总经理和副总、技术骨干、业务骨干来设定系统的目标，确定软件结构及子系统构成，并对系统的质量、范围、人员、政策、服务等进行确定，最后对信息系统给企业带来的预期效益进行分析。

（三）确定时间顺序和费用估算

这一步骤将进一步确定系统规划的内容模块，并对各模块之间的相互关系进行分析，确定各软件模块开发的时间顺序，同时判断某个模块是一次性活动还是重复性活动。由于公司拥有的资源有限，所以不会同时进行所有的项目，只会选择最重要和最迫切的先进行开发，这使得资源得到合理的使用，进度时间得到合理的分配。在确定项目开发先后顺序的同时，还需要估算项目的费用预算，并编制项目进度表。通过反复与相关的部门用户、技术人员等进行沟通最终定稿。

（四）签字确认并实施

规划报告定稿后，需给项目负责人审核和总经理审批签字，并报相关部门备案，这时一个软件的规划阶段就结束了。规划通过后，原则上系统开发就可以启动了，项目组从财务部获得前期的资金，开始执行项目。

三、酒店管理信息系统规划的内容

总体来说，酒店管理信息系统规划需遵循软件生命周期，重点应该从以下几个方面进行。

（一）外部环境和内部现状分析

只有知彼知己，才能开发出具有竞争优势的酒店信息系统。第一，对酒店面临的外部环境进行分析，主要从宏观层面的国家相关政策法规，中观层面的同行业发展情况，微观层面的市场情况、竞争对手的情况以及资源情况等，根据外部环境的竞争情况确定信息系统开发策略。第二，酒店内部情况包括酒店发展历史和企业文化、酒店的发展战略、酒店的组织结构、酒店的业务范围、酒店的经济和技术实力、酒店的顾客特点及分布等，结合酒店发展战略确定信息系统开发的目标集。酒店经营现状还可以从主要部门结构及业务范围、业务流程、技术标准、管理标准、财务报表以及现行系统等环节进行分析。

（二）企业过程和子系统划分

企业过程和子系统划分是系统规划的重点内容，因为它确定了酒店应开发一个怎样的信息系统结构。虽然该结构是初步的，但它是符合酒店经营管理需要的，也是支持酒店发展战略的。酒店是一个企业，它的业务处理环节包含所有的企业过程，每一个信息子系统都是由这些企业过程构成的。相关的企业过程形成了一个固定的子系统，所有的子系统形成了一个完整的酒店管理信息系统。系统规划必须梳理这些企业过程，结合酒店的业务流程重组理念，来明确或优化信息系统应包含的企业过程，使酒店新开发的信息系统具有较高的市场竞争优势。系统划分就是要合理地组织企业过程，明确一个信息系统应由哪些子系统构成，而这样的子系统结构数据分布最合理，且构建的信息系统具有较高运行效率，也具有较低的开发成本。

（三）系统需求和功能分析

系统需求和功能分析是系统规划又一个重点内容，不清楚各个子系统的实际需求，很难开发出高质量的信息系统。要了解系统需求和应具备的功能，必须对客户需求和管理需求进行调研。首先，对现有的系统进行仔细的评估。评估组织结构是否合适，数据和信息量、信息处理流程、计算机应用情况、现有系统的限制和约束等，是否符合酒店经营需要，是否可以扩展。其次，对用户需求进行调研，主要包括调研用户对系统管理的职能需求、对管理方式和管理思想的需求、对信息处理及结果的要求、对系统用户素质的要求、对公司办公自动化的要求、对系统集成的要求，以及用户对服务的需求等。再次，对用户需求进行分析，主要包括数据处理与管理功能的需求分析，现行管理体制的合理性与弊端分析，建立管理信息系统内部资源所能投入的能力和适应能力的分析，外部环境对企业的影响程度分析，现行信息系统的运行效果分析等。最后，根据用户需求和数据分析的结果进行功能需求分析，确定各个子系统应具备的功能。

完成了以上系统规划的内容，系统就进入了具体开发阶段，首先进行系统分析，明确系统开发的逻辑模型以及系统要做什么；其次进入系统设计阶段，设计和确定系统的物理模型，明确系统应怎么做；最后进入系统实施阶段，实现系统可运行的源代码，形成可运行的系统。这样，一个新的酒店信息系统就形成了。另外，规划中还需考虑系统的环境要求、主机服务器等级与配置、工作站分布、系统软件要求、网络形式、外设要求、运行要求等内容。

四、酒店管理信息系统规划的方法

用于酒店管理信息系统规划的方法有很多，下面将简要介绍几种常用的方法。这些方法主要是关键成功因素法（critical success factors，CSF）、战略目标集转化法（strategy set transformation，SST）和企业系统规划法（business system planning，BSP），其他还有企业信息分析与集成技术（BIAIT）、产出/方法分析（E/MA）、投资回收法（ROI）、征费法（chargout）、零线预算法、阶石法等，但用得最多的还是前面三种方法，下面做简要介绍。

（一）关键成功因素法

1970 年，哈佛大学教授 William 首先提出在管理信息系统规划中使用关键变量，而这些变量是决定 MIS 成败的主要因素。1980 年，麻省理工学院（Massachusetts Institute of Technology，MIT）教授 Jone 认为关键成功因素可以作为 MIS 的战略。例如，在分析和建立数据库时，可以包括以下步骤：了解企业目标；识别关键成功因素；识别性能的指标和标准；识别测量性能的数据。关键成功因素法通过目标分解和识别、关键成功因素识别、性能指标识别，产生数据字典。关键成功因素就是要识别联系于系统目标的主要数据类及其关系，识别关键成功因素所用的工具是树枝因果图。如何评价这些因素中哪些因素是关键成功因素，不同的企业有不同的方法，对于一个习惯于高层人员个人决策的企业，主要由高层人员个人在此图中进行选择，因此该方法适用于企业高层人员对系统进行规划。对于习惯于群体决策的企业，可以用德尔菲法或其他方法把不同人设想的关键因素综合起来。一般来说，关键成功因素法在高层应用效果较好。

（二）战略目标集转化法

战略目标集转化法由 William King 于 1978 年提出，他把整个组织战略目标看成是"信息集合"，由使命、目标、战略和其他战略变量组成，MIS 的战略规划过程是把组织的战略目标转变为 MIS 战略目标的过程，具体如图 3-1 所示。

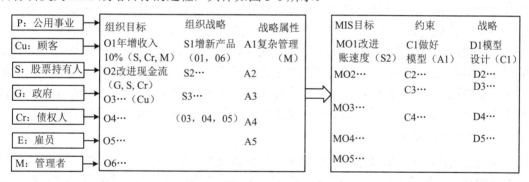

图 3-1　战略目标集转化法

第一步是识别组织的战略集，先考察一下该组织是否有成文的长期战略计划，如果没有，就要去构造这种战略集合，包括描绘出组织各类人员结构，如销售商、经理、雇员、供应商、顾客、贷款人、政府代理人、地区社团及竞争者等。识别每类人员的主要目标，以及每类人员的使命及战略。第二步是将组织战略集转化成 MIS 战略，MIS 战略应包括系统目标、约束以及设计原则等。这个转化的过程包括对应组织战略集的每个元素识别、对应的 MIS 战略约束等，然后提出整个 MIS 的目标结构。最后一步是选出一个方案送总经理讨论。

由图 3-1 可以看出，不同目标是由不同群体引出的。例如，组织目标 O1 由股票持有者 S、债权人 Cr 以及管理者 M 引出；组织战略 S1 由目标 O1 和 O6 引出，依此类推，这样就可以列出 MIS 的目标、约束以及设计战略。

（三）企业系统规划法

企业系统规划法（business system planning，BSP）是目前使用最普遍的一种规划方法，IBM 公司在 20 世纪 70 年代初将 BSP 作为用于内部系统开发的一种方法，它主要基于信息支持企业运行的思想。在总的思路上它和上述方法有许多类似之处，也是自上而下识别系统目标，识别企业过程、数据，然后再自下而上设计系统以支持组织目标[①]，如图 3-2 所示。

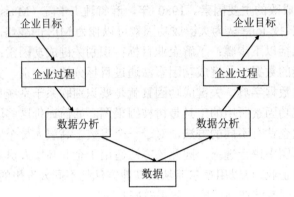

图 3-2　BSP 分析方法

BSP 方法涉及把企业目标转化为信息系统（IS）战略的全过程，它支持的目标是企业各层次的目标。进行 BSP 工作是一项系统工程化工作，要很好地准备，全面地发动，准备工作包括接受任务和组织队伍，全员参与。一般接受任务是由一个项目委员会承担，这个委员会要明确规划的方向和范围，在委员会下应有一个系统规划组，其组长应全时工作，并具体参加规划活动。委员会委员和系统组成员思想上要明确"做什么"（what）、"为什么做"（why）、"如何做"（how），以及"希望达到的目标"是什么。需要准备的东西有：一间工作控制室、一个工作计划、一个采访交谈计划、一个最终报告的提纲，还有一些必要的经费。所有这些均落实后，还要得到委员会主任的认可。在这里我们要再强调一下准备工作，如果准备工作没做好，千万不要仓促上阵。我国许多酒店企业现在仍存在未认真做准备工作就盲目上马信息系统的情况，结果是欲速则不达，危害整个信息化工程。

1. 开始的动员会

动员会要说清工作的期望和期望输出，为什么要开发信息系统？系统规划组要简单介绍企业的现状，包括政治上、经济上、管理上敏感的问题，还应介绍企业的决策过程、组织功能、关键人物、用户的期望、用户对现有信息系统的看法等。由信息系统负责人介绍规划组人员对于企业的看法，同时应介绍现有项目状况、历史状况以及信息系统的问题。通过介绍让大家对酒店和对信息系统支持的要求有个全面的了解。

2. 定义企业过程

定义企业过程是 BSP 方法的核心。每位成员均应全力以赴地识别它们、描述它们，对它们要有透彻的了解，只有这样 BSP 才能成功。企业过程定义为逻辑上相关的一组决策和业务活动的集合，这些决策和业务活动是管理企业资源所需要的。整个企业的管理活动由许多独立的企业过程组成。识别企业过程可对企业如何完成其目标有个深刻的了解，识别企业过程可以作为信息识别构建信息系统的基础，按照企业过程所建造的信息系统在企业

① 相关资料来源于 http://baike.so.com/doc/6698073.html。

组织变化时可以不必改变，或者说信息系统相对独立于组织。任何酒店企业的活动均由三方面组成：一方面是计划和控制；另一方面是产品和服务；再一方面是支持资源。这可以说是信息的三个源泉，任何业务活动均由这里导出。识别企业过程要依靠专有材料、走访部门、实地考察和分析研究，但更重要的是要和有经验的管理人员讨论商议。识别企业过程是 BSP 方法成功的关键，应输出以下文件：一个过程组及过程表；每一个过程的简单说明；一个关键过程的表，即识别满足目标的关键过程；产品、服务过程的流程图；系统组成员能很好地了解整个酒店的运营是如何实现管理和控制的。

例如，接待登记是一个企业过程，它体现了独立的接待服务过程，包括对散客、团体的接待服务；网络预订是一个企业过程，它包括了在线预订所有的业务过程以及在线价格的决策。它们都是酒店独立的、不可缺少的企业过程。

3. 定义数据类

识别和定义企业数据的方法有两种：一种是企业实体法，实体有顾客、产品、材料以及人员等客观存在的东西，企业实体法的第一步是列出企业所有的实体，然后再识别和定义它们的数据，形成完整的数据类；另一种识别数据的方法是企业过程法，它利用上面识别的企业过程，分析每一个过程利用什么数据，产生什么数据，或者说每个过程的输入和输出数据是什么，然后整理出完整的数据类。它可以用"输入—处理—输出图"来形象地表达。

4. 分析企业和系统的关系

分析企业与系统的关系通常采用"组织—过程"矩阵图，它在水平方向列出各种过程，垂直方向列出各种组织部门，如果该组织是该过程的主要负责者或决策者，则在对应的矩阵元中画"*"；若为主要参加者就画"+"，若为部分参加者就画"#"，这样一目了然的图称为"组织—过程"矩阵图。如果企业已有现行系统，那么我们可以画出组织和系统矩阵图。在矩阵元中填 C，表示该组织用该系统；如果该组织以后想用某系统可以在矩阵元中填入 P，表示该组织计划用该系统。同理可以画出"系统—过程"矩阵图，用以表示某系统支持某过程，同样可以用 C 和 P 表示现行和计划。用同样的方法还可以画出系统和数据类的关系矩阵图。分析这些关系矩阵图可以帮助我们理解企业与新系统的关联，判断新系统是否符合酒店发展和管理的需要。

5. 确定总经理的想法

作为系统规划组的成员必须很好地准备采访提纲，了解酒店总经理对信息系统的想法。很好地采访及分析总结也是规划中的重要内容。采访的主要问题参考如下：你的责任领域是什么？基本目标是什么？你去年达到目标所遇到的三个最主要的问题是什么？什么东西妨碍你解决它们？为什么需要解决它们？较好的信息在这些领域的价值是什么？如果有更好的信息支持，你在什么领域还能得到最大的改善？这些改善的价值是什么？什么信息对你来说最有用？你如何测量？你如何衡量你的下级？你希望做什么样的决策？你的领域明年和三年内的主要变化是什么？你希望本次系统规划研究达到什么结果？规划对你和酒店将起什么作用？以上问题供参考，均应根据酒店具体情况增删。一般来说，所提问题应是 open up 型，即打开话匣子型，而不应当是 close down 型，即只要求回答是否式的问题。

6. 评价企业问题

在 BSP 方法采访以后应根据这些资料来评价酒店经营的问题，寻找哪些问题应由信息系统来解决。第一步要总结采访数据，这可以汇集到一个表上。第二步是分类采访数据，任何采访的数据均要分三类，即现存系统的问题和解、新系统需求和解，以及非 IS 问题，第三类问题虽不是信息系统所能解决的，但也应充分重视，并整理递交总经理。第三步是把数据和过程关联起来，可以用"问题—过程"矩阵图表示，表中的数字表示这种问题出现的次数。

7. 定义信息结构

定义信息结构实际上是划分子系统，BSP 方法是根据信息的产生和使用来划分子系统的，它尽量把信息产生的企业过程和使用的企业过程划分在一个子系统中，从而减少子系统之间的信息交换。具体的做法是用 U/C 图，U 表示使用（use），C 表示产生（create）。如果某企业过程产生某数据，就在某行某列矩阵元中写 C，如果某过程使用某数据，则在其对应元中写 U。开始时，数据和过程是随机排列的，U、C 在矩阵中排列也是分散的，我们用调换过程和数据类顺序的方法尽量使 C 集中到对角线上排列，然后把 C 比较集中的区域用粗线条框起来，这样形成的框就是一个个子系统，即确定了系统信息结构的主流，这样信息系统初步的结构就规划完成了。具体做法可参阅管理信息系统相关的教材。

归纳以上介绍的三种规划方法，CSF 方法能抓住主要矛盾，使目标的识别突出重点。用这种方法所确定的目标和传统的规划衔接得比较好，但是一般最有利的只是在确定管理目标上，缺乏全面的信息定义和结构。SST 方法从另一个角度识别管理目标，它反映了各种人的要求，而且给出了按这种要求的分层结构，然后转化为信息系统目标的结构化方法。它能保证目标比较全面，疏漏较少，但它在突出重点方面不如前者。BSP 方法虽然也首先强调目标，但它没有明显的目标引出过程，它通过管理人员酝酿"企业过程"引出了系统目标，企业目标到系统目标的转换是通过组织/系统、组织/过程以及系统/过程矩阵的分析得到的，这样可全面定义出新的系统以支持企业过程，也就把企业的目标转化为系统的目标，所产生的系统结构能全面支持酒店的经营与管理，所以我们说识别企业过程是 BSP 战略规划的中心，绝不能把 BSP 方法的中心内容当成 U/C 矩阵。

把这三种方法结合起来使用，可称作 CSB 方法，即 CSF、SST 和 BSP 结合。这种方法先用 CSF 方法确定企业目标，然后用 SST 方法补充完善企业目标，并将这些目标通过识别转化为信息系统目标，用 BSP 方法可校核两个目标，并确定信息系统结构，这样就补充了单个方法规划的不足。当然这也使得整个方法过于复杂，而削弱了单个方法的灵活性。可以说，迄今为止信息系统战略规划没有一种十全十美的方法。由于战略规划本身的非结构性，可能永远也找不到一个唯一解，所有方法总是在不断完善之中。进行任何一个酒店企业的规划均不应照搬以上方法，而应当具体情况具体分析，选择以上各方可取的思想，灵活运用。

第二节　酒店管理信息系统的业务流程分析

酒店管理信息系统经过系统规划后，就进入了系统分析阶段和系统设计阶段，而系统分析的基础就是酒店的业务流程分析。要对酒店管理信息系统进行设计，必须弄清楚酒店管理信息系统的业务流程（包括未来的业务流程），根据业务流程确定系统的各个需求模块。

一、酒店前台管理业务流程分析

酒店业务的管理包括前台（面对客户）和后台（面对内部管理），本部分的业务流程分析主要针对前台管理，读者可以根据需要在老师指导下自己分析后台的业务流程。通过对酒店管理前台业务的实际调查分析，得出一个酒店前台日常管理工作的业务流程和管理功能，这是后面数据流程分析的基础。具体前台的业务流程如图 3-3 所示[①]。

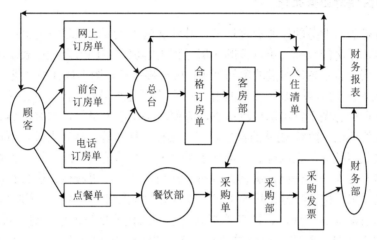

图 3-3　酒店前台管理业务基本流程

由图 3-3 不难得出，酒店前台各部门主要有以下几项业务管理工作：第一，顾客可以采用三种形式来订房，包括网上订房、电话订房、直接到酒店前台办理。第二，前台部门必须验证每一张订房单填写是否合格。验证的内容包括顾客姓名、身份证号码、电话、订房日期、订房类型、预订数量、入住人数、退房时间等。第三，前台验证完毕并将合格的订房单交由客房部，由客房部做好接待顾客的准备，当顾客退房时将总台提供的入住清单数据制成退房单一式三份，一份自己部门保管，一份交给顾客，一份交给财务部。第四，酒店前厅工作人员应登记顾客预订房间的初始数据并制成入住登记表，在退房时及时根据顾客的消费情况完成入住清单，并将入住清单数据提供给财务。第五，酒店餐饮部根据顾客的点餐单提供送餐服务并制作一式三份的消费单，一份留底，一份交给顾客，一份交给财务部。第六，酒店采购部主要配合餐饮部及客房部的工作制作采购汇总表，及时采购餐饮部所需要的各种原料，并及时补充客房部所需的日常生活用品。第七，酒店财务部负责根据采购发票、消费单、退房单制作经营财务分析报表。

（一）前台预订业务流程

前台预订系统的业务流程主要包括以下方面：输入客人姓名，需自动查出是否是黑名单客人，说明渠道来源；根据已订房客人资料进行"快速预订登记"操作；全面处理客人不同房类的开多间房的预订；输入订房人信息，如此订房人以前在酒店入住过，应自动提示其以前消费的记录和客人的详细资料；可快速地为客人预订各类型房间并快速地查询客

---

① 酒店管理信息系统[EB/OL]. (2011-01-25). http://wenku.baidu.com/view/941d25f4f61fb7360b4c65de.html.

人的相关信息；取消客人预订时方便快捷，并对取消预订客人以统一列表形式体现；房态图上直接显示预订客人将要抵店的时间，方便预订人员对预订客人来店的操作；对散客/团队客人生成快捷方便的预订统计报表；对散客/团队进行快捷方便的预订取消；对散客/团队进行快捷方便的预订换房；对散客/团队进行快捷方便的追加预订处理；散客一次性预订多间客房；多次预订房间资源不够时，系统出现提示信息；批量预订、批量修改预订、批量入住等；同时做多间房的联房操作——全部订房均可处于联房关系状态。读者可以根据业务内容在老师指导下绘制酒店预订业务流程图。

（二）前台接待业务流程

前厅接待是酒店业务的核心流程环节，其业务流程主要包括以下方面：房态管理，这是接待中分房、排房的基础，可以按顺序房号列出客房，用图形及颜色表示不同的房态；可直接在房态图上显示各种房类的房间列表；可直接在房态图上选择房间进行散客/团队预订、散客/团队入住、散客/团队结账等操作；可直接在房态图上为客人进行换房操作或续住操作；可直接在房态图上给房间修改房态，方便客房中心人员；可与客房导航器进行配合使用，方便入住登记、散客/团队的直接登记、续住、换房等；按客人姓名可自动调出回头客信息及历次住店统计信息以确定房价优惠和客人具体的消费记录；按客人姓名可自动查出是否是黑名单客人；根据已订房客人资料进行快速登记；更改住客资料和房价；回头客人的快速入住登记；快速给客人开各类房（散客房、钟点房、午休房、团队房等）；快速换房处理，房价自动关联；续住、黑名单管理；多间房快速批量入住；房态过滤功能管理；身份证号码自动识别；挂账、协议单位自动关联房价；客史档案管理，可对曾经在酒店消费过的客人快速入住管理，并查询此客人的历史消费记录和消费总额，以及房价折扣等信息；各类登记的报表管理和分析。读者也可以根据业务内容自己绘制酒店接待的业务流程图。

（三）前台收银业务流程

该环节的业务流程主要包括收退押金处理，可多次注入押金；快速消费入账，支持多种录入方式，如编码、五笔、拼音等；消费退账、错账冲销；支持单笔/多笔客人消费转账处理；支持客人组合结账/分开结账；支持客人多种方式快速结账（人民币、信用卡、签单挂账、其他卡等）；支持账单补救功能；多间房客人一起快速结账、支持不结账退房操作，以及不结账退房客人的恢复入住；散客/团队签单挂账；账单、报表打印，列表打印、一账多单等；押金单/入住单打印；交接班管理，实现无纸交班；挂账单位同酒店结账功能的账务处理；钟点房、午休房自动计费功能；团队团员分开结账操作；非住客结账管理；各种特殊客人的结账处理管理；折扣处理、另项收费管理等；综合查询及报表管理等。

（四）公关销售业务流程

本环节的主要业务流程包括销售员管理和价格管理。首先实现对酒店销售人员进行统一管理，具体包括：业绩管理；支持协议管理和协议类别管理；支持各类销售统计及报表管理；支持协议单位管理；支持房价协议管理；支持贵宾卡管理；支持一卡通管理（金卡、银卡、会员卡、贵宾卡等管理）；支持自定义客人协议单位；支持挂账单位签名字样管理，以方便用户为客人结账时核对挂账客人的笔迹；支持价格定义及管理，以及价格码的定义管理；支持会员卡查询、增加、删除、修改、充值、积分、查询等功能操作。

（五）信息查询业务流程

本业务流程主要包括房态图查询，系统在实时房态图上可对客人进行查询操作；各种列表查询，用户可看到酒店各种类型客人的不同样式的列表，如预订客人列表、在住客人列表、结账客人列表等；功能强大的客人信息查询，可按账号、姓名、到店离店日期、房号、团队账号和国籍模糊查询；公共信息查询、房间电话查询、旅游信息查询、万年历、世界时钟等；导航器查询，房态导航器可对酒店各类型房间各种状况的出租情况进行查询；各种查询信息的总体统计报表等；未来房态预测查询，稽核报表查询，等等。

（六）产品维护业务流程

产品维护主要用于酒店内部专职管理人员，包括客房代码维护、餐饮代码维护等；还包括修改用户密码，酒店房类设置，酒店房间设置，消费项目类别、明细维护，房间特征信息维护，服务员维护，功能权限维护（可细分到每一步操作），房态图维护，操作日志、系统初始化、删除以往酒店数据的维护，夜核维护（手动、自动夜核），午休房、钟点房计费设置，夜审记录、楼层维护，客人证件、支付方式维护，VR 账户维护，等等。

（七）报表中心处理流程

智能生成各类报表，模糊查询和打印等，主要包括结账明细表、结账汇总表、客人汇总分析表、消费分类明细表、消费分类明细表（收银员）、消费分类汇总表、押金明细表、账户余额表（汇总）、账户余额表（明细）、当日开房报表、当日退房报表、当日散客房报表、当日午休房报表、当日钟点房报表、当日自用房报表、当日团队房报表、客人类别统计表、客人消费排行表、销售员业绩排行表、协议单位消费排行表、房务分析报表、营业日报表（明细）、营业日报表（汇总）、营业分析图（明细）、营业分析图（汇总）、营业走势图；还可以处理客人消费预测表、客源分析预测表、经营收益报表和预测表等。

二、酒店散客和团队客人业务流程逻辑图

本部分将围绕客户对象，分析散客和团队客人的业务流程图。在了解酒店管理基本业务流程的基础上，对不同类型的客户（主要包括散客和团队客人）涉及的业务流程逻辑图进行分析，以便于后期系统设计和开发，也有利于帮助设计人员开发个性化的软件服务产品，使酒店管理信息系统既满足管理，又能提升酒店服务。下面仅介绍散客和团队客人的部分业务流程图，其他业务流程图读者可以根据需要自己去分析完成。

（一）散客预订流程逻辑图

对于散客，包括查询客人所需房间类型、确认预订客房、登记预订信息、打印票据、修改房间信息和增加日志六个环节，具体如图 3-4 所示。

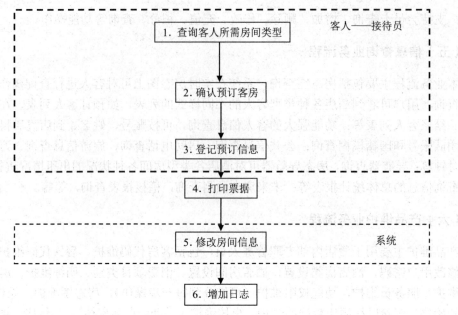

图 3-4　散客预订业务流程逻辑图

（二）散客入住流程逻辑图

散客业务流程图包括预订业务流程、入住业务流程以及离店业务流程，由于篇幅关系，这里我们仅介绍散客的入住业务流程图。散客入住业务流程主要包括确定入住房间、确定客人类型、确定房间的成交价格、登记客人信息、交住房押金、领房卡，其间会发生客人与接待员之间的互动和客人与财务人员之间的互动，通过互动实现信息的准确登记。具体业务流程如图 3-5 所示[①]。

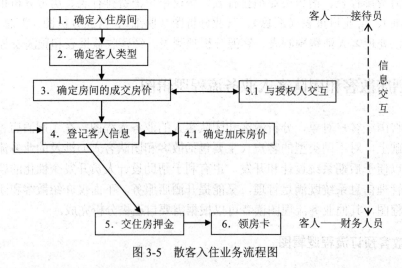

图 3-5　散客入住业务流程图

1．确定入住房间

散客入住首先要确定住什么类型的房间，这是入住流程的第一个环节，从服务员的角度来看，该环节的功能描述和数据输入/输出需求如表 3-1 所示。

---

① 酒店业务流程[EB/OL]．（2011-05-17）．http://wenku.baidu.com/view/53a26e1a964bcf84b9d57bf4.html.

表 3-1 确定入住房间（散客）

子 功 能	描 述	输入数据	输出数据
1．查询房间信息	查找酒店内所有房间，并显示相关信息		F1：房间信息
2．选择房间	当房间信息被显示出来后，接待员要根据相关规定选择合适的房间来满足客人的要求		
2.1　原房为空房	显然能够被用来提供给客人	房态	
2.2　原房为维修房	不能用来提供入住接待	房态	
2.3　原房为住人房	根据入住房间的客人来确定是否提供给客人	房态	
2.3.1　住的人为一般散客	可以	客人信息	
2.3.2　住的人为工会散客	不行	客人信息	
2.3.3　住的人为团队成员	不行	客人信息	
2.4　原房为预订房	团队客人预期抵店日期比散客预期离店日期早，则不行	房态	

2．确定客人类型

第二个环节是确定客人类型，主要功能描述和数据需求如表 3-2 所示。

表 3-2 确定客人类型（散客）

子 功 能	描 述	输 入 数 据	输 出 数 据
1．根据房间来确定入住客人的类型	主要是房间已有人入住		
1.1　原房间是空房	则任何人都可以入住该房间	房间信息	入住客人类型
1.2　住的是工会散客	则一定要是工会散客	房间信息+客人信息	工会散客入住
1.3　住了一般散客	则一定要是一般散客	房间信息+客人信息	一般散客入住
1.4　住了团队客人	则一定要是团队客人	房间信息+客人信息	团队客人入住

3．确定房间的成交房价

一般散客在入住时只能确定房间的成交房价，不能选择个人成交房价，但是在房间的成交房价确定以后，则每一个入住该房间的一般散客都有一个自己的个人成交房价。若住宿人数小于等于房间标准住宿人数，则个人的成交房价=房间的成交房价/所住人数，否则，多出来的人的个人成交房价=加床房价，具体如表 3-3 所示。

表 3-3 确定房间的成交房价

子 功 能	描 述	输 入 数 据	输 出 数 据
1．与授权人交互	若客人要求的房价超过接待员能够提供的房价权限，若一般散客能够有酒店授权人的授权，则接待员要通过电话与授权人联系，来确定该客人的成交房价		
1.1　查询授权人信息			授权人信息
1.2　选择授权人		授权人信息	成交房价信息

4. 登记客人信息

一般散客的入住登记，在成交房价确定以后，将会循环地记录入住该房间的客人信息，若该房间所住客人的人数超过房间标准，则超出的客人将作为加床处理，且加床房价远远低于房间的成交房价，具体如表3-4所示。

表3-4　登记客人信息

子　功　能	描　　述	输　入　数　据	输　出　数　据
确定加床房价	若该房间所住客人的人数超过房间标准，则超出的客人将作为加床处理，且加床房价远远低于房间的成交房价	加床房价	个人成交房价，房间的加床房价

5. 交住房押金

客人在登记完个人信息后，要到财务人员那里交一定的住房押金，具体如表3-5所示。

表3-5　交住房押金

子　功　能	描　　述	输　入　数　据	输　出　数　据
1. 选择房间	首先选择要交住房押金的房间	房间号	押金信息
2. 选择客人	押金在与房间联系的同时，还要与客人联系起来	客人 ID	押金信息
3. 选择单据号	每一次酒店的财务往来，都有可能有一些手工开出的单据作为最终的证明，所以押金收缴时财务人员也会手工开出一张单据给客人	单据号	押金信息

（三）团队预订流程逻辑图

对于团队业务，一般经过查询所有可用客房、确定预订客房、登记预订信息、分房处理、修改房间信息和增加日志六个环节，具体如图3-6所示[①]。

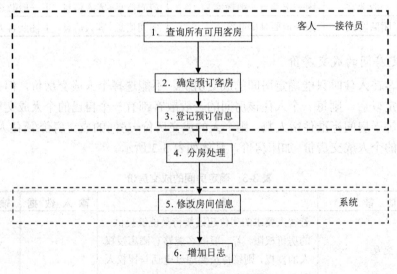

图 3-6　团队业务流程逻辑

---

① 资料来源于 360 图片和 http://www.docin.com/p-203670684.html。

1. 查询所有可用空房

团队预订首先要找到在团队预期抵店日当天酒店内所有可用空房,可以通过输入团队预期抵店日期、现有房间是空房、现有房间是住人房、现有房间是已预订房和现有房间是维修房来进行查询,如表 3-6 所示。

表 3-6 团队预订子功能

子 功 能	描 述	输 入 数 据	输 出 数 据
1. 输入团队预期抵店日期	通过输入团队预期抵店日期,系统可找到所有可用空房	团队预期抵达日期	该日所有可用空房
2. 现有房间是空房	如果现有房间是一间空房,无论如何它都可以作为一间可被预订的房间	房态(空房)+团队预期抵达日期	可用房
3. 现有房间是住人房	若客房已有人入住,且已入住客人的预期离店日期和时间比团队预期到店的日期和时间晚,则不能把这间客房提供给团队客人	房态(住人房)+团队预期抵达日期+现住人房的预期离店日期时间	可用房
4. 现有房间是已预订房	若客房已被预订,且已预订客人的预期抵店日期和时间比现预订团队客人预期离店的日期和时间早,则该房间就不能提供给团队客人	房态(预订房)+团队预期抵达日期+现预订房的预期抵店日期和时间	可用房
4.1 输入团队预期离店日期	若已预订客人的预期抵店日期和时间比现预订团队的预期离店日期早,就不能提供给该团队	房态(预订房)+团队预期抵达日期+现预订房的预期抵店日期和时间	可用房
5. 现有房间是维修房	若维修房的预期完工时间比客人的预期抵店日期晚,则不能提供给团队客人	房态(维修房)+团队预期抵达日期+维修房的预期完工时间	可用房

2. 确定预订客房

通过客人的相关描述为团队客人从可用房中选择出预订房,如表 3-7 所示。

表 3-7 选择预订房

子 功 能	描 述	输 入 数 据	输 出 数 据
选择预订房	被选择的空房将要被修改房间信息	房间号	房间预订信息

3. 登记预订信息

当客人的预订要求被满足后,酒店方要登记团队客人的信息,如表 3-8 所示。

表 3-8 团队登记预订信息

子 功 能	描 述	输 入 数 据	输 出 数 据
登记团队预订信息	主要是团队预期抵店日期和预期离店日期	团队预期抵店日期+预期离店日期+团队信息+团队负责人信息	团队预订信息

4. 分房处理

当团队预订完基本信息以后,就对团队成员进行分房处理,并确认相关消费信息和设定,如表 3-9 所示。

表3-9 团队分房信息

子 功 能	描 述	输 入 数 据	输 出 数 据
打印	团队分房要求描述	成员数据	房间信息描述

5. 修改房间信息

当确定团队预订之后，要修改房间的信息，主要是房态，如表3-10所示。

表3-10 修改房间信息

子 功 能	描 述	输 入 数 据	输 出 数 据
1. 修改房态	房间信息的修改主要是指房态	—	—
1.1 现有房是空房	—	空房	预订房
1.2 住人房	—	住人房	预订房
1.2.1 住人脏房	—	住人脏房	预订房
1.3 维修房	—	维修房	预订房
1.4 预订房	—	预订房	预订房

6. 添加日志信息

房态变化之后，系统要求增加一条日志信息。

7. 预订取消

团队预订有可能会被团队客人取消，这时要求接待员删除预定信息并修改相关信息，如表3-11所示。

表3-11 团队预订取消

子 功 能	描 述	输 入 数 据	输 出 数 据
查询预订信息	系统通过选择团队预订功能选项来触发	—	预订信息
删除预订信息	若确定该预订要取消则要删除该预订信息	预订信息	—
修改房间信息	原预订房要取消预订标记	预订标记	—

（四）团队入住登记流程逻辑图

团队入住登记过程比较复杂，由于团队中每个成员所需要的房间类型并不完全一致，并且很多团队成员还有特殊要求，因而在入住登记的过程中难免会存在一些混乱，一般包括确认团队编号、团队成员总人数及性别，核对房间类型及房价，登记团队及客人信息，预交押金等，具体如图3-7所示。

在确定团队编号之后，酒店需要和团队领队核对团队总人数及房间类型，核实团队人数是否有变动，或者房间类型是否有变动，如果有人员的增减，就需要对原有的房间类型进行调整，特别是有人员增加时，需要确认是否还有相应类型的空房。在核对好房间类型及房价后，对团队及各房间客人的信息进行登记，收取相应的预交押金，与领队确认哪些是团队费用之外必须自费的项目，等所有核对完毕后，将所有房间的房卡交给领队。

关于团队入住业务的功能描述和数据需求，有兴趣的读者可以围绕登记信息、确定房间类型、排房、交押金或核对协议等环节自己进行分析。

关于酒店散客和团队住店期间消费的业务流程以及离店结账的业务流程，由于篇幅限制这里不再详述,有兴趣的读者可以结合酒店业务自己进行流程分析。

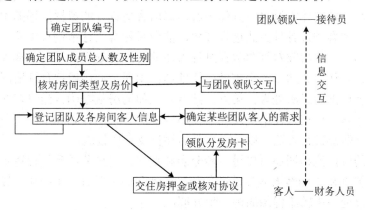

图 3-7　团队入住登记业务流程逻辑

第三节　酒店管理信息系统的数据流程分析

业务流程分析结束后,开发就进入数据流程分析阶段,数据流程分析既是系统分析的重点,又是系统设计的基础。信息系统的核心功能就是数据处理,酒店管理信息系统在业务流程分析基础上,需要对信息系统的数据流程进行分析,确定数据的结构和分布范围,这是系统模块设计的依据,从而为后面的数字字典描述和系统功能设计打下基础。下面围绕酒店的客房、餐饮、采购及财务等主要业务环节,简要介绍它们的数据流程及分析。

一、酒店客房管理数据流程图

客房是酒店销售的主要产品,它的数据流转正确与否,直接影响酒店经营的经济收益,因此酒店前台的信息系统设计都围绕客房的销售与服务展开。数据流程图通常是分层绘制的,一般数据流程图的层次与管理业务层次相似,也可以根据平衡的业务水平绘制。根据以上酒店业务流程分析,可以得到酒店客房管理初步的总体数据流程图,具体如图 3-8 所示。

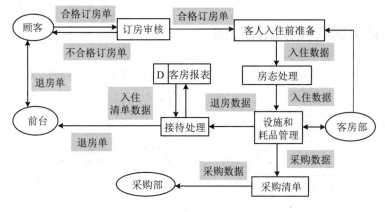

图 3-8　酒店客房管理数据流程

在图 3-8 中，阴影矩形框中的名称表示数据流，箭头表示数据流向，其他还有处理逻辑、数据存储和外部实体等符号。具体来看，酒店客房管理的数据流程图主要包括以下几个部分：第一，顾客通过各种方式进行订房，前台对顾客的订单进行审核，并把订单数据传给客房部；第二，客房部对订单数据进行入住前的准备处理；第三，客人入住时填写入住登记表，确认入住，并通知客房部做接待处理；第四，酒店根据预订情况在没有客人要求的客房时，客房部做退房处理；第五，结合入住和退房数据确认最终在住客人，并形成客房日报表；第六，根据入住情况及耗品使用情况制订采购计划和采购清单，将采购清单的数据提交给采购部进行采购，以补充客房的耗材及其他设施。

客房管理的数据流程图还可以进一步分层和细化，一直分层到处理逻辑为独立的不可再分解为止。图 3-8 中的客人入住前准备和接待处理还可以进一步细化，读者可在老师的指导下完成对该处理逻辑流程图的进一步分解。

二、酒店餐饮部管理数据流程图

餐饮产品是酒店经营的又一个主要销售产品，它的数据流转正确和敏捷程度也会影响酒店的整体收益。根据酒店主要业务的流程分析，可得到酒店餐饮管理总的数据流程图，如图 3-9 所示。

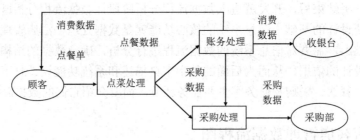

图 3-9　酒店餐饮部管理数据流程

可以看出，酒店餐饮部管理的数据流程主要包括以下几个环节：第一，顾客进行点餐，由此形成点餐单并由厨房进行处理；第二，顾客在点餐后会形成消费单，而消费数据一方面返回给顾客，另一方面送收银台处理；第三，餐厅根据点餐单和库存情况形成物品采购单，并将采购数据交给采购部，采购部根据这些清单来采购所需要的餐饮原材料。

三、酒店采购管理数据流程图

根据采购业务的流程分析，可得到酒店采购部业务管理的总体数据流程图，如图 3-10 所示。

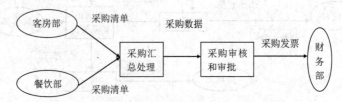

图 3-10　酒店采购管理数据流程

酒店采购部门根据经营部门的消费和消耗情况进行物资采购，其数据流程图主要包括以下几个部分：第一，客房部根据客户预订及消费情况将采购清单报给采购部进行处理；第二，餐饮部根据客户预订及消费情况将采购清单报给采购部进行处理；第三，采购部汇集所有的采购清单形成采购审核和审批总表，并进行采购；第四，采购完成后将采购汇总表发给财务部，并进行验货和入库处理。

四、酒店财务管理数据流程图

酒店财务软件一般都采用标准软件，根据酒店业务的特点以及财务业务流程的具体分析，我们可以得到酒店财务管理的总体数据流程图，如图 3-11 所示。

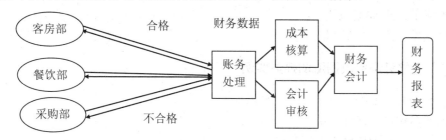

图 3-11　酒店财务管理业务数据流程

可以看出，财务部会根据各个业务部门的报表情况，进行最后的财务处理、汇总、核算、审核，最终生成财务报表。酒店财务的数据流程图主要包括四个方面：第一，财务部对客房部提交的合格的以及不合格的客房订单和销售报表进行处理，形成客房财务数据；第二，财务部对餐饮部提交的合格的以及不合格的餐饮订单及日报表进行处理，形成餐饮财务数据；第三，财务部对采购部提交的各项采购数据进行处理，形成采购财务数据；第四，所有财务数据最终经汇总和会计处理后形成酒店的财务报表。

第四节　酒店管理信息系统数据字典描述实例

数据字典是系统分析中又一个重要的分析工具，数据流程图仅反映了数据处理需求和数据流向，并没有反映出具体数据流的结构和描述，因此对系统的数据分析并不完整。数据字典是数据流程图的重要补充，可对流程图中的数据流做进一步的说明。因此，数据字典是系统设计中数据结构设计的基础，本节将对数据字典以描述实例的形式做简要介绍。

一、数据流的描述实例

数据流是数据流程图中的主要对象，它反映了数据处理的流动方向，一个合理的数据流描述主要包括数据流编号、数据流名称、数据流简述、数据流来源、数据流去向、数据项组成、数据流量和高峰流量等。在以上介绍的业务数据流程图中，以下对其数据流的描述实例进行说明[①]。

（一）订房申请单数据流的描述实例

数据流编号：A-01

数据流名称：订房申请单

简述：顾客通过网站、电话、前台填写的订房申请单

数据流来源：顾客

数据流去向：前台审核模块

数据项组成：顾客姓名+身份证号+联系电话+订房日期+订房类型+订房数量+入住人数+退房时间

数据流量：约 50 张/日

高峰流量：约 130 张/日

（二）合格订房单数据流的描述实例

数据流编号：A-02

数据流名称：合格订房单

简述：经前台审核修正的订房单

数据流来源：前台审核模块

数据流去向：客房部处理模块

数据项组成：顾客姓名+身份证号+联系电话+订房日期+订房类型+订房数量+入住人数+退房时间

数据流量：约 50 张/日

高峰流量：约 110 张/日

（三）不合格订房单数据流的描述实例

数据流编号：A-03

数据流名称：不合格订房单

简述：经前台审核修正的订房单

数据流来源：前台审核模块

数据流去向：预订中心处理模块

数据项组成：顾客姓名+身份证号+联系电话+订房日期+订房类型+订房数量+入住人数+退房时间

数据流量：约 30 张/日

高峰流量：约 50 张/日

（四）点餐单数据流的描述实例

数据流编号：A-04

数据流名称：点餐单

---

① 根据厦门润庭连锁酒店的实际情况和网站：http://www.docin.com/p-328107071.html 上的相关内容整理而来。

简述：顾客填写的点餐单

数据流来源：顾客

数据流去向：收银台处理模块

数据项组成：顾客姓名+房间号+菜名+具体数量+送餐时间

数据流量：约 45 张/日

高峰流量：约 150 张/日

（五）餐饮部采购单数据流的描述实例

数据流编号：A-05

数据流名称：采购单 1

简述：餐饮部提出的采购需求统计单

数据流来源：餐饮部处理模块

数据流去向：采购部处理模块

数据项组成：蔬菜类名+肉类名+调味料名+厨具用品名+具体数量

数据流量：约 10 张/日

高峰流量：约 20 张/日

（六）客房部采购单数据流的描述实例

数据流编号：A-06

数据流名称：采购单 2

简述：客房部提出的采购需求统计单

数据流来源：客房部处理模块

数据流去向：采购部处理模块

数据项组成：卫生洗漱用品名+家具用品名+具体数量

数据流量：约 1 张/日

高峰流量：约 2 张/日

（七）财务单数据流的描述实例

数据流编号：A-07

数据流名称：财务单

简述：财务部每天的财务总结单

数据流来源：前台、客房、采购、餐饮部处理模块

数据流去向：财务部处理模块

数据项组成：前台财务处理+客房财务处理+餐饮财务处理+采购财务处理

数据流量：约 8 张/日

高峰流量：约 30 张/日

二、处理逻辑的描述实例

处理逻辑是数据流程图中的核心，它描述的是数据处理需求，数据流程图的分层都是

围绕处理逻辑逐层展开的。处理逻辑的主要描述一般包括处理逻辑编号、处理逻辑名称、简述、输入的数据流、处理描述、输出的数据流、处理频率等[①]。

（一）前台审核处理逻辑的描述

处理逻辑编号：A-01

处理逻辑名称：前台审核

简述：审核顾客填写

输入的数据流：订房申请单

处理描述：审核顾客提交的订房申请单信息是否完整，酒店现有房间是否符合顾客要求，若信息不完整或者剩余房间不符合顾客要求，则做出相应的协调解决方案，更改相关申请单信息，完成订房申请单的填写直至完成合格的订房申请单转给客房部。

输出的数据流：合格订房申请单

处理频率：118 次/日

（二）客房部审核处理逻辑的描述

处理逻辑编号：B-02

处理逻辑名称：客房部审核

简述：审核前台订房单填写

输入的数据流：订房单

处理描述：审核前台检查通过的顾客提交的订房单信息是否完整，完成订房单的交接工作，若查出订房单信息不完整或者预订房间不符合顾客要求，则在顾客自愿的情况下，协调更改房间类型等信息，完成订房单的填写直至完成合格的订房单并做好相应的接待工作。

输出的数据流：合格订房单

处理频率：97 次/日

（三）点菜单审核处理逻辑的描述

处理逻辑编号：C-03

处理逻辑名称：点菜单审核

简述：审核顾客填写

输入的数据流：点菜单

处理描述：审核顾客提交的点菜单信息是否完整，酒店现有餐饮原材料是否符合顾客要求，若信息不完整或者剩余原材料不符合顾客要求，则在顾客自愿的情况下，协调更改订餐类型等信息，完成点菜单的填写直至完成合格的点菜单以及相应的后续处理工作。

输出的数据流：合格点菜单

处理频率：108 次/日

（四）餐饮部采购单审核处理逻辑的描述

处理逻辑编号：D-04

---

① 根据厦门润庭连锁酒店的实际情况和网站：http://www.docin.com/p-328107071.html 上的相关内容整理而来。

处理逻辑名称：采购单 1 审核

简述：审核餐饮部采购填写

输入的数据流：餐饮部采购单

处理描述：审核餐饮部提交的采购单信息是否完整，酒店现有餐饮原材料是否符合顾客要求，若信息不完整或者剩余餐饮原材料不符合顾客要求，则再与顾客交流协商，在顾客自愿的情况下，提供其他代替产品，或者与采购部协调采购符合要求的物资。

输出的数据流：合格餐饮部采购单

处理频率：20 次/日

（五）客房部采购单审核处理逻辑的描述

处理逻辑编号：B-05

处理逻辑名称：采购单 2 审核

简述：审核客房部采购填写

输入的数据流：客房部采购单

处理描述：审核客房部提交的采购单信息是否完整，酒店现有客房剩余物资是否符合顾客要求，若信息不完整或者剩余物资不符合顾客要求，则要求重新填写，或者与采购部协调采购符合要求的物资。

输出的数据流：合格客房部采购单

处理频率：13 次/日

（六）财务审核处理逻辑的描述

处理逻辑编号：E-06

处理逻辑名称：财务审核

简述：审核各部门财务填写

输入的数据流：订房单、点菜单、采购单

处理描述：审核各部门提交的财务审核单信息是否完整，若信息不完整或者审核单内容出现差错，如数量不符、名称不符、款项不符、账目不符，则要求重新填写直至完成合格的财务审核单转给财务部留底。

输出的数据流：合格财务报告单

处理频率：37 次/日

三、数据存储的描述

数据存储的描述主要反映了数据存储的用途和结构，一般包括数据存储编号、数据存储名称、简述、数据存储组成、关键字、相关联的处理等。

（一）订房申请表数据存储的描述

数据存储编号：C-01

数据存储名称：订房申请表

简述：记录酒店客房预订申请情况

数据存储组成：日期+客房编号+客房类型+客房单位+入住天数+客房价格+退房时间

关键字：日期+客房类型+客房价格

相关联的处理：B-01

（二）客房入住情况表数据存储的描述

数据存储编号：C-02

数据存储名称：客房入住情况表

简述：记录酒店客房入住情况

数据存储组成：客房编号+客房类型+客房单价+入住时间+入住人数+入住天数+退房时间

关键字：入住日期+客房类型+退房时间

相关联的处理：B-02

（三）餐饮销售表数据存储的描述

数据存储编号：C-03

数据存储名称：餐饮销售表

简述：记录酒店餐饮部支出、收入的明细账单

数据存储组成：日期+销售数量+销售总价

关键字：日期+销售类型+销售总价

相关联的处理：B-03

（四）采购表数据存储的描述

数据存储编号：C-04

数据存储名称：采购表

简述：记录酒店采购支出、收入的明细账单

数据存储组成：日期+采购代码+采购类型+采购数量+采购单价+采购总价

关键字：日期+采购类型+采购总价

相关联的处理：B-04、B-05

（五）财务报表数据存储的描述

数据存储编号：C-05

数据存储名称：财务报表

简述：记录酒店支出、收入的明细账单

数据存储组成：日期+客房售额+采购总价+餐饮售额+其他类型

关键字：日期+客房售额+采购总价+餐饮售额+其他类型

相关联的处理：B-06

四、外部实体的描述

外部实体是数据流程图中不受其控制的对象，可以是人、部门单位、处理逻辑等对象，

其描述主要包括外部实体编号、外部实体名称、简述、输出的数据流等，相应实例如下。

外部实体编号：D-01

外部实体名称：顾客

简述：来自全国各地的顾客

输出的数据流：A-01、A-03

第五节　酒店管理信息系统的功能设计与开发

一个酒店信息系统的开发是否能适应酒店经营和发展的需要，在结束了系统的分析阶段以后，关键是如何进行系统的功能设计。这里由于篇幅限制，仅介绍系统设计阶段的功能设计内容，更多的系统设计内容，如模块设计、数据库设计、界面设计、输入/输出设计、代码设计等读者可以自己通过课外的渠道进行学习。

一、酒店管理信息系统功能设计与开发的原则

在明确了系统的应用需求以及数据处理需求以后，就基本明确了系统应做什么，这时就可以进入系统的功能设计阶段，解决系统如何做的问题了。在系统设计和开发以前，系统功能的设计与开发应该遵循一定的原则，如能够从服务器端到客户端实现数据资料统一集中管理，具体来说，包括以下几个方面。

（一）应以保障系统运行的安全与稳定为原则

酒店管理信息系统是为经营管理服务的，接待、退房、查询等都要求系统的安全与稳定，以保障经营业务的正常进行。因此，系统设计就必须考虑系统运行的安全因素，即应考虑采取多项措施来保证系统的安全稳定，至少应采取三项措施来对用户权限进行限制：网络操作系统、后台数据库管理系统、前台应用程序。现在酒店信息系统逐步形成基于互联网的开发系统，其数据的安全更为重要，系统设计应保障系统数据交换过程中的绝对安全。其他如服务器安全、交易安全、数据保密、防病毒等在系统设计中也需予以考虑。

（二）应以提供及时准确的数据为客户服务为原则

系统是否稳定运行主要看系统接收和提供数据是否及时、敏捷，系统提供数据的迟钝除了网络原因外，剩下的就是系统设计的问题了。系统应能够及时准确地接收、处理、统计酒店各方面的数据，同样也应向各种用户及时、敏捷地提供数据。系统设计时要以数据为基础，提供实时性数据和周期性数据。例如，系统应对每一时刻的营业数据、库存数据、财务数据进行自动汇总（任意时间段的数据汇总），再结合强大的数据分析系统在"客、财、物、人"全程管理中量化考核指标，为决策层进行市场运作、成本控制和经营规划等管理决策提供科学的数据基础，同时也能为酒店客户提供敏捷的服务。

（三）应以提供强大的客户管理为原则

客户是上帝。信息系统应具备强大的客户管理与服务功能，尤其在互联网时代。而良好的客户管理功能必须在系统设计阶段就全盘考虑，如将客人的爱好、习惯等信息与客人在酒店的消费额、酒店相应的优惠折扣、个性化服务、真诚问候等紧密联系在一起；对于企业客户，应提供协议公司、旅行社的全方位管理功能，系统随时可以对其在酒店的消费总额进行排名分析，并对任意时期的数据进行比较，根据数据差异分析原因，以便提供更优质的服务、更合理的策略、更科学的管理。保证部门间层层控制、紧密联系和快速响应，防止跑单现象。酒店餐饮、客房、娱乐等部门与前台收银紧密关联、数据共享，酒店各类实时消费设备（程控电话、客房视频点播等）与本系统接口兼容，客人在各个环节的消费费用能快速、自动地转入前台收银结账处。进行部门二级核算，消除管理漏洞。对于酒店营业部门，特别是餐饮部门，每日消耗原材料的数量较大，如能对其进行有效的管理，将大大提高酒店对客服务的管理效益。

（四）应具备扩展兼容适应多种客源的价格体系

酒店经营需要各种不同的价格体系为不同的客户服务，实现基于信息系统的个性化服务。一般的酒店管理系统提供的客源类型较少，大多数还不能直接为网络客户提供服务。一个有竞争力的信息系统应提供门市散客、旅行社团队、协议公司、会议客人、宴会客人、长住客人、网络客人、VIP 贵宾等客源类型所对应的价格体系，以便做到对不同客源类型进行不同的服务与管理。信息系统应提供灵活多变的服务程序机制，适应酒店不同时期客户的管理需要。系统还应根据客人需要提供多种多样的房价调整政策，提供不同时期、不同阶段的电话费率政策，提供酒店打折优惠的设定标准，提供各种客源类型的保险费收取定额，提供消费卡的最大自由支取额度和最大透支额度，以及不同卡的各类消费折扣标准，等等。

（五）应考虑以更多的业务预测决策功能为原则

利用信息系统辅助酒店经营管理决策，是酒店提升竞争优势的重要举措，酒店信息系统在设计时就应考虑这些功能，如销售的预测功能、价格预算的决策功能、营销的预决策功能、采购的预决策功能等。系统通常以数据为基础，提供丰富多彩的图文界面，分析酒店任意阶段、任意时期的各类经营、管理数据；提供简洁、清晰、全面的酒店经营报表并由不同级别的管理人员进行调用，作为经营管理决策的依据。系统有能够依据已有数据，采用不同方法预测未来经营情况的功能，可方便酒店管理者调整下一步经营目标或制定合理的销售策略，甚至可以根据近期的经营情况数据，提供节约成本的方案和措施，从而间接地提高酒店的利润和收益。

不同类型的酒店开发信息系统的原则不可能完全相同，每个酒店都由自身的因素决定。单体酒店和连锁酒店，要求不一样，低端酒店和高端酒店要求不一样，休闲酒店和商务酒店要求也不一样。作为一家酒店，在设计和开发信息系统时，需根据自己的情况和现有的条件，制定符合自己要求的信息系统开发原则。

二、酒店管理信息系统的功能设计

酒店管理信息系统的功能设计以系统业务流程和数据流程分析为依据，通过子系统的划分和模块设计，得出酒店管理的基本功能结构。典型的酒店管理信息系统以前台管理和部分后台管理为主，包括预订管理、接待管理、客房管理、餐饮管理、收银管理、客户管理、财务管理等。部分系统还包括人事管理、娱乐管理和工程设备管理等，这些功能通常也称为子系统，它们反映了信息系统的业务处理能力，如图 3-12 所示。从业务管理的角度来看，每个功能都可以从五个方面来进行详细设计，即数据录入、数据查询、数据处理、数据输出和代码维护。

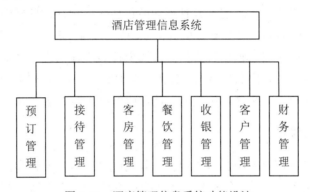

图 3-12　酒店管理信息系统功能设计

通常，酒店管理信息系统功能设计都是根据酒店经营现状通过业务流程分析和数据分析的结果来决定的。近年来，在互联网思维的影响下，酒店信息系统的功能设计更多地考虑了客户的需求，即除了满足管理需要外，还需要满足服务的需要，用信息系统更多地为客户提供服务，如订房服务、关怀服务、查询服务、积分兑换服务等。因此，在功能设计的方法上，更多地采用平行设计法，多个独立的业务同步进行功能设计，这样既考虑了信息系统的个性化需求，又考虑了酒店发展的需要，满足了信息系统的功能创新和竞争需求。在平行法设计中，为更多地获取客户的服务需求，可通过问卷调查、座谈会、访谈了解客户的服务偏好、住店习惯、网络爱好，从而获取客户对信息系统的功能需求。对于酒店内部，平行法设计也需通过座谈会了解客房、餐饮、娱乐各方面的功能需求，同时了解这些业务部门的数据交换需求，形成满足现代管理与服务的功能需求。

新一代信息系统的功能需求无法用传统的系统分析和系统设计方法去获取，需要通过业务部门和客户的实际需求，结合基于网络的新技术和新媒体去分析，形成具有市场创新能力的酒店管理信息系统功能。

三、酒店管理信息系统的功能开发

在确定了子系统的功能需求以后，下一步就要开始进行各系统的功能开发。功能开发建立在需求开发的基础上。需求开发是在系统分析、系统设计、系统实施的各阶段中进行有目标的需求分析、需求确认和需求管理，允许各阶段根据需要做一定的需求变更，使系统开发的功能符合酒店的实际需求。功能开发是根据功能需求进行系统性的功能定义、功能设计和功能管理，使开发的功能可用源代码实现，支持业务管理和服务的需要。经过需求开发和功能开发的设计步骤，就形成了酒店管理信息系统的核心功能模块，这些核心功能包括客房预订管理、团队预订管理、散客接待管理、团队接待管理、客房管理、客户关系管理、前台收银管理、财务管理、考勤人事管理、夜间稽核管理、前台应收账款管理、IC 卡管理、餐饮收银管理、桑拿管理等[①]。

（一）客房预订管理

传统的预订管理功能包括预订单录入、客历、合约、会员预订、预订单变更修改、预订确认、应到未到处理、未确认预订单处理、预订方式分类统计、单位及旅行社预订报表、房态预报表、可用房查询等。新的预订管理功能包括网络预订、订单确认、分销管理等功能。预订管理功能可根据客人的基本订房资料自动显示该种房类在客人抵/离店期间的房数情况；按客人姓名系统可自动调出客史信息及历次住店统计信息以确定房价优惠；按客人姓名系统可自动检索是否为黑名单客人；如果是实时预订，则可根据房类、房号进行预订，并根据已订房客人资料进行快速入住登记。预订还可以为客人建立同住关系及关联关系。

（二）团队预订管理

团队预订是客房预订管理中的核心业务，其功能主要包括预订和排房，实现快速、自动的团队订房业务流程，具体功能有建立团队预订主单、信息录入、成员排房、账务定义、消费设定等。通过团队主单管理团队订房信息及账务，并确定预订团队要求的各类房间及相关信息。系统可手动、自动排房，可选择多种排房方式，系统自动快速按要求进行入住登记及填写客人姓名，并实现散客、团员的互转等。

（三）散客接待管理

接待管理是酒店前厅管理的核心业务环节，包括散客接待和团队接待两种业务。散客接待管理的功能包括散客入住登记，预订客人入住，换房处理，加床处理，折扣调整处理，现住客人查询，历史客人、合约客人、会员查询，房账、客账转账处理等。功能要求还可根据房间状态表直接进行客人入住登记操作，按客人姓名系统可自动调出客史信息及历次住店统计信息以确定房价优惠，按客人姓名系统可自动检索出是否是黑名单客人。同时还可从预计今日抵店的客人列表中，选择客人直接入住，以及可根据客历、合约、会员档案快速登记入住，并根据房态表实现住客换房、续住、离店后重新入住等功能。

（四）团队接待管理

团队接待管理比散客接待管理在功能上要复杂一些，其功能包括预订团队及团员自动入住、自动分房、团员非同时抵店、团队类型统计、团队账务建立、结账方式等处理。其他功能还包括按顺序列出客房号，动态实时地显示客房状态，可直接在房态表选择显示常见的房间列表，如全部客房、全部清洁房、不同房类房间状态、客房图表等，也可直接在

---

① 根据杭州绿云科技有限公司研发的酒店管理信息系统模块的相关资料总结。

房态表上选择房间进行团队登记，实现最快速的客与房的管理。辅助功能还有修改客人资料，将预订客人转入住，查看、设置房间信息操作，客人留言，客人换房，客人续住，散客团员互转等，在房间状态表上操作员可直接看到留言、房间信息、今日到客、今日预离店团队标识等。

（五）客房管理

客房管理是酒店的主业务，其功能包括房态管理、耗品管理、设备管理和员工管理等。其中房态管理是核心功能，提供实时的房间状态表，要求以不同的颜色实时列出房间的状态，在房间状态表上操作员可直接进行房务管理或查看客人日常住店信息。常规房态应包括脏房，净房、维修房、自用房、VIP 房、等待房等，并具备增加/修改/删除房态和房务管理的信息。辅助功能包括客房日志、记录和管理客人丢失物品、交接班事项等。

（六）客户关系管理

近年来，酒店信息系统中的客户关系管理正在逐步演变成独立的 CRM 系统，以实现个性化的销售和自动营销，并满足电子商务发展的需要。但作为独立的酒店前台信息系统，仍然保留着客户关系管理的功能，这里的客户指的是常客管理或会员管理，系统通过客户关系管理可以提高酒店的经营收益。在前台信息系统中，客户关系管理的基本功能包括完善的客历管理、合约管理、销售管理、积分管理。对于企业客户，如旅行社，还具有协议单位房价政策和优惠方式管理、支付方式管理以及营销信息播送管理等。系统通过全面的合约管理即可保证销售人员管理自己的客户，同时也为酒店保留了客户信息资源，以便优惠政策得以延续和实现自动定价。所有客历、合约中享受的优惠和账户信用等内容可被所有的收银点和前台查询调用。系统还应具备客户在酒店的消费可被系统进行统计、分析并制定消费排行榜的功能，从而为酒店的促销政策提供数据。销售人员的销售业绩可被统计分析，自动考核酒店销售人员的工作业绩。

（七）前台收银管理

前台收银是前厅的重要管理工作，也是酒店经营的核心环节。在前台管理中，前台收银管理是一个独立的系统模块，具有完善的前台客账体系，住客、团体、公司、特殊账号等均有独立账户，实时进行账务处理，可具体到一条明细账的结账、挂账或转账等业务操作。系统具有完善的账务处理功能，所有有关账务的操作都留有操作痕迹，对已发生的账务只允许账务更正，从而保证财务账目的完整，防止违纪现象的发生。为方便灵活地消费记账、收入记账，系统具备的丰富、全面的转账功能令账务的跟踪清晰明了，多种账单输出功能全方位满足客人的结账要求。完善的结账功能可以支持按房号、账号智能快速结账，系统自动检测功能提示关联账号，按日期、消费类别结账，使得结账在瞬间完成。系统还支持现金、支票、信用卡等多种支付方式结账。团体结账时根据团体主单自动调出全部团员，系统自动提示未结账团员，支持团体离店其团员自动离店。另外，完善的客账查询系统提供跨账号的综合账目查询，可输入多种查询条件，达到查询的各种要求。

（八）财务管理

一般由国家财政部审批的财务系统通过接口接入酒店信息系统，功能包括科目编码、期初余额、计账凭证、过账科目汇总、过账明细账、总账、出纳管理、银行对账、自动转账、报表设计生成、查询、录入、合并、资产管理等。

（九）考勤人事管理

该模块适用于酒店的人事工资系统管理，包括人事档案基本情况建立、员工分类档案（在职情况、历史员工、应聘人员）、多种人事报表、员工工资报表、基本情况设定、考勤情况、薪金变动、薪金计算、工资报表等。目前该模块正在升级为独立的人力资源开发管理模式，还包括人事培训管理、员工绩效管理等内容。

（十）夜间稽核管理

酒店经营是 24 小时连续经营，但需要区分每天的经营业绩，这是通过稽核来实现的，每天夜间的稽核工作结束后就是新的一天的开始。稽核工作从夜里 12 点开始，通过严谨的夜审流程控制，保障夜审的快速准确，审核并打印预审报表，房租核数过账、稽核台账，并提供给相关部门稽核报表还包括收入日报表、整理转移备份数据及特殊情况下的数据恢复表等。稽核的各类报表传送给总经理以及财务部门，成为每月财务报表的基础数据。

（十一）前台应收账款管理

酒店经营中会产生很多应收账款，如协作客户、旅行社、常客等，在前台管理中专门有一个应收账管理模块，用来管理前台的应收账款。该模块直接与前台系统相连，数据自动按要求转入，支持多种应收账户，其中包括协议公司账号、旅行社代理账号、会员账号、内部账号等。

（十二）IC 卡管理

IC 卡管理是现代酒店经营的重要工作，因为现代消费者已习惯使用各类 IC 卡支付各种费用。目前有两类 IC 卡：一类是银行或第三方支付的 IC 卡，这一类卡的使用都是通过接口的形式，管理比较简单；另一类是酒店自己发放的 IC 卡，这一类卡需要酒店一系列的管理，如 IC 卡发行、IC 卡充值、IC 卡注销处理、IC 卡清退、持卡人维护等管理。

（十三）餐饮收银管理

餐饮收银是餐饮管理的核心工作，许多酒店都使用综合收银系统来管理餐饮的收银工作。现在大多数餐饮收银系统包括简单的桌位管理和点菜管理，客户点菜后直接把信息传输到收银台，便于餐后的收银管理。因此，餐饮收银管理系统将餐厅楼面、收银、厨房分层次连接，从而做到点单、落单、收银一体化管理。功能需求包括支持分类列表选择及快速代码输入；支持查询历史前台挂账，实现客人多处、多次消费，一次性结账处理；支持多种收款方式（现金、支票和各种信用卡）；支持服务费计算、折扣计算、结账、账务查询、报表处理等功能。

新一代的餐饮收银管理支持无线点菜、智能终端点菜等功能，如智能手机、平板电脑等设备的餐饮点菜等。

（十四）桑拿管理

桑拿管理通过信息系统可以提高服务的效率和效益，该模块可将桑拿咨询、钟房、收银、吧台分层次连接，从而做到科学化、规范化管理桑拿的服务流程，节省人力，提升服务，并具备详细的营业资料、用户分级授权等功能。系统可自定义单项和整单，实现快捷的收银服务。模块实现了对酒店内部各种服务管理的电子化、自动化连接，提高各个模块之间的业务数据交换，支持桑拿服务的客户自动挂账，为提高酒店各种服务水平提供保证。

以上功能开发内容大多数是前台信息系统的功能要求，仅介绍了部分后台功能开发，酒店管理信息系统的功能开发除了前台以外，其实后台的功能开发也非常重要，因为前台的许多服务需要后台的支持。如后台的功能开发还包括工程设备管理、办公自动化管理、物资采购管理、仓库管理、安全保卫管理、经营收益管理、酒店知识管理、分销渠道管理等。这些后台管理基本以财务管理为核心，形成后台管理的信息流程。由于本书篇幅限制，这些后台管理的功能需求及结构希望读者参考有关酒店需求自己去分析。

拓 展 学 习

1. 管理信息系统的战略规划与方法
2. 面向对象的系统开发方法
3. 酒店管理信息系统的生命周期概念
4. 信息系统设计的方法

案例分析与习题

一、案例分析

基于 Web 的前台管理信息系统开发与建设

（一）需求分析

1. 系统现状

深圳富临大酒店现有的酒店前台管理信息系统是 1998 年由深圳市一家专门从事酒店管理信息系统开发的企业开发的，该系统基于 C/S 模式，拥有预订、接待、结账、客房管理以及查询服务等功能，由于原系统是封闭的，已不适合互联网时代酒店经营发展服务的需要。系统实施以来，随着数据的增加、业务的增加、竞争的加剧，原有的系统已暴露出运行速度慢、处理时间长、服务不到位且不能处理网络业务等缺点。随着近几年网络的飞快发展，人们的消费行为也随之改变，越来越多的消费者希望通过网络迅速了解酒店信息并进行实时订房，酒店自身的电子商务比重也在不断增加。基于上述原因，酒店的经营决策人员决定重新开发和建设一套基于 Web 的酒店管理信息系统。

2. 用户需求

用户希望通过使用酒店客房管理系统得到所需信息，达到提高酒店管理水平的目的。用户希望新系统具有以下功能：使用计算机快速处理日常业务、网络预订业务；消费者使用手机可实时查询酒店信息；可以实时录入住宿单、调房单和退宿单等的情况；可以实现酒店各系统的数据无缝交换，前后台数据互通；满足酒店数据的安全性要求——不同用户有对数据查看、修改等处理的不同权限；具备智能的数据报表、精确的经营数据分析报表等。

3. 功能需求

接待管理：要求可以用智能终端和 PC 客户端同时接待，实现移动式服务，满足客人的实际需要。在线服务：可以处理网络业务，消费者直接通过网络或移动网络实现订房等操作。分销管理：对接分销渠道，可以对分销渠道进行分配管理和营销管理，实时播送酒店的相关信息。数据查询：要求可以通过网络分别按房间编号、房间类型等进行数据查询。订单确认：根据订单信息完整情况，系统能实时确认有效订单，并提供订单分析报表。安全管理：满足系统运行安全、数据传输安全的要求，可随时随地地备份系统数据。

（二）开发目标

首先建立一套功能完整、高效、开放、安全、稳定的酒店前台管理信息系统，既要满足目前单体酒店经营管理的需要，又要满足未来连锁发展管理与服务的需要。同时，系统既要满足传统商务处理的要求，又要满足电子商务处理的要求。另外，系统建设要能够方便用户、酒店管理人员通过内部网或外部网了解相关信息，如消费者需求信息、酒店市场信息等。

（三）系统开发方式

经过市场的调研，深圳富临大酒店新系统的建设首先采用了杭州绿云科技有限公司开发的 iHotel 原始模型，结合富临大酒店的具体需求，进行合作开发。系统建立在云架构的基础上，采用开放式的云结构软件，实现了软件就是服务的理念，形成了最后的新系统。新系统既可满足传统酒店业务，又可满足电子商务业务；既满足酒店内部管理的需要，又满足对消费者在线服务的需要。

（四）系统实现

经过近半年的规划与设计，系统终于在 2014 年 1 月正式实施运行。

1. 系统的操作界面及功能

通过浏览器进入系统，出现当前预订、团队预订、当前登记、协议单位、消费账户、顾客档案、AR 管理、房态方块、经营分析等功能的主菜单，如图 3-13 所示。

如进入房态方块，可以出现图 3-14 所示的房态管理界面，实现对客房的状态管理。在该界面，可以实现对房态的查询、变更、接待、设置和结账等操作。

2. 实施效果

（1）系统功能全面。酒店前台管理、餐饮管理、收银管理、酒店网站预订等都能无缝对接；电子签名、智能客控接口等新应用给管理和业务流程带来创新和优化；手机 PMS、客房宝手机 App 等基于移动互联网的应用使管理变得更加便利。

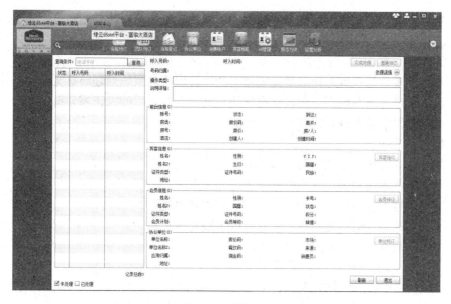

图 3-13　操作界面

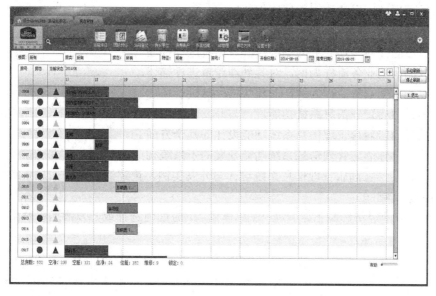

图 3-14　房态管理界面

（2）业务变更自如。酒店业务千变万化。系统流程设计严密，保证各变更经相关人审批后均可自如进行。无任何系统外操作，并保留详细的变更日志备查，以有效防止流程和财务漏洞。

（3）系统提供丰富的电子商务功能，并有精确的经营报表，给酒店的财务分析、经营分析、经营决策提供了最有力的支持和数据保障。

思考题：

1．基于 Web 的酒店管理信息系统与传统的管理信息系统相比，有哪些优势和劣势？

2．本案例中给出的系统有哪些优点和缺点？解决了酒店怎样的核心问题？

3．思考一下，未来酒店可能会发展哪种类型的管理信息系统？为什么？

二、习题

1．酒店管理信息系统为什么要先规划？酒店管理信息系统规划的意义是什么？

2．酒店管理信息系统规划的步骤有哪些？为什么规划后的报告需要签字？

3．酒店管理信息系统规划包括哪些内容？

4．什么是 BSP 方法？

5．简述企业系统计划法的基本步骤及要点。

6．什么是业务流程图？它由哪些基本符号组成？

7．简述散客入住流程逻辑图。它有哪些主要处理逻辑？

8．简述团队预订流程逻辑图。它有哪些主要处理逻辑？

9．试画出散客预订业务流程图。

10．试画出散客接待业务流程图。

11．简述酒店客房管理数据流程图。它由哪些主要处理逻辑构成？

12．画出酒店餐饮管理数据流程图。它由哪些主要处理逻辑构成？

13．试画出酒店采购管理数据流程图。

14．试画出酒店财务管理数据流程图。

15．以酒店任何一项业务为例，对其数据流进行描述。

16．以酒店某业务流程为例，对其处理逻辑进行描述。

17．以酒店某业务流程为例，对其数据存储进行描述。

18．简述酒店管理信息系统功能设计与开发的原则。

19．简述酒店后台管理信息系统功能设计的几个方面。

20．简述单体酒店管理信息系统功能开发的子系统构成。

21．结合某一家酒店管理信息系统设计与开发实例，论述酒店管理信息系统开发与设计成功的因素有哪些。

22．在互联网经济影响下，作为一家单体酒店，应如何选择或开发酒店管理信息系统？

第四章 酒店前台管理信息系统

学习目标

通过本章的学习，学生应该：① 熟悉前厅信息管理的内容，掌握前厅管理信息系统的功能和发展趋势；② 掌握客房管理信息系统的特点、作用和主要功能；③ 掌握餐饮管理信息系统的主要功能和发展趋势；④ 熟悉康乐管理信息系统的作用和主要功能；⑤ 掌握酒店电子商务的内涵、作用、内容和发展趋势。

在酒店经营管理中直接对客服务的部门统称为前台部门，前台部门主要为客人提供预订、接待、住房、餐饮、娱乐等服务，其对应的软件系统称为前台管理信息系统。前台管理信息系统的功能主要围绕这些前台服务开发，目的是提高接待服务的效率，因为前台的接待效率直接影响酒店的效益。一般情况下，我们可以按照使用部门将前台管理信息系统划分为前厅管理信息系统、客房管理信息系统、餐饮管理信息系统、康乐管理信息系统等。同时，随着互联网的发展，电子商务及网站的重要性也日益凸显，其对应的服务也属于前台。本章将围绕这些前台系统的管理与服务进行系统性的介绍。

第一节 酒店前厅管理信息系统

前厅部是酒店经营的关键部门，核心工作是接待、咨询和收银，也是与住店客人接触最多的一个部门，其业务环节包括客房的预订、接待和销售，同时还包括大堂吧、自助机等服务管理。

一、前厅信息管理的内容

前厅部是酒店经营的核心部门，是信息的汇集地，其信息量大、变化快，要求信息管理系统高效率地运转。同时，前厅部信息处理的质量、信息传递的速度以及信息沟通的效果都将直接影响酒店其他部门的对客服务效率。因此，前厅部管理人员应注重信息沟通、数据传递，关注来客，做好酒店客流的接待、预测与信息的传递，同时快速地处理前厅报表，进行文档管理等工作，为酒店提供全面优质的服务打下基础。前厅部信息管理的内容主要包括以下几点。

（一）收集客源市场及需求信息

酒店的客源在哪里？客户的需求是什么？这些是酒店经营中时刻需要关注的内容，酒店的前厅部需要对这些信息了如指掌。通常，酒店市场信息包括客源构成、宾客流量、宾客的意见和要求、国家政策、经济形势、社会时尚及节庆活动对酒店产品销售的影响等。传统的酒店客源市场信息是依靠酒店前厅部在客人预订或入住时提供的信息获得的。在网络时代，酒店客源市场的变化情况可以通过网络来获取——通过分析访客的目的地。客源市场信息决定了酒店是否能够针对目标市场开展营销工作。而对于客户的需求信息，则需要关注网络的访问行为，关注客户的消费数据变化，通过一定的分析才能获取，包括客房的需求、餐饮的需求以及其他娱乐等消费需求。

（二）客流预测与报表统计信息

前厅部预订处需要做好未来客流的统计预测工作，包括近期客流、一周客流、次日抵达预测、宾客登记表、客房预订单、订房预测报表、营业报表、客房统计表、收银报表、夜间稽核报表等。这些都是现代酒店经营中需要关注的重要信息。

1. 近期客流预测

近期客流预测一般指半月或一月以上的预测。一般只统计预订客人数量、每天所需房间、VIP 或团队会议等内容，并及时传递给其他相关部门，以便其他部门管理人员据此做好近期计划和设备物资准备，尤其是季节性或紧缺性物资，防止接待时措手不及，影响酒店整体服务质量。

2. 一周客流预测

前厅部预订处应提前一周将未来每天的客人人数、用房类型、团队会议、VIP 等信息统计并制作一周客情预测表，一式多份，分送酒店总经理、餐饮部、客房部、财务部、工程部等，以做好接待准备；也可召开由总经理或驻店经理主持的协调会，以搞好重大活动的接待。

3. 次日抵店客人预测

在客人抵店之前，前厅部应将具体的接待要求，包括客人姓名、用房类型、优惠条件、接待规格等提前通知相关部门。应制作 VIP 接待通知单、鲜花通知单、水果果篮通知单、团队接待通知单等。在客人抵店当天，前厅接待员应将有关变更或补充的接待细节通知相关部门，以便做好接待服务。

4. 其他报表

除了上述预测报表，前厅部还需要统计各类特殊的报表，主要包括：

① 当日取消预订表（cancellation list）；
② 当日未到客人报表（no show）；
③ 提前退房离店表（unexpected departure）；
④ 延期退房表（extension list）；
⑤ 房租折扣及免费表（discountand complimentary list）；
⑥ 次日离店客人名单（expected departure list）；
⑦ 今日住店 VIP 报告（today's VIP stayover report）；
⑧ 客房营业日报表（rooms revenue daily report）；
⑨ 客房销售报告（room sales recapitulation）。

以上都是前厅管理中预测环节的重要信息形式。

（三）建立客户档案、分析客户档案的信息

客史档案的有关资料主要来自于客人的订房单、住宿登记表、账单、投诉及处理结果记录、宾客意见书及其他平时观察和收集的有关资料，这些也是会员管理中最基础的数据。特别是要把 VIP 客户和团体资料收集起来，进行分类和统计分析，找出酒店和客源市场联系的切入点，提高服务质量，增加回头客。客史档案的建立必须得到酒店管理人员的大力支持，并将其纳入有关部门和人员的岗位职责之中，使之经常化、制度化、规范化。

（四）前厅部与其他部门之间的协调信息

前厅部是酒店的核心部门，也是业务流转的中心，所以和其他部门有很多信息沟通工作。前厅部需要和客房部保持实时沟通，当客人入住或者退房时，需要及时通知客房部做好准备。当团队客人出现一些突发情况时，需要及时通知销售部的销售员协助处理。客人如果在酒店餐饮部门消费，要求挂房账时，需要在前厅部确认是否有足够押金。前厅部所有的财务收入及相关单据都需要由财务部进行审核。前厅部除了应及时向总经理请示汇报对客服务过程中的重大事件，每天产生的在店贵宾/团队表、预期离店 VIP 客人名单、客房营业日报表、营业情况对照表等都要及时送至总经理室。如果客人发生安全事故，需要通知安保部门。因此，可以说前厅部是酒店信息流转的核心。前厅部与其他部门之间的信息流转如图 4-1 所示。

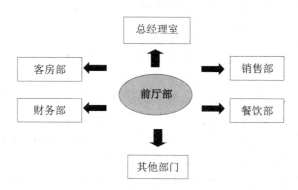

图 4-1　前厅部与其他部门的信息联系

二、管理信息系统对前厅服务与管理的意义

通过上述分析，前厅部的信息管理对酒店经营的意义非同一般。这样大量的信息，与其他部门复杂的流转关系，如果只靠人工处理，其工作量会非常大，而且容易出错，对酒店的经营管理会造成较大的影响。所以，前厅服务首先要信息化，使用管理信息系统对服务与管理有着非常重大的意义，具体包括以下几个方面。

（一）优化资源配置，提高收益

前厅部涉及多种信息资源，这些资源配置优化越好，对客服务就越好，酒店收益就越

高。基于网络的前台信息系统以其多维性、实时性、精确性突破了传统管理手段的诸多局限，能够将存量资源实行最佳配置，从而在服务/产品组合、服务/产品营销方面有所创新，促进服务/产品的销售，增加酒店收益。例如，前厅管理信息系统可以实时查询未来一个月甚至未来一年后的客房可销售数，能够帮助酒店对有限的资源进行合理的分配及定价，精准确定散客分配比例、团队分配比例，从而获取酒店最佳收益。前厅管理信息系统对酒店的客房能够进行统一的排房处理，充分利用酒店的客房属性，如无烟房、江景房、朝南房等特性，满足一些有特殊需求的客户，最大化酒店客房的利用价值。

（二）提高酒店工作效率，降低成本

传统的手工操作，是为每位客人的每一次入住建立一份档案，包括入住登记单、每次消费的单据、结账单据等，在客人结账时，需要找到这些单据，然后手工计算最后的结账金额，客人退房后，所有资料进行存档。一位客人入住或者退房，由于要准备大量纸质资料并进行手工计算，不仅处理信息的速度慢，影响入住/退房工作效率，还非常容易出错。因此，酒店必须配备足够的人手，才能够完成前台繁忙的工作。使用前厅管理信息系统，酒店可以大大提高效率，入住登记单、所有客人消费都在系统中存储着，当客人要退房时，需要结账的单据和金额直接显示在系统当前屏幕上，大大减轻了收银员的工作负担。所以，近几年出现的岗位合并趋势（如前厅部的接待和收银员岗位合二为一），前厅管理信息系统有着不小的贡献，这就大大降低了酒店的人力资源成本和单据管理成本。

（三）优化前台服务流程，提升顾客体验

由于前厅部的服务种类繁多，客人在预订、登记、住店到退房结账的过程中会产生各种各样的需求，且这些需求的产生具有随机性、个性化的特点，往往需要酒店各部门相互配合提供综合服务。手工操作的酒店往往因为信息传递速度慢、传递过程失真等原因影响服务质量。例如，客人住店时，要求提供叫早服务。叫早服务是由总机负责的，如果是手工操作的酒店，则需要前台填写叫早服务通知单，转交总机，总机派送给当班的员工。信息传送经过了多个环节，容易形成差错。前厅管理信息系统信息流转实现自动化，处理速度快，能够及时进行传递和控制。同样地，当客人需要叫早服务时，前台接待只需要在信息系统中设置叫早服务功能，则客人房间的电话在叫早时间到的时候，就会自动响起铃声提醒客人。总机员工也能够在信息系统中看到该客人的叫早需求，如果自动叫早服务客人没有任何响应，则还可以进行人工叫早，大大优化了服务流程，提升了顾客的体验。

（四）提高酒店管理规范化水平

我国很多酒店存在着管理不够规范、管理随意性较强的问题，前厅管理信息系统可以很好地解决这些问题。管理信息系统本身就是一个完整的管理模式，并且绝大多数的管理信息系统都预留了足够的操作灵活性，酒店经营者可以根据酒店自身的经营宗旨把管理理念整合到管理信息系统中去，形成酒店特有的管理模式。信息系统可以详细地记录员工的所有操作轨迹，发生问题可以及时追踪，把责任落实到个人。管理信息系统的操作轨迹还可以让采购、财务环节的漏洞减少甚至杜绝，促使各管理环节都能规范化操作。

（五）为决策提供丰富的信息依据

前厅管理系统能够提供有关顾客、市场、财务的一切情况，全方位、多角度地分析酒店的客源状况、营销状况、经营业绩构成。这些信息及时提供给管理者，便于其及时调整酒店经营策略。前厅管理信息系统可以提供非常详细的酒店当前运营数据，能够生成各种各样详细的统计数据报告。酒店管理者可以摆脱凭借经验和感觉进行决策的状况，利用详细的基础运营数据和报表来做出科学管理的决策。

三、前厅管理信息系统的特点

与酒店后台信息系统相比较，前厅管理信息系统是酒店所有信息系统信息的汇集点，是酒店经营中信息流转的重要节点，具有如下鲜明的特点。

（一）实时性

前厅信息系统通过网络为前厅部与其他部门之间实现了信息的即时传递，实现了信息资源的采集与共享。预订员在系统中成功预订后，前厅部、客房部、销售部都可以实时看到该预订信息。客房部打扫好客房后，将客房状态设置为"干净房"，前台也是立即可见。实时性可以帮助酒店减少信息传递带来的延误，提升服务的响应速度。

（二）综合性

前台业务有预订、接待、咨询、收银、大堂吧等多种综合性业务，针对前台职能交叉复杂这一特点，前厅管理信息系统为各业务流程分别设置不同的模块，一般包括预订模块、接待模块、收银模块、商务中心模块等，使得前厅各部门业务都在系统中协调运营，从而形成一个高度整合的综合处理整体。

（三）互动性

酒店前厅部业务需要相关部门的协作，在服务过程中必然存在信息互动需求。因此，前厅信息系统中各模块也并非各自孤立的，而是一个信息联动的统一体，这样就提高了前厅服务的便利性和敏捷性。例如，房态控制模块——前厅部和客房部需要互动：客房部可根据接待情况调整房态，而不仅仅局限在查询上，需要与前厅部互动；客房部可根据清扫状况及查房信息反馈及时修正房态，也需要与前厅部互动；当发生房态差异时，前厅部需要清查原因，与客房部一起及时更正。

四、前厅管理信息系统的功能

前厅管理信息系统的核心功能围绕预订、接待、收银、客户资料管理、房价销售、报表业务展开，以下为具体的前厅管理信息系统各核心功能模块。

（一）客房预订功能

客房预订模块为建立、查询、更新客人预订、团队（会议）订房等操作提供完善的处理功能，并提供用房量控制、取消预订、确认订房、等候名单、房间分配、押金收取以及房间共享等功能，是对客人提供个性化服务的好帮手，其典型功能如下。

1. 新建散客预订（new FIT reservation）

新建散客预订主要完成预订子系统的预订单填写。预订系统会逐步引导预订员完成预订，通过查询可用房信息，确定可以接受预订后，需要完善客人信息、预计抵离时间、所需房型和房价、包价情况、来源市场等信息。预订完成后，系统会生成一张新的预订单并产生一个唯一的预订号。

散客预订的信息流程如图 4-2 所示。

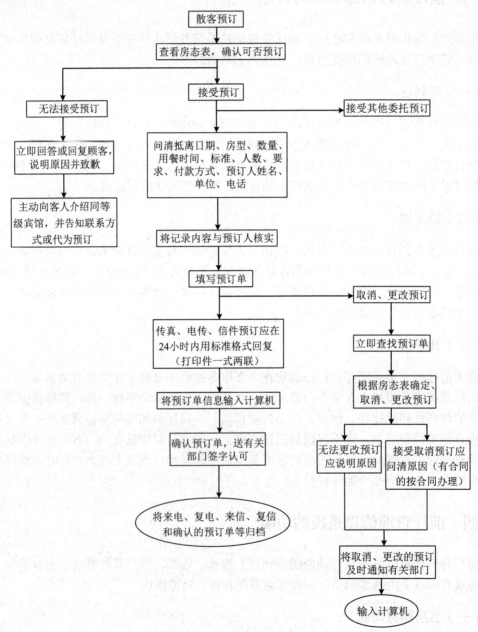

图 4-2　散客预订的信息流程

2. 团队预订（group reservation）

团队预订比散客预订要复杂得多，因为涉及人数众多且结账方式复杂。所以，绝大多数子系统都是把散客预订和团队预订分开处理的（当然，也涉及酒店销售数据统计的原因）。团队预订往往分设团队账号和成员账号，一个团队账号下面连接着多个成员账号。这样，团队的账号就处理团队的账务，成员的账号就处理成员自己的账务。因此，在预订子系统中，就需要完成团队预订单的建立，然后为该团队预留足够的房间，这些预留房间将进一步生成团队成员的账务，然后设置相应的消费权限。

团队预订的主要流程如图 4-3 所示。

3. 更新、查找预订（update reservation）

当需要更新预订时，预订员需要在预订列表中进行预订查询。预订列表往往提供多种关键词的查询，如可查询姓名（中英文，支持模糊查询）、房号、预订人等，并且预订列表可以详细显示一些关键信息，如姓名、抵离时间、房型、价格、是否协议单位、特殊需求等。找到预订单后，就可以在预订单界面进行相应信息的更新。如果涉及修改抵离时间，系统还会自动判断是否有可用房提供。

4. 候补预订（wait list）

候补预订是指在酒店旺季时，因为超额预订，系统已经无法再接受预订了（系统会设置一个合理的超额预订值，超过这个数值的预订将无法再生成预订单），但是，这些客人也是酒店潜在的客户，所以系统可以把这些预订处理为候补预订。当有客户取消预订时，预订员就可以联系这些候补预订的客户。

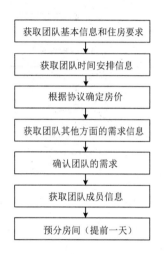

图 4-3　团队预订的信息流程

5. 预订统计报表

预订系统会自动产生预订统计报表，包括当日抵离报表、在住客人列表、未来 7 天（30天）的客房预售情况、客人来源市场报表、分销渠道业绩报表等。前台接待系统根据当日抵离报表做好前台员工的排班。预订部可以根据未来的客房预售情况进行房价优化，以达到经营的最大收益。客人来源市场报表、分销渠道报表等可以帮助销售部进行市场分析，布置更加合理的分销渠道和采取相应的营销措施。

（二）接待服务功能

接待服务功能主要是登记及对客服务，用于为到达的和已入住的客户提供服务。此模块不仅可以处理已预约的散客客户、集团客户、团队客户，也可以处理未预约客户（walk-in）的入住服务，还设有房间分配、客户留言管理、叫早服务、电话簿信息以及部门之间的内部沟通跟进服务等功能，以下为其典型功能。

1. 散客入住

散客入住按照是否有预订又分为预订散客和未预订散客的入住登记。如果是预订散客，则只需要在接待系统中找到该预订，打印出预订单由客人签字确认，然后转登记。如果是未预订客人，则需要填写入住登记表，直接办理登记。散客入住还包括产生入住登记单、分配房间、收取押金并录入系统、制作房卡、房间电话权限设置等操作。

散客入住登记的信息流程图如图 4-4 所示。

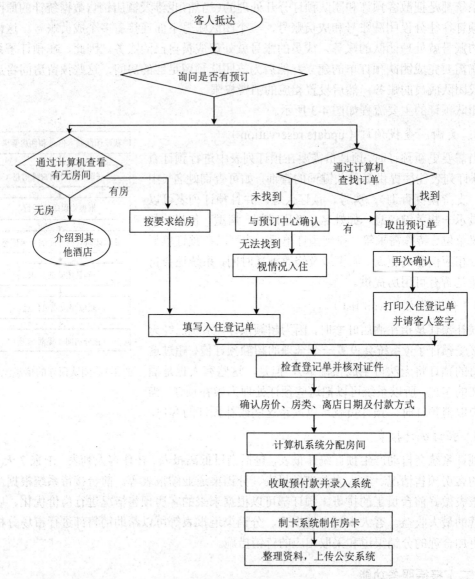

图 4-4 散客入住登记的信息流程

2. 团队入住

团队入住比散客入住要复杂得多。由于成员并不一定和团队同时抵达，所以团队入住并不一定代表所有成员都已经入住酒店。为此，在接待子系统会产生一个类似虚拟房号（或者团队账号）的方式，来记录团队的信息及账务，这个虚拟房号（或者团队账号）就叫作团队主单，团队主单和所有成员账单进行关联，以便灵活处理成员账务。团队抵达，则团队主单先办理入住，团队押金也输入到团队主单中去。如果成员抵达，则按照成员抵达的实际情况进行成员账号的操作。由于团队往往人数众多，因此很多接待子系统都提供批量功能，可以进行团队成员一些订单信息的批量修改，如抵离时间、留言、备注等。

团队入住登记的接待信息流程如图 4-5 所示。

图 4-5 团队入住登记的信息流程

3. 预计抵店/在住宾客列表

接待服务子系统直接提供当日预计抵店的宾客列表，方便接待员提前进行准备工作。在住宾客列表方便接待员快速查找在住宾客，并为其提供服务。

4. 客房预分配

客房分配是接待服务子系统中的重要功能。客房预分配指的是为当天抵店（也有些酒店是提前一天晚班的时候进行分配）的预订订单提前分配好房间，这样可以减少客人的等待时间。酒店的客房资源是有限的，而客人是多样的，所以排房的时候，就需要特别注意优先原则。一般客房预分配的时候，大致按照 VIP→团队→有特殊需求的预订→其他预订散客的次序进行分配。

（1）VIP 客户。此类客户是酒店的重要客户资源，分配时 VIP 客户曾经住过的房间是较优的选择，也可以选择房型朝向较好、较安静、房号比较吉利的房间。VIP 的客房分配一定要提前，因为客房部还要进行 VIP 的配套布置。越重要的 VIP，客户的预留就越要提前，因为要进行多层次、全方位的检查，这样服务才不会出现纰漏。

（2）团队分房。由于团队房间数量往往比较多，而且需要尽可能集中，因此最好把同一个团队分配在一个楼层或者相近楼层，方便他们联络，同时也可以减少团队对其他散客的影响。团队都是按协议操作的，也是酒店的重要客户源，分房时需特别注意这些服务细节。

（3）有特殊需求的预订。例如，需要无烟房、需要靠近电梯方便出行的、希望朝南的客房等需求。这就需要酒店根据客房的特征进行详细的设置，这样前台才能够尽可能满足客人的需求。对于残疾、年老、带小孩的客人，尽量安排在离服务台和电梯较近的房间。

（4）其他预订散客。没有什么特别要求的客户，可以按照接待子系统的功能随机进行排房，以减少接待员的工作量。

5. 其他功能

在客人入住期间，接待服务员还需要为客人提供一些其他服务，如换房、续住、留言等，接待服务子系统一般也都可以实现这些功能。

（三）收银功能

收银是前厅服务中重要的子系统，也是一个独立模块。收银功能主要包括客人账单录入、账单金额调整、预付押金管理、费用结算、退房以及账单打印。收银功能还支持多种支付方式，包括现金、支票、信用卡、应收挂账等方式。

1. 账单录入和修改

前台接待员办妥住客住宿登记手续后，即把住客的姓名、房号、房价及有关资料输入系统，住客资料一经输入电脑，实际上便在信息系统里为该住客开设了一个账户。当客人在酒店产生消费时，收银员需要把手工单据及时录入系统，包括手工单据的单号、消费项目、消费金额，系统可以自动统计客人的消费情况，并实时显示余额。一些特殊项目的消费，如房租、电话费等，系统会自动入账。信息系统在进行夜审处理时，会自动把房租逐日加入客人各自的账户，长途直拨电话的费用等各类消费也会自动计入客人账户中。如果发生账务录入错误，系统有着严格的权限，本人处理的账务可以进行删除（系统可以查），但无法修改其他人的账务，只能通过补录入差额进行调整。这样可以提高酒店财务系统的准确度，防止一些财务作弊行为的发生。

2. 预付押金

收银模块支持预付押金功能，客人的预付款在系统中可以查到，方便住店期间的查询管理。信息系统如果和酒店的 POS 机系统通过接口进行连接，当收银员在 POS 机器上进行信用卡预授权时，信息系统也能够立即获得预授权信息，无须收银员手工操作。预付押金为酒店的催账管理提供了非常大的方便。信息系统产生的催账报表可以统计客人的预付款情况和实际消费，并预计客人下一日的余额是否足够，方便酒店催账。

3. 打印账单

信息系统的账单打印可以提供分类项目打印（适合长住客人）、明细账目打印、汇总打印等。酒店可以根据自己的实际需要进行账单模板设计，提升酒店形象。一些酒店信息系统还可以记录这些打印账单的电子稿（或其修改稿），方便酒店财务查账。

4. 结账及退房

客人离店时，前台信息系统提供了结账和退房功能。当客人结账时，系统结账提示会自动弹出，方便收银员查看注意事项。客人账务结清后，客人账户的状态也会由"I"（check in）状态变为"O"（check out）状态，同时，接待服务系统会自动把该房间状态更改为空脏房，方便客房部安排打扫。前台信息系统支持的客人结账方式一般包括下列几类：① 现金支付（包括信用卡和支票）；② 银行卡支付；③ 应收账款（也称为往来单位转账）：对与饭店有长期往来的客人，在有授权证明的情况下，可将其全部或部分消费转账到往来单位账户中，在系统中做转账处理，并将账单连同有关证明转到财务部；④ 团队客账：团队客户的房租及固定用餐由旅行社负责统一支付，团队成员在离店时应付清按规定由个人支付的其他费用。

散客结账的信息流程如图 4-6 所示。

团队结账的信息流程如图 4-7 所示。

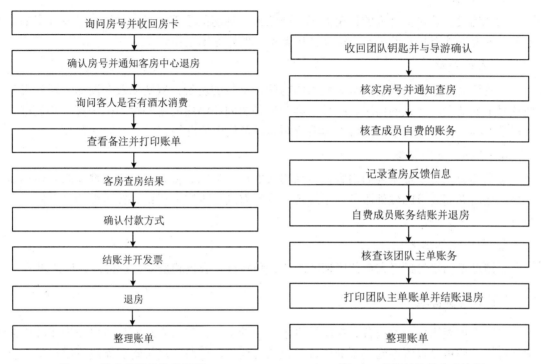

图 4-6　散客结账的信息流程　　　　图 4-7　团队结账的信息流程

5．客人催账管理

前台的收银模块往往也会提供客户余额的实时查询，并且能够根据客户的消费情况产生"催账报表"，方便专门的工作人员与预计将欠款的客户进行信息沟通（催账）。有了收银模块的帮助，酒店可以对各类客人的账户采取严密的监控措施，及时采取管理措施，避免可能出现的"走单"损失。

6．交班报表

收银员下班前，必须将自己当班的账务平账才能下班，即收银系统里打印出来的交班报表的财务情况和实际的钱相对应，否则必须查出原因并纠正后才能下班。

（四）客户资料管理功能

客户资料管理功能全面记录了包括散客客户、企业、团队、集团、旅行社、订房中心等客户的资料。客户资料的具体内容一般包括地址、电话、会员信息、住店历史信息及收入详情分析、客户喜好、照片以及其他相关数据，这些资料可以使预订及其他操作的完成更快捷、更精确。

1. 常规档案

常规档案主要包括来宾姓名、国籍、地址、电话号码、单位名称、年龄、出生日期、婚姻状况、性别、职务、同行人数等。酒店收集和保存这些资料，可以了解市场基本情况，掌握客源市场的动向和客源数量等。

2. 预订档案

预订档案主要包括客人的订房方式、介绍人，订房的季节、月份和日期以及订房的类型等，掌握这些资料有助于酒店选择销售渠道，做好促销工作。

3. 消费档案

消费档案包括包价类别，客人租用的房间，支付的房价、餐费以及在商品、娱乐等其他项目上的消费；客人的信用、账号；喜欢何种房间和酒店的哪些设施；等等。通过这些可以了解客人的消费水平、支付能力消费倾向以及信用情况等。

4. 习俗、爱好档案

这是客史档案中最重要的内容，包括客人的旅行目的、爱好、生活习惯；宗教信仰和禁忌；住店期间要求的额外服务。了解这些资料有助于为客人提供有针对性的"个性化"服务。

5. 反馈意见档案

反馈意见档案包括客人在住店期间的意见和建议、表扬和赞誉、投诉及处理结果等。

（五）房价管理

房价管理模块为房价设置、控制提供了便捷的工具。房价管理模块可以设置淡旺季的销售价格，还可以设置不同类型的协议单位的协议价。同时，房价管理模块可以对房价以及不同房间类型的销售进行管理、实时监控和策略调整（根据收益管理策略），并在系统中提供收入的预测以及统计分析等功能。

（六）报表功能

酒店信息系统对于管理层而言最大的优势就是报表功能。前厅部与各个部门进行信息沟通所需要的各种报表，都可以在信息系统中直接打印出来，大大降低了人工统计的工作量，且提高了准确度和敏捷度。绝大多数接待服务系统都可以根据酒店的需求调整报表设置，可以依据客户要求创建全新格式的报表。

五、前厅信息管理的发展趋势

前厅信息管理的自动化程度越高，酒店经营的收益就越好，因此许多酒店非常重视前厅的信息系统建设，如国内一些高档酒店或外方管理的酒店坚持选择进口软件就基于这个原因。在酒店信息化的推动下，前厅信息管理呈现以下几种发展趋势。

（一）自助化

酒店业是典型的劳动密集型产业。在酒店里，我们总能看到工作人员在我们身边走动，甚至在酒店淡季的时候，服务员可能比客人还多。但是，随着前厅管理信息系统的不断发展和完善，未来有可能打破这种局面。

1. 自助预订与选房

随着数字化风潮席卷全球，人们获取和认知信息的方式在不断改变，尤其是年轻一代，比起一段文字，他们更愿意欣赏一张图片，所以虚拟客房便产生了。360 度实景技术可以让消费者足不出户，利用网络平台观看 360 度实景视频，了解客房空间特征。客人点一点鼠标就能身临其境地观察酒店各处空间，包括大堂、客房、餐厅、会议室、健身房等。利用 360 度实景技术的自助选房服务，消费者只需登录酒店官网在线预订并全额付款，在入住当天早上 6:00 后点击"自助入住"按钮进入选房页面，一张入住酒店的楼层平面图便会跃然眼前。通过该平面图可以了解酒店楼层和客房布局，房间位于几楼哪个位置、是否临街、是否靠近电梯或公用卫生间、是否位于拐角等信息一览无遗。消费者可以自由选择自己心仪的房间，甚至可以挑选自己幸运数字的房间号。选房操作也相当方便，消费者只需点击酒店示意地图上的房间号，便可选定自己想住的客房。

随着移动技术的发展，越来越多的顾客选择通过智能移动设备进行预订和选房。顾客可以选择使用智能手机登录酒店的移动或者基于第三方平台（如酒店的官方微信小程序等）的酒店官方移动入口进行预订和选房。移动技术的应用让顾客摆脱了计算机的束缚，实现了随时随地进行预订。

2. 自助入住

由于厌倦了在总台长时间的排队，越来越多的顾客开始倾向于自助入住。顾客可以通过前厅提供的自助入住系统办理入住。顾客可以选择酒店大厅的自助入住机通过二代身份证进行登记入住。受益于人脸识别技术的发展，一些酒店开始提供"扫脸入住"的自助服务。在自助入住机前选择入住业务办理，根据机器的提示逐步进行身份证扫描、刷脸拍照、输入手机号、确认订单、选房等步骤办理入住手续，完成后，机器会吐出房卡。自助入住服务不仅减少了顾客在总台排队的时间，还可以更好地保护顾客的隐私，同时也为前厅服务员减轻了工作压力。

3. 自助支付和退房

酒店前厅自助系统还可以实现顾客自助退房。通过自助系统，顾客在确认消费账单后，通过智能手机进行支付，并实现自助退房。商旅顾客需要的发票，也可以通过自助系统自助生成。

（二）集成化

在信息管理智慧化的要求下，酒店的前厅系统也变得越来越集成，前厅系统可将各个分销渠道通过接口系统进行直接连接，所有订单可以直接进入前厅信息系统，实现数据的无缝对接。例如，很多酒店都和携程有合作，但是，携程的预订无法直接到达酒店的信息系统中，酒店需要在本地电脑安装携程的预订终端才能查询预订。今后，酒店前厅系统将通过接口与其他分销渠道的系统和酒店直营的各个预订系统进行对接，这些分销渠道可以实时看到酒店客房的库存情况并直接进行预订，所有预订能够直接进入酒店前厅系统。这样预订员的工作量会大大减轻。事实上，将前厅系统和其他分销渠道系统进行对接，实现实时信息传输，有着现实的困难，包括酒店内部库存管理的精准程度不足、分销渠道的多样性带来的协调困难、各个信息系统标准不一致、日益增长的在线搜索给酒店内部的 PMS 系统带来的负荷等……当顾客在手机上选择房间数、房型、住宿抵达和离开日期以及其他增值服务时，酒店的 PMS 前台系统需要面临网络传输速度、预订系统的运算能力、数据的准确性、传输的安全性等问题。但是，不管多困难，集成化是大势所趋。

前厅系统还将和酒店其他部门的系统相连接。例如，当前一些高星级酒店就通过客房的电话系统进行客房消费的入账。当客人在前厅成功办理入住后，客人进入客房时，前厅信息系统将客人的信息传递到客房系统并显示到客房的电视屏幕上："欢迎××先生（女士）入住××大酒店。"

前厅系统还与相关的外部系统进行了连接。一些酒店已经进行了尝试，但是距离普遍应用还需要时间。例如，入住核验身份的流程发生了变化。在系统打通之前，前厅服务员需要进行两个步骤的操作：第一步将身份证信息输入前厅系统，第二部将身份证信息放入公安系统进行信息传输。整个操作流程复杂，且速度慢。现在，对携带身份证的顾客，服务员直接通过摄像头现场采集人像。前厅管理信息系统会将采集的人像与证件照自动进行比对，并且住客在身份证上的信息也会被自动录入到前厅系统。如果遇到忘记携带身份证的顾客，前厅服务员只需要输入顾客的身份证号码，前厅系统会自动将现场采集的人像和公安部的资料进行比对。顾客不需要再跑公安局进行信息登记和开证明文件了。

（三）协同化

前厅部作为酒店信息管理的核心部门之一，是连接客户和其他部门的纽带。前厅服务员收集大量的顾客信息、处理顾客的临时需求、传递需要其他部门配合的信息等。在传统酒店，部门之间共享信息有限，其他部门往往需要通过打电话给前台确认信息。例如，餐厅服务员常常遇到在餐厅消费的顾客要求挂账等退房时一起结账的情况。此时，餐厅服务员需要致电前台，确认顾客是否有挂账权限。有了协同化的前厅管理信息系统，餐厅服务员在自己的餐饮管理系统里面，就可以查询顾客住店信息，确认是否可以挂账。当餐厅收银员将客户消费挂入顾客房账后，前厅系统会显示该笔账单。

前台服务员在前厅管理信息系统的协助下，也可以非常方便地和房务中心服务员协同工作。例如，当顾客致电前台要求提供叫醒服务时，前台服务员在前厅管理系统中设置好叫醒服务之后，系统可以联动客房的电话系统进行自动叫醒。如果顾客没有处理叫醒电话，则系统还可以自动进行二次叫醒。房务中心服务员在系统中可以查看二次叫醒失败清单，并进行第三次人工叫醒服务。协同化让酒店不同部门的服务员紧密而有序地相互协作，提升顾客的住店体验。

（四）数字化

随着数字化的发展，酒店的一些流程也逐渐数字化，酒店在押金支付、风险控制、纸质打印签字等流程上发生了改变。我们以酒店的押金数字化为例。由于酒店消费往往数额较大，为了防范风险，酒店一直有一个押金制度。在顾客入住时，酒店会收取 1.5～2 倍的房费押金来降低逃账风险。客户可以直接交现金押金、信用卡、刷银行卡等方式支付押金。随着科技的发展，顾客可以在酒店前台扫描二维码，通过支付宝、微信等方式进行押金支付。这种支付也相当于预授权。当顾客退房结账完毕后，被冻结的剩余部分款项会被释放。

这种方式让顾客不必携带实体卡片，而且也减少了前厅收银员的作业时间。除了数字支付，免押入住也成为一种趋势，受到顾客的欢迎。一些酒店前厅系统和在线信用体系打通连接，通过数字化的信用分进行担保，"0押金"入住酒店，还可以享受离店再付款的服务。这样，不仅减少了顾客在前台的等待时间，也降低了酒店前台的高峰期工作压力。顾客离店后，会收到电子化账单，还可以申请电子发票。例如，洲际酒店集团就推出了"0元预订、0元押金、0秒退房"的服务。符合阿里系芝麻分条件的顾客通过洲际酒店集团官方App或支付宝小程序预订中国酒店房间（不包括港澳台地区）时，无须预付房费，入住时也无须押金。离店时，只需退还房卡，酒店会根据住客的实际消费，通过支付宝结算扣款。这是国内首家与芝麻信用打通官方预订渠道支付的国际酒店集团。

（五）精细化

随着市场不断走向饱和，酒店行业的竞争只会越来越激烈。而传统的酒店管理是一种粗放式的管理。酒店制定好价格体系后，除非节假日以及重要节事，酒店的价格体系是基本固定的。为了提升酒店的效益，酒店信息管理也必然不断走向精细化，以创造出市场竞争优势。未来酒店的价格将不再是固定的房价，而是根据当天的开房率来定价，以创造最大的客房利润。这就类似现在航空机票的价格，是随时浮动的。例如，为了提高客房利用率和市场占有率，酒店可以利用价格鼓励客人提前预订客房，客人将根据其提前预订期的长短，在房价上享受不同程度的优惠（提前期越长，优惠程度越大）。酒店可以根据前台管理系统提供的实时出租率，结合历史销售数据，制定最优化的房价策略。一旦房价策略制定完成，酒店前台系统就可以根据该策略计算当前的房价，并通过接口，实时传输到分销渠道和自己的官网预订系统。

（六）无纸化

酒店的业务操作模式，从最初的纯手工操作模式走向管理信息系统和手工操作模式并行的阶段，并行阶段维持了非常长的一段时间。酒店员工在完成手工操作模式之后，还需要到管理信息系统中再电子化操作一遍。例如，顾客在前台办理入住及离店手续时，虽然入住、结账操作是在信息系统中完成的，但是入住登记单、押金单、消费单、结账单需要打印出来，并要求顾客签字。前厅对客服务的很多时间也耗在了打印和签字上。近几年，随着电子签章、电子发票、电子账单的发展，酒店前台的操作模式也越来越简化。很多酒店前厅管理信息系统开始走向无纸化操作。顾客在酒店前台通过电子设备查看入住登记信息以及账单信息，直接在电子屏幕上签字确认。所有相关的资料会保存在经过加密的服务器上，账单和发票也以电子的形式发送到顾客指定的邮箱里。无纸化的作业流程不仅高效经济还环保便捷，在节约时间的同时，便于酒店的整体管理，以实现低成本、低风险、高效率的运营。

不仅是对客服务走向无纸化，酒店前厅部的办公也向无纸化发展。以酒店用纸最多的预订部为例，香格里拉酒店集团在这方面进行了尝试。香格里拉集团的"无纸化订房系统"可将纸质文件和电子文件无缝结合，并像操作日常纸质文件那样进行标注、合并或增减页以及电子签章等。新系统实行以后，预订部门可以查询并实时回复查询请求，轻松处理客户订单；前厅部则可以随时查询检索、办理入住客人的订单信息；而财务部在审计时则可直接从系统里检索、查询或对历史订单进行标识。这不仅使得酒店三大核心部门通过"无纸化订房系统"实现真正无纸化业务处理，更可改善工作流程，提高工作效率，并成功实现了预订部、前厅部以及财务部的业务无纸化连通，形成了一体化的无纸化工作平台。香格里拉酒店在采用该解决方案后，由于从原有的手工预订操作转变为电子化流转业务流程，每个订单处理时间由原来的 36 分钟降至 5 分钟，工作效率提升了 84%，而单据的错误率则从 10%降低至 4%，传真订单的丢失率更是减少了 97%。此外，在纸张使用量方面，酒店预订部门从原来每天大量的往来传真及打印用纸到现在的零用纸，预计每年可节省纸张50%。"无纸化订房系统"改变了酒店传统的订房流程，帮助酒店行业减少纸张用量，实现环保目标，同时更可大幅提高工作效率，降低出错率，方便内部信息共享及管理，确保客户满意度的提升。随着网络的快速发展以及平板电脑的普及使用，酒店无纸化预订系统等应用必将逐渐普及。

第二节　酒店客房管理信息系统

客房是酒店的主打产品，客房管理得好不好直接影响酒店的收益，因此客房管理信息系统也就成为酒店前台中较为重要的信息系统模块。本节围绕客房管理信息系统的内容、作用、特点、功能等进行系统的介绍。

一、客房管理信息系统的内容

酒店客房管理信息系统涉及广义和狭义两个方面的概念。广义的酒店客房管理信息系统涉及多方面的管理系统，包括客房 PMS 系统、客房门锁系统、客房自动控制系统、客房多媒体系统、客房节能系统等。总的来说，只要是涉及客房的设施设备管理的，都可以纳入客房管理信息系统（广义）。狭义的客房管理信息系统主要指酒店管理信息系统中的客房管理模块。本节主要针对狭义的客房管理信息系统进行阐述。

二、客房管理信息系统中的房态

客房房态是指客房当前的状态。为了随时掌握酒店客房房态的变化，酒店在酒店客房管理中需要用一些专用术语来表示客房的现时情况。客房管理信息系统中常见的客房状态包括以下几种。

（一）住客房（occupied，OCC）

住客房又称实房，指住客正在使用的客房。由于宾客的使用情况、要求等不同，住客房又有下列状态。

（1）请勿打扰房（do not disturb，DND），表示该客房客人不愿被服务人员或其他人员打扰。

（2）请即清扫房（make up room，MUR），表示该客房的住客因会客或其他原因需要服务员立即清扫。

（3）外宿房（sleep out room，S/O），表示该客房已被租用，但住客昨夜未归。为了防止逃账等意外情况，应将此种客房状况及时通知总台。

（4）无行李房（no baggage，N/B），表示该客房的住客无行李。同样应及时把这一情况通知总台，以防逃账的发生。

（5）轻便行李房（light baggage room，L/B），表示该客房的住客行李数量很少。为了防止逃账，应将该客房状况及时通知总台。

（6）贵宾房（very important person，VIP），表示该客房的住客是酒店的重要客人，在酒店的接待服务过程中应优先于其他客人，给予特别的关照。

（7）长住房（long staying guest，LSG），即长期由客人包租的客房。

（8）加床房（extra bed，EB），表示该客房有加床服务。

（二）走客房（check out，C/O）

根据情况的不同，走客房又分为以下几种。

（1）准备退房（expected departure，ED），表示该房住客应在当天中午 12:00 以前退房，但现在还未退房。

（2）未清扫房（vacant dirty，VD），表示该房住客已结账并已离开客房，但还未经过清扫，服务员可以按规定进房整理。

（3）已清扫房（vacant clean，VC），表示该客房已清扫完毕并经过检查可以重新出租，许多酒店也将其称为 OK 房。

（三）空房（vacant，V）

空房指昨日暂时无人租用的 OK 房。

（四）维修房（out of order，OOO）

维修房又称待修房或故障房，表示该客房设施设备发生故障或正处于更新改造之中，暂时不能出租。

（五）保留房（blocked room，BR）

保留房指为预订的散客或团队客人预留的客房。

三、客房管理信息系统的作用

客房管理信息系统是酒店客房日常管理的信息化软件，其目的就是提高客房的管理效率，减少客房易耗品的浪费，提高客房出租的周转率，提升客房服务满意度，增加酒店效益。该系统具体有以下几个方面的作用。

（一）为客房销售提供支持

实时的房态显示是客房销售的前提和基础。例如，有客户退房，那么就要对这个房间进行退房管理，在没打扫之前，将这个房间归为脏房，不向外提供服务；一旦打扫完毕，就可以更新状态，对外开放预订业务。因此，前厅部的入住登记、客房预订、换房、续住等业务都离不开准确的房态。客人来入住，接待员向客人介绍房间、推销客房、报价都离不开正确的房态显示；为客人排房、定价也离不开正确的房态显示；客人如需换房、续住，同样离不开正确的房态显示。否则，接待员就失去了推销客房的依据，也就无法准确地为客人介绍客房，为客人排房和定价，这既降低了工作效率，又影响了服务质量。因此，实时房态的显示对酒店有着重要的意义。没有管理信息系统之前，房态控制一般采用客房状态显示架及信号灯系统等手工控制方式，采用变换客房状态卡条，按时正确填写、交换、核对控制表格，多方信息沟通等方法来控制房态。因此，前厅部和客房部需要不断地进行信息沟通，核对房态的工作量很大。在有了客房管理信息系统之后，两个部门的信息系统都能够实时显示当前房态，前台接待员、预订员、客房中心接线员等只需要查看电脑系统就能及时掌握房态信息，这为客房销售提供了有力的支持。

（二）有利于协同作业

在使用电脑管理信息系统之前，当客人入住某一房间时，总台在完成客人信息登记之后，必须立即通知客房中心该房有人入住的消息，以便客房部做好服务准备。相应地，当客人到总台退房时，总台需要致电客房中心，要求其查房。客房中心安排服务员查房后，将客人的"迷你吧"消费等报给总台，总台进行结账退房。由于总台和客房中心的沟通非常频繁，当客流量很大时，总台和客房中心的工作量就会变得非常大。随着客房管理信息系统的诞生，总台和客房中心的沟通开始变得电子化了。例如，当客人入住某一房间时，总台将登记信息（客人信息、房价等）输入电脑，客房管理信息系统便会跳出警示，提示客房中心服务人员该房已有人入住，客房中心服务人员也可以看到此房的相关信息，包括客人姓名、爱好、备注等。客人退房时，收银员在前厅管理信息系统的收银模块进行结账退房，客房管理信息系统会将该房的状态自动更改为脏房状态，方便客房中心安排清扫任务，而且"迷你吧"的消费也可以实现由客房服务员在客房直接通过电脑终端输入信息系统，减少客房服务员通过电话报"迷你吧"消费的作业流程，减少出错概率，也降低了总台的工作压力。在信息系统的帮助下，客房中心和前厅部的作业流程更加简捷。原来需要客房中心和前厅部不断地进行电话沟通，简化为客房中心和前厅部在需要的时候，通过信息系统获得信息，大大降低了沟通频次，也提高了协同工作的效率。

（三）有利于提升入住体验

客房管理信息系统可以让房态实时展示和更新，前厅部可以放心地销售那些房态为"OK"的客房，最大限度地避免了客人走进尚未准备好的房间。如果房态显示失误，让客人进了尚未清扫的走客房，入住服务质量就会大打折扣，客人的心境就会受到影响，甚至会引发投诉。客房管理信息系统还可以让客房部员工查询到当前住客的基本信息，如宾客的 VIP 等级、特殊的喜好、住店客人的特殊需求（如请勿打扰、快速清扫）等，方便客房服务员提供个性化的服务。客人的需求总是各式各样的，如有些 VIP 客户喜欢睡鸭绒枕头，有些客户对鸭绒敏感，要求放荞麦枕头，有些客户喜欢多个枕头。很多国际连锁酒店会要求每个服务员身上都带笔和便携纸，在客人提出需求时方便记下来，并输入管理信息系统的客史档案中。当客人再次入住该酒店时，客房服务员就会按照客人的喜好进行客房布置。这就大大提高了酒店的服务质量，有利于培养忠诚客户。

（四）有利于控制客房成本

一般来说，酒店客房成本管理涉及的部门、人员、环节较多，如不严格管理，容易失控。例如，通过客房管理信息系统，可以将酒店易耗品的采购量、使用量准确进行统计，找到实际的需求量，从而达到易耗品控制的目的。同时，客房部的设备不但种类多、数量大、使用频率高，而且设备的资金占用量也居酒店前列。在设备保养中，如果不坚持以预防为主的原则，不加强日常的保养和定期检修，不能做到小坏小修、随坏随修，势必加剧设备的损坏速度，减少使用周期，增加设备更换频次，造成大量的成本浪费，严重影响酒店的服务质量。通过客房管理信息系统，可以对客房的设备进行年度检修规划，定期进行保养，降低设备的损坏速度，从而控制酒店的运营成本。

（五）完善内部管理，减少资源浪费

在一些内部管理混乱的酒店，在客房销售过程中往往会出现酒店员工营私舞弊的现象，如前厅接待员卖房中饱私囊，客房楼层员工私自留人住宿等，既影响酒店的收入，又影响酒店的声誉。在使用了客房管理信息系统之后，客房的各种状态实现了电脑管理，分别由客房部、总台予以转换和控制，从而达到掌握和控制房态的目的。客房部每天通过由电脑提供的楼层住客状况表来完成卫生清扫安排；走客房清扫完毕，主管或领班经检查并确认可以重新出租后，通过电脑信息输入，将"走客房"改为"OK"房；客房出租时，总台接待员则将客人资料及客房已租信息输入电脑，将"OK"房转换为"住客房"，客房中心可以立即看到哪个房间入住了什么客人，以便做好为客人提供服务的准备；客人入住期满结账退房后，收银员将客人已结账信息输入电脑，使客房由"住客房"变为"走客房"，从而实现通过信息系统自动转换来反映客房状态，并且这些变更和转换都可以追踪操作时间和操作人。由两个部门分别管理客房状态的一部分，大大降低了员工作弊的可能性。一旦产生客房差异，系统会生成客房差异报表，酒店可以根据客房实际状况与客房状况差异的表象，对客房差异产生原因进行分析，帮助管理人员发现操作程序中的漏洞和缺陷，及时寻找合理的解决办法，杜绝酒店内部人员对酒店资源的不正当使用（如擅自使用、出售客房），减少由此而造成的内耗和浪费，保证酒店的经济效益。

四、客房管理信息系统的特点

客房管理信息系统与酒店的其他信息系统相比较，有其自身的一些特点，这些特点也反映了客房管理信息系统在酒店经营中的重要性，具体包括以下几点。

（一）初始化信息量大

在系统刚刚建立初期，客房的基础资料信息较多。酒店需要全面清查每间客房的特征与属性，并且将特征输入信息系统，系统设置的信息量较大，一旦设置完成后，后期工作量相对就比较小了。

（二）时效性要求高

只有客房中心打扫好房间，并且在客房管理信息系统中进行状态更新后，客房才能够安排入住。所以，酒店对客房信息系统的时效性要求较高，在客房服务员打扫完毕且领班检查确认后，需要立即将房态更新。每天中午，退房的客人比较多，前台要求客房服务员进行查房的要求也会比较多，信息系统需要实时反馈查房需求。一旦客人有消费，则客房服务员需要在第一时间将消费信息输入客房管理信息系统，以免发生漏结账。

（三）准确度要求高

客房管理信息系统对客房状态的要求较高，一旦客房状态出错，则有可能导致售重房或者浪费房间资源。所以，在进行系统操作时，需要特别小心谨慎。输入完毕后，需要再次核对。同时，由于总台的工作量大，而且房态时常处于变化之中，操作失误还是很难避免的，因此接待处要定时与客房部核对"楼层报告"，一般采取一日三次核对的方法，以免出现"漏房""虚房"或员工营私舞弊的现象，导致客房销售及客房服务的混乱。

客房管理信息系统除了管理客房之外，还涉及管理人员、管理设备耗品等特点，这些特点读者可以自己去思考，这里不再详述。

五、客房管理信息系统的功能

客房管理信息系统的功能主要包括：① 房间管理功能，能够有效监督房态，包括可用房、正在清洁房、维修房，以及房间设施的管理；② 可以在系统中对客房清洁人员的区域分配、用工统计以及客房用品进行管理；③ 客房入住/退房信息提示功能；④ 租赁物品管理；⑤ 遗失物品管理；等等。

（一）房间管理功能

房间管理主要是指对客房的状态进行实时更新。客房部主要进行客房的清洁状况更新。例如，当客房服务员打扫好房间后，经领班确认，需要通过客房管理信息系统将客房状态更新为"干净房"，于是该房间便成为"可用房"待售。如果有客人对房间进行了参观，需要重新打扫才能够销售的话，客房部可以将该房间设置为脏房或者轻微打扫房，避免该房间被售出，影响顾客体验。除了进行常规的客房清洁状况更新外，管理信息系统还可以设置客房的特殊状态。例如，如果房间设备设施发生故障，则需要通过系统填写故障报告，并及时通知工程部进行维修。另外，为了延长酒店客房的使用期，客房部需要定期对酒店客房进行保养和维护。通过管理信息系统，酒店可以提前设置好需要保养的客房，这些客房将从酒店可售房中剔除，变为不可售的房间。

（二）清洁工作量分配和统计功能

酒店的客房每天都需要打扫，所以分配清洁员进行楼层客房清扫是常规的任务。有了信息系统的帮助，为客房服务员分配工作就显得非常简单了，客房管理信息系统能够列出待打扫的房间类型和数量，酒店可以根据实际的工作量灵活安排客房服务员进行清扫。在房间排队的功能中，可有效协调前台和客房清洁工作，针对已分配给客人的特殊房间，通过系统通知，安排优先打扫。当客房服务员清扫完毕后，管理信息系统可以直接将该房更改为干净房。到了月底，信息系统还可以统计出每个客房服务员的清扫工作量，按照房型参数、房间数等指标，打印出客房清洁工作量的汇总额和详单。

（三）客房入住和退房提示

当有客人入住时，客房管理信息系统可以实时提示房务中心的工作人员，方便客房部做好服务准备。当客人要退房时，系统也能够进行提示。有些信息系统还提供了电子报查房的功能。当客人到前台结账时，前台服务员只需要通过电子报查房功能通知客房部查房，客房部查房完毕后，也可以直接在客房信息系统中输入客房消费情况，并确认查房完毕。这个功能可以很好地提升客人的体验。因为当着客人的面通知客房部查房，显得不够信任客人，会引发一些比较敏感的顾客不愉快的情绪。很多酒店为了提升顾客的满意度，采取询问客人的方式，根据客人自己的陈述来结账。如果客人实际有消费却予以否认，则容易给酒店造成损失，电子报查房可以很好地解决这些问题。

（四）物品租赁管理

客房部的设施设备种类繁多。为了方便客人，大多数酒店提供设备租赁服务。但是，设施设备的管理却成了一个大问题。客人租赁设备后一旦退房结账，这些已租赁设备在查房时很容易被遗漏。通过客房管理信息系统的租赁管理功能，酒店就可以实时追踪那些被租赁出去的物品。当客人到总台结账时，前台可以看到客人有无租赁设备的记录，方便总台协助客房部追回租赁物品。

（五）遗失物品管理

手工操作的酒店，一般都将遗失物品记录在遗失物品记录本中，并且将遗失物品统一管理。当有客人寻找遗失物品时，客房部一般会到遗失物品记录本中去查找，并且进行实物确认。由于遗失物品较多，所以翻找并不容易。而且，还有些素质不高的员工会私拿这些物品，造成后续管理混乱。通过客房管理信息系统记录遗失的物品，可在电脑中永久存档，物品如果被领取走，信息系统也有记录可查。

（六）客房布置清单

酒店针对不同等级的顾客会提供一些不同的待遇，针对不同等级的 VIP 顾客，会主动提供差异化的客房服务。例如，针对 VIP 顾客提供鲜花、欢迎卡、报纸、小礼品等。还有一部分顾客有着特殊的喜好，如加枕头或者不喜欢鸭绒枕头等。客房服务员需要在宾客入住前提前布置房间。客房管理信息系统可以根据前台预订系统的住客情况，针对这些重点顾客的房间布置，统计出需要特殊布置的清单，从而方便酒店提供个性化服务。

六、客房信息化服务新趋势

随着科技的发展，客房服务也不断出现新的发展趋势，从而满足消费者不断变化的期望。在现阶段，客房服务新趋势逐渐朝非接触式、场景化、智能化、个性化、交互性方向发展。

（一）非接触式服务

越来越多的顾客希望获得非接触式服务。特别是新冠肺炎疫情的暴发，激发了酒店业使用各种技术支持非接触式住宿体验。酒店开始推出虚拟房卡、机器人送物、机器人送餐等服务。

1. 数字房卡

目前，大部分客房门锁系统广泛应用 RFID 房卡或磁条式房卡系统。这些房卡使用成本低，效率高，但是容易产生磁条消磁、住客遗忘、丢失房卡等问题。客房管理信息系统通过接口系统、门锁系统和预订系统进行连接，从而实现对门锁系统的操作。随着数字技术的发展，不少酒店开始推出数字密钥功能。新冠疫情的暴发促使酒店加快了虚拟房卡的推广和应用。不论是身在酒店大堂，还是在前往酒店的机场大巴上，客人使用酒店 App 线上办理完登记手续后，就可以使用移动设备将酒店客房钥匙激活。顾客抵达酒店后，可以直奔客房，掏出手机摇晃一下即可打开房门，非常便捷。通过使用智能手机连接客房管理系统，住客还可获得进入会议室和通过电梯进入对应楼层的权限。离店后，数字房卡将自动停用。除了使用手机，顾客还可以使用人脸作为密钥进入房间。门锁系统通过扫描人脸，并将扫描结果和客房管理信息系统中的顾客图像进行对比和识别，可以确认住宿人员身份，打开门锁。数字房卡的应用还可以规避酒店内部的服务员作弊行为，避免酒店员工谋私利，造成酒店经济损失。在实际作业中，一些前厅服务员会私下开房给顾客，而不把入住信息输入酒店信息系统，从而中饱私囊，人脸识别开房就杜绝了这一可能性。人脸识别系统会抓拍开锁人的照片，与酒店信息系统内部的证件照片进行对比，使得人员信息、房间信息、入住信息、系统操作记录均在酒店信息管理系统一目了然地呈现。

2. 机器人送物品

顾客在住店期间，可能会临时需要一些物品，如充电器、吹风机、插座、鼠标垫……以往是由顾客致电前台或者房务中心，由客房服务员亲自送东西到客房。机器人的应用，支持了非接触式服务的发展。酒店服务员在机器人屏幕中输入房间号，把顾客需要的物品置于机器人物品装载处，并下达指令，机器人就可以自动坐电梯到达顾客房间外，主动给顾客打电话，并打开闸门，顾客就可以拿到需要的物品。机器人还可以送餐、送外卖、送快递。由机器人送物品，不仅减少了酒店服务员的工作量，也减少了外部人员进入酒店客房区域的次数，保障了客房的安全性。

（二）场景化服务

除了提供睡眠、洗漱需求，顾客在住宿期间，还有其他的场景需求。例如，顾客可能需要办公，想学习，需要舒适地泡澡，睡前希望是柔和宁静的临睡模式……未来的酒店客房，将会为顾客提供各种可能需要的场景化服务。酒店的自动控制系统可以对客房窗帘系统、灯光照明系统、卫浴系统、温度控制系统、湿度控制系统进行远程控制，根据顾客的需求场景进行提前预设。例如，当顾客抵达入住时，客房管理信息系统收到提醒，并通过接口调整客房为欢迎入住场景，客房的窗帘被打开，室内的温度调整到适宜的温度，卫浴系统准备就绪，客房显示屏打开，显示"欢迎×××入住酒店"的信息。当顾客离开客房时，客房自动控制系统会调整空调、照明系统以降低能耗。当顾客返回客房时，一切又自动恢复。临睡时，顾客只要选择睡眠模式，室内的灯光、自动窗帘、电视等都会自动关闭，空调系统会自动切换到睡眠模式。同时，多媒体系统会播放柔和的音乐帮助顾客进入睡眠状态。顾客还可以提前在手机 App 上对客房内的设施进行设置，这些设置信息都会通过客房自动控制系统进行记录，并传输到客房管理信息系统的顾客档案信息里。顾客的喜好将被保存，下一次顾客重新入住时，系统会在顾客抵达时，将客房设置成顾客喜欢的样子。客房管理信息系统和客房自动化系统自动协作，为顾客在酒店停留期间不同的场景提供差异化的服务，这种服务单靠酒店服务员是不可能实现的。

（三）智能化服务

在传统酒店，无论酒店星级多高，顾客都需要自己动手拉窗帘，或者找自动窗帘的按钮开关。顾客还得学习如何操作客房的设施设备，甚至酒店的照明开关，也可能需要挨个尝试按一遍才能找到其与灯的对应关系。有了和客房信息系统连接的智能音箱，顾客可以释放双手，仅动口就能呼叫各种服务。下面以酒店客房智能 AI 音箱为例展开阐述。传统业务模式下，顾客和酒店的沟通方式主要通过电话进行，语音技术的发展，让这一沟通方式发生了变化。一些酒店开始尝试通过智能 AI 音箱给顾客提供服务，顾客可以通过询问智能音箱获得资讯。例如，你想点餐，可以直接问智能音箱"酒店有什么好吃的？"或者说"我饿了，附近有什么餐馆？"如果你想要客房清洁服务，只需要说"帮我打扫房间"；当你需要吹风机的时候，直接说"给我送个吹风机"。智能音箱可以通过人工智能技术，把顾客非标准化的语音内容进行分析和识别，最后转变为标准化的信息系统可以执行的指令，输入客房管理信息系统。顾客还可以通过语音操控客房内的自动窗帘、温控系统、智能照明系统等，甚至可以直接通过语音进行换房、退房操作。此外还有先进的客房多媒体系统。客房多媒体系统与酒店客房管理信息系统相连，在客人办理入住后进入客房时，电视会自动启动并在屏幕上显示问候信息，在房间里，客人呼叫智能音箱，便能实现电视节目、电脑网络、热播大片、酒店介绍、酒店服务、地方特产、旅游品牌、音乐助眠、管家服务、房间控制等功能的操作，为客人提供安静、健康的休息环境。

（四）个性化服务

标准化、程序化和规范化的服务是酒店服务质量的基本保证。但是，只有标准化而没有个性化的服务是不完善的，是不能够真正满足客人的需求、令客人完全满意的。因此，在酒店业竞争日趋激烈的今天，个性化服务已经成为酒店之间竞争最有力的筹码，成为现代服务的大趋势，客房服务尤其如此。为提供个性化服务，取得客人的忠诚，客房部需要建立完善的客史档案，并根据客人需求的变化不断调整客房服务的规程和标准。例如，提供夜床服务的酒店要能够保证为客人开喜欢的那张床，放客人喜爱的水果、茶等物品；不再强求所有客人看同一份报纸，而是根据客史档案将客人喜爱看的报纸放进客房。笔者曾经在青岛一家四星级酒店入住，该酒店虽然规模不大，但是它所提供的个性化服务令人印象深刻。笔者入住之后，由于酒店客房内的桌子是钢化玻璃的，鼠标感应不是很好。按照习惯，笔者找了一张酒店的便签信纸（大多数酒店都有提供）垫在了鼠标下面。第二天，在服务员打扫过房间后，笔者惊喜地发现，桌子上多了一个鼠标垫，还有服务员的一张留言条。笔者曾经入住过不下 30 家国内四星、五星级酒店，只有这一家给笔者提供了这项细小的服务，让笔者终生难忘。所以，客房服务也需要不断收集顾客的需求和偏好，并将这些偏好和需求记录到信息系统中，下次客人入住时，就能够有的放矢地针对客人的喜好提供个性化服务了。

（五）交互性服务

近几年来，平板计算机和智能手机逐渐流行，这些移动终端技术的发展对客房服务来说，其应用的意义是非同凡响的。这些设备在未来几年将成为商务客人的必备，消费者将使用这些设备与酒店客房实现互动。移动设备可以让顾客不论身处何处，哪怕是离酒店很远的景区，依然可以远程连接酒店，提前安排好自己返回酒店需要的服务。例如，消费者可以通过手机终端和酒店的管理信息系统相连，直接预订客房送餐服务。酒店的客人可以通过自己的移动设备，参与并控制客房环境与房间内的设备（如电视、门锁、客房控制、Wi-Fi、音响系统、电话）实现交互，这将极大提升客人入住酒店的体验。

（六）精细化服务

客史档案是酒店重要的无形资产。为了在竞争中取得优势，酒店需要建立精确而完整的客史档案，从而实现有价值的高质量服务。传统的作业模式是酒店依靠员工收集顾客喜好、随身记录，然后由员工手工录入前厅管理信息系统中，下次入住时，酒店员工查看客史档案，从而提供差异化的服务。在未来，客人在入住期间，通过平板电脑、智能音箱、手机等智能设备控制客房内的各种设置。比如，控制房间的温度、灯光、音乐，拉窗帘等。这些设置将被记录到酒店信息系统当中，当客人再次入住时，这些个性化的设置将被作为默认设置参数。如此，酒店在提供精细化服务的同时，还可以节约能耗。例如，通过智能系统检测到顾客离开客房，客房自动管理系统可以自动关闭客房内的电气设备、照明系统、空调等。这样不仅可以帮助酒店节能降耗、降低运营成本，还可以预防火灾事故的发生。

七、客房信息化服务面临的挑战

目前客房数字化系统的发展主要面临安全性、稳定性和服务集成性的挑战。

（一）安全性

虽然酒店提供的高科技服务让顾客获得了非常大的便利，但是技术上的安全性还有待时间的考验。传统的客房管理信息系统是封闭的，所以运行起来也比较安全，不容易受到外部的攻击。而当客房管理信息系统和各种智能设备相连的时候，一旦别的智能系统遭到病毒或者黑客攻击，则很可能会影响客房管理信息系统。这对接口系统和酒店的管理信息系统的安全防护能力提出了新的挑战。例如，人脸识别技术会采集大量的人脸技术指标，一旦落入非法分子手中，后果不堪设想。同时，人脸识别技术在安全性和可靠性上，还有待提升。

（二）稳定性

智能系统因为其智能性，往往结构复杂，容易出问题。例如，酒店使用机器人提供服务，顾客觉得新奇、有趣，同时也减轻了服务员的压力。至少，机器人是不会累的，可以24小时不停歇地提供服务。但是，机器人引路、送餐等，目前还是依靠网络。而酒店往往比较大，如果遇到网络信号不好的情况，机器人可能就会迷路，进而"罢工"。同时，机器人对工作环境也是有特殊要求的，不能淋雨，只能走平路，而且自身也容易出现故障。一旦出现故障，不仅不能服务顾客，还会增加前厅服务员的工作量。

（三）集成性

客房服务数字化的关键是集成客房的各大智能系统以及各种服务需求所涉及的信息系统。但是，客房智能系统种类繁多、标准不统一、内容庞杂，想要进行标准化对接，有一定的现实难度。因此，酒店在选择智能系统时，就需要考虑这些系统是否可以和酒店当前的管理信息系统进行连接。如果没有连接，还需要对开发成本进行评估再决定是否实施。

第三节　酒店餐饮管理信息系统

餐饮是酒店经营中的重要内容，仅次于客房。近年来，随着餐饮业的发展，酒店越来越重视餐饮信息化的建设。餐饮管理信息系统也因此成为酒店又一个重要的软件系统，使用该系统可逐步实现酒店餐厅点菜、收银、成本控制等的信息化管理，同时也为用餐客人提供了电子化服务，提升了餐厅的服务质量和客户体验。

一、餐饮管理信息系统的作用

在餐饮的经营管理中，餐饮管理信息系统起着非常重要的作用。

（一）餐饮服务普遍存在的问题

在传统的餐饮管理模式中，餐饮服务往往存在以下几方面的问题。

（1）结账速度慢。顾客多的时候，结账等候时间过长，有时甚至会出现跑单的现象。

（2）存在下错单或漏单现象。有时顾客会抱怨点好的菜迟上、错上甚至漏上。这些往往都是由于服务员落单、下错单或者厨房丢失单据等人为错误造成的疏漏。

（3）服务到位率低。业务繁忙的时候，服务员疲于往返于顾客与厨房之间，腾不出足够的时间为顾客服务，难以提高餐饮的服务水平。

（4）账务核算用时过长。日常的收银稽核工作需要设专人而且需要耗费大量的工作时间，有时还会因人为的疏漏产生稽核错误或舞弊的情况。

（5）经营者缺乏对各类菜品销售情况的准确掌握。餐饮经营者无法进行科学的分析和预测，很难做到对菜品销售、顾客口味、客流等数据的准确分析，直接影响经营的效益。

（二）餐饮管理信息系统的作用

提高劳动生产率与改进利润是酒店管理者追求的目标，从餐饮业未来发展的趋势来看，随着 IT 技术在餐饮服务业应用的深入，餐饮服务实施信息化战略也势在必行。餐饮管理信息系统能够为酒店带来以下几点好处。

1. 提升酒店形象

现在的酒店餐厅在硬件方面都很有特色，环境幽雅，装修豪华，但在信息服务方面还比较落后，有很多环节的工作还采用手工的方法进行处理，给客人的感觉是出品优秀，服务一般，在服务运作方面"现代感"略显不足。目前餐饮服务都已开始运用新的 IT 技术手段来提高自动化管理与信息化服务水平，提升餐厅环境形象已是大势所趋。例如，很多酒店将传统印刷纸质菜谱升级为电子触摸滑屏电子菜谱，不仅界面简洁直观，图文并茂，而且每道菜品均配有完整的图片和详细说明，方便客户了解菜品的做法、口味、用料、营养及菜品典故等信息，大大提高了餐饮的服务形象，对消费者也更有吸引力。

2. 提高运作效率

餐饮管理信息系统的应用大大提高了酒店的服务效率。例如，餐厅的电子菜谱可随时变价促销，根据时令节气随时调整菜品，增加新品，便于餐厅灵活开展多方位促销等活动，提升营业效率。餐饮结账时，可以分单或者详单打印账单，所有菜品都已经输入系统，只需要与客人核对账单后，即可结账，大大加快了结账的速度。厨房和餐厅前台一般距离较远，沟通非常不方便。餐饮管理信息系统可以很好地解决这个问题，当点菜员在电子点菜系统点完菜后，该餐单就能够通过网络实时落单到厨房，厨房的打印机与餐饮系统直连，可自动完成落单餐单的打印任务。系统还能够根据不同厨房的出品任务，将不同的落单发送到不同的厨房，从而使厨房能更早、更清楚地知道各出品的下单时间，就可避免某出品被长时间搁置不出导致客人催单情况的发生。该系统同时也提高了酒店对餐厅采购备料、库存管理、成本核算的运作效率。

3. 降低运营成本

餐厅每次制作和更换纸质菜谱，都需要经过校对、打样、定版、印刷、装订等一系列流程，不仅周期长，菜品调整修改极其麻烦，而且牵扯到大量管理付出，成本居高不下。电子菜谱可随时更新，随时发现问题，随时调整，能够节省大量管理成本。以电子菜谱的质保周期计算，应用电子菜谱的总支出，远远低于应用普通纸质菜谱的成本，大量节省了更换纸质菜谱所发生的费用。同时，餐厅采用信息化管理后，从客人订餐、点菜到厨房、客人就餐、结账等环节都由计算机辅助控制、网络传输，人工的工作量将大为减少，极大地减少所需服务员的数量。杭州黄龙饭店于 2010 年 10 月开始启用 iPad 电子点单系统，这是全亚洲第一家使用 iPad 点单系统的酒店。黄龙饭店在中餐厅内共配备 13 套 iPad+iPod touch，加上接收等设备，硬件成本支出为 10 万元左右。然而，细算起来，这依然是一笔非常经济的投资，因为酒店省去了纸质菜谱更换成本和服务员的人力成本。五星级饭店的菜谱制作成本往往高达数千元，按一家餐厅配备 20 本菜谱，每年起码更换 4 次计算，一年在此项的支出至少为数十万元。同时，黄龙饭店采用 iPad 点单系统后，中餐厅的当班服务员也缩减至 9 个，比原先少了一半，大大降低了餐厅的运营成本。

4. 优化服务品质

餐饮管理信息系统的作用还体现在服务品质上，几乎餐厅的每个岗位都能受益。餐厅的引导服务员可以通过餐饮管理信息系统知道酒店当前的空位情况和预约情况，当客人抵达时，可以直接查询预订包厢或者将客人引导到空桌位上，避免不合理的桌位安排。点菜员可以提供图文并茂的电子点菜系统，顾客可以在点菜员的帮助下或者自己 DIY 点菜。通过电子点菜系统，就餐的客人可以详细查阅某道菜的材料、制作方法等，避免服务员由于培训不到位无法提供详细介绍的问题。如果餐厅在就餐时间没有空座的话，点菜员还可以让就餐者在等待时用 iPad 浏览菜谱和预点菜来打发等待的时间。楼面服务员可以及时查询到客人的就餐时间、上菜情况，可以根据各桌消费者不同的状态提供更好的服务。例如，杭州有个餐馆利用二维码开展面对面营销，就餐客人用自己的手机扫描二维码，可以获得优惠服务，同时成为餐馆的关系客户，能便捷地收到餐馆的新产品信息，满足顾客的尝新心理，受到消费者的喜爱。

5. 提高管理水平

如何用最经济的办法获得最大的客户满意度，已经成为餐饮行业最根本的竞争优势所在。如何降低成本，如何制止浪费，如何提高效率已经成为每位酒店经营者共同的追求，而这一切背后的关键正是过程环节的管理水平问题。采用手工方式管理的餐饮在财务管理方面存在很多问题。收银员在进行手工计算时，产生错账漏账是常有的事，少到几十元，多至上百元，漏计会给酒店带来经济损失，错计会引起酒店与顾客的纠纷，酒店声誉将因此受到很大影响，客人的流失也在情理之中了。在酒店还有一种情况，就是餐厅工作人员的熟人或者朋友来就餐，有时候会出现服务人员下单不记单、改单少收账款、私拿票据不记录等现象，虽然以手工管理模式的酒店一般会要求厨房留单，过后再通过与前台收银账单对账来控制这种现象，但厨房每天积累单据较多，没有专人管理和监督，单据较乱，出现状况也很难跟踪到责任人。如果基础财务数据都出现问题，那统计报表对管理的支持作用就大大弱化了。餐饮管理信息系统通过设置系统权限，让不同的人员操作自己负责部分的流程，可以大大减少作弊行为和人为错误的发生，帮助酒店提升餐饮的管理水平。

6. 辅助经营决策

为了辅助高层管理者经营管理，酒店每天都要产生餐饮当日营业日报，包括就餐人数、桌数、总收入、人均收入、各类菜品的销售量、优惠统计等。餐饮管理信息系统可以对每日经营情况提供强大的查询及分析报表功能。总经理可以查询营业收入、员工业绩、消费额、翻台率等，并以图形或表格的形式进行各种统计分析，包括财务状况分析、营销决策分析、营业收入分析等，进而为酒店下一步经营决策做出判断。同时，酒店管理者还可以实时查询餐厅的运营情况，可以在第一时间掌握客人用餐、厨房加工过程中出现的各种问题，以便及时进行处理。餐饮的信息化系统所具备的先进性、灵活性和人性化特点使餐饮服务更加接近现代化的酒店管理，有利于高层管理者做出科学的管理决策。

二、餐饮管理信息系统的功能

在酒店经营管理中，餐饮管理信息系统的主要功能包括预订管理、点菜管理、厨房与出菜管理、收银结账管理、客史档案管理、库存成本管理、财务报表管理等功能。

（一）预订管理

酒店餐饮对婚宴、会议餐、散客用餐等都提供预订服务功能。餐饮管理信息系统的预订服务功能主要是对预订信息进行管理，包括增加预订、查询预订、取消预订、预订抵达等多种操作。通过预订服务功能，餐饮预订员可以对餐厅未来的可用资源了然于心。通过预订系统，客人可以在预订的时候直接确定餐单，当客人抵达时，就可以直接下单，减少等待时间。这对于婚宴客户、常客非常有帮助，也可以帮助酒店积累客户的偏好菜式，有针对性地进行推销。还有一些先进的餐饮管理信息系统在常客打通预订电话时，预订模块便可自动显示此常客的消费信息。除了到店预订、电话预订，现在的很多酒店还可以支持微信预订，顾客关注酒店的官方微信平台后，可直接进行微信预订。

（二）点菜管理

通过点菜模块，系统会显示各个餐厅的桌台导航图，能够实时显示桌台状态（空闲、占用、预订、正在结账等），使前台迎宾对店内各桌台情况一目了然，准确完成来客的领台。

当客人落座之后，点菜员可以通过无线点菜系统进行点菜。客人对菜的烹饪方法有特殊要求的，点菜员也可以在点菜系统进行备注，提醒厨师注意。点菜完毕后，可以直接将餐单发送到后台厨房并打印出来。在客人就餐期间，有些客人会催菜，有些客人要求菜上得慢一点，在传统手工管理模式下，服务员需要在客人和厨房之间不断奔跑，有了管理信息系统，服务员只需要在系统中选择催菜、暂缓上菜等功能，就可以立即将客人的要求通知到厨房。如果客人需要退菜或菜品因质量问题需要打折，在授权下，服务员也可以进行这些业务的操作。服务员还可以把餐单的相关操作提前完成，以便收银员实现快速结账。

现在的餐饮管理系统也提供顾客自助点餐。顾客可以通过智能手机扫描自己的餐位号，登录到手机端的餐饮微系统进行自助点餐，并且可以备注具体菜品的烧法，也可以通过手机催菜。顾客自助点的菜品会被自动输入酒店的管理信息系统并在厨房进行打印。顾客自助点餐系统只能看到和操作自己的餐单，而服务员操作的餐饮系统则可以看到全部的餐桌使用情况，如哪些已经开台、哪些餐桌空闲，并且可以非常方便地进行餐位更换。

（三）厨房与出菜管理

厨房的智能厨打系统可以让厨房实现和前台的实时信息沟通。当点菜员完成点菜后，餐饮管理信息系统会立即将餐单打印出来，最大限度地提高了上菜速度和翻台率。厨打系统支持菜品条码打印，配合一菜一单方式，方便进行厨房出菜管理；也支持"一菜多出处"，如海鲜有时需要同时打印输出到海鲜池通知称量，还需打印输出到制作间，通知制作此海鲜；还支持不同区域同类菜品从不同厨房出单，例如，酒店有 3 层楼面，每个楼层都有吧台，也就是说，每个楼层都能出酒水，这时就要求一楼酒水从一楼吧台出，二楼酒水从二楼吧台出，三楼酒水从三楼吧台出。当厨房某些菜谱需要估清时，可以立即通知菜谱管理人员对菜谱进行管理，及时设置估清菜式。当酒店有一些新创菜式需要推荐时，也可以通过点菜系统进行菜式推荐。这些变化都可以在点菜终端进行实时更新。

（四）收银结账管理

收银是餐饮服务中的重要岗位。由于客人就餐容易出现加菜、退菜、酒水消费，因此收银结账时往往压力较大。将客人就餐过程的各类业务（如加菜、退菜、酒水消费等）交由服务员进行操作，大大减轻了收银员的压力。收银员只需要在客人要求结账时，将餐饮管理系统的餐单打印出来，由客人签字确认，然后根据客人的付款方式，进行现金结账、银行卡结账、挂房账、挂应收账款等。为了确保餐饮的财务安全，当客人要求挂房账或者挂应收账款时，餐饮收银员可以通过系统查询房账余额或者查询该客人是否为应收账款的有效签字人，确认可以挂账后再进行操作。系统一般也有灵活的账单打印功能，如西餐厅的一个典型问题就是客人 AA 制结账。通过餐饮系统，收银员可以很快将账单进行分单，可以一分为二或者一分为四，分别打印每个客人自己的账单，并分别进行结账。随着移动互联网的发展，移动支付逐渐变成主流。餐饮系统的结账方式需要集成各种支付方式，如支付宝、微信、会员卡以及各种由其他主体承担的消费券等结账方式。

（五）客史档案管理

当接到顾客预订电话后，预订员就可以在客史档案管理模块记录中获取顾客所有信息：姓名、性别、国籍、就餐人数、喜爱的菜式等。餐饮管理信息系统还会记录该客人的消费详情，包括就座的位置、光顾餐厅的次数、消费总额、平均消费等信息。餐饮服务员可以对客人的一些喜好进行观察，如有无吸烟习惯、饮食习惯、菜式偏好、位置偏好等，并将这些信息记录到餐饮系统中，这样便于为客人提供个性化的服务。客史档案管理模块还可以对常客、会员、签单客户进行消费特征的分析，对 VIP 客户进行生日、纪念日提醒，有利于培养酒店的忠诚顾客。

（六）会员管理

会员管理主要包括会员档案的建立、会员充值和消费信息管理、会员积分信息管理、会员卡的管理、会员优惠管理等功能。酒店制定好会员优惠体系后，在餐饮管理信息系统中会进行相应的设置，例如，电子代金券优惠、积分优惠、充值优惠以及特殊顾客个性化优惠等方案。当顾客进行消费时，这些对应的优惠措施可以自动执行，无须烦琐的计算。会员可以随时查询自己的消费记录、核对账单。当会员丢失会员卡时，可以进行挂失和补办，为了减少实体会员卡丢失带来的麻烦，酒店也可以推出虚拟会员卡，顾客只需要在微信卡包建立会员卡信息，就可以凭随身携带的智能手机进行会员身份验证和消费。

（七）排队管理

在酒店高峰期的时候，可能会出现顾客需要排队等待用餐的情形。餐饮管理信息系统还提供了排队叫号服务。除了顾客到门店排队叫号，系统还具有通过微信排队叫号、排队信息提醒功能。哪怕顾客离开了餐厅，也能够及时收到排队信息。在排队的时候，顾客还可以用自己的智能手机扫码进入点菜系统，进行预点菜。一旦排队完毕，就立刻下单到厨房，节约时间。

（八）外卖管理

不少酒店也提供了外卖服务。酒店的外卖服务和社会餐饮略有不同，主要以套餐为主，客户群体集中于 B 端企业或近距离的 C 端散客。顾客可以通过酒店官方的小程序进行外卖订餐。小程序和酒店内部的餐饮信息系统进行对接，外卖订单会实时下达到内部系统，厨房也会打印出需要制作的餐单。这样不仅减少了人工录单的时间，极大地提高了效率，而且减少了差错。酒店外卖小程序还可以进行社交分享、结算时挂公司应收账款等操作。除了酒店的小程序，餐饮管理信息系统还可以和第三方外卖平台进行对接，实现外卖订单自动下载、顾客信息收集、外卖菜品管理、库存管理、菜品估清等操作。

（九）库存成本管理

餐饮管理信息系统中的库存成本管理模块主要完成物品的出入库管理，并生成财务凭证（包括入库单、领料单、调拨单等），能够提供各种库存报表，对库存使用过程实时监管等。该模块还可以设置成本卡，能够把销售的菜式和库存的原材料之间的逻辑关系建立起来，实现自动出库和出成率的核算，以便实现餐饮原料的量化管理，从而降低餐厅制作成本并保证质量。

（十）财务报表管理

餐饮管理信息系统可以提供完善的经营报表服务，包括当日营业报表、菜谱销量排行、优惠折扣详情、预订报表、经营管理报表等。这些财务数据能够详细且准确地反映餐厅当日的营业情况，方便管理层掌握酒店的经营动态和过程。例如，根据菜谱销量排行，可以对那些滞销的菜式进行改良或者取消；通过优惠折扣详情，可以了解酒店产品和服务质量，一般出现优惠折扣都是由酒店菜品质量、服务质量等问题导致的。该模块可以实现智能报表管理，满足酒店对各种形式的餐饮管理报表的需要。

（十一）后台管理

后台管理包括一切支持餐饮前台管理系统操作的基础数据和权限管理，主要包括菜品管理、订单管理、权限管理、报表管理、基础信息管理（餐厅设置、桌台设置、服务人员设置、权限登记设置、打折系统设置等）。通过后台系统，酒店对菜品的成本、菜名、价格、特色等进行管理，并且可以随时增加或者删除。酒店餐饮营业点比较多，点菜、结账的设施设备也比较多。餐饮管理信息系统可以同步更新信息。通过权限管理，点菜员可以看到自己所负责的营业点的餐台，没有收银权限，方便服务客户，也不会超越权限。

三、餐饮管理信息系统的应用现状

我国酒店业发展三十多年以来，随着人民生活水平的不断提高，个人餐饮消费逐年增加，作为酒店服务业的重要组成部分，餐饮规模也在发展壮大。餐饮信息管理的特点是菜式不断出新、价格随原材料价格等多种因素而变化、优惠灵活以及统计报表的需求较为复杂等。当前社会正处于信息时代，信息技术已渗透到酒店经营的各个环节，餐饮服务管理的各个环节，如采购、预订、点菜、出入库、结账、制菜、财务管理、物资管理，都将越来越依赖信息技术，酒店餐饮信息技术应用必将成为餐饮经营中核心竞争力的一个重要组成部分。当前，餐饮信息系统发展中的应用现状主要表现在以下几个方面。

（一）餐饮管理信息系统的技术应用现状

目前，餐饮业的信息技术应用主要是网络应用、信息系统应用等类型。网络应用主要集中在无线网络的应用，而信息系统应用主要围绕点菜和收银等业务。在现阶段，信息系统的技术应用主要围绕数据录入问题，目前市场上的餐饮管理系统的数据录入方式大致有四种：手工单据集中上传、PDA点菜上传、IC卡手持点菜上传和扫码点菜上传。

1. 手工单据集中上传

顾名思义，集中上传就是点菜员手工开单后，统一到前台的信息系统或触摸屏来进行统一录入上传，这是信息系统技术的初级应用。很明显，这种类型的数据处理效率非常低下，在营业高峰时经常出现录入菜单排队现象，因此这种效率低下的应用类型将逐渐被淘汰。

2. PDA点菜上传

PDA点菜上传主要通过红外线或无线传输技术（802.11b）来进行数据传输。红外线传输距离由其功率的大小决定，由于PDA自身性能的局限性，其红外线传输距离较短，而且红外线传输过程中不能有任何障碍物阻拦，否则极易造成数据的丢失。无线传输技术（802.11b）因其使用国家允许的公用频率，所以会受到其他诸如手机、微波设备等所发出的信号的干扰，主要表现为通信距离缩短、通信时间加长、发出错误的数据包等。这种类型的数据录入方式目前比较普遍，采用的技术都是成熟技术。

3. IC卡手持点菜上传

IC卡手持点菜系统着重流程管理，针对中餐酒店的所有环节采用信息技术手段进行整合，从预订、接待、点菜、菜品上传到厨房分单打印、条码划菜、收银、经理查询等全方位应用信息技术，每个环节都有新颖的终端设备技术，是目前餐饮行业较为先进的、非常适合中大型餐厅管理的信息系统。

4. 扫码点菜上传

扫码点菜上传通过智能手机上的微信或者其他二维码扫描工具扫描餐桌上的二维码进行点菜。扫码点菜系统和餐饮管理信息系统相连，实现餐饮管理信息系统的对客部分功能。这是"互联网+"的热潮在餐饮行业的技术应用。这种点菜方式投入成本低而且点菜由顾客自助完成，减少了服务员的工作量。目前，扫码点菜系统已经成为餐饮业的未来趋势，发展空间巨大。无论是大型饭店，还是路边小餐馆，都可以应用这种系统实现自助化的服务方式。

（二）系统应用深度不够，开放型系统快速发展

因餐饮业门槛较低，餐饮行业的从业人员人数众多，整体文化程度不高，工资薪酬也不高。对于酒店来说，由于采用信息化管理初期投资非常大，二者之间的较大反差造成餐饮经营管理者更愿意以人工方式完成信息化管理的正常业务，对服务信息数据的收集、统计、分析宁可直接采用人工操作。即使进行了部分信息化，很多酒店依然处在手工及半手工状态，只是使用了POS系统（点菜收银环节），系统应用的深度不够。大多数酒店把点菜器当计算器用，并没有真正通过管理信息系统实现流程改造、强化管理、降低成本、堵漏节流等功能。目前只有一小部分酒店认识到了信息技术的巨大作用，用餐饮管理信息系统进行了餐饮部门的整体流程改造，获得了丰厚的回报。系统技术水平低、软件价格高是许多餐饮管理者不愿意使用管理信息系统的主要原因。近几年，基于SaaS的开放型餐饮系

统获得了快速发展。基于 Saas 架构的餐饮系统只需要连入互联网，就可以实现相互通信、及时响应，这有效解决了饭店集团旗下的各个餐饮企业之间以及餐饮企业内部的各个餐饮营业点的数据传输与共享。有了开放型 Saas 架构，小规模餐饮企业的信息化获得了快速发展，饭店不需要投入大量资金到硬件和软件开发中，只需要较低的投入就实现了预订、点菜、收银、后厨打印、营业额报表等业务流程的信息化。

（三）缺乏科学和标准的管理体系

国外著名的快餐连锁经过上百年的探索都形成了标准化的工作流程和方法，但中餐因其菜品的多样化和服务的特色化很难实现标准化管理，这使中餐企业的成本控制很难实现。如何进行标准化使中餐的产品和服务能够始终如一，是一个需要继续探索的课题，信息化管理软件也因为缺乏规范的管理模式使得软件普及率不高。由于餐饮标准管理体系的缺乏，很多信息技术公司推出的餐饮管理系统也是参差不齐、良莠难分，无法规模化推广。而且，由于每家酒店的操作模式不同，餐饮信息系统在实施过程中，往往会为了迎合顾客需求，对软件进行修改，造成软件处理流程缺乏标准。如果餐饮软件提供商对软件系统没有进行很好的管理，今天被这家酒店修改，明天又被另一家酒店修改，造成一个系统存在多种版本而不统一，这样给后期的维护带来了巨大的困难，造成餐饮软件的使用寿命非常短，因此，系统的稳定性和适用性就会出现一些问题。餐饮软件的标准和规范化体系建设是餐饮企业实现信息化的当务之急。

（四）缺乏客户信息收集意识

目前，我国酒店餐饮服务过程中，还缺乏顾客信息收集意识，较难实现个性化服务。由于餐饮顾客不像住店客人需要登记信息，所以建立餐饮顾客信息档案就比较困难。但是，餐饮部门还是可以针对常客、VIP 顾客、特殊顾客建立重点顾客档案，从而提供针对性的服务。这就要求餐饮部门完善自身信息化建设、建立顾客信息数据系统，充分利用各种机会收集顾客信息，掌握顾客的茶品、菜品口味、酒水偏好等。例如，在新冠肺炎疫情期间，出入酒店的顾客信息都是需要登记的，酒店餐饮部可以抓住机会，建立顾客信息系统。通过扫码点餐的顾客的信息更加容易被留下来。当顾客初次就餐后，服务员及时记录顾客需求，在顾客下一次来的时候，及时将顾客喜欢的菜品、酒水推荐给顾客，提高顾客满意度。

四、餐饮管理信息系统的发展趋势

在信息时代，由于消费者需求的驱动，餐饮管理信息系统的发展也在不断进步，出现了开放化、多样化、精细化、服务化、云端化、集成化等发展趋势，主要表现在以下几个方面。

（一）开放化

酒店的餐饮不是一个独立的经营体，而是酒店经营的组成部分，需要系统化管理，包括软件上的系统化。许多酒店也不是独立的经营体，而是连锁或集团组织中的一员，它们的餐饮管理也需要系统化。在应用范围上，一开始，餐饮管理信息系统在酒店的应用，主要是在预订、接待、点菜、收银上，主要是对客户服务的应用。随着信息系统在酒店应用的逐步深入，餐饮信息系统的应用进入餐饮的后台管理，也包括厨房分单打印、电子催菜、条码划菜等，它们的整体功能规划也需要系统化。因此，这些系统化的需求迫使软件结构必须有开放的特点，才能纳入系统化的管理，让餐饮信息系统软件随时随地可使用，随时随地可连接。这样，餐饮的各个作业环节与餐饮管理信息系统也将结合得更加紧密，更容易使用，开放型也就成为构建系统的基本要求和必然趋势。

（二）多样化

在餐饮信息系统的支持下，顾客预订餐饮服务、点菜、结账的方式出现了多样化的特点。除了传统的电话、现场预订，顾客还可以通过各种线上渠道进行预订，电脑登录酒店网站预订、手机登录酒店微官网预订、通过第三方分销渠道进行预订。这些预订方式的多样化，既扩大了酒店销售途径，也为顾客提供了更加便捷的服务。另外，餐厅的菜谱电子化后，要求餐饮信息系统尽可能便利地呈现电子菜单，从而使系统的终端呈现各种各样的形式，以更便利的方式为消费者提供点菜服务，如餐厅可以利用触摸屏呈现电子菜单，可以利用平板电脑呈现电子菜单，也可以利用智能手机呈现电子菜单。而这些终端设备与餐饮信息系统都能实现随时随地数据互通，极大地方便了消费者的点菜过程。通过电子菜谱，顾客只需要在餐桌上的平板电脑进行点菜不必等待或是忍受总是出错的服务员，既简单又快捷。而且随着智能终端的广泛应用，电子菜谱也成为餐厅服务的常态，尤其是智能手机的普及，顾客利用自己的手机就可以进行点菜，点菜过程就更加自如便利了。随着技术的进步和消费者的个性化，将有更多的智能终端出现在现代餐厅里。结账方式也开始更加多样化，除了传统的现金、挂房账、挂单位应收账款、信用卡、银行卡等，餐饮管理信息系统还支持微信、支付宝、会员卡、积分、优惠券等支付方式。对应这些服务方式，餐饮管理信息系统的功能也出现了多样化的发展趋势。

（三）精细化

随着餐饮业竞争日益激烈，餐饮行业已全面进入微利时代，餐饮服务的管理也开始走向精细化管理，这是一个向管理要效益的时代。餐饮管理的最大瓶颈就是成本管控，通过软件实施过程管理可以有效实现餐饮经营的成本管控。提到成本，很多人会想到，这不是厨师的事情吗？事实上，成本管控不只是厨师的事情，餐厅任何一个环节的疏漏都会造成利润流失。例如，收银结账方面手工计算容易产生错误，一旦产生错误很难查找；收银与楼面及厨房容易产生丢单，尤其在单据数量大的时候；厨房制菜环节的原料管控以及收银人员利用便利条件谋取私利；等等。餐饮经营的营业日报和营业历史数据不能及时地上传和汇总给管理部门，使得管理部门的决策滞后，会给餐饮管理带来不小的损失。

为了解决这些问题，餐饮软件逐步从业务操作支持型软件走向精细化管理软件。通过菜谱成本核算，餐饮管理信息系统可以自动统计当日/当月的菜品成本和应收情况，即时对菜品的利润率进行分析，管理的范围更加广泛，管理的程度更加深入。通过餐饮系统的销售数据，酒店可以即时分析出畅销菜品、滞销菜品、消费趋势等餐饮运营情况，从而实施有效库存管理和收支管理，将餐饮管理制度和控制手段融合到餐饮信息系统中，全面堵塞各种漏洞，降低运作成本，提高酒店经营效益，全面为餐饮服务打造流程化、科学化的精细管理模式。

（四）自助化

餐饮业的困境之一便是用餐时间客人扎堆，消费者常常很难得到忙碌的服务员的关注。而服务人员也抱怨，无法在照顾多个顾客的同时点单，总是手忙脚乱，顾此失彼。这些问题通过自助化餐饮软件就可以得到解决。餐厅目前采用的点菜宝、PDA 手持无线点菜机等，是为了管理而设计的软件终端，需要服务员进行操作。自助化的餐饮软件可使一部分服务由顾客自己实现。如此，不但满足了部分喜欢自己动手操作的顾客的需求，也降低了餐饮服务员的工作量，节约了人力成本。例如，顾客通过智能手机，在来餐厅的路上也可以订桌点菜，节省了许多等待的时间。抵达餐厅后，顾客通过扫描餐桌上的二维码实现自助开单和自助点菜；就餐过程中，顾客还可以进行催菜；就餐结束后，顾客无须离开餐桌，就地进行自助结账操作。消费者登录的系统就是餐饮管理信息系统的一部分延伸，与后厨直接连接，顾客确认下单的所有菜品，会被直接传递到后厨打印出来。自助化的应用大大减轻了服务员的工作量，从而使服务员专注于为顾客提供更加人性化的服务。

（五）云端化

传统餐饮管理信息系统基于本地化构架，好处是安全、稳定，但是对于连锁餐饮酒店而言，不同营业点的信息共享是一大挑战；同时，对于小型的单体酒店来说，成本又过高。Saas 结构的云端餐饮管理信息系统软件成为大势所趋。SaaS（Software-as-a-Service），称作软件即服务，也被称为"即需即用软件"。这种架构模式中，软件系统和数据都被集中托管到云端，本地不再需要安装专用软件，仅需要透过互联网访问软件。这种模式将硬件、软件维护，软件升级交给了软件服务商。云端化使得餐饮信息系统更加灵活，使得软件升级、菜谱更新成本更低、效率更高，更加符合实际经营中飞速变化的业务需求。顾客只要能够接入互联网，通过手机、PAD、计算机就可以使用餐饮软件。

（六）集成化

预订和销售渠道的多样化使得餐饮系统也走向了集成化。餐饮管理信息系统不再是本地或者内部的一个系统，顾客可以通过饭店微官网、美团等第三方团购网站、饭店网站等多渠道进行预订。这些预订系统都与餐饮管理信息系统进行了连接。预订单自动到达餐饮系统，支付信息也会自动录入餐饮系统。饭店餐饮部还可以根据不同平台的销售情况，对菜品进行库存管理和在线促销。

第四节　酒店康乐管理信息系统

客房、餐饮、康乐（或娱乐）是酒店的三大服务产品，康乐管理信息系统也是酒店管理的一个重要系统。本节将对康乐管理信息系统的相关知识做一个简要的介绍。

一、酒店康乐管理信息系统的概念

酒店是由一个建筑物或诸多建筑物组成的接待设施，将住宿、餐饮、康体娱乐等服务融于一体提供给客人，以满足客人的食、住、行、娱等需求。在酒店所提供的三大服务产品中，住宿和餐饮产品的开发较早，产品较成熟，所应用的信息系统也较为成熟。而国内康乐产品的出现时间较晚，相应的信息系统出现得也较迟。酒店康乐服务是指为健康和娱乐活动提供场所和服务的业务，主要包括水疗、美容美发、健身房、歌厅、舞厅、桑拿、保龄球场、游泳池等。

康乐管理信息系统是指通过利用信息通信技术等，对康乐服务的相关信息进行收集、传输、加工、存储、更新和维护，从而支持服务与管理效率提升的人机控制系统。该系统也能提供预订、接待、结账、查询等服务，同时实现娱乐的过程管理与控制，提升消费者娱乐过程的客户体验。在酒店业竞争越来越激烈的今天，酒店要想在服务产品上标新立异，应更多地关注康乐产品的服务创新，特别是要加快康乐管理的信息化服务进程。

康乐管理信息系统的功能范围根据康乐服务的内容来确定，不同规模的康乐服务，其信息系统的功能差异性比较大。从目前已有的康乐信息系统来看，其功能范围大体上包括康乐中心日常管理、康乐中心营销管理、康乐中心服务质量管理、康乐中心预订与接待管理、康乐中心财务管理、康乐中心员工管理等。

二、康乐管理信息系统的作用

信息系统的核心作用就是降低经营成本，提高服务与管理的效率和效益，提升对客户服务的体验。康乐管理信息系统的作用也不例外，也是围绕提高经营的效率和效益、提高客户满意度而展开的。

（一）节约经营成本

康乐服务是劳动密集型的行业，其中人力成本占较大的比重。为了吸引客人，康乐行业的折扣体系一般比较复杂，特别是技师的提成、消费的折扣等计算过程往往比较复杂，这就对康乐前台服务的操作提出了较高的要求。纯手工操作的情况下，前台很容易因为消费折扣、消费项目复杂等原因算错账，既影响员工积极性，又影响康乐的经营效益。在康乐管理信息系统的支持下，许多管理环节可以通过软件自动完成，可以省去入单员、核单员以及减少服务人员，一年节省下来的人力成本相当可观。

（二）降低劳动强度

由于技师的分配、消费折扣的统计都可以进行自动安排和计算，这就大大减少了前台管理的工作压力，如前台收银只需要将账目进行核对并结账就可以了。娱乐项目的计分可由程序自动完成。康乐管理信息系统还可以全自动计算技师在任意时间段内的工资，提供日、月报表以及更高层次的绩效数据分析，如项目业绩分析、时间段分析、客人消费排行榜等，消费数据一目了然，减少了财务人员的统计工作量，提高了工作效率。酒店的管理层也不需要等到下班才知道客流和营业情况，只要能上网，电脑一开，所有营业数据、报表一目了然，可以轻松地根据分析数据掌控经营过程和进行管理决策。

（三）合理安排资源

对于类似 SPA、桑拿、足浴、美容、美发等依赖技师手艺的康乐项目，技师掌握的技能就是一项重要的人力资源。由于服务项目时间长短不同，客人需求各异，为技师排时间是一个非常复杂的问题。如何合理利用技师的时间？如何合理安排优秀的技师服务于 VIP 客户？有了康乐管理信息系统的技术支持，这些问题就迎刃而解了。运用康乐管理信息系统，可以快速开单、查询空闲技师、预约技师、催钟、收银，最大限度地流转康乐经营场所中的各种资源。特别是在客流集中时段，信息系统还可以提供自动排钟功能，可以大大减轻员工的工作压力，强化服务管理。

（四）提升顾客体验

康乐的服务项目很多是按单位时间收费的，在现实操作中，有些技师为了能够多接一些客户，会悄悄将服务时间缩短，或者乱报服务项目、乱收费。康乐管理信息系统可以很好地避免这些问题的出现，通过在房间内安装系统终端，客人可以在房间内自由选择技师，开单成功时，系统自动进行项目显示播报。技师上钟后，系统会自动记录上钟时间，到钟点时，会有语音提示。由于客人可以自己直接选择技师，因此可以很好地在技师中引入竞争，从而引导技师在服务上下工夫，提升顾客体验，通过优质服务培养忠诚顾客。

（五）支持多样化的营销手段

由于康乐服务项目的多样性、复杂性，康乐服务的营销手段需要具备多样性，以支持个性化需要。例如，可以通过二维码让消费者获取有需要的信息，也可以通过平板电脑介绍服务过程和了解相关项目的康乐知识，通过信息的展示达到营销的效果；或把某些服务与营销捆绑起来，让消费者一边享受服务，一边了解康乐服务相关的知识。通过康乐管理信息系统及智能终端，就可以实现多样化营销的目的。所有有特殊优惠的客人，可以采取发放会员卡的方式，在康乐信息系统中对会员卡的类别、等级进行设置，不同级别、不同类别的会员卡享受不同的服务，采用不同的营销方式。康乐管理信息系统支持会员制、积分制、会员连锁、各种优惠券的管控、时段优惠、特殊优惠、节假日优惠、促销提成、阶梯提成等丰富多样的营销手段，能够有效提升康乐服务的营业业绩。

三、康乐管理信息系统的主要功能

由于康乐项目的多样化，服务流程和规则各不相同，因此市面上相关的管理软件也是品种繁多，但形成一定市场规模的很少。本书主要针对市面上比较成熟的洗浴中心（包括桑拿、水疗、SPA 等）信息系统进行功能介绍。按照是否直接对客服务的区分，可以将洗浴管理系统分为洗浴前台管理系统和洗浴后台管理系统两部分，以下对其功能进行简要介绍。

（一）前台管理模块

前台管理模块主要实现对客服务的预订、接待、技师管理和经营报表管理等功能。

1. 预订及领位管理

消费者可以通过各种方式预订需要的服务，也可以通过手机 App 实现查询和预订，预订信息全部接入康乐管理信息系统，供领位人员及时查询和协调使用。康乐管理信息系统为领位人员提供了完善的预订和房间协调功能，如有通过电话预订的消费者就人工输入信息系统。领位人员可以通过该系统掌握当前所有的技师状态，是否有预订、预订的具体时间、上下钟的时间等，并统一安排技师的工作计划，同时实时动态掌握所有房间的使用情况，是否空闲、何时下钟、是否有预订、预订的具体时间等。

2. 前台接待

前台接待主要包括开单、消费录入、修改项目以及收银结账工作。

（1）开单。在客人抵店后，通过康乐管理信息系统可以对团队或散客的消费进行下单。系统操作人员可以实时看到房间的房态情况、技师的即时状态，可以对技师进行场内预约、场外预约等操作，还可以对预约技师进行派工操作等。如果有些房间有特殊需求，则可以在系统中进行留言并在结账时进行结账留言提醒。如果有消费被取消，则会立即提示给相关人员处理，以防出现作弊行为。

（2）消费录入。消费项目按照计价方式可以分为计时类项目、计价类项目、技师类项目、仓储式项目、计数类项目、房间类项目等。

（3）修改项目。在服务过程中，客人有可能要求换技师、换项目、加项目、加钟时等，康乐管理信息系统都可以轻松实现这些变更操作。所有的项目发生修改，都会有详细的操作记录和日志，包括开单人、开单时间、修改人、修改时间、服务项目、价格、哪个技师为客人服务、几点上钟、几点下钟，防止出现服务中的舞弊行为。

（4）收银结账。系统具有灵活的结账方式，根据客人的不同需求，可以进行拆单、并单等操作，支持现金、挂账、签单、信用卡、充值卡、套券套票、免单等多种支付方式。系统会根据客人持卡与否，以及卡的种类，做到自动计算价格，不需要收银人员手工计算，这样一方面降低了收银员的工作量，减少了收银手工计算错误的可能，另一方面能够在很大程度上防止收银中舞弊情况的发生。

3. 技师管理

康乐服务中技师管理是一个较为复杂的工作，信息系统能完成如下管理。

（1）技师基本情况管理，主要包括技师的照片管理、档案管理、分组分班、请假、休假等。只有当班的技师才会出现在当前可以选择的技师列表中。

（2）上下钟。当客人点钟了以后，电脑会自动通知某技师上钟，打印机会打印出派工单。技师可以通过刷卡起钟。如果客人需要加钟，可以通过电话语音提示加钟或者由钟房人员进行加钟。钟房人员在操作界面可以直接看到技师的派工时间、起钟时间、延时多少分钟、还有多少余时结束等；技师也可以知道自己在未来还有多少预约登记的客户，提前知道自己的工作量。

（3）排位管理。康乐管理信息系统可以支持自动排位，也支持人工调整排位。计算机系统自动排位可以有效地避免扯皮现象，降低技师、美容师和公司之间的沟通成本，防止误会、扯皮等现象的发生。

（4）技师工资管理。康乐管理信息系统能够提供技师、美容师每天所做工作完整详细的报表，并在此基础上自动计算员工的绩效工资。自动计算工资的功能极大地减少了财务、人事部门的工作量和人力成本，同时极大地降低了技师因为工资问题和公司发生纠纷的概率，体现了技师多劳多得的工资管理体系。

4. 经营报表管理

康乐管理信息系统提供了详细的日报表管理功能，财务人员在和前台收银员交接时，可以直接按照系统的分类统计款项进行交接。所有收银员必须做到实际款项和系统款项相一致，才可以下班，如果发生错误当时解决。系统还能生成各种营业日报表、月报表、工资表以及多种销售分析报表，如服务项目销售分析、产品销售分析报表、客户消费分析统计报表、客户消费排行榜、时段分析等。这些系统自动提供的报表，能为客户的业务发展提供有力支持，方便管理层动态地监管经营过程。

（二）后台管理模块

后台管理模块主要是支持前台服务的相关业务，具体有以下一些管理功能。

1. 库存管理

康乐服务中涉及许多产品的消费，一般根据客户需要选用，康乐管理信息系统可以针对需要对这些商品进行出入库管理。通过库存管理，管理人员可以非常容易地查到商品的进货日期、价格、数量、现有库存量、销售量等。如果有客人消费，在系统中选择和购买了相关的服务商品，则该商品的库存量就会自动减少。库存管理大大方便了库存盘点，有利于建立合理的采购计划，可以最大限度地降低库存成本和采购成本。

2. 会员卡管理

发展会员是康乐部重要的管理内容之一，建立会员卡体系是康乐部储备客源的最好途径。当酒店发展了新的会员，在发放 VIP 卡时就可以建立 VIP 会员的基本资料、体质情况、康乐爱好、拜访计划、回访记录、投诉记录等，并且会员的消费记录管理员可以实时查询。有了信息系统的支持，对会员卡客户就可以提供有针对性的服务，并且实现一对一的关系营销。会员卡管理人员只需一个简单的点击动作，就可以把营销信息发送给消费用户，也可以实时查询会员的积分情况和消费情况。所有会员卡的变更服务，如升级、换卡等，都可以通过康乐信息系统轻松完成。例如，一位客人持有的是 3000 元储值卡，卡内剩余 500元，如果此时客人再往卡里储值 4500 元，那么这个客人的卡就会自动升级成 5000 元的卡，享受 5000 元等级的折扣服务。如果是积分卡，当积分达到一定数额时，就会自动升级为更高级别的会员。

3. 员工管理

员工管理主要实现对员工基本信息管理、临时员工管理、员工考勤管理、技师等级管理、技师排班管理、员工绩效管理、员工提成管理等。

4. 系统设置

康乐信息系统在运行前，为了对服务产品实现有效管理，需要对一些服务的基础信息进行系统设置，具体包括以下几个方面。

（1）基本信息。主要进行康乐部基本服务信息的设定，包括设定服务场所信息、手牌、员工类型、房台、提成人员分类、部门、仓库、吧厨、工作站、付款方式、会员认证、营业信息、货币种类、汇率、考勤类型、管理费、排钟规则、总分店设置等内容。

（2）品项设置。设定系统经营范围内的营业项目分类、具体品项、套餐明细、提成统计分类、阶梯提成、月激励提成等内容。

（3）促销手段设置。设定系统的会员类型、会员级别、会员折扣、会员价、储值优惠、消费积分、会员自动升级规则、优惠券、优惠价、打折券、加钟及时段优惠、时段分段收费、节假日收费、特殊日、特殊优惠等内容。

（4）用户权限设置。设定系统的操作员账号、操作员角色、操作员权限、打折权限等内容。

四、康乐管理信息系统的发展趋势

随着康乐服务项目的普及，康乐管理信息系统也正在不断完善，服务功能以及营销手段也呈现多样化，其发展趋势主要表现在以下几个方面。

（一）软件结构网络化

康乐管理信息系统的软件结构随着网络的进步呈现了网络化趋势，通过网络尤其是无线网络可以与消费者实现互动，消费者可以利用自己的移动终端选择服务产品。例如，客人消费了一个足底按摩和一个美容面膜项目，通过自己的移动终端可以选买可乐等收费产品，促进了消费者在服务过程中的消费。客人也可以出门前在家中选择自己喜欢的服务产品，到了服务场所就可以节省选择产品的时间。网络化的软件还可以使康乐管理信息系统支持灵活的消费折扣方式，让消费者在服务前就可以明确了解享受服务的折扣情况。网络化的趋势使康乐信息系统服务更敏捷，管理更精细，效率效益也更高。

（二）注重个性化服务

每个人的消费需求都是不同的，如汤姆喜欢游泳后喝杯饮料，玛丽喜欢水疗过程中喝茶水，鲍勃对桑拿温度有特殊的要求等。康乐管理信息系统利用移动终端可以记录这些偏好，让酒店能够最大限度地关注每一位客人的消费个性，可以更好地迎合客人的个人喜好，提供高质量的服务。例如，康乐管理信息系统可以通过微信、微博等社交平台，实现和客户的互动交流，使酒店康乐服务人员能够更好地管理和追踪客户体验。这样，酒店可以提前获知如鲍勃、汤姆和玛丽等人的个人喜好，并提供符合他们个人需求的康乐服务。

（三）注重客户关系

在网络时代，酒店康乐服务的竞争越来越激烈，所以酒店对于会员体系的建立是相当重视的。康乐管理信息系统正在形成支持客户关系管理系统模式，并且不断拓展新功能，如关系维系、关系营销、自动销售等。针对会员，除了通过服务中的交流、日常的电话拜访以及不定期的短信发送和赠送生日蛋糕之外，还建立了微信推送、节日问候、移动服务等新的互动模式。通过建立全面细致的客史档案、关系维系、需求挖掘等，形成一种全新的康乐服务客户关系新模式。这种新模式可以实现对客在线管理和服务，可以实现对宾客的照片、联系方式、消费习惯、兴趣爱好等内容的自动收集，提高了康乐管理信息系统运行的收益。

第五节　酒店会议管理系统

　　会议管理系统也是酒店重要的信息系统，尤其是会议场地比较丰富的酒店，占有酒店销售业务较大比例的会议室，其管理与服务的质量会影响会议场地出租的收益。近年来，酒店会议室管理与服务的数字化信息系统已引起了经营者的注意，用数字化管理与设施吸引高端会议需求的客户就显得非常重要。由于受数字化酒店建设的影响，酒店会议管理系统已从信息化向智能化方向发展，如智能签到、智能会场管理、智能互动、智能同声翻译等，吸引了大量的高端客户群体，为酒店经营增加了收益，成为酒店客房、餐饮、会议的三大主营业务之一。

一、会议管理系统的概念

　　酒店目前已发展成集住宿、餐饮、娱乐、商务中心、宴会及会议等设施于一体的综合性大型服务场所，尤其会议场所的数字化服务已成为酒店服务形象的标配。因服务设施完善，酒店会议室已成为高端学术交流、新产品发布、社会大型活动、企业大型商务会议的首选。传统的会议系统的会议讨论（对讲）、表决、选举、响应、评分等功能，主要通过智能管理主机、显示终端、扩声系统及其他相关硬件设备、管理软件、连接线等实现。在数字化时代，会议管理主要以大数据分析、数字化管理与服务等智慧方式提高酒店会议效率、服务水平与管理水平，可快速统计并合理分配与利用酒店会议室、客房、宴会厅等资源，海量存储商务资料与会议信息，实现一人一台移动终端即可快速管控多间会议室的预约、使用、设备管理、会场布置等操作，实现统一管理、资料云储存、会议环境控制、多会议室联动、多终端支持、软硬件一体化等服务功能。

　　在酒店的经营中，新一代的会议管理系统是利用信息通信技术和数字化设备，结合流行的移动互联网，通过网络型软件对酒店的所有会议室和会场进行数字化的即时管理，其中包括会议室管理、会前管理、会中管理、会后管理，以及数字化营销和数字化服务体验，便于客人获取会议室信息，以及会议过程的数字化服务，既能提高会议场地的使用率，又能提高会议进程的数字化管控，同时还能提高会议的服务和协同效率。整个会议系统以流程化管理为目标，以会议现场管理为核心，可提供全方位的数字化贴心服务，为酒店赢得了客户，既提升了酒店的服务形象又提高了会议室的收益。

二、会议管理系统的作用

　　会议管理系统利用网络及软件技术解决会议文件管理问题，提供 PC、移动客户端、大屏互动等跨平台应用，将满足会前、会中、会后以及日常的文件传送需求，并可作为及时交流和协作工具使用，真正实现文件数字化、传送网络化、签收自动化、阅读电子化和交流即时化的目标。告别以纸张为载体的文件，利用集成文件数字化、传递网络化、阅读电子化的会议文件管理，优化会务工作。

（一）解决了酒店会议室低使用率、低效率的问题

会议管理系统解决了会议管理中各项目协同管理的效率问题，同时解决了传统酒店在会议室布置与设备管理上耗费的大量人力、时间、金钱等成本，使重复简单的劳动由网络和信息系统完成。该系统也解决了各会议室资源的使用率与闲置率难以进行有效分配与综合统计，导致工作低效以及延时满意的服务管理问题。在客户需求方面可以快速预订与布置会场，丰富会议的会议功能，满足大型会议高效沟通与安全交流的环境需求；娱乐服务上，及时响应，贴心自定义客户定制需求，为客户提供满意的会场服务；将会议管理系统打造成系统智能化、管理统一化、功能多样化、操作简单化、体验丰富化的智慧酒店亮点。

（二）解决了会议管理无序性的问题

会议管理系统在整个会议系统中将会务流程进行规范化、实时化管理，减少工作中会议室管理混乱、使用不均衡、设备不到位等情况，实现参会人员高效沟通，最大限度地提高酒店资源利用率与员工的工作效率，最终提高了企业会务管理能力，提升了工作效率，打造了省时高效的智能化闭环服务模式，提高了酒店整体服务水平，树立了品牌形象。

（三）实现了会议管理与服务管理的协同性

会议服务以及会议进行的各环节存在大量的信息交流和活动现象，有管理的信息交流，也有服务的信息交流，而且信息种类繁多，有文本信息、声像信息、视频信息、社会信息和旅游信息等，数字化会议系统实现了所有这些信息的统一管理，实现了数字化管理与服务的高效协同，提升了会议服务形象，同时节省了会议的服务成本和管理成本。

（四）提升了会议高质量的效果，满足了每一位参会者

数字化会议系统利用了高质量的数字化网络和设备，线路上的传输均是数字化信号，不仅大大改善了音质，提高了传输系统的可靠性，而且从根本上消除了一般会议系统存在的干扰、失真、串音及系统不稳定等缺陷，使每一位参会代表均能听到稳定、纯正的声音。系统的运行以及会议的过程都实行全面的数字化管控，而其系统操作及使用也非常简单，系统对发言设备、同声传译、电子表决、视像跟踪、数字音频通道及数据通道均可借助大数据、云计算等技术做到 AI 智能控制协同，达到更准确更精细的标准。

三、会议管理系统的内容与功能

会议管理系统的内容与会议角色有关。通常，会议管理系统按组织角度，可将用户分为会议（室）管理员、会议组织者、与会者。会议（室）管理员需要具备用户角色信息管理、会议设备信息管理、会议室信息管理、审批会议室预订信息、会议成本统计等功能；会议组织者需要具备了解与会者提案信息、发言信息、了解会议室预订信息、会议设备预订信息、了解会议成本信息等功能；与会者需要具备了解会议信息、会议预订操作信息、参加会议费用成本信息等功能。这里主要介绍会议组织者角度的酒店会议管理系统内容与

功能。

根据会议的进程，系统可以分为会前筹备、会中控制和会后跟进三个阶段。现在的会议管理系统基本都按线上系统管理、线下执行落地的方式来管理。

（一）会前筹备

会前的准备包括会议活动营销、会议议程的准备以及会议邀请的策划和设计报名渠道等环节，所有环节都需要数字化系统的支持。通常，系统需要将会议信息（包括会议的主题、目的、时间、地点、议程等）、与会人员角色、会场布置要求、会议准备的各种材料、会议分工以及各种方式的会议通知等筹备工作进行管理，确保会前准备充分、过程数字化并责任到人，具体如图4-8所示。

图 4-8　会前筹备内容与功能

活动营销的功能是要把会议活动信息告知相关的人，可以通过网站的形式，也可以通过基于微信的 H5 形式，以及小程序的形式，把相关的会议活动基本信息以及会议活动宗旨通过营销的方式推广出去，目的是吸引更多的人来关注会议或参加会议，使更多代表参加会议。

活动邀请是通过系统相关的电子渠道邀请相关参会人员，有普通的电子邀约，也有定向的电子邀约，如果是协会类的会议或学会类的会议，还有会员的电子邀约，如果是新产品类的发布会或研讨会，还有与产品相关类的渠道电子邀约，或者还有更多形式的会议电子邀约。

注册报名是系统报名环节的数字化管理，其内容有报名流程的设计、报名格式的设计、费用免费和支付环节的设计等，如果是研讨会和学术类的会议，还需要提交论文和论文格式方面的要求内容，需要对提交论文进行递交方式和论文评价方面的设计要求。最后有会议通知格式方面的设计内容，以及会议通知发送等电子化设计内容，实现从注册报名、审核到会议通知的一条龙数字化服务。

（二）会中控制

会议的成败关键要看会议过程中的进程掌控能否顺利。会议管理系统的会中控制功能涵盖会议文件分发、会议服务、现场注册、会场互动、内外事务联络和突发事件备案等。这些功能对会议过程中可以动态地有效指导会务人员合理规避意外事件、妥善解决突发事件，这在大型商业会议中显得尤为重要。具体会中控制与功能示意图如图 4-9 所示。

图 4-9　会中控制与功能

会中控制其实主要有三个环节：一是会前接待与签到，二是会议进程管控，三是技术服务支持环节。会前接待与签到主要是分房管理和餐饮管理，对于重要参会人员还需要接机服务的管理；签到管理包括现场注册和电子签到，没有线上报名的参会人员直接现场注册和缴费，已报名的参会人员选择电子签到，目前已有很多种电子签到方法，包括手机或移动终端的签到、人脸识别签到、身份证签到以及微信签到等，一些高级别的会议电子签到后直接显示会场座位，每个参会者都按电子排座对号入座。

会议进程管控发言环节、互动环节、论坛讨论环节以及趣味活动等环节，对于学术讨论的会议发言环节，严格管控每人发言的时间和流程，且都有电子计时流程提示；对于商务会议有产品展示、商务约谈、签约、现场抽奖或竞猜投票等环节，这些过程都可以实现系统的数字化管控。

技术服务环节是根据会议的需求确定的技术支持内容，这些内容通常包括投影设备、同声翻译、视频交互、音响话筒、视频直播、过程录像等数字化管控。尤其对于大型商务论坛类的会议，对会中服务的技术要求比较高，需要数字化信息系统与数字化设备与移动互联网的高度融合，保障会议进程能高质量、高互动、高效率、高规格地呈现。

（三）会后跟进

会议的结束并不意味着会议管理的完结，会议目的、效果需要在会后进行跟进和总结，同时会议资料与会中产生的数据经过整理和提炼后要形成能够帮助管理决策或决议执行的会议知识、会议成果和会议经验，对于商业会议还需要利用会议成果开展再营销，实现从会议到落实到执行的全程管理（见图 4-10）。

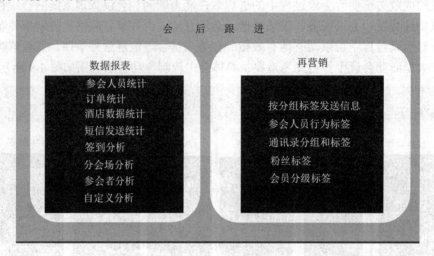

图 4-10　会后跟进内容与功能

　　会后跟进的主要任务是数据分析与报表以及再营销。数据分析与报表主要是统计分析，如参会人员分析、分会场到会人员分析以及签到人员参会的程度分析等。对于学术论坛类的会议，需要根据提交的论文进行研究主题分析以及社会热点问题研究的分析与占比，并要评选优秀论文并推送到期刊发表；对于商务类会议，需要进行用户情况分析，订单情况统计以及推广的营销效果分析等，还可以根据特定的会议要求进行个性化的自定义分析。

　　再营销主要是对参会人员进行标签化分析，根据不同会议的特点和要求，收集再营销的内容，对参会人员的行为标签、分组标签以及会员分级标签等进行分类；也可以通过微信会议群收集反馈意见，听取参会人员对会议服务的评价，以便下次会议可以更好地设计议程和内容，设计更好的服务流程。

四、会议管理系统的发展趋势

　　随着酒店会议会展业务的发展以及现代信息处理技术的发展，各类企事业单位、商务会议会展活动的增速，对现代会议室的使用及功能的要求也越来越高。一个智能化的多媒体会议厅通常需要配备音频、视频、多媒体、集中控制、通信、计算机网络和照明等多个单元的综合性管理，之后还需要对接与会议会展酒店的后勤相配套的功能与系统，比如房务的 PMS、餐饮系统、停车系统等相关系统控制接口，以达到一键式的数字化服务，并将这些不同功能在物理上、逻辑上和功能上连接在一起，以实现酒店会议信息综合生态化、资源共享高效化。未来一定是利用人工智能+物联网+5G 技术打造酒店会议新场景，推出能吸引年轻人眼球的噱头、爆点酒店会务的数字化应用。

　　会议管理系统的智能化应用将是未来发展的总趋势。

（一）智能化会议预约注册

　　大量在线数字服务的应用培养了大量参会人员在线操作的习惯，促使会议组织者把预约注册过程在线化，同时也将参会人员注册信息认证工作在进会场前就提前完成。智能化会议预约注册系统采用人工智能技术，实现基于移动终端的会议预约注册系统，协同客房服务、餐饮服务为会议客户提供一站式的服务，同时也简化了酒店会议室的预约服务管理，可以提高酒店会议室的利用率和效益。

（二）智能化多媒体会议服务

智能化多媒体会议服务主要是一个数字化设备的管控，利用它可以连接所有的数字化设备，如移动式投影仪、各种发言话筒、数字化音响设备、同声翻译器、数字化视频源等，更好地满足客户对会议系统的智能化、仿真化、多媒体化等需求，实现会议现场数字化、多媒体音视频数据统一管控，提升高保真度的语音和高清晰的图像效果。

（三）智能化会议视频功能

智能化协同视频会议是在新冠疫情非常时期出现的视频会议常态化，但面对面的讨论交流依旧是最有效、最可靠的沟通方式。智能会议系统与视频系统的融合度将进一步提升。酒店利用自己的会议场景设计的视频会议协同系统，主要是利用互联网与各分会场进行智能化的互动，实现多机位线下执行，多终端超清直播，实现与各地会场创意互动的动态控制效果。

（四）智能化投屏互动协作

为了增强效果，会议将会大量使用投屏互动的情景应用。例如，会议投票的屏幕动态展示系统可以智能化监测所有无线投票点的现场和软件使用，投票软件都是基于互联网的移动软件，可以下载到手机上或任何移动终端设备。再如，通过投影、效果计算、红外感应、采集识别及互动交互软件的应用，也可以通过投屏的交互开展游戏活动，会场在线游戏产生一种交互体验，让更多的人参与到会议活动中，增加参与感和获得感。

（五）智能化会议中台

这是智能化会议根据需要灵活组合管理的中台，它通过多网络融合、多终端接入、多业务应用，配套智能硬件形成现场会议、视频会议、电话会议、培训平台的集合音视频的管理中台，包括后继能拓展的监控平台、直播平台、社交平台等，以适应各种规模的智能化会议的需要。

拓 展 学 习

1. 酒店收银系统
2. 酒店营销、销售系统
3. 酒店网络订房与网络营销
4. 酒店网站、门户网站的概念

一、案例分析

开元酒店集团用微商城打造全新零售平台

开元酒店集团数字化建设一直走在酒店集团的前列，为了迎接非常时期的新挑战、新零售，开发微商城为集团创造收益。开元悦选商城是开元酒店集团全新打造的 B2C 新零售平台，旨在聚集开元旗下六百多家酒店资源和外部供应商，为商家和消费者之间提供一站式酒店产品购买预约服务解决方案。商城秉承"让生活充满乐趣"的运营理念，为消费者提供高性价比的酒店客房套餐、餐饮美食、健康运动、酒店同款和周边精选商品。

在"移动互联网+"大时代背景下，新经济领域高度数字化，旅游行业竞争日趋激烈，酒店运营存在以下几个方面的痛点：① 酒店获客成本高；② 打造私域流量困难；③ 用户留存难，复购率低；④ 销售渠道不健全；⑤ 员工销售效率低。开元酒店集团积极拥抱数字化浪潮，为更好地帮助集团各酒店打通多渠道全域营销，实现公域流量获客，私域流量营销，全新推出与绿云 iHotel 数据互通的新零售平台——开元悦选商城，开元悦选实现酒店线下全场景产品在线化，推动精准营销和智能服务，降低酒店获客成本，打通酒店线上会员体系，实现更高效的会员触达和在线管理。

（一）打造酒店私域流量，促进直销快速发展

对于酒店行业来说，深度挖掘客户价值、打造私域流量运营之路势在必行，并且打造私域流量可以很大限度上促进直销模式的快速发展。基于此，开元悦选商城深度切入酒店营销痛点，通过技术再度创新，研发数字化信息系统，正式推出悦选小店社交新零售运营模式，集团旗下酒店及外部合作商户均可在悦选商城一键开店，店铺可个性化装修，并自由上线产品开展营销，快速搭建酒店个性化直销平台，减少佣金支出，降低运营成本。

目前私域流量的最佳载体还是微信生态，与其他渠道相比，它能够更高效地连接、触达用户，尤其是公众号和小程序。将店铺搭建在酒店公众号和小程序，利用私域流量用户分享，吸引更多用户购买产品的同时关注公众号，成为酒店微信粉丝。同时，本地生活是酒店直销的优势，有一定私域流量的酒店，可将更多的本地人发展成为酒店的顾客。

（二）优化用户体验，做好用户留存

商城采用全新界面设计，用户体验全面升级。同时支持多样化营销玩法，如拼团、全款预售、定金膨胀、买赠、满减优惠券、限时限量抢购等，刺激用户在酒店入住、就餐、游玩等各个环节均能买到酒店的商品或者服务，也可以享受各类不同的优惠促销活动，从而带动酒店业绩高效增长。

依托开元多年高端酒店运营经验，深度打通用户从购买—预约—核销—下单各个环节，实现了全流程线上自动化，打造顾客预约进店—轻松离店的场景体验。酒店可以借助微信的社交属性在公众号内搭建属于自己酒店客房的预订机制，用户购买套餐后可线上一键预订客房，节约时间成本。当然客房只是酒店产品的一部分，可将餐饮、康乐等线下全场景产品化，根据市场需求和用户喜好，重新打包到客房、餐饮产品中，并实现在线化，提高转化率。对于酒店来说，这样不仅获取了自己最忠实的用户，更加缩减了在传统线上平台花费的运营成本，间接增加了酒店的收益。

同时商城设置会员积分机制，通过用户的消费金额进行积分奖励，积分支持兑换礼品或者抵扣现金购买商城产品，可大幅度提高用户的复购率，解决酒店留存难、复购难的问题。

（三）直播新赋能，重构消费场景

在全球新冠肺炎疫情的影响下，很多电子商务平台加速了涉足直播领域的脚步，开元悦选商城更是如此。2020 年 5 月份开始着手搭建微信小程序直播，开拓电子商务+直播领域。开元直播对接微信流量平台，小程序直播可以一键分享到公众号、订阅号、微信社群等，实现引流、转化，形成经营闭环。

视频直播有三大优点。① 直播提高了用户参与性，直播间支持点赞、抽奖、评论、优惠券派发等功能，并与用户有着非常好的互动交流，用户在直播间可以完成从观看到购买的全部流程，无须跳转至其他平台。② 直播提升了真实效果，利用视频、图片、主持人讲解，让用户全面了解酒店信息，对酒店有最大限度的了解和判断，刺激用户消费。③ 直播也提升了开元品牌的知名度，邀请更多达人、相关行业专家、消费者走进直播间，通过直播消费场景的重构，在带动酒店销量增长的同时也帮助酒店在互联网大背景下找到了触达目标用户的全新路径，实现品牌社交资产的激活与增值。

开元悦选从 2020 年 6 月开始坚持每月一场直播，其中在 9 月 27 日开展的开元品牌直播秀，邀请创始人高管团队参与直播活动，当场直播观看人数达 75.1 万人，单场直播销售突破 800 万元。

（四）优化分佣机制，打造全员营销

紧跟分享经济大趋势，商城推出了一套完善的激励机制，这能带来三个方面的好处：① 激励用户成为推广员，让商城销量全面提升；② 商城提供了多种分享模式，用户成为推广员后，获取专属分享链接，用于在微信群、微信朋友圈、微信好友等渠道进行推广；③ 让用户成为酒店产品的"代言人"，加速用户下单转化。

酒店可通过推广返佣金、层级奖励佣金、角色升级奖励等多种奖励维度搭建分销佣金结算体系，使其一方面可以保障分销人员的利益，击破酒店各营销部门的边界，打造全员营销，完美解决商品推广难的问题；同时充分利用微信社交网络的特性，实现用户转介绍、全员拉新，降低成本获新客，帮助酒店快速裂变自己的客户群体；另一方面可以保障酒店商家的利润最大化，在提升销售额的同时获得精准私域用户，实现酒店线上线下流量的共融共通。

（五）完善分销体系，拓展优质资源

借助开元悦选商城丰富且优质的资源能力，构建一套完整的分销体系。在拓展外部渠道过程中逐渐形成了两套成熟的对接模式。①嵌入模式：将商城以 H5 的形式入驻第三方平台，成为商城的销售渠道。②接口对接模式：从商品发布—商品购买—库存同步—预约核销等流程都已经形成一套完整的标准接口，其他平台都可轻松与商城对接成功，从而成为酒店产品销售渠道。

通过对接简化传统对接模式中产品交互、订单交互的流程，以系统全直连代替传统人

工后台维护的模式，在此基础之上，酒店可以其商城强大的优质资源为基础，向各渠道一键发布产品，从根本上简化产品对接及产品预订的流程，并拓展酒店的产品销售渠道，从而降低酒店的运营成本，解决酒店产品销售难的问题。

商城在紧跟市场脚步的同时继续专注于好产品的打造和更多优质渠道的拓展，同样期待更多供应商户加入，共享开元千万精准优质会员流量。

悦选商城不仅在产品上有突破，在技术上也有创新，采用的核心技术有以下几种。① 采用 SpringCloud 微服务系统架构，提高项目可伸缩性，从应用程序中提取独立功能，以便在其他应用程序中重用提高团队效率。② 系统应用采用跨机器部署，数据库也采用分布式部署，保障系统高可用性。③ 采用 RabbitMQ 消息中间件和 redis 缓存数据库实现三高（高并发、高可用、高性能）的策略，前端页面访问采用 CDN 缓存技术，提供的服务是高并发且低延迟，降低由于页面延迟造成不同量的用户流失。④ 为提供良好的用户浏览购买体验，前端采用 Vue 技术框架，此技术具有轻量级框架、双向数据绑定、组件化、数据和结构的分离、虚拟 DOM、运行速度快等优点。

开元悦选经过几年的发展和技术更新，已经拥有了一批高净值用户和良好的用户口碑，2020 年开元悦选 GMV 突破 1.2 亿，同比增长 100%。开元悦选将继续深耕酒店业务新零售的拓展，通过数据驱动用户、产品、场景的重构，打造全新发展模式。通过开元酒店集团众多酒店的布局，就如何提升酒店私域流量产权力、扩大酒店建立链接的客户数量、提高酒店触达客户的能力进行深度探索，助力酒店产品线上化、社交化、数字化的经营。

（案例来源：本案例由开元酒店集团信息公司提供。）

思考题：

1. 什么是微商城？微商城能给酒店带来怎样的经营收益？
2. 开元悦选商城有怎样的酒店"新零售"优势？举例说明。
3. 开元悦选商城采用了哪些应用技术？它在酒店市场中体现怎样的竞争优势？

二、习题

1. 简述前厅管理信息系统的功能。
2. 前厅管理信息系统的作用是什么？对酒店前厅业务管理产生怎样的积极影响？
3. 通过查阅资料，试述前厅管理信息系统的发展趋势。
4. 客房管理信息系统的主要功能有哪些？
5. 客房管理信息系统主要处理哪些酒店业务？其作用是什么？
6. 查阅网络资料，找 1~3 则餐饮管理信息系统的实际应用案例。
7. 餐饮管理信息系统的功能有哪些？什么是电子点菜？
8. 无线网络在餐饮管理信息系统中有哪些应用？
9. 什么是康乐管理信息系统？其作用是什么？
10. 查阅资料，了解某一具体的康乐管理信息系统（如 KTV、足浴、SPA 等）的主要功能。
11. 作为一家单体酒店企业，应怎样规划和建设前台信息系统？
12. 作为一家连锁酒店企业，应怎样规划和建设前台信息系统？

13．酒店前台信息系统是酒店的核心系统，目前它有怎样的发展趋势？

14．什么是酒店会议管理系统？它的主要系统功能有哪些？

15．什么是会议筹备管理？一个现代的会议系统应有怎样的会议筹备在线内容？

16．什么是会议服务网站？它发挥了会议的哪些功能？

17．会议管理系统的会场管理涉及哪些内容？如何利用移动互联网创新会议的现场管理？

18．会议管理系统为什么要开展再营销？

19．酒店会议管理有怎样的发展趋势？举例说明。

20．酒店在会议室经营管理方面，应怎样开展信息系统的创新建设，为酒店创造收益？

第五章　酒店后台管理信息系统

学习目标

　　通过本章的学习，要求学生：① 掌握酒店后台管理信息系统的基本架构及内容；② 掌握酒店人力资源及人事管理子系统的内容；③ 了解酒店收益管理子系统的内容；④ 熟悉酒店收益管理系统软件的体系架构；⑤ 熟悉酒店工程设备管理子系统的意义及内容。

　　在酒店管理信息系统的认知中，人们经常对前台系统更加关注，如预订系统、接待系统、客房管理系统、餐饮管理系统等。很多时候，有些酒店往往忽视了后台管理信息系统的作用。在经营实践中，人们已意识到酒店后台系统的信息管理同样非常重要，因为它们是数字化酒店不可或缺的内容。根据酒店后台业务的管理，这些系统主要包括人力资源流、资金流、物资流和工程设备流等信息管理。本章将主要从酒店人力资源及人事管理系统、酒店收益管理系统和酒店工程设备管理系统等核心系统进行介绍，并结合业内相关的实例介绍软件功能内容，希望能够通过系统化的介绍让读者对酒店后台管理信息系统的作用有更清楚的认识。

第一节　酒店后台管理信息系统概述

　　在实际操作层面，酒店信息系统通常分为前台和后台，前台信息系统的主要内容在第四章已做了介绍，本章将围绕后台管理系统性的内容做简要介绍。一般来说，后台管理的精准、敏捷、高效会影响前台的对客服务和顾客满意度，因此我们要正确理解后台信息系统的重要性及其应用含义。

一、酒店后台管理信息系统的含义

　　酒店后台管理信息系统是相对于前台管理信息系统而言的，并且为前台管理信息系统提供辅助，通过有效的对接，能够更好地实现顾客服务的及时准确性、酒店内部管理的高效性。从不同的角度出发，对酒店后台管理信息系统有不同的理解。从业务是否与顾客接触来看，酒店后台管理信息系统是指那些不与顾客进行直接接触的业务所形成的信息系统，如酒店财务管理信息系统、酒店人力资源管理信息系统、酒店收益管理系统、酒店设备管理信息系统等；从作用和功能来看，酒店后台管理信息系统是指为酒店的运营管理提供后勤保障的各类系统，主要体现在对经营提供的支持、管理和帮助等方面。

不管从什么角度出发，酒店后台管理信息系统的含义主要包括以下三个方面：第一，是酒店前台管理信息系统不可或缺的补充，使酒店的管理职能更清晰，酒店前台管理信息系统离开了后台管理信息系统就不可能使酒店管理高效和便捷，顾客也不能从酒店获得便捷优质的服务；第二，是酒店高效运转的后勤保障，后台系统虽然不直接为顾客提供服务，但能够为各项服务和酒店的管理提供支持和帮助；第三，是酒店管理者不可或缺的支持系统，酒店后台管理系统一般方便酒店管理者对某个方面进行监督、管理，方便管理者对酒店的业绩、各项工作指标进行全面的信息获取和核查。

因此，后台信息系统的职能是高效管理酒店后台，其目标是支持前台的敏捷服务、精准服务。现阶段，酒店的信息管理系统还是把前台信息系统和后台信息系统区分开来，让酒店根据自己的需要选择，但随着网络的发展和软件架构技术的进步，酒店的前台和后台信息系统将合二为一，形成一体化、高效率的集成型信息系统平台。

二、酒店后台管理信息系统的基本内容

由于酒店存在不同的类型，有商务酒店、休闲酒店、度假酒店、经济型酒店等，酒店的后台业务差异性很大，单体酒店和连锁酒店也存在很大的差异。本章讨论的后台信息系统主要针对一般的商务酒店，重点围绕单体商务酒店共性的后台业务，讨论其后台信息系统的主要构成，具体如图 5-1 所示。

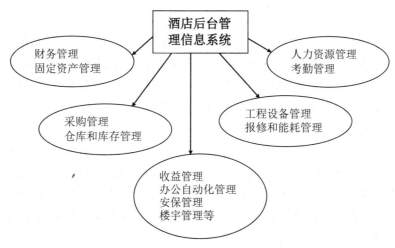

图 5-1　酒店后台管理信息系统结构

在很多实际开发的酒店管理信息系统中，为了销售的方便以及面对不同类型酒店的选择，酒店后台管理信息系统基本上从财务管理、人力资源、采购库存、成本核算、工程管理等角度来设计和开发信息系统，下面讨论完后台信息系统的特点就简要介绍这些后台子系统的内容。

（一）酒店后台管理信息系统的特点

从图 5-1 中可以明显看出，酒店后台管理信息系统具有以下明显的特点。第一，独立性。酒店后台各子系统在业务上都具有很高的独立性，不管是财务、人力资源、采购还是

工程设备管理，它们既可以单独运行，迎合酒店自己的实际需要，也可以集成在一起统一运行及管理。第二，开放性和可扩展性。系统在设计时充分考虑到未来业务快速增长和变化的可能性，如互联网业务管理、客户关系管理等，在确保数据安全的前提下，系统一般采用开放式架构，便于系统功能的扩展和应用。第三，人性化和个性化。因为后台一般都是非技术人员操作的应用系统，界面的操作须具备灵活的人性化、个性化要求，如许多系统可为客户定制界面，定制各类报表，搭建与酒店业务紧密相连的操作流程等。第四，易用性。系统采用面向对象的人性化技术，完全按照酒店业务流进行设计，操作过程完全符合业务规范，输入数据检查严格并有较强的容错能力，大大减少了操作失误，使日常的管理工作化繁为简。第五，数据协同性。酒店后台涉及的部门较多，要求各个系统的数据实现无缝对接，以确保酒店数据使用的完整性和协同性，同时确保系统的保密性和数据的一致性。第六，可维护性。作为完善的后台系统，系统运行应有一个完善的管理机制，软件的结构和运行管理应具备安装方便、配置方便、使用方便等特点，简单问题可以由操作人员自己维护，技术问题可以通过合理的配置、调整、远程监视及管控进行维护，使系统有保障地稳定运行。

（二）后台管理信息系统的基本内容

根据图 5-1 所示的后台系统结构示意图，下面简要说明酒店后台信息系统的基本内容组成。

1. 人力资源管理子系统

酒店人力资源管理子系统是一个重要的后台系统，尤其在连锁酒店的经营中，它是一个不可或缺的子系统。利用该子系统能够使酒店充分开发和利用人力资源，有效地控制人力资源成本。该子系统的主要功能包括人员管理、考勤管理、组织岗位管理、合同管理、培训管理、工资管理、绩效考核、人力资源开发和报表等。

2. 财务管理子系统

酒店的财务管理子系统主要是会计管理和账务管理，通常酒店财务管理软件都是外购的，购买由国家财政部统一认可的规范软件。利用该子系统能够使酒店经营者有效地控制财务成本，合理地使用资金，使酒店经营收益最大化。该子系统的主要功能包括财务核算、财务分析、账务管理、固定资产管理、应收应付管理、成本分析、存货核算、UFO 报表等。

3. 采购管理子系统

采购管理子系统是酒店经营中又一个重要的后台系统，尤其对于酒店集团经营者来说，它是一个不可或缺的后台系统。利用该子系统可以实现物资的统一申请和采购，有助于酒店控制物资的采购成本，杜绝采购员拿回扣的不良风气，有效降低酒店的经营成本。该子系统的主要功能包括申购管理、计划管理、采购管理、订单管理、供应商管理、竞价管理、验货管理、出入库管理、结算管理、二级库管理以及报表管理等。

4. 工程设备管理子系统

工程设备管理子系统也是酒店经营中必需的后台系统，负责管理酒店经营所需的所有的设备和能耗。利用该子系统，工程部可以与前台各部门紧密结合，完成报修、派工、维修及验收等一系列工程部日常工作的电子化管理，并与仓库管理系统结合完成设备管理与备件管理的网络化。该子系统的主要功能包括设备管理、计划润滑管理、报修管理、能耗管理、能耗分析、二级库管理、维修管理、设备供应商管理、各类报表管理等。

5. 收益管理子系统

收益管理子系统是近几年来酒店最热门的应用系统，因为它能够为酒店控制销售房价，为酒店增加收益。它需要和酒店其他信息系统协同，获取分析所需要的数据，如前台的 PMS 系统、餐饮管理系统、娱乐管理系统、宴会管理系统、营销管理系统等，为管理高层提供相关报表和收益决策报告。

关于酒店后台的其他子系统，如安保管理、楼宇管理以及办公自动化管理等，由于本书的篇幅有限，这里就不一一详述了，有兴趣的读者可以自己整理相关的子系统内容。

三、酒店后台管理信息系统的作用

任何一个酒店的经营都离不开后台各部门的协同，如果后台部门的工作效率高，对前台经营就有很大的保障和支持作用，前台的服务效率就高。在后台信息系统的支持下，后台部门可以更好地协同为前台服务，也使酒店管理者的监督管理更加便捷。后台信息系统对酒店的经营来说具体有以下几个方面的作用。

（一）辅助提高服务质量

酒店前台管理信息系统能够直接为顾客提供及时和高质量的服务，如强大而方便的快速预订、前厅接待、账目处理等功能，这些前台服务离不开优秀的服务员。因此，酒店人力资源管理子系统的好坏直接影响员工的绩效和努力程度，能起到激励作用，而人力资源管理是酒店后台管理的重要组成系统。此外，预订、接待、餐饮等业务最终构成了顾客在酒店的消费流，而只有对这些消费流进行及时的统计分析才能够从整体上了解酒店的运营情况，财务管理信息子系统分析提供的数据，刚好起到精准服务的作用，为酒店管理者的监督、决策提供了信息支撑和分析工具，也为酒店个性化服务提供了信息基础。

（二）提高酒店运营效率

后台管理信息子系统有助于酒店快速、简捷地处理各类业务，如：各种财务统计指标和分析指标能够帮助部门经理或总经理提高决策的效率和质量，能够让他们从烦琐的事情中脱身，利用系统的功能自动实现分析和管理；工程部能耗分析报表及时、准确，为管理层提供决策数据；网络化的报修功能彻底结束了手工报修的历史，使前台服务更加敏捷、有效。财务子系统分析消费报表可按各种条件分类，能让销售部及管理层随时得知常客、回头客、协议单位的消费情况。

（三）降低成本并提高经济效益

后台各子系统可以提供各种自动统计的报表，如收入汇总表使酒店管理层清楚地知道各时期的客源变化与收入结构变化，以及时调整经营方式与策略；能耗分析报表可以让管理层清楚地知道酒店经营的能源成本，以及时采取节能措施。在物资和设备管理方面，通过相关子系统智能化的提醒和处理，能够减少各项物资设备的浪费，降低酒店的运营成本，间接提高酒店的经济效益。在人力资源管理方面，通过系统化的管理，酒店能够更多地实现无纸化办公，降低办公成本，并通过系统化的人力资源管理，提高人员管理的工作效率，更好地激励员工，留住优秀员工，从而间接提高酒店的经济效益。

（四）提升酒店智能化管理

运用完善的后台管理信息子系统，可以实现酒店的全面智能化管理。首先，人力资源管理子系统可以实现员工绩效的智能化管理，工程设备管理子系统可以实现设备的智能化管理以及能耗使用的智能化管理，采购与仓库管理子系统可以实现资金的有效流转，实现采购各环节的智能化管理，财务管理子系统可以有效地进行成本控制，实现会计和账务的智能化管理。其他如收益管理、楼宇管理等子系统都可以实现相关的智能化管理。可以说，这些后台子系统的有效运行，是构建智慧酒店的基础，只有实现基本的智能化管理，才能实现期望的智慧酒店。

四、酒店后台管理信息系统的功能需求分析

酒店后台系统通常以财务管理（总账、明细账、应收账、应付账、银行现金日记账）为中心，开展支持前台经营的一系列管理和服务工作，如财务管理、物资采购、仓库管理、设备管理、固定资产管理、人力资源管理、收益管理等。下面对后台重要的财务管理、人力资源管理和工程设备管理等功能需求做简要分析[①]。

（一）财务管理功能需求

酒店财务管理主要包括会计管理和账务管理，在酒店管理信息系统的后台管理系统中，应该只需要将会计凭证输入计算机并审核过账后，就可以随时取得账务处理结果资料和报表，中间过程全部应由计算机自动完成，从根本上改变财务工作的枯燥、烦琐的状况，从而大大减轻财务人员的劳动强度，并使他们的工作重点从大量的核算转到对账务的审计。

酒店财务管理系统的具体功能需求如下：① 账务处理；② 总账管理；③ 财务核算；④ 财务分析；⑤ 应收付管理；⑥ 现金流管理；⑦ 每日账务稽核；⑧ 资本管理；⑨ 固定资产管理；⑩ 各类报表。

（二）人力资源管理功能需求

酒店人力资源管理主要包括人事管理和工资管理，实现对员工的资源化管理。酒店经营中员工的流动性比较大，需要有一套完整的人力资源管理系统应对员工的变动情况。除了需要完善的人事管理功能外，还需要有完善的员工激励机制，并通过员工的绩效考核挖掘员工的工作能力和创造力，最终为酒店创造最大的效益。尤其是大型连锁酒店，需要通过人力资源管理系统为酒店经营培养和储备人才，形成有效的人才培养生态链。

酒店人力资源管理系统的具体功能需求如下：① 员工档案管理；② 招聘、培训管理；③ 福利保障管理；④ 绩效考核管理；⑤ 定编、培养管理；⑥ 考勤、工资、福利管理；⑦ 人事变动管理；⑧ 人力成本分析；⑨ 各类分析报表。

① 陆均良，沈华玉. 旅游管理信息系统[M]. 北京：旅游教育出版社，2010.

（三）工程设备管理功能需求

工程设备管理是后台系统中很重要的一个管理环节，管理的好坏直接影响酒店经营的实际成本，也会影响前台的服务质量。工程设备管理功能需求包括两个方面：一个是设备档案和运行管理，一个是酒店经营的能耗管理。前者对设备的管理影响设备的使用寿命和维修成本，后者对能耗管理影响酒店的经营成本和住客的舒适度，通过工程设备管理系统的高效管理，可以极大提高酒店运行的实际效益。

工程设备管理子系统的具体功能需求如下：① 设备申购和验收管理；② 设备供应商管理；③ 设备定期维护管理；④ 设备润滑管理；⑤ 设备报修管理；⑥ 水、电、油、气能源管理；⑦ 能源使用分析；⑧ 弱电、网络管理；⑨ 二级仓库管理；⑩ 员工计件、工时管理；⑪ 各类分析报表。

酒店其他后台管理子系统的功能需求，如收益管理系统、采购系统、安保系统、楼宇系统等，有兴趣的读者可以通过参访，自己进行分析。下面主要对与前台服务相关性较大的酒店人力资源管理系统、收益管理系统以及酒店工程设备及报修管理系统做简要介绍，限于篇幅其他后台系统这里就不展开了。关于酒店财务及库存管理等系统，由于酒店都是购买国家规定的财务管理系统软件，如用友财务系统、远方财务系统、金蝶财务系统、管家婆财务系统等，这些财务系统有它的特殊规范性，有兴趣的读者可以参考相关的财务软件书籍了解，这里就不再做详细介绍了。读者也可以参考本书第一版中第五章的酒店财务及库存管理系统介绍，了解相关的酒店财务结算、采购管理以及库存管理等内容。

第二节　酒店人力资源管理系统

现有酒店一般采用的是人事管理系统，真正采用人力资源管理系统的比较少，还没有把员工放到比较重视的位置，没有真正实现资源化管理。当前，酒店人力资源管理特别是酒店集团经常会面临若干问题，如深陷人力资源琐碎事务，很难抽身着手人力资源管理创新和提升方面的工作，通常认为人力资源管理是人力资源部门的事，致使人力资源工作饱受员工和业务部门诟病，无法及时、准确、全面地掌握酒店的人力资源状况，难以担当酒店管理层的战略决策顾问角色。本节开始以实际系统为例，介绍酒店后台几个相关子系统的功能。

一、酒店人力资源管理系统介绍

以下以金蝶人力资源管理系统为例进行介绍。

（一）酒店人力资源管理系统的需求分析

通常，人力资源管理系统都应用于酒店集团。因为一些大型的酒店集团人才需求量大，人力管理复杂，需要采用人力资源管理系统服务于酒店。一般来说，酒店集团对人力资源管理系统的需求更加复杂，不同类型的酒店的需求也存在较大差异。图 5-2 是酒店集团人力资源管理系统的需求分析图。

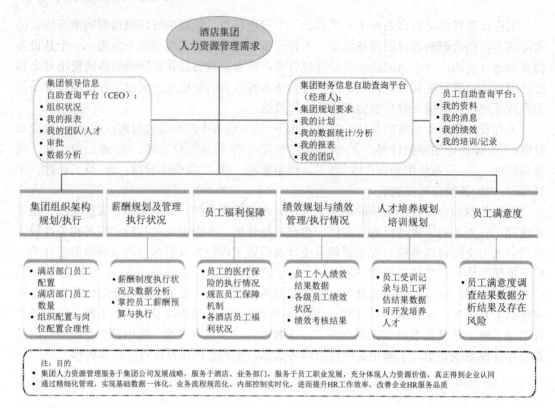

图 5-2　酒店（集团）人力资源管理系统的需求分析

人力资源管理子系统主要通过三个平台和六个模块实现系统的功能需求，三个平台是指领导信息自助查询平台（对组织状况、报表、团队、审批、数据分析等进行查询）、财务信息查询平台（对规划要求、计划、数据统计、报表、团队等进行查询）、员工自助查询平台（对资料、消息、绩效、培训等进行查询）。六个模块包括组织架构的规划与执行、薪酬规划及管理执行状况、员工福利保障、绩效规划与绩效管理、人才培养规划、员工满意度。人力资源管理系统服务于酒店的发展战略，服务于酒店、业务部门、员工职业发展等，通过精细化管理，使得基础数据共享化、业务流程规范化、内部控制实时化，从而提高人力资源的工作效率和服务品质[①]。

（二）金蝶酒店人力资源管理系统的实现

目前已经有一些软件能够实现酒店人力资源管理，并在酒店集团或连锁酒店应用，如金蝶的人力资源管理系统，图 5-3 所示是该系统的功能架构图。

系统整体的功能架构是通过人事管理、能力素质模型、绩效管理、薪酬管理、考勤管理、招聘选拔、培训发展和查询报表等系统一体化整合应用，以及工作流引擎、自助平台和移动 HR 平台的协同管理，在实现人力资源专业、精细、高效管理的同时，还能将酒店的人力资源管理任务和分析报告即时提供给业务经理和酒店管理层，充分响应公司战略和业务发展的需要，以下为对其具体功能的实现分析。

---

① 金智东方人力资源管理解决方案[EB/OL]. (2014-06-29). http://www.doc88.com/p-5068170616124.html.

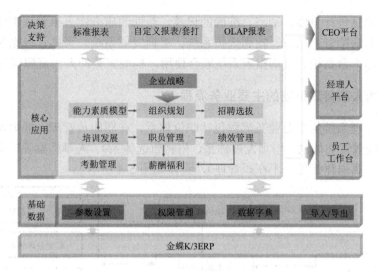

图 5-3　金蝶酒店人力资源管理系统

　　第一，通过组织规划系统和职员管理系统，将酒店的组织架构、职务、职位等相关信息与职员的详细信息进行整合，为绩效管理、薪酬管理等相关业务提供基础数据。第二，通过能力素质模型系统定义酒店的素质指标库，将素质指标库中的指标与职位的核心素质要求进行匹配，结合职员的实际素质能力，提供入职素质符合度差异报告，使酒店在开展人事、招聘、培训、绩效等业务时得以全方位应用。第三，通过招聘选拔和培训发展系统，帮助酒店实现从人力资源规划到招聘需求征集、计划制订、执行、总结等完整的招聘选拔业务流程，以及从培训需求征集到培训规划制订、执行、考核和总结等完整的培训业务流程，从而帮助酒店达到规范化管理的目的。第四，通过绩效管理系统完成绩效方案制订与下达、绩效过程管理、绩效考核、绩效总结等完整的绩效管理流程。同时系统可实现平衡计分卡、关键绩效指标法（KPI）、360 度评估等多种绩效评估方式，实现对组织与员工的绩效目标管理和过程管理。第五，通过薪酬设计系统、薪酬核算系统以及社保福利系统，可以帮助酒店实现从薪酬体系构建、定薪调薪管理、薪酬核算到薪酬发放业务处理的全过程薪酬管理。第六，通过考勤管理系统帮助酒店应对复杂而多变的员工工作计划、人力成本控制、实时假期额度控制、请假处理、异地原始考勤数据实时集中运算等业务需求，提高系统的整体使用效率。第七，通过报表平台，使人力资源部门能够随时提供面向决策层的定期报告、面向内部评估的非定期报告、满足预警监控的非标准报告、日常管理用途的基础性报告以及决策分析的综合性报告。第八，通过员工工作台、经理人平台、CEO 平台的协同应用，酒店可实现从决策层到操作层的人力资源管理业务处理、沟通和监控，充分落实全员参与的人力资源管理思想与理念。

二、酒店人事管理系统

　　人事管理系统能够使酒店充分开发和利用人力资源，有效地控制人工成本，是人力资源开发的基础管理。人事管理系统（包括组织规划和职员管理）面向酒店人力资源管理人员设计，提供了组织架构管理功能，通过组织架构搭建，形成以职位体系为基础的酒店人力资源管理架构，提供了从入职、转正到离职、退休的职员任职全周期的人事业务处理功能，并对职员信息进行全面、动态、准确的记录，帮助酒店夯实人事管理工作基础。人事管理系统能够和薪酬管理系统、招聘选拔系统、培训发展系统、考勤管理系统、社保福利系统、员工工作平台系统、查询报表系统联合使用，构成完整的人力资源管理解决方案。

（一）酒店人事管理系统的主要业务流程

酒店人事管理系统的主要业务流程包括职位体系、在职职员管理（能力素质模型、薪酬管理体系、绩效评估体系、培训发展体系、招聘甄选体系）、人事档案管理和人事事务流程（离职管理、离退休管理、不在职管理），具体如图5-4所示。

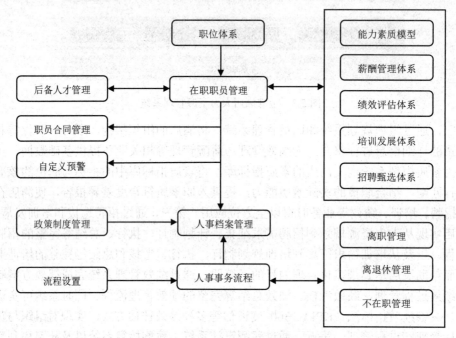

图 5-4　酒店人事管理系统的业务流程

据此，可以实现以下四个方面的功能。第一，酒店组织架构管理。系统提供构建和维护多层级树形关系的酒店组织架构功能，可根据需要灵活调整组织架构，自动生成组织架构图，通过组织架构图链接查询各级组织单元、职位、任职人员的详细数据，帮助酒店实现组织架构的管理和组织规划的落实。第二，以职位体系为基础的任职管理体系。系统提供酒店职位体系的构建、维护功能，帮助酒店明确每个职位的工作职责和任职要求，以及职位间的上下级汇报关系，自动生成职位说明书，实现规范的任职管理。系统还提供职务体系分类功能，如划分职务类型、职位、职级、职等，可设定各个职位与职务、职级、职等的对应分类和等级关系，为薪酬等级设计、报表分类查询提供基础的分类分级标准。第三，实现了招聘选拔、培训发展等其他人力资源业务系统都支持以职位体系设置作为业务运行的基础。第四，实现了以职位关系为基础的默认授权和流程关系，帮助酒店将自上而下的业务线流程管理关系规范落实到人事管理系统应用中。

（二）酒店人事管理系统的内容

酒店人事管理系统一般进行人员管理，全面管理职工信息数据库，包括个人基本信息、社会关系、工作历史变动、奖惩记录、考勤信息、工资福利信息、教育情况、技能情况、培训信息、奖惩信息、合同信息等。组织岗位管理，系统科学地对酒店的职务岗位进行规划，建立完整的职务说明书、高效的人员体系结构和完善的绩效考核体系。合同管理，通过对合同的分类管理建立酒店人员的合同档案库，全面管理订立、变更、解除劳动合同的全过程。工资管理，提供有关酒店员工工资福利的设定、计算、发放及核算的完整解决方案，包括工资和福利津贴两部分。报表设计，提供符合酒店人事管理需求的各种报表，还可以根据工作需要设计报表。

（三）金蝶人事管理系统介绍

1. 薪酬管理子系统

薪酬管理系统面向酒店人力资源管理人员设计，帮助酒店承载规范的薪酬管理体系，实现基于薪酬标准的定薪、调薪业务，支持多种模式的薪酬核算管理，并实现薪酬发放业务，包括个税申报和银行代发业务，帮助酒店实现从薪酬体系构建、定薪和调薪管理、薪酬核算到薪酬发放的全过程薪酬管理业务。薪酬管理系统能够和金智东方人事管理、考勤管理、招聘培训等系统一起使用，构成完整的金智东方人力资源管理解决方案，其主要业务流程如图 5-5 所示。

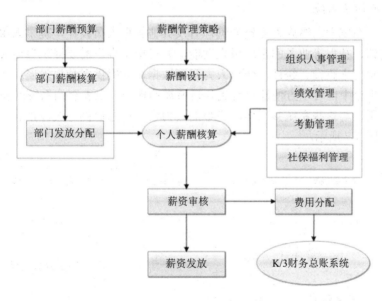

图 5-5 金蝶薪酬子系统的业务流程

2. 考勤管理子系统

考勤管理系统面向酒店人力资源管理人员和所有员工设计，可帮助酒店建立高效的考勤管理，包括复杂而多变的员工工作计划、人力成本控制（如加班控制及出勤时间控制）、实时假期额度控制（如年假额度控制等）、请假处理、异地原始考勤数据实时集中运算、多考勤设备支持（如图像考勤机）、自然语言公式平台（使一般的 HR 人员可以自定义复杂的考勤政策、假期政策），还可为酒店提供智能排班、自助考勤管理，提高系统的整体使用效率，帮助 HR 部门快速完成考勤事务工作，为酒店人力资源管理投入更多的时间和精力。它是人力资源管理系统中重要的组成部分，是连接考勤硬件设备与人力资源管理系统的枢纽，与金智东方人力资源管理系统集成使用，为酒店提供更完整、更全面的人力资源管理解决方案。考勤管理系统的主要业务流程如图 5-6 所示。

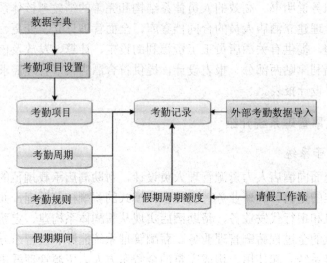

图 5-6　考勤管理系统主要业务流程

3．报表查询子系统

报表查询子系统面向酒店人力资源管理者及其他管理人员设计，提供人事、薪酬、考勤、招聘、培训、社保等业务的常用报表功能，并可根据客户需要提供自定义报表功能，帮助酒店从多角度来查询、统计、分析人力资源数据，并提供多种报表展现形式。管理人员在自助服务平台中，可以方便地查看到各自所需的报表。报表查询系统能和 CEO 平台、经理人平台联用，与这些系统共同构成完整的人力资源信息提供方案。报表查询系统的主要业务流程如图 5-7 所示。

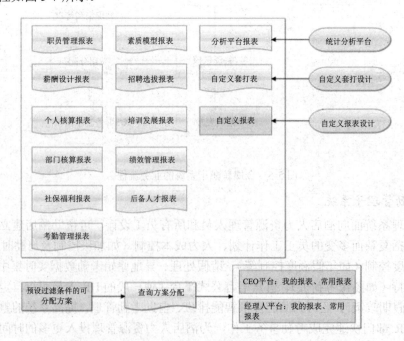

图 5-7　报表查询系统的业务流程

4. 能力素质模型系统

能力素质模型系统面向酒店中高层管理人员和人力资源管理人员设计，可以帮助用户在系统中自定义符合本酒店长期发展战略的能力素质词典，并根据不同职位的工作性质要求，设置不同职位的能力素质模型（包括能力素质等级及重要性要求），支持按流程进行各个员工的胜任力评估，记录任职人的实际能力素质等级状况，并实现职位素质要求与员工实际素质状况符合度的自动匹配。职位能力素质模型及职员能力素质信息可以应用到系统的培训管理系统、招聘选拔系统以及职员的调动、晋升和后备人才管理等业务中。能力素质模型系统的主要业务流程如图 5-8 所示。

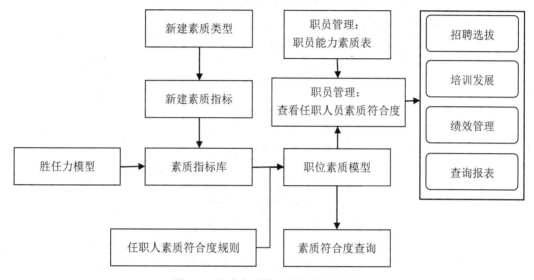

图 5-8　能力素质模型系统的业务流程

5. 绩效管理子系统

绩效管理子系统面向酒店全体人员设计，提供上下级互动的绩效目标分解下达、绩效过程管理、绩效考核、绩效总结等全面的绩效流程管理，支持工作流方式按预设规则进行绩效考核评估，可完成上下级互动的绩效目标分解下达、绩效过程管理、绩效总结等工作，可实现平衡计分卡、KPI、360 度评估等多种绩效评估方式，支持绩效的定性评估和定量考核，将酒店对部门绩效和职员绩效的考核规则在系统中以组织或职员考核方案的形式进行落实，实现对组织与员工的绩效目标管理和过程管理。绩效管理系统的主要业务流程如图 5-9 所示。

该系统可以实现以下四个方面的功能：第一，灵活设置的绩效考核方案满足不同管理模式；第二，绩效目标的分解控制与下达功能；第三，多种方式进行绩效考核评分或等级评定；第四，自定义 360 度评估问卷及设置 360 度评估方案的评价者维度与权限。系统支持用户自定义 360 度问卷，根据不同的评价者维度设计相应的 360 度评估问卷，帮助酒店在系统中完成 360 度评估的全过程。

6. 招聘选拔子系统

招聘选拔子系统面向酒店人力资源人员设计，提供从人力资源规划、招聘需求征集到面试录用的招聘选拔全业务流程管理。系统可与外部人才招聘网站对接，直接引入应聘者简历。系统提供的招聘报表可以查看处于招聘面试各阶段的应聘人员情况。招聘选拔系统记录招聘各阶段的工作成果，统一存储应聘人员的简历资料和面试意见，以一体化流程的方式协同招聘主管和用人部门的招聘面试工作，帮助酒店规范招聘选拔管理工作。招聘选拔子系统的主要业务流程如图 5-10 所示。

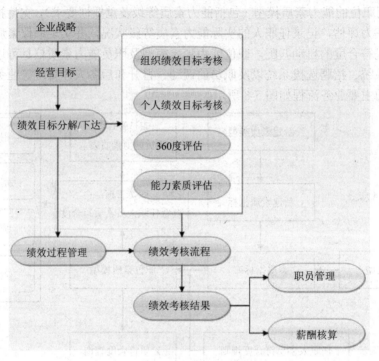

图 5-9　绩效管理系统的业务流程

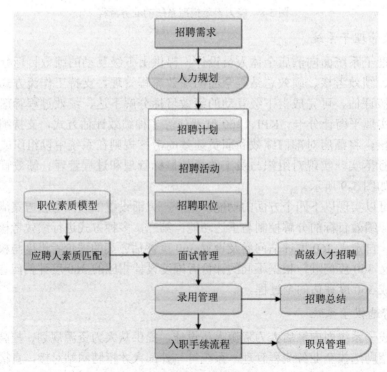

图 5-10　招聘选拔子系统的业务流程

7. 培训发展子系统

培训发展子系统面向酒店人力资源管理人员设计，系统能够承载酒店基于职位任职资格要求构建的培训课程体系，支持征集培训需求、制定培训规划、管理培训活动、生成员工培训记录、进行培训考试和培训效果调查、培训总结统计等业务处理。该系统能够根据任职资格要求安排任职者参加各种培训课程。员工也可查看和申请培训课程体系中适合的课程，或进行自助培训。这对酒店规范培训管理和实现员工自助培训大有益处。培训发展子系统的主要业务流程如图 5-11 所示。

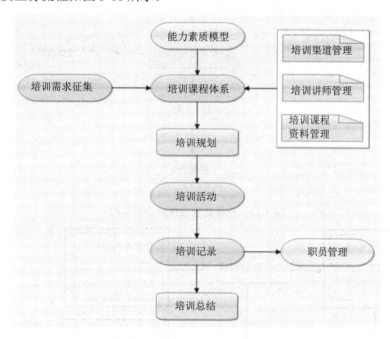

图 5-11　培训发展子系统的业务流程

8. 社保福利子系统

社保福利子系统面向酒店人力资源管理人员设计，可以帮助酒店管理职员缴纳社保的全过程，包括酒店参保账户、职员社保账户基本资料管理、职员定期缴纳社保费用金额记录，实现从酒店的社保缴纳过程到职员社保对应的薪酬发放全过程的管理。社保福利系统配合薪酬管理系统，构建酒店完整的薪酬福利体系，使得薪酬福利的管理更加系统化、规范化，帮助酒店提升薪酬福利管理水平，提高员工满意度。社保福利系统的具体功能如图 5-12 所示。

9. CEO 平台

CEO 平台面向酒店 CEO 等高层决策者设计，通过 CEO 平台可获得酒店决策者所关注的酒店人力资源统计分析数据（报表）和即时查询所需的 HR 详细资料，为酒店人力资源等方面的决策提供业务数据支持。CEO 平台与经理人平台、员工工作平台的配合使用可以实现人事流程等审批的协同工作，以及从决策层到操作层的 HR 业务处理和沟通、监控，实现全员应用、协同管理。系统还提供了后备人才管理功能用于查询跟踪后备干部的培养情况。CEO 平台加强了酒店决策管理者对人力资源业务的实际参与，加大了对人才战略执行的监控力度。CEO 平台的具体功能如图 5-13 所示。

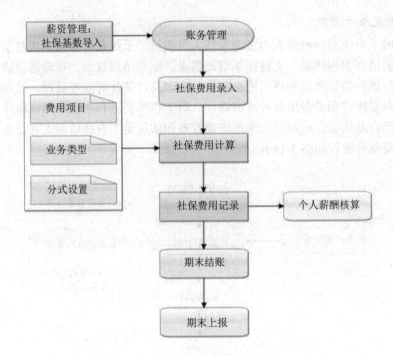

图 5-12　社保福利系统的业务流程

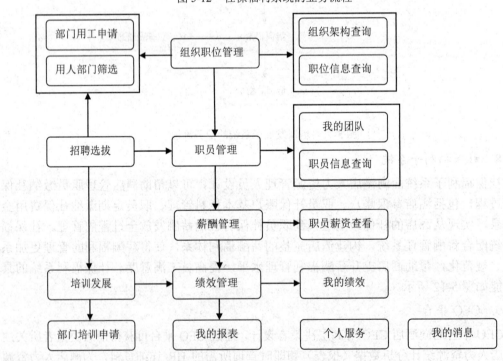

图 5-13　CEO 平台的具体功能

10. 经理人平台

经理人平台面向酒店中层管理干部（直线经理）设计，在实现中层经理个人 HR 信息查询、处理功能（和员工工作平台相同）的基础上，经理人平台还专门提供了部门级人力资源管理的各项服务功能：查询本部门员工的详细人事信息资料，如任职历史、项目经验等；可在系统中处理本部门的各项 HR 流程审批工作，如招聘、培训等；支持通过手机使用移动 HR 管理解决方案；可以根据每位经理人的需要，单独配置提供个性化的本部门人力资源报表。经理人平台的应用，在酒店决策层和操作层之间起到了承上启下的作用，在业务部门和人力资源部门之间实现了 HR 业务的畅顺处理，在部门经理和下属员工之间可进行有效的日常管理和培训指导沟通。经理人平台方便直线经理参与酒店人力资源管理，促进了酒店战略的有效实施。经理人平台的具体业务流程如图 5-14 所示。

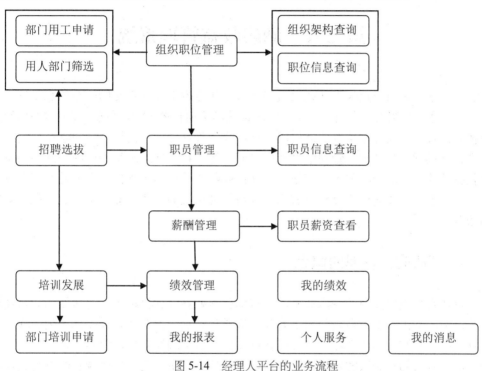

图 5-14　经理人平台的业务流程

11. 员工工作平台

员工工作平台（我的工作台）面向酒店所有员工设计，提供与每个员工相关的人力资源管理信息互动服务，是员工参与酒店人力资源业务的自助服务平台。员工可在工作平台申请、接收、处理、查询与本人相关的人力资源业务，包括个人信息的记录、公司政策及个人相关资料的查询，如日常请假、调动、培训申请等工作流程申请的发起，此外还提供移动 HR 信息服务，员工可以在工作平台中发送手机短信。员工工作平台是人力资源管理部门向员工提供服务的窗口，也是员工和上级管理人员之间互动、展开人力资源管理工作的平台。通过员工工作平台，酒店战略和制度政策实现上通下达，实现酒店人力资源管理的全员参与，进一步促进酒店战略的有效实施。

员工工作平台主要有以下五个功能：第一，我的消息。用于查看、处理 HR 系统任务消息。第二，我的申请。员工本人提交的审批流程当前的处理进展情况，流程催办。第三，我的培训。系统可供查看酒店培训体系中适合本人所任职位的培训课程及培训资料，查看个人培训记录和培训信息公告，可提出培训课程申请或培训建议。第四，个人资料。查看和维护个人相关资料，制定个人职业发展规划，可应用到上级的后备人才管理平台中，查看本人所任职位的职位说明书，了解工作职责和任职要求、核心素质等，查看个人人事档案信息、考勤记录、酒店人力资源政策制度等，可获授权本人在系统中维护部分个人信息，查看本人各期间的薪资发放记录、本人薪酬标准历史记录等。第五，移动 HR 功能服务。可自定义会议通知等内容模板，实现自写 HR 短信通知、短信投票、短信问卷调查、短信请假、短信备忘录功能，使用移动 HR 服务后，HR 系统所有任务提示都可以用短信方式提醒。

第三节　酒店收益管理系统

近十年来，酒店收益管理系统已是酒店数字化建设中非常重要的一个信息系统，它连接客户，又连接分销渠道和直销渠道，同时连接酒店前台的 PMS 系统，实现对酒店经营中的整体收益管控，起着非常重要的作用。酒店收益管理也是一门综合性的学科，它结合了运筹学、营销学、会计学、管理学以及电子商务等学科，并运用基于电脑的网络信息系统来替代收益管理中的分析和手工工作，实现酒店收益的自动化管控。本节并不探索收益管理的理论内容，主要向读者介绍目前酒店收益管理系统的一些功能应用以及它在酒店发展中的趋势。

一、酒店收益管理的概念

在日新月异飞速发展的酒店业里，新型的住宿业态（如民宿等）对传统酒店市场份额产生了巨大的冲击，新兴科技如人工智能及数字化对酒店运营及管理模式产生了深刻的影响。这其中，顾客、酒店产品、管理模式都在发生着深刻的变化，而唯一不变的是酒店人对酒店经营收入乃至利润的追求，即收益最大化始终是所有酒店投资者和经营者最在意的话题。因此，收益管理在过去的 30 年里已逐步成为全球酒店经营者公认的、能有效帮助酒店提升收益水平及盈利能力的科学管理方法，也是酒店数字化应用的热门系统。

在中国的酒店业，收益管理从 20 世纪 90 年代末为国际酒店集团所引进，其管理策略和方法在中国的酒店市场中不断发展，到今天已经成为中国酒店管理中的核心策略并被越来越多的本土酒店集团运用，且获得了显著的成效。

在谈及酒店收益管理的概念时，我们常常会听到一个关于收益管理的通俗而经典的定义，即将合适的产品在合适的时间通过合适的渠道以合适的价格售卖给合适的客户。

在众多的收益管理定义中，作为全球行业领先的收益管理解决方案提供商，IDeaS Revenue Solutions 也对收益管理做出了定义，即收益管理是一种商业准则和商业文化的结合，侧重于以理性而规范的方式来平衡供求关系，将收入和利润最大化的同时，兼顾当前和预期的市场条件下的风险。

这一定义首先指出了收益管理是商业准则和商业文化的结合，意味着良好的收益文化和先进的收益管理方法都是收益管理取得成功的前提。其次，它表明了收益管理的核心优化内容是平衡酒店的市场需求和库存供给之间的关系，并且收益管理应该以理性而规范的方式来完成这一优化过程，也就是以数据为驱动的优化过程。同时，这一定义还明确了在以实现收入和利润最大化为目标的前提下，收益管理应兼顾考虑任何未来收益决策可能带来的风险，并在决策的过程中评估及量化风险，选取拥有最小风险的收益决策来执行。

简单说，以上定义简单而精准地概括了收益管理所涉及的核心要素，以下为对核心要素的具体分析。

（1）产品：我们需要关心的是产品的定位、竞争力、产品分级（如不同房型）以及客户对产品的价值认知。

（2）时间：在酒店业，时间指的是我们在需求实现前的最合适的时间点来做出定价及房量控制决策，同时我们也要关心时间的其他意义：入住天数、星期规律和季节变化，要做到了解需求的时间特性，从而准确地预测未来需求表现并在时间的维度上把控需求实现的过程。

（3）价格：如前面提到的，价格是收入优化的两大核心要素之一。价格的优化需了解客户对产品的价值认知，要对需求模式有准确的把握，同时要针对不同价格敏感度的客户群采用不同的有效定价策略，才能实现"合适的价格"的目标。

（4）渠道：在今天的酒店业，渠道管理已经成为收益管理中的重要话题，通过应用合适的渠道来捕获直销渠道难以触达的客户群，并优化各渠道产量比例已成为酒店收益管理成功的关键之一。

（5）客户：我们需要分析了解不同客户群体的价格敏感度，然后将市场信息、产品信息以及价格信息等有效及时地传递给我们的目标客户群。

二、酒店收益管理系统的功能

在介绍功能前先了解收益管理所包含的工作内容和流程。收益管理主要围绕 5 个要素，即产品、时间、价格、渠道、客户以及它们之间相互联系衍生出来的要素组合所展开的。换句话说，收益管理工作的目标就是通过优化这几大核心要素来最大化酒店每一天的收入。具体围绕这 5 个要素可获得收益管理的以下工作流程，即图 5-15 所示的收益管理周期循环示意图。

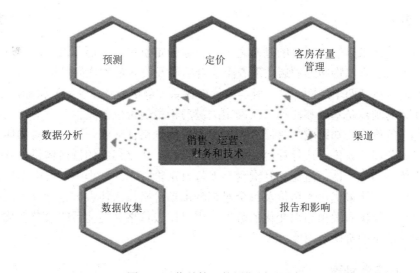

图 5-15　收益管理的周期循环示意

从图 5-15 周期循环的工作流程可以得知，一家酒店收益管理系统应具有以下功能。

（一）数据收集

收益管理作为一门以数据分析为基础的管理科学，数据的准确收集是工作的第一步。随着大数据的深入应用和越来越多的数据系统的使用，酒店可以收集到的数据种类和数量也越来越多，不仅包含酒店内部的营业数据，也涉及外部市场的商业智能数据。然而，数据收集的准确性、及时性需要酒店标准操作流程的保障和现代信息系统技术的支持。

（二）数据分析

有了收集并整理好的酒店内部和外部市场的数据，接下来就是对这些数据进行分析，为后续的预测、定价等工作打下基础，并将数据分析转化成对未来收益决策有指导价值的商业洞察力。传统的做法是从手工数据分析开始的，大量的 Excel 表格的运用在 10 年前可能还可以满足酒店收益管理数据分析的需求，而在今天，技术让数据规模和时效性得到大幅度提升，手工数据分析的效率和质量已无法满足瞬息万变的市场情况的要求，越来越多的酒店及酒店集团开始使用自动化收益分析系统，并连接各个信息系统间的自动化接口来确保数据分析和数据传输的准确性和有效性。

（三）预测

有效收益管理的关键是谨慎地平衡价格与需求，以获得最优的每间可卖房收入。在通常情况下，酒店为做到这一点必须保证有足够的基本业务，以防出现在最后一刻被迫出售未售客房的局面。那么在何时以何种价格接受基础价格业务，在何时以何种价格通过何种方式吸引高价格的业务，要准确把握这些业务就需要进行详细的预测，包括每日预测、按市场细分预测、还有按日期规律、按入住天数等的预测，以确定最佳预订期限并作为调整价格的依据。而对于一些在实现基本业务还存在困难的酒店，预测也同样关键，因为准确的预测可以帮助酒店分析了解未来哪部分业务较为缺失，或是哪部分业务在呈现下降趋势，这些都将成为市场营销团队采取行动的依据。

（四）定价

在准确的制定未来需求预测的基础之上，合适的定价以及下面要讨论的客房存量管理和渠道管理策略的实施将帮助酒店实现 5 个"合适"及收入最大化的目标。

定价的概念包括两个层面：建立科学的价格体系（全年或阶段性的）和每日定价管理。其中价格体系的制定是基础和前提，在确定关键房价最优价位的过程中考虑市场和竞争群酒店以及客户的价值认知影响的时候，可以引入价值价格评估法。同时针对酒店各个主要细分市场（如公司协议价、旅行社批发价、团队价等）建立相应的价格体系，并保证各细分市场价格体系的统一性，避免相互蚕食。在每日定价管理的过程中，要根据每日需求的动态预测、调整酒店最优可卖房价及每个对细分市场价格按入住天数进行开关限制。在每次价格调整后应收集有关出租率变化的数据，用以比较价格调控前后的收益变化，确定针对此酒店和此市场的价格敏感度。

（五）客房存量管理

有效的收益管理离不开客房类型、入住天数及超卖等房量管理方法。

酒店首先可根据各种房型的特别卖点设计整体房型体系，并可根据每个房型的历史销售数据做出适当的房型间的整合或分离。利用房型拉升酒店平均房价和收入的重要措施之一是升级销售（upsell），即在客户选择了某种低价格房型的基础上通过销售技巧使客户改变选择，预订高房价的房型。升级销售需要充分确立各房型的内在价值及卖点，并给予员工相应的激励措施和完整的培训体系。

入住天数策略是通过不同价格来引导和管理客人的入住时间，在高需求量时期拉动其两侧需求量，这种收益管理调控策略具有很大的收入提高潜能。超卖则是对基于历史预订取消和未到店情况的分析，预计出当天有可能出现的不到店的预订，结合在住的客人变化情况而主动接受超过客房总量的预订，用以弥补潜在预订取消和未到店客人及在店客人变化带来的损失，有效提升酒店出租率。

这些房量管理方法应与优化定价策略相结合以帮助酒店实现收入提升目标。

（六）渠道管理

随着互联网技术日新月异的发展，酒店的预订渠道发生了重大变化。GDS、OTA、CRS、品牌网站及第三方网站等分销渠道变得日益重要，和如今随着网络移动端的飞速发展而出现的新兴预订平台，如官网、手机 App、微博、微信、元搜索等，正逐渐被酒店客户选作首选预订方法。现今处在可以没计算机不能没手机的时代，酒店移动官网的预订能力决定了酒店市场营销转化率及投入产出比的提升。双微"微博微信"营销的流量终端导向都可以是酒店移动官网，异军突起的"抖音、小红书"带来的瞬时炸裂性流量冲击的终端导向也可以是酒店移动官网，可见整合了客户关系管理系统 CRM 和移动支付系统（如支付宝、银联等）的移动官网已然成为当前必备的会员营销预订工具平台。利用"双微、抖音、小红书"还可以限时投放大力度促销活动信息，吸引瞬时官网预订，避免价格外放，引来马甲代理等一系列管理困扰。

由于酒店直销渠道的建设周期长、投入高，且需要有专业知识工程师的支持，长期来看，分销渠道将越来越积极地影响酒店的整体收入，特别是新兴市场的业务。因此，对于酒店而言，必须建立并推广明确的渠道策略和渠道管理流程。具体渠道优化的原则可以归纳为：开拓新兴渠道以捕获旧渠道难以触达的客户群，以及提升预订成本低廉的优质渠道的流量及转化率，从而提高这些渠道的产量比例。

（七）报告和影响

随着所有定价房控策略的实施，酒店业务实现之后，积极主动的业务回顾和数据分析是保证未来收益管理工作持续获得成效的有利保证。通过对历史数据的分析了解业务的最近模式及趋势，从而提升未来预测的准确性和决策的合理性。制定报表和分析数据更多的是给未来带来精准的商业洞察力和营销指导。

在如今的各个商业领域，商业智能（business intelligence，BI）已成为不可或缺的决策依据。在酒店业，BI 也越来越被各大酒店集团所重视，并希望从各类酒店所使用的系统中获取支持决策的 BI 信息。这些 BI 信息实际存在于收益管理的报告中，在报告和影响部分酒店应能够获取这些信息，而在酒店目前所使用的系统中，收益管理系统（revenue management system）已是收集、分析及呈现 BI 最重要的工具。在现阶段，酒店收益管理决策所需要的信息常常包括以下几个部分：① 预测需求量；② 定价及房控决策；③ 业务行为模式的统计分析；④ 多家酒店整合数据。

如果酒店能够及时准确地获得以上信息并配合精细的分析，那么单体酒店、区域酒店乃至集团酒店层面的未来预测在准确性和决策的合理性上都能得到有效保证。

以上总结的收益管理周期循环需要酒店各个部门——收益管理、市场营销、运营、财务及信息技术的通力合作、长期实践和精耕细作，这样才能真正实现收益管理最初的目的，即将合适的产品在合适的时间通过合适的渠道以合适的价格售卖给合适的客户。

（八）应用实例

讲完收益管理的工作流程，下面以一个典型的星级酒店收益管理系统的成功案例来看看实际产生的业务价值和商业回报。

2018 年，广州白天鹅宾馆与业内领先的定价及收益管理系统和咨询服务供应商 IDeaS Revenue Solutions（以下简称"IDeaS"）达成战略合作关系。本次白天鹅宾馆与 IDeaS 携手合作部署了 IDeaS G2 收益管理系统，借助 IDeaS 成熟的产品和丰富的实战经验精准预测、合理定价、制定库存管理决策和建议。同时，白天鹅宾馆也与 IDeaS 签订了收益管理实施相关的专业咨询服务，以便在提升收益的过程中实时接受指导，制定高水平战略与详细战术，并采取具体措施。

一年后，得益于 IDeaS 完整的系统部署和全方位且标准化的专业服务，白天鹅宾馆向外界披露了令人振奋的关键财务数据。透过这组数据，我们清楚地看到白天鹅宾馆在收益管理的各个方面所取得的喜人成果：

- OCC（客房入住率）上升了 3.9%；
- ADR（客房收入/实际售出客房数量）提升了 7.4%；
- RevPAR（平均每间可供出租客房收入）上升了 11.6%；
- 整体收益提升了 10%，达到了 800 万；
- RGI（收入产出指数）增长了 6.8%。

与不同酒店竞争体系相比，MPI（市场渗透指数）和 ARI（平均房价指数）均有明显增长，"人才、流程、工具"三个关键词上的重大变化，是对此次丰硕成果的最好概括。

三、收益管理系统的软件架构

我国酒店行业已在收益管理领域进行了十几年的探索和实践，目前就解决方案而言，国外的 IDeaS 和国内的鸿鹄、众荟，都已经可以提供比较成熟的应用方案。目前系统从体系架构上而言，基本上都是基于云计算、大数据和人工智能的收益管理系统。由于酒店收益管理系统涉及多个相关系统，它们相互之间的体系架构非常重要，下面以 IDeaS 为例，介绍一下典型收益管理系统的软件架构和主要功能特色。

IDeaS G3 RMS 第三代收益管理系统的功能特色，是使用户能够准确地预测出租率，快速设定每日房价，管理广泛的房型房量库存，并最终做出动态的有竞争力的业务决策，从而提高酒店的收益表现。该系统的创新方法、直观的设计和强大的功能最大程度减少了培训需求而使生产力最大化。该软件的体系架构如图 5-16 所示。

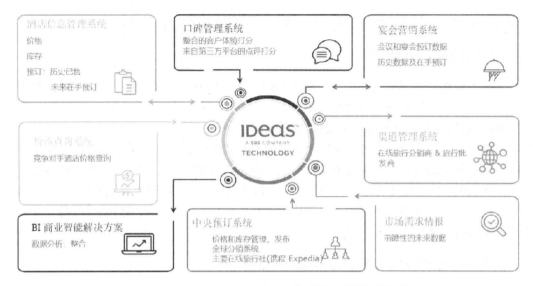

图 5-16　IDeaS G3 RMS 第三代收益管理系统软件架构

从上面的架构图可以看到，IDeaS G3 RMS 第三代收益管理系统是云端系统（SaaS），基于云服务的体系结构，酒店应用无须本地部署，和酒店其他业务系统是互联关系，其中与 PMS 系统、宴会营销系统双向关联。具体所有的关联系统如表 5-1 所示。

表 5-1　IDeaS G3 RMS 系统关联表

系 统 环 境	SaaS 软件即服务
要求的关联系统	Hotel PMS　酒店信息管理系统
可选关联系统（第三方厂商）	Hotel CRS　酒店中央预订系统
	channel manager　渠道管理系统
	rate shopping system　竞品价格查询系统
	reputation management system　口碑管理系统
	sales & catering systems　宴会营销系统
	other (STR / Demand360)　其他（STR / Demand360）

基于系统强大的核心引擎和丰富的关联系统提供的数据支撑，以下为 IDeas G3 RMS 体现的主要功能特色。

（一）最佳的分析和高性能的预测

IDeaS G3 RMS 从一百多个预测模型中进行选择，可以更快更频繁地产生更准确的结果，并在更多的细节层面强化整体性能。

房间类别层面决策允许对超卖、定价和预测进行颗粒度的优化，从而增加收入和更多满房的机会。

SAS 分析利用预订层面数据提供卓越的业绩预测、库存管理和价格决策，提高收入和入住率。

IDeaS G3 RMS "假设"分析允许用户探索建议的价格变化、预测调整和需求调整的含意，提供对价格、最后一间客房价值、收入、需求预测和超卖决策的即刻指示。"假设"分析还显示删除认为系统调整的结果，以评估是否在限制较少的情况下增加了收入。

（二）精确的下一代定价

先进的价格敏感度模型利用过去和未来有竞争力的价格数据，根据价格计算出需求，提供有影响力的定价决策，推动收入增加。

IDeaS G3 RMS 分别对每个需求来源的价格进行优化，并在房间类别层面上产生最后一间客房价值和定价决策，通过同时控制无限制和有限制的需求来实现最佳的业务组合。

团队定价模块允许用户确定整个团队的价值，将客房、成本和佣金、会议和宴会、其他支出和利润，以及任何被置换的业务的价值均考虑在内，从而得出最优的团队销售决策。

价格决策调整界面突出了对每个到店日期和停留天数有价格敏感的剩余需求，以确保做出明智的价格调整决定。

（三）增强的用户体验和数据驱动的决策

直观的用户界面在不牺牲功能或性能的同时对于高级用户来说使用简单。

"信息管理"功能提供了清晰的互动式工作流程，用于快速有效地管理需优先行动的多家酒店。

IDeaS G3 RMS 包含扩展的热力图日历和先进的仪表盘，以快速访问关键信息，做出重要的定价和收入决策。

预测颗粒度的增加使得报告更加详细，可以根据市场细分、房间类型、价格体系和房间类别所生成的报告，其中包含商务和业务视图，以便在大型酒店和区域/品牌集团中保持一致性。

四、酒店收益管理系统发展趋势

未来的收益管理系统的发展必然是高度集成的融合和自动化，如与酒店中央预订系统的集成融合。要做到这一点，系统发展的技术必然是大数据、人工智能、机器学习的技术应用，数据源的获取可用人工智能来代替手工。例如，客户数据的收集，再加上计算机与人工智能技术的不断改进，意味着人工智能可以执行大量常规作业，从基本的客户服务到个性化的工作任务，以及更高级的管理决策制定，通过人工智能来实现收益管理的自动化管控。

（一）基于大数据的智能数据应用

酒店业从不缺少数据，因为从与顾客的每个交互点都可以收集数据。无论顾客来自哪里，善于利用数据都有助于实现供需平衡，优化与库存相关的收入和利润。各家酒店都在收集关于顾客行为和入住体验的信息，因为其中包含非常重要的顾客对酒店业务的价值认知和对服务体验的反馈见解。

最近几年，规范性数据（prescriptive data）已经成为收益管理所运用数据的焦点，这就是大数据技术应用。基于大数据的规范性分析不仅利用酒店历史数据点，还能利用超越传统酒店预测的未来数据，包括外部市场情报数据，如竞争群未来价格数据、竞争群未来按细分市场大类的已产生预订数据以及竞争群过去的舆评表现数据等。通过使用先进的市场情报，大数据分析能够预知最佳结果和实现这些目标所需的战略决策，即采用什么样的定价、价格限制、超额预订、团队管理等收益决策能够帮助酒店实现最大化收入的目标和预测。因此，基于大数据的规范性分析能使酒店超越远见，进入"洞察"分析的智慧领域。

从收益管理的角度而言，对各细分市场客人的行为模式数据的获取和分析是准确预测和成功决策的关键。举例而言，商旅人群一直是城市酒店的高价值顾客，各企业每年都有大量的预算投入商旅住宿中。识别出这部分顾客，进行精准营销，成为所有酒店的目标。通过对目标顾客入住频率、活动行为、个人属性等数据的收集、分析和预测，可帮助酒店筛选商旅人群并且凭借对商旅人群需求的洞察，提供个性化的服务和关怀，实现顾客服务体验的提升，提高该群体复住率，降低流失率。而目前多数酒店在识别商务顾客方面还是依靠酒店销售力量所覆盖的客户范围，还未做到完全依靠大数据分析来甄别商务客户及其精准的行为模式。

随着商业智能 BI 技术的发展，我们也需要适当地选取会影响酒店定价和房控决策的外部数据，包括特别事件、竞争对手未来的定价数据、竞争群未来平均已产生的预订数据以及舆评数据，这些都是收益管理所需要的大数据范围。

在未来，更多更全面的外部商业情报数据，如宏观经济数据、城市游客访问量、航班数据、天气数据等，可能会根据需求和其相关性引入收益管理的大数据中，以便更精准地实现收益决策的制定。但在具体引入时，需要根据酒店的业务需求和客源结构来谨慎地决定这类数据是否真正与酒店业务相关并带来正确的参考价值。而酒店自身的数据和外部数据在决策中的比重可能会发生变化，即可能会以外部数据为重，甚至预测决策的产生完全独立于酒店管理系统 PMS 中的酒店自身数据。另外，酒店的其他数据系统，如财务系统、餐饮系统等与酒店管理系统 PMS 的数据集成也对收益管理非常重要，因为这些系统所提供的数据能够让酒店了解顾客的全面消费行为以及带来的利润价值，从而为全面收益管理和每客收益管理提供数据支持。

（二）基于人工智能的智慧化趋势

各行各业的专业人士都在使用人工智能来进行预测分析和解释，人工智能是旅游业和相关领域应用的最大趋势之一，酒店从业者也已开始利用大数据和人工智能进行定价策略的创新。人工智能结合大数据分析将令许多日常任务自动化，但这并不是全部。因此，当人的参与变得不必要时，我们应该善加利用人与机器的力量，合理地分配各自擅长的部分。酒店业的成功往往在于其给到顾客的个性化服务和独特体验，这也是顾客最需要的部分。然而，识别酒店需求模型、找寻收益增长机会、利用数字营销提升市场需求等任务则同时需要依靠真正的人脑和人工智能耦合机制，而非仅仅是人工智能了。

在大多数重复性的工作中，人工智能技术已经开始承担收益管理分析和定价分析的重任。之前手动花费数小时处理的小量数据现在如果还是手工处理的话可能要花费几天或几周时间，各种日常报表的制作也随着数据元素和分析维度的增加而更加花费时间。花在这些数据处理和报表制作上的大量时间必然会影响更重要的分析和决策时间的安排。因此，将重复性的任务交给人工智能是很有必要的。

所以信任人工智能是目前最好的做法，只有能处理更多的数据才能做出更好和更详细的决策。此外，人工智能的数据分析方法也不尽相同且更加精确，更多的数据分析也意味着更多的洞察力，让人工智能完成数据基础分析甚至给出决策参考，可以让收益经理的工作变得更加容易和高效，通过数据的支撑有更多的时间来根据额外信息优化收益决策，并关注于决策的落实和监控。

因此，未来的趋势是酒店将不可避免地利用人工智能和智能数据分析来做出更好的收益决策，进而促进收益提升。但同时，人工智能不会取代收益经理的工作，而是给收益经理的工作提出了更高的要求。

（三）收益管理中的数据可视化技术应用

在酒店收益管理中，对于业务数据的智能收集和应用，通过 AI 算法来进行预测和决策非常重要，如何快速有效地呈现数据分析和决策结果离不开数据可视化技术的发展和其在酒店收益管理中的应用。

数据可视化技术（data visualization）是借助于视觉交互界面进行分析推理的科学，其基本思想就是将大量的数据集合成图像，同时将数据的各个属性以多维数据的形式表示，可以从不同的维度观察切分数据从而对数据进行更深入的分析，实现可视化应用。

在酒店业中，特别是与数据分析相关的部门，数据可视化技术能使其更快地获得分析结论，并制定更加及时的决策。作为酒店中运用数据分析最频繁的部门，收益管理对数据可视化技术的应用需求日益增长。从传统的数字报表到手工图表，到收益管理系统中自动化的各种分析图表，再到专门的 BI 系统或可视化软件呈现出的可根据需求任意切分钻取、整合数据的图表，可视化技术的发展逐渐满足了酒店收益管理的数据呈现及分析需求。

先进的收益管理系统不仅可以用可视化技术呈现业务数据，同时也用可视化技术呈现其自身的决策逻辑，实现系统与用户之间更好的交流。比如，先进的收益管理系统就会提供定价导航仪功能，通过可视化图表呈现预测对比、预订进度对比，并且向用户"解释"为什么系统给某一天的定价结果是这样的。

在当今的大数据和智能数据环境下，酒店可以有效地利用数据可视化工具筛选对决策有用的相关数据，并进行具有前瞻性的主动分析，结合对未来的预测，再通过可视化分析将信息转化成洞察和启发，从而获得理性的、优化的收益管理决策。

（四）收益管理与风险管理统一性趋势

酒店的服务产品具有不可储存性以及易逝性的特点，在收益管理模型中不能单纯追求收益最大化的目标。以前多数收益管理模型很少考虑不确定的风险情况，虽然目前互联网信息很丰富，但由于信息的不完全、不完整以及对市场预测方法的认识不足或不恰当，尤其存在对市场投机行为不可控的原因，产品在经营中的收入往往会偏离期望收入。因此，为了保证收益目标的安全实现，在收益管理模型中应考虑风险因素，假定不同的产品有不同的风险等级，不能单纯地考虑风险中性，因为风险中性的模型面对酒店销售的复杂性往往模型结论与实际收益相悖，为了解决这些理论和应用不一致的缺陷，目前改进的收益管理模型都考虑了风险因素，尤其是价格风险以及产品销售数量过量风险的因素，等等。

一家酒店在选择收益管理系统时，应了解该系统所采用的收益管理模型，模型中考虑的因素是否符合酒店经营的自身情况，否则很难得到酒店收益管理的实际效果。

第四节　酒店工程设备及报修管理系统

工程报修是酒店工程设备管理的关键内容，因为它直接影响前台服务的质量和满意度。报修管理子系统与前台各部门紧密结合，可为客房、餐厅、会议室等的设备维修提供敏捷服务，并与库存子系统结合完成设备管理与备件管理。工程设备及报修管理系统主要包括建立设备档案，详细记载各种设备的基本信息，包括设备开箱记录、随机工具及备件明细、设备技术文件、调试记录、易损件明细、润滑明细、设备检修记录、大修记录、故障记录、事故记录等。根据维修计划和保养周期提醒用户定期完成设备的日常维修和保养任务；根据库存量报警及时补充库存备件以保证日常维修工作正常进行；根据部门、设备类型等统计分析设备维修费用及设备故障率；与前台系统有机结合完成报修、派工、维修等日常工作并且定期对维修班组和个人进行业绩统计和考核。下面将以绿云科技工程报修系统为例进行说明。

一、酒店工程设备管理

我们首先要解决的问题是设备到底是什么？一些学者把一切列入固定资产的劳动资料都看成是设备，包括土地、建筑、机器及车辆等；也有部分人认为设备只是固定资产的一部分，只是人们在实际工作中所使用到的用于对劳动对象产生影响的那一部分物资资料。其实，设备与动产、不动产的区别就在于此，设备是国民经济各部门和社会生活领域中，生产和生活所需的各种物质技术装备、设施、仪器、仪表、试验检验机具的总称。而动产是指可以移动的财产，如钱财、器物等；不动产是指不能移动的财产（房屋、土地）及附着于房屋、土地的不可分离的部分。那么具体到酒店而言，设备的定义应该为各部门所使用的机器、机具、仪器、仪表等物资技术装备的总称；设备具有长期、多次使用的特性，不是一次性消耗品；设备的价值形态在会计科目中列为固定资产。

（一）酒店设备分类

酒店设备种类数量繁多，又分散于各个部门，特别是现代旅游酒店，更有许多新型网络设备，所以对它的划分可以从不同的角度来进行，具体有以下几种分类方式。

1. 按设备的形态划分

按设备的形态可分为以下七类：① 房屋、建筑物；② 机器设备；③ 交通工具；④ 家具设备；⑤ 电器、影视设备；⑥ 文体、娱乐设备；⑦ 其他设备。

2. 按设备在酒店运营中所起的作用划分

按照设备在酒店运营中所起的作用可划分为若干子系统，具体如下：① 供、配电系统；② 给、排水系统；③ 锅炉供热系统；④ 制冷系统；⑤ 空调通风系统；⑥ 垂直运送系统；⑦ 消防报警系统；⑧ 通信系统；⑨ 电视系统；⑩ 音响系统；⑪ 计算机管理系统；⑫ 楼宇管理系统。

以上 12 个系统，根据结构、能耗情况与功能的不同，又可归纳为两类：机电设备（前 6 个）和电子设备（后 6 个）。

3. 按使用设备的不同部门划分

按使用设备的不同部门分为以下种类：① 厨房设备；② 洗衣设备；③ 清洁设备；④ 娱乐设备；⑤ 健身设备；⑥ 维修设备；⑦ 办公设备；⑧ 客房设备。

从信息化管理的角度而言，按照设备的功能进行系统划分应该是最可取的一种方法，当然，酒店还应该结合自己的实际情况和管理上的需求来选择设备划分的方式。

（二）酒店设备管理的内容

酒店的设备管理应包括对设备的选购、安装、使用、保养、维修、更新等一系列过程。1971 年，英国人丹尼斯·帕克斯在关于设备综合工程学的论文中提出了设备综合管理的思想，引起了国际设备管理界的普遍关注。酒店综合设备管理就是以酒店经营目标为依据，运用各种技术的、经济的和组织的措施，对设备从投资决策、采购验收、安装调试、运行操作、维护保养、检修改造直到报废为止的运行全过程进行综合管理，以达到设备寿命周期费用最经济的管理目标。酒店设备综合管理的一个重要方面就是对酒店设备实施全过程管理。酒店设备的综合效益在决策购买设备时就确定了它的基本情况，所以酒店设备的管理要从决策开始，直至设备运行整个生命周期中的每一个环节都要搞好，对设备的生命周期进行全过程的管理。

从信息化管理的角度看，酒店设备管理重点是设备的过程管理和运行管理，图 5-17 所示是一个典型设备的生命周期。

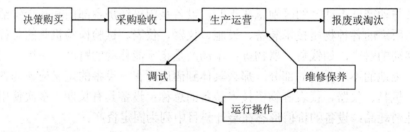

图 5-17　酒店典型设备的生命周期

根据工程设备管理子系统的功能需求分析和信息流程分析，以及根据酒店企业自己工程设备管理的需求，可以得到图 5-18 所示的工程设备管理子系统的功能结构图。

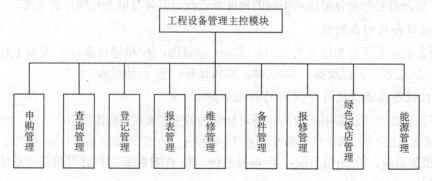

图 5-18　工程设备管理子系统的功能结构

1. 设备信息的录入与登记

　　酒店设备信息录入及档案管理模块应该能够支持设备信息的录入、查询以及修改，设备信息准确录入后，对设备信息的修改需要有一定管理权限。这是设备前期管理系统中最重要的一个功能模块，它的运作基础是大量的设备数据信息的录入，包括设备的种类、数量和分布情况，各设备的基本性能、特点，设备的基本参数、工作状态、润滑要求、寿命周期，各设备系统的附件构成、功能、操作、维护规程等。为便于把数据输入计算机以实现自动化的管理，对设备的分类以及各项功能条目的设计就显得至关重要。在设备管理系统的关系数据库模型中，设备的编号是对设备信息进行查询和修改的关键字段，对编号的设置可以按照设备所属的系统、子系统、功能类别、组别以及同组设备顺序进行分层编号，然后确定设备编号录入系统。例如，如果把供配电及控制设备的编号定为 1，子系统中配电控制设备的编号定为 5，那么变压调速器的设备编号的前两位就是 15，然后再根据设备的组别和所属部门进行进一步的划分。当然，由于酒店设备种类繁多，功能复杂，现实中酒店设备编号的设置要复杂得多。

　　在完成了设备编号的设置之后，就要进行设备基本信息的录入。信息录入的基本原则是简洁完整，便于查询和修改。系统要能够根据录入的信息生成设备信息一览表，管理人员经过简单的查询就可以得到设备的完整信息，相对于手工操作而言，这种管理模式的效率要高得多，信息查询工作量少、速度快，信息准确是计算机化信息管理的优势所在。典型的设备登记和查询界面应包含的内容如图 5-19 所示。

图 5-19　酒店设备录入登记界面

2. 设备运行与维修管理

　　设备维修是将在运行过程中发现的问题及时报维修部进行维修。按照设备性能的恢复程度，对设备的修理一般可以分为小修、中修和大修三种。小修是对酒店设备进行局部修理，通常只修复和更换少量的磨损零件，校正并恢复设备的精度，保证设备能恢复和达到正常运行的标准；中修是对酒店设备进行部分拆卸、分解，更换与修复主要零件和数量较多的其他磨损零件，校正机器设备的基准，以恢复和达到规定的精度、功率和其他技术标准，一般每隔四五年要对酒店设备进行一次中修；大修是对酒店设备进行全面修理和修复，需要把酒店设备全部拆卸，更换和修复全部磨损零件、部件，校正和调整整个设备，恢复酒店设备的原有精度和性能，对酒店的设备每隔 8～10 年要进行一次大修。设备修理的工作流程如图 5-20 所示。

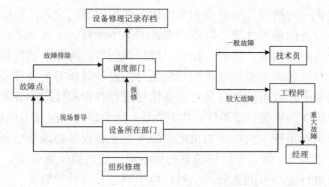

图 5-20　设备维修业务流程

图 5-21　设备维修维护计划操作界面

设备维修和设备保修的基本操作界面如图 5-21 所示，维修中心的设备维修界面主要记录各设备的维修情况，作为维修过程的电子存档。

另外，当酒店的设备状态需要变动时，设备管理部门必须按照规程实现对酒店设备的动态管理，在每个变动过程中系统需记录变动信息，使设备状态都处于可控状态，同时记录设备变动的责任人。

二、酒店能源管理

酒店是能耗大户，经营过程中消耗大量的能源，如电能耗、水能耗等，4 万平方米以上的高星级酒店年耗能达到 5000 吨标准煤。电、水、气是酒店物力资源的重要组成部分，对酒店能源管理的好坏，直接影响酒店经营的整体经济效益。能源问题对于酒店经营的重要性主要体现在以下几个方面。

（1）能源成本是酒店经营成本的主要部分，能耗费用通常可以占到酒店营业收入的近五分之一，能源成本影响着酒店的利润，为保持相当的利润幅度，减少能源供应波动的影响，酒店必须将成本控制在尽可能低的水平。

（2）能源供应是酒店经营的必备条件。没有稳定的能源供应，酒店的营业也将无法正常进行，酒店管理者不仅要有日常的能源供应意识，而且要准备好突发事故或自然灾害发生后的能源供应，防止酒店营业陷于瘫痪。

（3）能源问题影响酒店的经营和决策。缺电地区的酒店要备好应急供电设备，还要考虑因停电可能引起的各种突发事故；缺水地区的酒店，管理者必须充分考虑到用水的问题。另外，能源紧张必定会引起物价上涨，酒店还需考虑由此引起的客源市场是否稳定的问题。

（4）能源的有效利用以及污染的防治已经成为国家经济发展的一个重要因素，同时也是现代酒店向绿色酒店发展的必然举措。

虽然能源管理对于酒店经营至关重要，许多酒店在能源的使用管理和节能方面仍然存在许多缺陷。这些缺陷一方面是技术上的原因，因为节能工作是一项技术性很强的工作；另一方面则是管理上的原因，许多酒店的能源浪费是由于服务程序、操作规范不合理、能源日常管理没有做好引起的。因此对于酒店能源的管理不仅要强调技术上的先进性，同时还要关注能源使用的日常管理，在酒店设备性能及节能技术一定的情况下，酒店管理者关注的重点就在于如何做好能源使用的日常管理，而随着现代酒店设备种类以及耗能种类的增多，手工化的能耗控制管理已经很难做到全局性、精确化管理，工作量大，效率不高。信息化的能源管理就是利用先进的管理技术来弥补这些缺陷，把设备能源消耗数据信息输入计算机，通过计算机来登记设备能源消耗，进行能源统计，对比分析各个时期的设备能耗，科学地分析设备的能耗状况。然后通过网络实现设备能耗信息在有关部门的共享，达到设备能耗全员管理的目的。能源管理信息系统的开发，可使各种有关能源利用状况的信息流程规范，数据组织合理，从而减少了冗余，确保数据的一致性，并可进一步运用有关数学模型进行分析，从而获取反映能源使用系统本质特征的信息，为管理者提供调控和决策的依据，使能源管理水平有一个质的飞跃。

（一）酒店能耗的录入与登记

对能源使用情况进行统计分析，首先要登记每日能源使用情况，然后制定出计量标准，统一计量单位。接下来进行数据采集，整理加工，编制统计报表，计算各类能源的综合指标，对比能耗标准和历史数据做出设备能耗使用评价，最后将能源统计分析结果报送有关部门。能源录入的登记界面如图 5-22 所示。

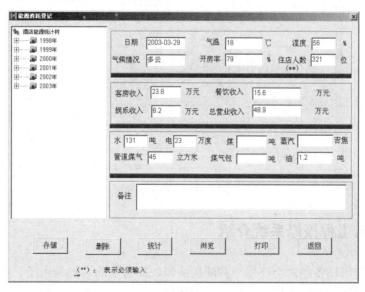

图 5-22　酒店每日能源消耗登记界面

（二）酒店能耗的统计与分析

酒店能耗统计资料的信息化、电子化也是对能源使用进行信息化分析的一大特色和优点。首先完备正确的统计和分析可以改变用能过程中各部门混成一锅粥的状况，刺激各个部门的节能意识，促进各个部门重视能源的合理利用，为各部门制定节约能源的制度和操作规程提供依据。其次，完备的数据为设备的节能技术改造提供了依据，可以全面了解酒店的能耗状况，分析设备的能源利用效率，发现能源利用率低的薄弱环节，有针对性地对设备或设备系统进行技术改造。

图 5-23 是酒店能耗分析的统计界面，可以使管理人及时了解酒店各能源的消耗情况。也可以对各能耗用曲线直观表示，能耗曲线的分析界面如图 5-24 所示。

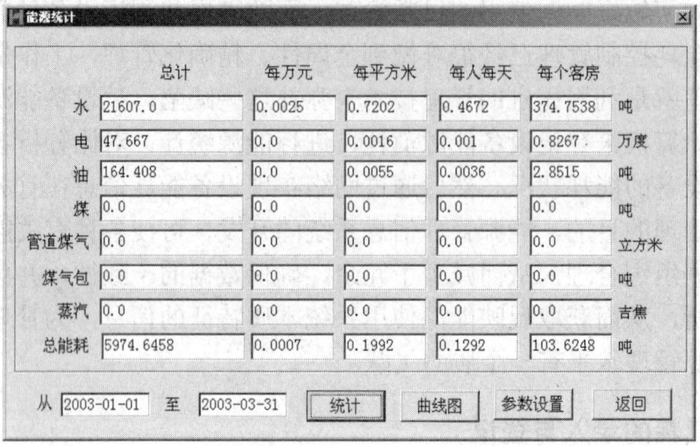

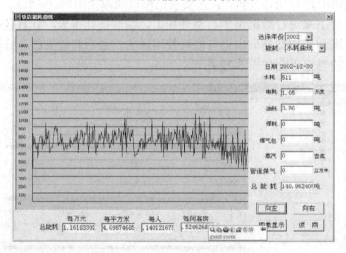

图 5-23　酒店能耗统计分析界面

图 5-24　酒店能耗曲线分析

三、酒店工程报修系统介绍

一些日常使用设备经常会产生一些随机故障，如客房的马桶漏水了、灯泡坏了、电风扇故障等，需要通过快速报修，工程部才会知道设备故障的地点及相关故障信息，然后工程部可快速派出维修人员，解决设备故障。下面以实例操作来说明工程报修系统的功能与内容。

（一）酒店工程报修流程图

首先由设备所在部门的相关服务员通过电脑系统进行报修，工程部维修中心的电脑系统出现报修内容就快速派出相关维修人员，直至解决设备的故障现象，形成一个完整的报修流程。酒店工程报修流程如图 5-25 所示。

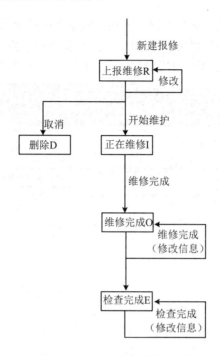

图 5-25　酒店工程报修流程

酒店工程报修的主要流程如下：系统对新建报修进行上报维修内容描述，如果有错误，需要重新返回修改，并开始维护，系统会显示正在维修；待维修完成之后，系统显示维修完成，并对维修情况登记信息进行核查，如果没有问题，系统显示检查完成，整个报修和维修过程就完成了。

（二）代码配置

维修原因、维修取消原因、部门维修原因、维修材料等都实现代码化管理，报修代码是一个不断完善的过程，需要不断地添加才能形成一个工程报修代码库，代码添加一般在设置模块中进行，由酒店集团后台统一处理。设置这些代码是为了在新建报修等操作的时候可以直接选择原因，实现敏捷化操作，具体如图 5-26 所示。

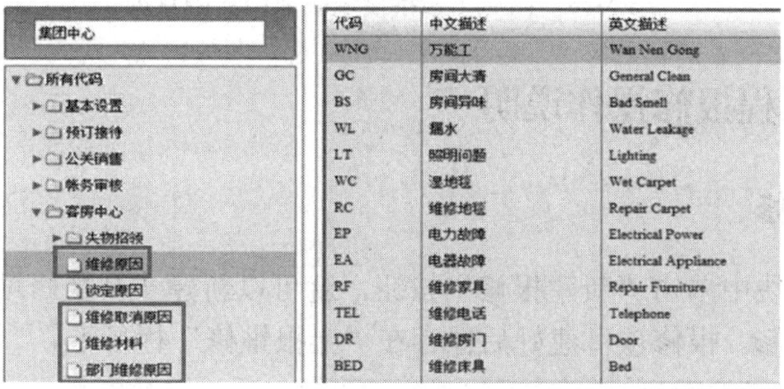

图 5-26　酒店工程维修系统代码配置

（三）参数设置

系统参数设置流程如下：参数设置—其他—根据实际情况设置；设置格式：T，A01，B01 表示消息发送给前厅部和客房部（A01 为前厅部的部门代码，B01 为客房部的部门代码，T 表示发送）；发给多个部门可用逗号隔开，F 表示不发送消息，具体如图 5-27 所示。

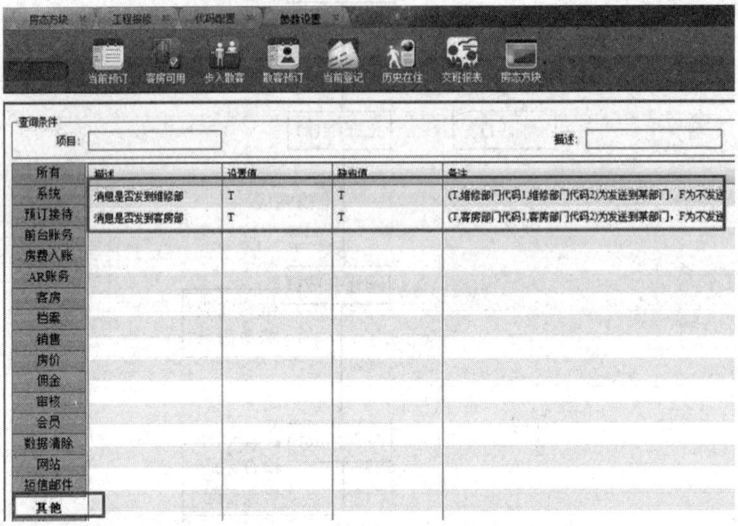

图 5-27　酒店工程维修系统的参数设置

部门代码查找：在"用户管理"界面中选中部门，单击右上角的"修改部门"按钮，在弹出的窗口中查看部门代码，如图 5-28 所示。

图 5-28　酒店工程维修系统部门代码查询

四、酒店工程报修操作说明

（一）新建报修

在工程报修模块中单击"新建报修"按钮，就可以新建一个报修项目；新建报修分为房间报修和部门报修。报修项目建好后保存在"上报维修"栏目下。

1. 房间报修

单击"新建报修"按钮，选中"房间维修"（默认选中），输入信息，单击"保存"按钮，然后单击"确定"按钮，自动转到"上报维修"栏目下。

房间维修：选中表示是新建房间维修，不选中是新建部门维修。

房号：在下拉列表框中可以选择房间号码。

原因：在下拉列表框中可以选择原因，原因就是在代码配置下设置的原因。

紧急维修：选中表示紧急的维修，需要先处理。

报告人：在下拉列表框中可以选择，如果不选，默认是当前登入系统的用户名。

保存：把所有内容填好后单击"保存"按钮，维修房间的报修就建好了。

开始时间、结束时间：设置维修房的时间段。

备注：第一，在这里设置成维修房以后，在房态图上默认会变成维修房的状态，并且房间状态会根据这里的变化而变化。第二，如果保存后在列表中没有体现，单击"刷新"按钮即可。

2．部门维修

单击"新建报修"按钮，取消选中"房间维修"，输入信息，单击"保存"按钮，然后单击"确定"按钮，自动转到"上报维修"栏目。

部门：在下拉列表框中可选择部门。

备注：其他功能和新建房间报修是一样的，这里就不再详细介绍了。

（二）上报维修

显示新建的报修项目后，可以对项目进行开始维修/删除/修改操作。开始维修表示维修项目开始维修了。打开报修项目，单击"开始维修"按钮，在弹出的窗口中单击"确认"按钮，自动转到"正在维修"栏目下，单击"开始维修"后，房间状态就变了，再单击"确认"按钮。

（三）正在维修

表示维修项目正在维修，可以对报修项目进行维修完成/删除操作。维修完成表示维修项目已经维修好了。打开维修项目，单击"维修完成"按钮，在弹出的窗口中输入必要信息，单击"保存"按钮，然后单击"确定"按钮，自动转到"维修完成"栏目下。

维修人：在下拉列表框中可以选择。

维修材料：在下拉列表框中可以选择。

备注：如不选维修人，则默认是登入系统的用户名。

（四）维修完成

表示维修项目已经维修好了，可以对报修项目进行删除/维修完成/检查完成操作。房间维修完成后，需要检查完成的情况，如果完成了就做"检查完成"操作。打开维修项目，单击"检查完成"按钮，在弹出的窗口中输入信息，单击"确定"按钮，然后再单击"确定"按钮即可。

（五）检查完成

显示检查完成的报修维修单，可以做打印/检查完成等操作。

（六）删除

显示被删除了的报修维修报告单，如图 5-29 所示。

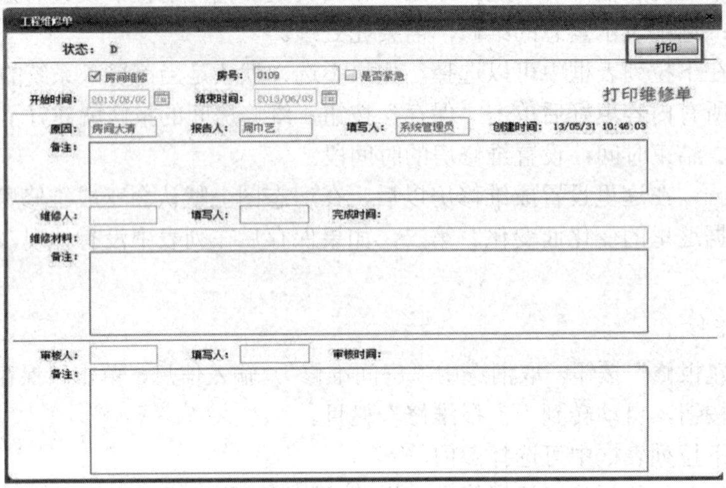

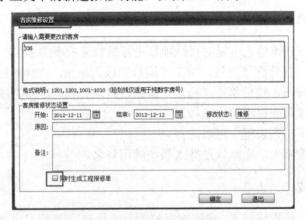

图 5-29　被删除报修维修的报告单

五、房态图上产生房间报修单

在房态图上设置维修房时，选中"同时生成工程报修单"复选框，就会生成报修的维修报告单了，如果同时设置多个房间为维修房并且也选中，那么就会生成多个客房的维修报告单；功能类似于上文中的新建报修功能，如图 5-30 所示。

图 5-30　房态图上生成的房间报修单

拓展学习

1. 酒店办公自动化系统
2. 酒店财务系统

3. 酒店采购和库存管理系统

4. 酒店安保系统

5. 酒店绩效管理系统

案例分析与习题

一、案例分析

案例 5-1　基于移动互联网的餐饮移动服务

基于移动互联网的餐饮服务已呈现了移动化的各类信息系统,酒店餐饮如何创新服务,强化客户的用餐体验,绿云科技在云餐饮系统的基础上,为了助力酒店餐饮的数字化服务,开发了一系列的餐饮 C 端服务的前台应用程序。下面将简单介绍这些餐饮移动服务的数字化点滴应用, 他们都是酒店餐饮正在应用的小案例程序。

（一）扫码点餐小程序

此小程序可为餐饮客人提供自助点餐功能,包括开台、菜单浏览、菜品检索、热销菜排行榜、服务铃、点菜、下单、结账、开票、点评等。餐厅使用扫码点餐, 可以提升客户体验,也能大大减轻餐厅员工的压力,属于云餐饮系统的 C 端服务。

（二）餐厅预订小程序

酒店客人通过酒店公众号链接跳转到订餐小程序,可进行酒店餐位的预订, 并预点菜品及支付定金。产品的主要功能有餐厅列表、餐厅介绍、包厢介绍、餐位预订、预点菜品、支付定金、餐后点评等,不仅能提升客户体验,增加客户黏性,还能丰富酒店公众号的功能, 实乃餐厅运营的好帮手! 该小程序也属于云餐饮系统的小前台。

（三）客房送餐小程序

酒店客人在房间扫码就可直接点餐,厨房确认后开始制作菜品,然后送到房间供客人享用。酒店可以通过后台灵活设置送餐菜品、时间、价格,还可以设置送餐服务费。服务人员在计算机以及手机端都可进行操作,有效避免漏单。足不出户, 在客房内即可享用饕餮大餐,这样的送餐服务迎合了许多酒店客人的消费需求,该小程序和云 PMS 直接互联。

（四）手机点餐

该小程序也是云餐饮的 C 端服务,可以让消费者自己操作,实现个性化的自助点菜,是一个全新升级的手机点餐系统 2.0 版本,新增了结账功能,从单纯的点菜机优化为掌上操作系统,更丰富了菜谱的营养介绍,有利于消费者了解酒店餐饮的菜系特色。

（五）iPad 点餐

这是为餐厅包厢服务的云餐饮系统小前台,是一个全新升级的 iPad 点餐系统 2.0 版本 iPad 是不能使用安卓系统。系统的人工智能应用带来了更好的客户体验,同时, 功能升级也将为餐厅带来更多的服务便利, 有效提升餐厅的工作效率和效益。

酒店餐饮的移动服务是酒店电子商务的重要组成部分,移动服务程序的开发目前已经非常成熟,但作为酒店电子商务的移动前台, 作为智慧酒店的服务前台, 作为酒店数据中心的组成部分，需要酒店通过战略规划来统一部署，需要实现餐饮移动服务的数据流动，才能实现酒店服务的协同性。只有这样，酒店提供的餐饮移动服务才有效率和效益，才能受到消费者的喜爱。

思考题：

1. 根据当前的云餐饮系统应用，你认为酒店餐饮还有哪些基于移动互联网的移动服务？请举例说明。

2. 云餐饮系统为什么要开发移动服务小前台？这些小前台有怎样的服务优势？

案例 5-2　兰州柏丽兹·云境酒店的数字化途径

兰州柏丽兹·云境酒店坐落在丝绸之路的商埠重镇——兰州，以 217 米的傲人之姿伫立于九曲黄河之畔，勾画出金城兰州的全新视野，堪称兰州视野最好的奢华酒店。在开业以前，兰州柏丽兹·云境酒店决定用数字化优势打造酒店的服务品牌，营造客户的数字化新体验，为此兰州柏丽兹·云境酒店选择与杭州绿云科技合作，共同打造兰州柏丽兹·云境酒店的数字化服务。

该酒店共设有不同风格的房型 400 间，其中 70% 的客房拥有一线黄河河景，所有软硬件均按照超五星级酒店标准配置；酒店拥有 1500 平方米的会议及宴会设施，包含 2 间 500 平方米的宴会厅、8 间多功能会议室和 3 间贵宾休息室，并配有相应的数字化服务设施。同时还设有室内保龄球馆、室内高尔夫球馆、恒温泳池和水疗 SPA 馆，一站式解决高端定制的会议和团建需求，给宾客带来国际一流的休闲享乐体验。

柏丽兹酒店的数字化途径首先采用绿云科技提供的 Opera+ Simphony+ S&C+ 智能周边的云部署解决方案，由绿云提供 Hosting 服务、云餐饮服务等整体架构。这是绿云 Opera Hosting 方案的又一最新案例，也是西北地区新增的 Oracle 最新本地客户，世界级的 Oracle 产品与绿云本地化的创新应用将给西北酒店业带来数字化水平的提升，为酒店消费升级时代的酒店带来新的价值。

然后柏丽兹酒店通过绿云自主研发的 oHotel 酒店数字化整体解决方案部署智慧服务，包括 LPS（会员管理系统）、早餐核销系统、移动智能应用、一键开票系统、电子菜单系统、银行 POS 支付一体化系统、云 POS 系统、证件扫描等，提升了该酒店的智能化服务水平。最后通过绿云科技的微应用服务电商助力业务的电子化。酒店试运营至今，该套数字化系统和服务取得了疫情以来最优的经营效益，均得到酒店方的认可与好评，为客户提供了更好的服务体验。

兰州柏丽兹·云境酒店市场销售总监马丽文表示："兰州是一座历史文化名城，是黄河文化、丝路文化、中原文化和西域文化的重要交汇地，它和数字文化的融合，推动了酒店服务的大幅度提升。尤其在'一带一路'与'文旅融合'的政策利好下，兰州旅游、兰州酒店业将迎来更多机会。我相信，柏丽兹·云境酒店将成为全球宾客下榻兰州的首选之所。滔滔黄河，至美云境，我们致力于为宾客带来奢华现代又富含数字文化内涵的极致酒店体验，进一步助力兰州酒店行业发展。"这就是绿云科技共同努力打造兰州酒店奢华的新名片，它带给兰州酒店业持续发展的信心。

思考题:

1. 柏丽兹·云境酒店的数字化途径体现了怎样的发展优势?

2. 通过该案例的分析我们能感悟到怎样的酒店数字化发展路径?如何选择酒店数字化应用的合作伙伴?

二、习题

1. 解释酒店后台管理信息系统的含义。

2. 试叙述酒店后台管理信息系统的作用和应用特点。

3. 解释酒店后台管理信息系统的主要子系统及模块。

4. 试举例阐述一家单体酒店应该有怎样的后台管理信息系统内容?

5. 作为一家连锁酒店,其后台管理信息系统的子系统功能需求有哪些?

6. 酒店人力资源管理系统的功能需求有哪些?

7. 简单介绍金蝶酒店人力资源管理系统的功能特点。

8. 请表述一家单体酒店的人事管理系统的主要业务流程。

9. 试说明酒店人力资源管理系统的应用作用。

10. 简述金蝶薪酬管理模块的功能特点。

11. 简述金蝶考勤管理模块的功能特点。

12. 什么是酒店收益管理系统?简述酒店收益管理系统在酒店经营中的主要作用。

13. 简述收益管理系统的主要功能以及它的作用。

14. 酒店收益管理系统的有效性取决于数据收集,正确的数据应来自于怎样的系统架构?

15. 什么是客房存量管理?如何实现收益最大化的存量管理?

16. 试根据酒店安保管理的要求,列出酒店安保管理系统的功能需求。

17. 试根据酒店采购管理的要求,列出酒店采购管理系统的功能需求。

18. 试根据酒店库存管理的要求,列出酒店库存管理系统的功能需求。

19. IDeaS G3 RMS 第三代收益管理系统体现了怎样的功能特色?

20. 简述酒店工程设备管理系统的主要功能。

21. 试叙述酒店工程报修系统的主要功能。

22. 酒店工程报修系统能提升怎样的对客服务?请举例说明。

23. 酒店工程设备管理系统能体现怎样的服务优势?它对前台服务赋能了什么?

24. 请画出一家单体酒店的工程报修流程图,并回答如何策划一个软件能实现一键式服务。

25. 试叙述酒店后台管理系统应如何规划设计才能实现软件的平台化?

第六章 酒店 CRS 和电子商务

学习目标

通过本章的学习，要求学生：① 掌握酒店计算机预订系统的概念，了解酒店计算机预订系统的分类和作用；② 掌握 CRS 系统的概念和作用，了解 CRS 系统的发展历史，熟悉 CRS 系统的主要作用和功能；③ 掌握酒店电子商务系统的概念、分类和作用，了解酒店电子商务系统的演变和发展历史；④ 了解酒店电子商务系统的核心内容，包括前厅、客房、餐饮、营销等电子商务内容，同时了解移动电子商务在酒店的应用。

早在互联网诞生之前，旅游酒店已经开始应用计算机专用网络开展旅游预订的分销和营销，这是酒店电子商务最早的业务形态。航空公司的计算机预订系统、酒店集团的 CRS 以及后来更为普及的电子商务在旅游连锁酒店商务电子化运行中发挥着重要的作用。本章主要围绕酒店计算机预订系统、CRS 以及电子商务系统等，介绍这些系统应用的数字化基本概念、作用、发展历史、现状以及未来趋势等，目的是帮助读者了解这些系统在酒店电子化经营中的作用，了解酒店商务电子化的演变及电子商务的应用与未来。

第一节 酒店计算机预订系统

酒店计算机预订系统是酒店业最早的电子化系统，计算机应用于酒店业始于酒店客房的预订，预订业务的电子化商务始于酒店计算机预订系统。开始的时候，还没有国际互联网，酒店就利用专用网络开展预订，凡是用计算机处理预订业务流程的，不管是否用网络、用什么网络，都统称为酒店计算机预订系统。本节将围绕酒店计算机预订系统的概念、分类、作用和应用现状进行系统的介绍。

一、酒店计算机预订系统的概念

客房预订是酒店的主业务，开始的计算机预订系统是指为潜在消费者提供实时信息，支持多种旅游产品的预订、确认、购买过程的信息系统，后来由于网络的发展，计算机预订系统的应用概念发展到营销领域。现在，计算机预订系统使用者可以是酒店集团，也可以是单体酒店，还包括其他与预订相关的企业，如第三方在线代理机构，等等。

CRS 形成于 20 世纪 80 年代，是酒店业电子商务应用的最早形式，它的发展为旅游业的分销做出了重要贡献，可以帮助酒店有效地管理库存和产品的分销以提高酒店的收益。自从 20 世纪 80 年代以来，CRS 发展迅速，几乎波及了所有的旅游企业，而它在酒店的应用是最成功的。计算机预订系统最早应用在航空公司，后来在酒店和旅行社获得成功应用。

尤其是国际连锁酒店，认识到计算机预订系统的作用，把计算机预订系统相继发展为中央预订系统。一些大型国际酒店集团，如华美达、洲际集团、希尔顿、喜来登、雅高集团等都是较早使用计算机预订系统的酒店企业。通过应用计算机预订系统，酒店的接待能力、接待容量、交易量、网络预订量以及经营收益都大幅度提升。这些经营业绩都与计算机预订系统的商务电子化技术设施成正比，酒店经营规模越大，计算机预订系统所需要的技术要求复杂程度也越高，产生的效益也越好。

计算机预订系统的持续发展主要基于三个方面的驱动：第一是成本驱动，如酒店的分销成本、通信成本和劳动力成本等，CRS 有低成本的优势；第二是市场驱动，CRS 支持差异性和特殊性的客户需求，并可满足复杂的个性需求，另外 CRS 可以实现关系客户的营销以及实现市场调研，获取准确的市场信息；第三是竞争驱动，酒店生意越来越难做，竞争压力很大，CRS 可灵活地处理市场价格体系，并支持微组织经营架构，用 CRS 建立的竞争和增值技能，通过 CRS 能获取酒店企业知识和经营主动权，创造战略性的市场竞争优势。

二、酒店计算机预订系统的分类

酒店计算机预订系统的应用功能根据使用的目的、经营规模以及技术设施复杂程度等的差异性而有不同，另外由于许多大型酒店集团都在计算机预订系统基础上发展成中央预订系统，因此对计算机预订系统没有一个明确性的技术分类，通常都是按照系统使用主体将计算机预订系统划分为三大类。

（一）酒店内部 CRS

酒店内部 CRS 是酒店内部使用的预订系统，它往往是酒店前台系统的一个子系统，功能仅仅是预订流程的电子化，系统主要由预订部或预订中心使用，适合单体酒店使用。预订系统的业务主要包括团队预订和散客预订两种类型，前者为旅行社的团队预订服务，后者为普通散客服务。系统功能主要支持未来可售房查询和预测，方便酒店的预订工作管理。开始由于网络的不成熟，考虑到系统的安全性，这类预订系统往往不是直接连接到网络，如早期的 FIDELIO OPERA 都包含具有此类功能的 CRS 系统。

（二）基于连锁或酒店集团的 CRS

这类系统都是酒店集团 CRS 的前身，主要是指酒店集团所采用的内部预订系统。它是一种封闭的、归属特定企业集团、由集团成员共享的预订网络。它具有排他性，较少对外开放，既是企业集团综合实力的体现，同时又是其垄断客源的一种途径。酒店集团可以通过 CRS 对客源构成、流量及流向进行分析和控制，并通过各种价位组合及调整实行收益管理，以实现集团利益的最大化。同时，此类 CRS 还具有集团内酒店信息共享、客户资源共享的联网销售优势，如洲际的 Global、杭州西软的 Foxhis CRS 等都属于此类系统。

（三）基于网络的独立 CRS

这类 CRS 系统是一种代表单体酒店或连锁酒店开展预订或分销的独立系统，可以由一个单位或多个单位组成，通过一定的网络开展电脑预订，因而也称为网络预订系统。网络预订系统是专门从事酒店营销的企业和酒店促销联合体所建立的销售网络，它通过自己设立在世界各地的销售点或终端接受客人委托预订，同时与入网酒店建立代理销售合同，通过退佣形式实现自己的利润。酒店网络预订系统与酒店集团 CRS 不同，它不仅面向酒店集团，同时更主要的是为各独立单体酒店通过营销服务提升与集团酒店抗衡的竞争实力。这些酒店使用共同的预订系统，打上统一的广告促销标志，从而也形成了一个销售和营销的市场联盟。

三、酒店计算机预订系统的作用

酒店计算机预订系统的作用总体上体现了提高酒店预订工作的商务效率和效益，降低了酒店预订和分销的成本，提升了酒店的接待能力和销售收益的调控能力。具体来说，它的应用所体现的作用主要表现在以下几个方面。

（一）预测客房销售及可供房情况

酒店计算机预订系统通过将客人的预订存储在系统中，实现未来客房、餐饮资源的预先占用，使得未来任何时刻的客房销售数量和可供房情况清晰可见，这是手工操作不可能达到的。预订和预测可使酒店减少超额预订、实现动态房价成为可能。

（二）收集及提供酒店各部门所需的资料

围绕客房销售与服务，酒店的各个部门需要相互合作才能实现优质服务。例如，餐饮部门第二天应该准备多少份早餐？第二天预订有多少团队用餐？客房部需要布置哪些 VIP 客房？所有这些，预订系统可以提供充分的数据资料，保证对客服务的准确性，减少服务中的差错。

（三）合理调配资源

酒店的客房在一段时间内只能被售出一次，所以合理配置酒店的资源就显得尤为重要。有些客人需要无烟房，有些客人需要安静的房间或湖景房，有些团队希望入住在同一个楼层，也有些客人喜欢景观房。满足这些需求的资源可以通过预订系统提前分配好，避免有限资源的浪费，从而提高酒店资源的效益。

（四）改善操作效率，提升顾客体验

有了自动化的计算机预订系统，预订员不需要再去翻厚重的手工预订本，就能够第一时间回答顾客的问询，减轻了工作压力，提升了预订工作效率，顾客在预订咨询时，就可以获得快速而准确的答复，有利于提升顾客的服务体验。

（五）多渠道增加整体销售，提升收益

增加销售、提升收益，需要技术系统的支持。酒店的计算机预订系统可以和其他第三方代理机构的网络进行联网，或者和网络分销商进行联网，拓展销售渠道和分销渠道，有

利于市场营销和销售，提升酒店的整体经济效益。

（六）构建顾客数据库，维系客户关系

计算机预订系统后台是庞大的数据库，其中客户数据库是酒店经营最重要的资源。客户在预订时所表示的个性化需求以及消费业绩都可以在计算机预订系统中保存下来，从而形成内容丰富的顾客数据库。当顾客再次预订时，其个人基本信息、个人偏好都可以迅速查阅，有利于酒店的市场开发和销售工作。

四、酒店计算机预订系统的应用现状

酒店计算机预订系统应用产生的作用如此吸引酒店管理人、酒店经营者，但它在许多酒店的应用状况并不理想，尤其是我国大多数的单体酒店。国内已有许多酒店及酒店集团近年来应用了计算机预订系统，但缺乏应用的理念，同时缺乏高效的网络对接，使用效果并不理想，主要表现出以下几种状况。

（一）对预订系统投入不足

预订部是酒店销售的最前沿部门，但由于酒店管理层对计算机预订系统所能产生的效益认识不足，对软件系统建设的投入缺乏足够的认识，使系统建设比较简单，功能不足，达不到酒店经营的预定目标。尤其对于第三方渠道的对接，预订系统缺乏智能化的功能，影响了预订系统应有的效率。通常情况下，许多酒店的预订系统对数据技术的应用不够重视，缺乏系统的预订数据和预测信息的有效分析和敏捷处理，失去了瞬息万变的市场机会。因此，创造预订系统的市场竞争力需要新技术的投入，也需要新技术应用人才的培训和投入。如果酒店经营者不懂技术、不重视计算机预订系统新技术的建设和投入，那么即使建立了系统也达不到顾客的需求，无法发掘市场的潜在需求。

（二）预订系统缺乏外部营销能力

由于大多数计算机预订系统仅是预订的内部管理，只能处理现有的预订情况以便捷地掌控预订客房走势，并没有关注外部客人的需求变化以及体现营销功能。而酒店的经营需要通过营销来增加预订量，仅是对系统各类客人的预订比例及入住天数等进行数据分析是不够的，应帮助酒店管理层按最大收益原则做出经营的营销决策和行动，但计算机预订系统对此无能为力。从酒店的应用来看，计算机预订系统还没有被充分认识和使用，酒店缺乏知识型员工做相关的分析工作，仅是依赖系统保存和处理一些订单来代替手工操作。对于酒店而言，计算机预订系统只是一个可以存储预订信息的系统，利用系统进行数据分析、开展针对性的营销意识尚未建立。

（三）预订价格缺乏吸引力

由于系统的分析不足，酒店很难掌控价格决策，造成预订价格缺乏吸引力，这是目前酒店很普遍的状况。许多酒店没有对各渠道的价格进行统一管理，而系统的操作员没有能力分析各渠道的现状数据，酒店又缺乏知识型工程师，造成酒店对多个分销渠道缺乏实时

了解，而酒店对这些分销渠道的掌控能力又比较弱，价格管理混乱造成的各个分销渠道价格不统一，既影响酒店品牌的传播，又影响酒店的收益管理。理论上，往往很多分销渠道的价格比直接进行酒店预订要便宜，但实际上出现了提前预订的价格不如现场入住价格优惠的现象。计算机预订价格对客人缺乏吸引力，酒店在价格策略上没有原则性，严重阻碍了酒店预订业务的发展。

（四）在线支付存在障碍

由于当时的在线支付还不流行，计算机预订系统能支持的在线支付方式很少（而现在除了银行系统的银联在线支付，还有很丰富的第三方在线支付可使用），所以计算机预订系统无法满足所有的在线支付需求，给计算机预订系统的在线支付带来障碍，影响了线上预订以及结算的多数客户需求。另外，现在多数第三方电子支付方也缺乏担保功能，而国外的预订一般都需要提供担保，如通过信用卡预授权的方式进行预订，这样对客人、对酒店都是有好处的。客人不用担心因为超额预订导致无房的现象，而通过在线支付的保证预订，酒店也可以对客房的预售有一个更加准确的预测。这些在线支付方面的问题影响了计算机预订系统的推广使用，然而国内要求提供信用担保的预订比较少，造成在线支付障碍依然存在。

（五）不够智能化，需要人工操作

当前大多数酒店的内部预订操作烦琐，费时费力，系统操作不够人性化，尤其在处理酒店与渠道方的结算时，系统的功能不够智能，又缺乏诚信，需要许多人工操作。在操作上，由于计算机预订系统功能相对较弱，与预订相关的工作内容大多以传统的、简单的人工操作为主，即使采用电子方式预订也是如此。预订过程如下：渠道方首先向酒店进行需求预订，酒店以电话或其他方式进行确认；客人入住后，渠道方一般通过电话暗访予以确认。酒店在收到订单后，还需要人工录入酒店的预订系统中。大部分酒店的计算机预订系统还处于这一发展水平，系统智能化水平不高。

综上所述，计算机预订系统的应用在功能上还需要进一步提升和完善，但在运作方面，酒店还需要经营者的先进理念和知识型工程师的配合，仅靠几个会操作的服务员是远远不够的。只有这样，计算机预订系统的潜能才能被挖掘出来，酒店才会获得相应的竞争优势。根据分析的应用现状，下面给酒店经营者提出三点建议。

第一，利用网络拓展分销渠道。酒店在应用计算机预订系统时应重点利用现代网络拓展分销渠道，为酒店增加收益。酒店除了选择本地渠道，还应在全国范围内有目标地选择分销渠道，或者在全世界范围内选择自己的分销渠道，并与之实现网络链接，开展业务交换，这样既可宣传自己，又可增加客源收益，为消费者提供直接预订的服务，从而增加在线预订的份额。

第二，利用新技术提高服务能力。随着网络的发展，在线预订的客人会越来越多，酒店预订部的工作内容、工作重心应适应现代酒店的发展，积极利用新技术提升系统的预订服务功能。通过了解、分析、预测客人的变化和需要，使用先进的技术手段和方式方法，满足和适应现代客人不同层次的预订需要，及时获得客人真实、可靠的反馈信息，从而使计算机预订系统由"预订中心"转向"信息服务中心"，不断改进和完善相关的服务措施和办法，通过提高服务能力，使预订收益最大化。

第三，用数据技术加强价格管理。酒店管理者要在现有的销售体系配套的基础上，针对各种预订客源市场，用数据技术建立一套有效的预订价格体系和营销策略。具体做法有：通过市场数据分析制定合理的价格阶梯政策，根据订房数量和订房天数，设置差异化价格，同时确保预订房价低于现场入住价；开展网络预订价格促销，使产品价格如同航空票务系统一般，在一段时期会根据客人的预订情况浮动，吸引客人预订；通过各种促销活动加强预订的宣传力度，扩大酒店的影响力，引导和吸引客人在线预订。

五、酒店计算机预订系统的发展趋势

酒店计算机预订系统随着网络的普及，其应用全面普及，尤其是单体酒店已将其作为经营中的一个重要系统来建设。因为现在的顾客已经习惯通过网络进行在线订房，尤其是移动互联网的普及，顾客利用自己的手机就可以在线预订，酒店对计算机预订系统的功能要求也越来越高。在这种应用需求的推动下，计算机预订系统呈现出以下发展势头。

（一）向智能化发展

酒店计算机预订系统发展之初主要是实现预订和库存管理以及价格管理。预订系统通过统计不断售出的房间而计算可用房数量，实现部分可视化管理。当时对计算机预订系统的要求仅是统计管理，代替部分人工。而且价格管理往往也是基于旺季、淡季而预先设置好的，并没有灵活的销售策略体现。虽然有些系统也能够按照顾客的类别进行房价类别定义，不同顾客可以享受不同的价格，但缺乏收益管理的智慧性。随着计算机预订系统的不断成熟，系统功能还可以非常智能地帮助预订部门做一些数据分析，以帮助部门或管理层决策。例如，可以模仿航空售票系统的那种浮动价格销售，开展差异化定价，当酒店未来某一天的预计出租率达到一定数值，则那一天的房价可根据销售策略进行一定程度的浮动。通过这种方式，可以最大限度地增加酒店收益。新一代计算机预订系统的智能化还体现在了解、分析、预测客人的变化和需求上，以满足和适应现代客人不同层次的预订需要。客人第一次入住酒店时，客人的资料、喜好和要求等都能录入系统，当客人再次入住时，预订系统可以立即显示该客户的历史、偏好、消费记录和购物习惯等，从而帮助酒店为其定制预期的服务，让其感受到酒店更加贴心的服务，用智能服务提高客人满意度。

（二）向实时互动化发展

实时互动化的发展，主要基于移动网络的发展。由于技术的原因，传统的计算机预订系统出于安全考虑，往往是不和酒店在线网站互联的。客户通过在线网站预订后，预订员需要把该预订单手动输入计算机预订系统中，这样的工作量很大，而且容易出错。新一代的计算机预订系统能和在线网站进行直连，也可以和酒店前台系统相连，预订信息可以在各系统相互流转。目前，酒店通过在线网站、微门户网站提供实时的客房状态和服务信息，能够根据顾客个性化的查询及时提供相应的回复，顾客也可以通过网站、自己的手机直接查询酒店可售房的情况，并进行自主操作，实现有效的实时网络订房。必要的时候，客户还可以用信用卡直接进行付款。通过实时信息的互动，消费者的订单信息会实时传递到酒店内部的计算机预订系统，被确认后，该系统还能够通过手机、微信、电子邮件等方式及时向顾客发送确认信息。

（三）向移动服务发展

21世纪是一个信息时代，更是无线网络时代。随着无线技术的发展、移动终端智能化技术的成熟，酒店预订系统的移动服务也成为可能，如酒店使用平板电脑可以为个性化客户提供便捷的预订服务，客户利用自己的智能手机，也可以登录酒店预订系统预订服务产品。目前已有很多酒店的计算机预订系统可以和微信营销平台对接，客户用自己的手机通过微信就可以直接预订客房。不管客户在哪里都可以实现订房，实现了真正的移动服务。通过移动服务，酒店可将销售渠道拓展到整个旅游行业的各个价值链环节，利用移动互联网把酒店产品挂到国际网站订房网和全球分销系统上，实现全球化销售。这样酒店计算机预订系统逐渐从内部网、外部网格局走到消费者身边（无线网格局），形成移动服务的网络化格局。计算机预订系统还可以利用无线网络与各类中介开展移动合作。通过接口系统，计算机预订系统可以实现与零售旅行代理商、旅游批发商、网络预订服务公司、网络旅游公司等旅游企业的移动化业务对接，并实现实时预订的移动化管理，此时的计算机预订系统已经和中央预订系统的功能无多大差别了。通过移动服务的计算机预订系统可以非常有效地扩大单体酒店的销售范围。

第二节　酒店中央预订系统

自从有了计算机预订系统的应用实践，连锁酒店逐渐形成了专门的预订业务电子商务系统，即中央预订系统（CRS），这是连锁酒店最专业的电子商务应用系统。在国外，中央预订系统也是酒店企业最早的一个重要系统，是商务电子化核心竞争力的重要标志。不同于计算机预订系统的广泛应用，中央预订系统只能特定地为本企业服务，为成员酒店服务，可形成连锁酒店独特的、差异化的竞争优势。近年来，中央预订系统受到国内酒店集团、连锁酒店企业的青睐，尤其是受到国际酒店集团发展的影响，都纷纷构建适合自己酒店发展的中央预订系统。国内发展最早的是南京金陵集团，于2005年与杭州西软科技有限公司合作，研发了第一个国内版权的中央预订系统应用软件。在系统性地介绍酒店电子商务系统以前，有必要介绍酒店CRS的应用。

一、酒店中央预订系统的概念

CRS主要指集团酒店自己采用的内部预订系统，为所有的客户、成员酒店提供预订服务，进行酒店日常管理。它是一种封闭的、归属特定企业集团、由集团成员共享的预订网络。它具有排他性，较少对外开放，既是企业集团综合实力的体现，又是其垄断客源的一种途径。通常，中央预订系统可以是酒店电子商务系统的一个子系统，也可以是独立运行的一个专门系统，客人如需要预订该集团内任何一家酒店的客房，可以通过该集团的中央预订系统进行网上预订。国际上一些著名的酒店集团，如巴斯酒店集团的 Holidex 预订系统、洲际集团的 Global II 预订系统、雅高集团的 Accor 订房系统、希尔顿的中央预订系统等，都属于这类系统。

中央预订系统是酒店集团企业竞争力的一个标志性系统，也是酒店主业务商务电子化的标志性系统，系统建设的目标不但为消费者提供即时预订服务，还为酒店企业提供交互式的网络营销，提供完善的客房管理、订单管理以及常客和会员客户管理。因此，中央预订系统的建设是酒店集团或连锁酒店积极推进电子商务、实现酒店数字化服务、转变酒店企业经营扩展方式的重要举措，是增加酒店收益最重要的技术系统，更是酒店电子商务系统构建的重要子系统。中央预订系统涉及的技术有数据库（或数据仓库）技术、网络通信技术（包括无线网技术）以及新媒体技术等，Web 网站是它的对外窗口。随着信息技术和移动互联网技术的不断进步，中央预订系统正在成为酒店不可缺少的电子分销平台。

二、酒店中央预订系统的作用

通过 CRS 与 PMS、CRM、LPS、呼叫中心系统无缝对接后，可实现实时分销、预订，实时房源、房价的调控，客户预订可直接在前台显示。同时 CRS 为酒店集团其他营销及管理活动提供数据平台，如常客计划、捆绑促销、企业销售、电子营销等，使集团内部资源可交叉销售。一个功能强大的 CRS 以及完善的分销系统是连锁酒店集团竞争优势的基石，同时也是连锁酒店集团实现电子分销不可分割的部分。CRS 既是酒店集团综合实力的体现，同时又是其垄断客源的一种途径。目前，国际旅游酒店业中，客房数量仅占 30% 的集团酒店瓜分了 80% 的客源市场。酒店集团通过其 CRS 对客源构成、流量及流向进行控制，并通过各种价位组合及调整实行收益管理，以实现集团利益的最大化。

随着酒店经营规模的扩大以及酒店的收益管理、网络需求的增加，客房预订管理工作量越来越大，难度也越来越大。而且近年来酒店集团化发展的趋势，对集团预订业务的统一管理需求在不断增加，在线预订的窗口成为集团的品牌标志，虽然其中大多数酒店集团已有计算机预订系统，但在功能上和统一管理上无法达到集团发展的战略需求，升级和建设集团统一的中央预订系统成为必然。酒店有了中央预订系统，整个集团的预订业务管理以及给成员酒店带来的业务上的变化产生了质的飞跃，因为中央预订系统可以支持集团预订管理、集团收益管理、集团渠道管理、集团大客户管理、集团电子商务营销，尤其整合了所有酒店的客户资源，使成员酒店可以随时共享客户资源，给部分集团化组织较为完善的酒店发展带来巨大的推动作用。现阶段，中央预订系统在集团经营上具备以下几个作用。

（一）联网销售

酒店集团采用中央预订系统后，可以十分便利地将集团下属酒店的客房资源整合在一起，按收益最大化原则，建立更加广泛的客房预订网络。客户可在世界任何地方通过互联网系统，轻松地查询到该集团下属任何一家酒店的房间资源、房价、地理位置、临近旅游资源及交通线路等信息，并可通过免费预订电话进行人工预订，也可在网上完成自主预订。成员酒店之间可互相代办预订，以此实现全球范围内方便、快捷的客户共享和在线预订。中央预订系统还可以在集团层面与其他各旅游分销系统，如 OTA、GDS、IDS（互联网分销商）及酒店官方网站预订引擎实现无缝对接，建立广泛的销售网络，使酒店各种产品资源能在全球范围内实现即时预订。

（二）客户资源共享

中央预订系统在酒店集团应用后，可以使客户信息在集团内的所有酒店共享。客户资源的共享体现在客户基本信息和客户历史消费信息两个方面，这是酒店提供优质服务的基础。通过集团客户资料共享，客户资料可以在各酒店无障碍互通。例如，某个客人在集团的 A 酒店入住后，就保留了该客人的基本资料和消费历史。当该客人到集团的 B 酒店预订时，B 酒店的预订员就可以看到该客人的相关资料，从而可以根据其喜好和消费水平，提供有针对性的优质服务，享受同样的待遇。实时的、所见即所得的资源共享预订模式既可以提高预订效率，增加客户黏滞度和忠诚度，同时又方便了客户。客户资源的共享，不仅有助于提升酒店管理集团的品牌形象，还能最大限度地增强酒店集团化经营的竞争优势。

（三）加强成员酒店的管控力度

酒店集团的经营能否成功，关键在于客房销售的管控。酒店集团旗下的成员酒店往往分布在全国，甚至全球的各个地区，经营管理的成本很高，对成员酒店的管理和把控也比较难。传统的酒店集团管理模式，是通过成员酒店上报经营数据，集团进行远程遥控指挥的方式进行管理，管理模式属于事后管理型。中央预订系统为集团进行实时管理、事前管理提供了可能性，集团可以实现各成员酒店客房的销售情况可视化。通过中央预订系统，酒店集团可以第一时间了解各个成员酒店的运营情况，便于其针对各酒店的不同实际，实施有针对性的管理，及时为所属酒店提供资源支持。集团的营销策略也可以通过中央预订系统进行统一实施。例如，目前酒店集团的营销手段之一就是"预订送积分""满房晚数免费赠"等方式，中央预订系统可以实时进行统计，无须人工对各家酒店的消费进行审核和统计，极大地提高了工作效率。运用中央预订系统可以打造统一的集团形象，更有利于建立集团服务品牌。

（四）扩大集团规模，增加收益

国际酒店集团的快速扩张，很大程度上受益于自己庞大的网络预订系统。国际上著名的酒店集团都建立了自己的全球性网络和订房中心。中央预订系统的建立，可以快速扩大酒店集团自身的营销能力和竞争力。一些单体酒店也会被集团的中央预订系统所吸引，加盟酒店集团，有利于集团增加收益。一般而言，酒店集团公司拥有所有权的酒店使用 CRS 系统获得订单一般需要付出一定的费用，拥有特许经营权者除了预订费通常还有其他管理收费，单体酒店以合约形式使用大型酒店集团的 CRS 所付出的费用会更高。因此，中央预订系统的建立既有利于酒店集团扩大规模，也有利于获得额外收益。

三、酒店中央预订系统的发展历史

中央预订系统的发展，最早始于假日酒店集团于 1965 年 7 月建立的假日预订网络（Holidex-I），随着假日酒店集团应用该系统的成功，国际上一些大型酒店集团都纷纷建立了自己的中央预订系统。因此，CRS 发展至今已有四十多年的历史，并经历了以下发展历程：

（一）CRO 电话预订+计算机管理模式

在计算机和网络技术取得重大发展之前，早期的预订系统都以使用电话为基础。酒店面临着大量的预订工作：电话、传真、文件都需要耗费不少人力和时间来处理，而且容易出错。这种情况在航空公司推出它的计算机预订系统时开始改变。20 世纪 60 年代早期，航空公司开始开发计算机预订系统，初衷是为了简化航空公司内部订票员预订机票的程序，这个系统既有效，成本又低，在全球航空市场获得了巨大的成功。

由于航空公司的产品和旅游酒店的产品都具有不可储存的性质，国外酒店集团敏锐地发现了这一共同点和这一系统的潜在价值。尽管那个时候的航空预订系统的网络容量能够将酒店和汽车租赁代理也归并到航空预订数据库，许多连锁酒店也有能力加入航空预订系统，但是它们觉得加入该系统的费用高得令人望而却步。连锁酒店集团的成员每一个预订需要支付三种不同的佣金：成员酒店支付给旅行代理商的 10%（甚至更高）的佣金；酒店集团收取的通过集团中央预订办公室（CRO）的合理费用；航空公司收取的使用航空预订系统的费用（Vallen，2002）。

国外连锁酒店既被航空预订系统的巨大潜力所吸引，又无法接受为了使用该系统所必须付出的高额成本，于是便自己着手开发更加适合酒店产品的 CRS。1965 年，凯蒙斯·威尔逊首次引进假日旅馆的中央预订系统，开了住宿业中央预订系统的先河，完成了酒店预订系统一次历史性的飞跃。为更好地使用 CRS，酒店集团设立了与之配套的部门——CRO，统一负责关联酒店的相关预订，同时为旅行代理机构提供了免费服务电话，安排拥有较高实际业务能力的服务人员受理预订请求。

这个阶段的预订以电话预订方式为主，订房中心的预订员在酒店资产管理信息系统（PMS）的帮助下，向旅游代理商或者顾客提供预订相关信息。PMS 其实是一个数据仓库，存储了关于顾客偏好、协议单位的账户、协议以及实时的房价和房间可用状况。但是由于这个时候的 CRS 不能和成员酒店的 PMS 直接连接，需要酒店和中央预订办公室不断地手工更新各个成员酒店的库存信息。中央预订办公室从来不知道某酒店有多少房间可供出售，只知道该酒店有房出售。由于 CRO 无法及时获知每家酒店的房间占用及空闲信息，因此酒店在客房供应紧张时，就必须及时通知 CRO 停止销售。何时通知中央预订办公室实际上很难掌握，过早地通知可能造成可用客房的积压，而过晚地通知又容易造成超额预订。因此，在该模式下进行预订存在着以下几个问题。

（1）计算机上显示的数据信息过于简单，不足以说明酒店复杂的设施和功能。

（2）虽然酒店的 PMS 实现了对酒店客房存货情况的管理，但是系统上的信息并不能及时传达给 CRO，所以订房办公室是不知道酒店客房的实时信息的，这也给订房工作带来了隐患。

（3）所有的沟通过程都必须通过电话实现，整个流程实际上只是电话预订、计算机管理。根据国际酒店销售与营销协会（HSMAI，1995）的统计，通过酒店集团 CRO 电话语音预订，每个预订的成本是 12～15 美元。

（二）基于局域网的半自动化预订模式

20 世纪 80 年代末，随着数据库技术和网络技术的成熟，出现了 PMS 与 CRS 数据库远程无缝对接技术，极大地促进了酒店预订系统的发展。数据库远程无缝对接技术是指将 PMS

中房间状态及房价的变化实时复制到远端的 CRS 中的一种软件编程技术。利用此技术，CRS 中的房态和房价可以真实反映远端酒店 PMS 中的情况，酒店集团可以实时掌握每家成员酒店每间客房的真实情况。酒店通过 CRS 既可以最大限度地销售房间，又可以避免超额预订情况的发生，同时可以根据市场变化情况及时调整房价。集团与其成员酒店通过无缝对接技术，实现了实时掌握每家客房的实际供应情况，使酒店有更多的机会销售每一间客房。通过将成员酒店的 PMS 与集团总部控制的 CRO 进行接口连接，成员酒店可以集中控制集团所有的房间和房价清单，还可以使酒店为客人提供个性化的服务，实施关系市场营销，通过对客人历史记录的查询更好地为顾客和代理人服务。

这个阶段 CRS 的特点是实现了局域网的半自动化预订。CRS 系统的使用者除了酒店集团或者酒店联盟的成员酒店，旅行代理商、批发商等也很快加入该系统。当预订成功时，旅行中间商便从酒店获得佣金。而那些没有自己的预订系统的酒店，可以通过支付一定的费用，加入某个酒店联盟的预订系统，并将酒店产品的销售点和房价罗列在中央预订系统中，以便于旅行代理商销售。旅行代理商和顾客通过 1-800 电话联系酒店联盟，从而获得合适的酒店及信息。

这种模式一直是各大酒店集团开展网络预订业务所使用的主流方式，具有以下优点。① 有利于收益管理。酒店很大一部分收入来源于客房收入，房价设置合理且灵活，有利于酒店增加收入。基于局域网的信息传递可以将酒店集团的产品信息以及销售信息第一时间传递到相关部门。这种传递是实时的，酒店可以随时根据销售情况进行房价优化。② 扩大销售范围。无缝对接技术使得酒店企业可以使用更为广泛的销售代理，销售代理只需要在本地安装一个简单的销售终端即可进行销售。借助 CRS，酒店企业可以在更为广泛的空间中对自己的产品进行销售。③ 信息展示更加全面。基于中央预订办公室的电话预订，消费者往往不能得到充分的产品信息，而 CRS 可以显示出酒店产品非常详细的信息，有利于顾客进行购买决策。

（三）基于互联网的全自动化预订模式

不管是连锁酒店还是联盟酒店的预订系统，其应用目标是让产品进入最大的市场范围，互联网的诞生为酒店预订系统又带来了一次巨大的冲击。互联网使顾客绕过所有的中间环节直接向酒店发出预订请求，而旅行社和顾客可以直接访问集团的中央预订系统，从中得到酒店的详细资料，包括酒店的出租情况，并能立即预订和确认。

随着网上预订业务在酒店总销售额中所占的比重越来越大，酒店付给网络中间商的佣金越来越多，使得酒店集团逐渐认识到构建自己的网络预订平台的重要性。出于利益的考虑，各大酒店集团正努力建设自己的网站，以使顾客可以迅速、方便地找到自己需要的产品，并进行确认。实际上，作为业务外包的一种办法，把网上销售交给中介商并非不可，但是酒店方付出的代价则是对中介的依赖增加、开支的增加、收入的减少、逐渐失去对产品价格的自主权、品牌影响力的降低等，失去这些对于一家酒店而言是不可思议的。此外，从消费者角度来看，他们也不愿意在中间商那里多花钱，Forrester Research 调查公司发现 69% 的美国休闲旅客喜欢直接订房，而只有 27% 的旅客愿意从中间商那里订房，因为他们认为高质量的服务只能来自于酒店本身。这也是国外大型酒店集团越来越倾向于发展自己的网站来开展网络直接预订业务的原因。

目前，绝大多数连锁酒店都拥有了公司网站，并且提供在线预订服务，允许顾客直接进行预订。这些预订都会直接进入酒店的 CRS 系统，不再需要人工干预。国际联号酒店也采用了一些吸引客户直接预订的政策：如最好的价格一般只能在酒店自有的网站上获得，万豪集团更是提出了"不用上别处看，这里保证最好房价"的口号。在未来的一段时间内，酒店建立自己的网站并主要通过自有网站进行客房的直接预订将会逐渐成为客房预订方式的主流，但是 CRS 系统依然需要各类旅游中间商为其分销。因此，这个阶段的 CRS 不仅仅在技术上实现了直面终端消费者，还使酒店客房的预订方式变得更趋于多元化，CRS 覆盖的范围、使用的对象也变得越来越广泛。这就需要酒店集团进行分销和直销管理。酒店需要和网络中间商谈判，建立新的分销协议，控制送往网络中间商销售的房间数量。

这种基于互联网的全自动化预订模式为酒店企业带来了以下几个方面的竞争优势。① 覆盖的范围更广，面对的用户种类更多。除了基于局域网的旅游行业企业，终端消费者也可以通过互联网与酒店直接发生联系。这是一个异常庞大的市场。② 降低成本，增加收益。把顾客预订房间所要经过的中间渠道减到最少，减少酒店企业对中介的佣金支出；增强酒店对于产品价格的控制权，帮助酒店实现收益管理。③ 实时互动服务。基于互联网的全自动预订模式可以为顾客提供充分的、及时的信息支持，让顾客做出决策，有利于酒店实现个性化服务，在满足顾客需求的同时，还可以降低酒店的成本。④ 建立酒店品牌。通过网站展现酒店品牌、形象和服务是最经济有效的方法，节省营销费用；酒店信息可以在最短的时间内发布到网站上，容易更新；直接面对顾客有利于酒店收集用户资料，开展在线调研，获得第一手资料；帮助酒店对市场需求做出迅速反应，调整营销战略。

综上所述，CRS 的发展经历了人工方式的中央预订办公室预订到基于局域网的半自动化预订，再到基于互联网的全自动化预订模式等阶段，CRS 功能是通过不断纳入新功能、采用新技术逐步完善而形成目前的系统的。最新的 CRS 的发展模式是借助呼叫中心、局域网以及移动互联网预订这三种方式的混合模式。

四、国内外典型的 CRS 应用综述

目前，基于云计算的酒店中央预订系统软件已经占据了全球市场中最大的份额，有酒店自己开发的，也有酒店与软件服务供应商联合开发的，全球及国内的核心方案供应商包括以下几个：

Amadeus（TraveClick iHotelier）；

Sabre（SynXis）；

SHR（Windsurfer）；

D_Edge；

Pegasus；

Guest Centric；

GreenCloud（杭州绿云）

Shiji（石基信息）。

酒店集团或酒店联号较之独立酒店一个突出的优势就是拥有自己的全国性乃至全球性客房预订中央控制系统，能为其成员酒店提供集团内订房服务，并支持集团的快速扩展。通过 CRS 系统，顾客可以在全世界各地的成员酒店里办理其他成员酒店的客房预订，共享

集团的客户资源。下面简要介绍几个国际上著名的 CRS 系统。

（一）Holidex 系统

由假日酒店集团于 1965 年 7 月建立的假日电讯网（Holidex-I）系统是应用最早的一个系统。那时候它的主要功能是提供客房的营业和订房资料，作为公司内部信息传送的通信工具。后来，假日电讯网已升级为 Holidex II，并拥有自己的专用通信卫星。假日集团通过 CRS Holidex II 将遍布世界的假日酒店联系在一起，通过该系统，在每一家假日酒店里都可以随时预订任何一个地方的假日酒店，并且在几秒钟内得到确认。这个阶段的 Holidex II 加强了自动化功能，加入高速信息传送技术，加强了客房数目及价格管理。通过 Holidex II，客人可以预订假日酒店集团当时在全球各地的两百多家酒店和度假村不同等级的客房，并在几秒钟内得到确认。Holidex II 每天可以处理 7 万间客房的预订服务。1980 年，Holidex 2000 面世，除具备原有服务功能外，还采用了先进的信息技术，将酒店管理信息系统直接接入中央资料库和订房操作系统，使订房人可以通过 Holidex 直接访问假日远程预订系统，查看系统内各酒店的房态信息，包括房型和房价等，并可直接人机对话，完成网上销售，无须借助酒店前台人员操作即可完成客房预订的全过程。

（二）HILSTAR 系统

希尔顿的中央预订系统——HILSTAR 能够支持希尔顿的整体战略实施，能够将信息实时传送到 HRW（希尔顿全球预订）、GDS 以及成员酒店和在线网站。HILSTAR 具有灵活的库存和房价管理功能，支持房价变化，提供快捷搜索。该系统提供单页面的库存管理功能（全世界的希尔顿分销渠道所看到的信息和价格是相同的）和实时确认功能，顾客可以通过系统看到具体的房价目录，如促销价格等，能够直接在线订房。

（三）FIDELIO 系统

FIDELIO 酒店软件是目前全球最著名的软件。这套完整的软件系统由中央预订、中央客人档案、中央公司、旅行代理商档案及中央管理信息几个子系统组成，目前许多国际酒店集团都采用该软件。其中央预订系统可以储存所有集团内客户的个人资料、偏好等信息，供所有成员酒店共享。香格里拉集团采用的便是该软件，客人可在任何一家香格里拉酒店预订其他香格里拉联号酒店的产品，并且可以迅速得到确认，从而提高这家酒店的预订效率，并进一步提供有针对性和个性化的服务。另外，系统可以和 GDS 系统完全连通。旅行商可以通过中央预订系统在最后一分钟做出预订并立即得到确认。

（四）Voyager CRS 系统

Cendant 国际酒店公司的 Voyager CRS 系统包含全球分销系统 GDS 联网、互联网预订引擎、数据维护工具、佣金支付和商业智能模块等功能。具体功能包括：① 可以与所有的 GDS 系统，包括 Galileo、Sabre、Amadeus 和 Worldspan 等系统连接，为酒店提供与旅行代理商预订系统联网的酒店实时预订情况和预订率信息；② 多语种互联网页面的预订引擎；③ 通过多个预订渠道提高获取特定酒店信息的导航能力；④ 实时数据报告和存储等；⑤ 可以帮助酒店搜索顾客的数据资料、判断预订趋势，使其能够更好地确定目标客户，更有效、更经济地分配产品库存。对于一般客户也可以通过网站查看实时信息并在线预订产品。

（五）TravelCLICK 的中央预订系统

北京建国旅业采用的 TravelCLICK 的中央预订系统能够无缝对接全球主要的 GDS 及互联网分销渠道（IDS），使北京建国旅业旗下的酒店能分销到全球 67 万家旅行社终端及上千家国际互联网分销商，并且该系统提供动画单页面（OneScreen）预订引擎，能够将房型、图片、房价等信息集中到一个页面，方便预订（刘河军，2005）。该系统还提供销售管理方案、多样化的营销手段、库存优化管理等，可以根据以往市场占有率的记录和未来市场占有率的推测，帮助酒店在市场竞争中快速应对各种变化，调整价格，增加收入（覃珧，2006）。

（六）锦江 CRS 系统

锦江酒店与美国德尔集团合资成立了锦江德尔互动有限公司，引进先进的 GenaRes 订房系统，二次开发出适合国内使用的中央预订系统。锦江酒店以前开发的"锦江之星"呼叫中心也趋于成熟，月接订单近 7 万个；忠诚客户总数近 7 万人，会员入住率达 38%。同时，锦江酒店建设并开通了具有中、英、法、日四国语言和实时预订功能的锦江酒店电子商务网站、"锦江之星"电子商务网站等。为了便于集团管理，锦江集团于 2010 年成立锦江国际旅游电子商务公司，对中央预订系统运行以及电子商务业务实行集团统一管理。

（七）绿云 CRS 系统

杭州绿云 CRS 系统是针对高端星级酒店集团和大中型连锁酒店集团的中央营销平台系统，以会员、大客户、散客的数据收集积累为基础，通过打通直销和海内外分销渠道为手段，进而整合集团资源，统一集团标准，帮助酒店集团提升品牌价值，增强核心竞争力。

1. 绿云 CRS 系统的特点

绿云 CRS 系统的特点如下：

（1）云原生架构，支持集中和分布式部署；

（2）符合行业统一规范，支持主流 PMS 的对接；

（3）通过 OTA 标准协议支持业内所有渠道的技术对接，包括携程、美团、飞猪、同程、艺龙、去哪儿、Agoda、Expedia、Booking.com 等；

（4）支持 Call Center、网站、微信、App、WAP 等直销平台的对接；

（5）支持集团内部各品牌酒店的快速预订，同时支持跨集团、区域联盟预订；

（6）支持多业态全渠道预订，包括客房、景区、餐饮、零售、组合、权益和卡券产品，支持线上、线下和直销、分销的任意组合方式；

（7）界面风格 OTA 化，菜单结构扁平化，简单易用。

2. 丰富的集团管理功能集

绿云 CRS 系统具有丰富的集团管理功能集，具体如下：

（1）GMS 集团管控平台；

（2）CCM 中央渠道管理；

（3）LPS 客户忠诚度管理；

（4）CRM 大客户管理；

（5）GSS 集团营销管理；

（6）CAS 中央审计管理；

（7）CAC 中央结算管理；

（8）BI 在线经营分析。

3. 实时一体化管理能力

绿云 CRS 系统的实时一体化管理能力具体表现如下：

（1）支持实时管理单体酒店的房态及价格；

（2）网站、Call Center、分销商的实时管理；

（3）携程直连，包括日常售卖产品、促销产品、闪住产品、优享会、各类其他活动促销（如天天特价、限时抢购等）等产品直连，支持 PMS 价格同步，支持订单状态自动审核。

五、CRS 的主要功能

由于酒店电子商务发展的需要，酒店中央预订系统必须和其他系统进行系统集成，以保证所有成员酒店业务管理上的协同。因此，新一代的中央预订系统功能包括常客管理、渠道管理、预订中心管理、收益管理、在线预订管理等系统，使它们能够进行实时的数据交换、无缝库存管理和单页库存（所有系统在同一时刻可以看到相同的数据）。下面简要介绍 CRS 系统应有的主要功能。

（一）常客计划系统

集团常客计划系统主要用来协助建立集团客户网络，以提高集团对下属酒店输送和维系客户的能力，方便下属酒店共享集团客户资源，帮助集团建立"回头客"管理和奖励机制，以吸引客人不断光顾本集团的所有酒店，并最终形成一个围绕本集团品牌的完善会员数据库和网络。常客计划系统主要包括客户管理、会员管理、积分奖励、积分消费、储值消费等功能。通过采集各成员酒店的原始顾客数据，并对采集来的数据进行分类、汇总、分析、预测，CRS 可对常客的档案进行有效管理，对顾客历史预订状况进行分析，跟踪顾客的消费动态，充分挖掘顾客的潜在价值，形成差异化服务的有效依据。运用常客管理功能，也可实现对协议单位的绩效分析，以帮助管理者根据协议单位的不同贡献，制定协议价格等。

（二）渠道管理系统

CRS 的渠道管理是配合建立集团层面与国内外各主要分销渠道（如 GDS、IDS、TMC、HRC 等）的直接合作，以优化分销流程和降低分销成本。尽管目前的电子分销渠道依然需要线下的电话或传真确认，但是集团通过 CRS 可以与外部网络预订中心（如全球分销系统、携程、艺龙、去哪儿等旅行网）建立更密切的、开放式的在线合作关系，并实现对分销渠道的监控和管理。根据 CRS 中存储和收集的数据考核来自渠道预订的客源状况，对其进行收入支出管理，以分析渠道对酒店所做的贡献，实现对分销渠道考核的准确性，从而加强对渠道的控制力，为管理者构建最优化的分销渠道体系提供依据。

（三）预订中心系统

CRS 的预订中心管理主要用来配合建立集团自己的预订中心，以提高集团集中客源管理能力和向下属酒店输送各种预订信息的能力。该系统功能主要包括中心预订、网络预订、成员互订、确认管理、佣金管理、顾客历史管理等。中央预订系统与所有成员酒店直接相连，可以查看成员酒店的各种信息，如客户档案、客房资源、餐饮资源、会议室资源等。CRS 可以在最短的时间内，提供给顾客所需要的产品，并能够及时获得顾客对产品和服务的反馈，改善酒店的产品和服务。预订中心的成员互订可以实现成员酒店之间的互订，可以通过网络或其他微信等新媒体，实现集团内对顾客行踪的锁定与追踪，挖掘有消费能力的客户，从而帮助集团更有效地定位产品和服务，为这些客户提供个性化服务。

（四）在线预订系统

CRS 的在线预订系统主要实现为散客自助预订所需要的功能，功能主要包括在线订房、订单查询、房态查询、客户消费及积分查询、客户资料信息修改、客户交流及投诉等。散客可以通过酒店集团的预订网站自助查询产品信息，在较短时间内足不出户就可以收集到酒店相关信息并进行安全、实时的在线预订。中央预订系统能够跟踪客户的网上预订信息，并进行校验和相应的确认处理。该系统能持续协助挖掘在线直销市场的潜力，并更好地优化和平衡集团及下属酒店客房的直销及分销的比率。

（五）收益管理系统

CRS 的收益管理主要是为了制定更好的销售策略。集团收益管理系统能通过科学的数据分析为集团和下属酒店创造更高的收益目标。收益管理系统的主要功能是对销售情况的分析与预测，确定不同季节的最佳收益产品。目前国内酒店集团的预测管理主要通过手工方式进行计算，决策者个人素质和经验的影响比较大，缺乏精准管理。收益管理系统可以提供丰富的经营数据报表，方便提供数据分析，灵活实现各种对比分析。系统可以根据历史数据、现状数据进行经营预测，为管理者提供科学的决策依据，实现房价和库存的预订收入最大化管理。收益管理系统可以实时设置房价和销售控制，这种变化必须立即传送到所有的系统和渠道中。该系统还可以追踪丢失的客户数据，有利于进行决策正确与否的对比分析。

新一代 CRS 的功能还在不断完善中，应用中的管理需求和服务需求不断充实了 CRS 的应用功能，如差异化营销管理、新媒体渠道管理、移动服务管理等。限于篇幅，这些功能就不一一介绍了，读者可以自己通过其他途径了解和掌握这些知识。

六、我国发展 CRS 存在的问题

20 世纪 80 年代初，CRS 率先出现在我国几家由国外集团酒店管理的酒店。进入 20 世纪 90 年代，国内多家著名酒店开始使用国际 CRS。随后，很多国内酒店集团开始了适合本土的 CRS 的建设开发工作。但是，国内 CRS 的发展还比较缓慢，主要存在以下几个方面的问题。

（一）对 CRS 的认识和建设理念不平衡

许多国内酒店集团管理者认为，只要有一个先进的 IT 系统，就可以解决集团所有市场和销售中存在的问题，并能给集团及其下属酒店带来业务上质的飞跃，但实际情况并非如此。CRS 的建设受经营者的发展理念、经营理念、管理理念影响很大。因此，CRS 建设是一个涉及理念、技术、管理的系统工程，需要通过建立完整的组织结构来制订科学的发展计划，并通过切实可行的步骤来分步落实，形成支持酒店扩展与经营的技术系统。国内酒店集团可以根据自身的实际情况（如规模、发展规划、经济实力等）制订不同的实施计划来实现集团化管理进程，但必须在中央系统建设初期就要全面考虑到今后的发展规划，以确保各种系统数据的集成和兼容、客户历史资料的长期保存，以及系统可拓展性等要求。这样可确保给予前期投资建设最大限度的保护，并且后期不会造成浪费，也可避免被迫重建系统的尴尬局面。

（二）巨额资金障碍

CRS 的建设目标是为酒店创造持续的竞争优势，而不是考虑建设投入的短期回收，而要体现出在行业内的竞争优势，需要资金持续投入来不断完善系统性能。因此，中央预订系统的建设需要巨额的资金，一般的酒店企业建设自身的 CRS 面临着非常大的资金压力。国内的融资渠道并不完善，在融资机制未得到解决的条件下，酒店企业很难通过资本市场筹集到足够的资金投入 CRS 建设中。而且国内许多酒店集团都受短期利益驱使，缺乏超前的经营理念，不愿进行大的投入来建设 CRS 系统，尤其在酒店管理者对该系统的作用和必要性认识不足的情况下，解决资金障碍更是困难重重，使得系统建成后缺乏持续改进的资金。

（三）市场消费行为限制

市场的消费行为和诚信体系有非常密切的联系，目前我国诚信体系不够健全，造成在线预订的在线支付发展缓慢，影响了 CRS 的建设绩效和酒店业主的积极性。市场消费者对网络预订的可靠性存在疑虑，对付款机制也非常不信任。所以，预付款式的担保预订很难推行，而没有预付机制的预订，则有可能造成很多无效预订。再者，市场的消费行为和酒店定价理念不相称，消费者并不认同 CRS 的价格体系，如通过人工电话预订，消费者还可以和预订员直接进行讨价还价，有可能获得比网上更便宜的价格。市场缺乏对在线预订的信任，付款安全问题存在障碍，这些都极大限制了酒店企业发展 CRS 的动力。

（四）联网销售效益困惑

在国际市场上对酒店销量举足轻重的中央预订系统进入中国市场后却遭遇瓶颈，特别是在北京、上海等一线城市以外的二线城市，许多国际酒店集团管理的酒店在支付巨额管理费用后，发现经由国际酒店集团系统带来的订房很少，从而要求退出或摘牌。同样，一些中国本土酒店集团在投入巨资开发 CRS 后，仅能带来少量的国际市场订单，以及有限的呼叫中心和网站订单，造成这种状况的原因何在呢？在国际市场上，这是一个非常成熟的产业链，包括产品供应商，如酒店和酒店集团的 CRS；B2B 电子分销平台以及分销科技提供商，如四大 GDS 运营商；B2C 零售网络，包括全球七十余万家旅行社以及数以千计的旅游网站。而在中国，这个联网销售的产业链尚未形成，特别是核心的 B2B 电子分销平台以及相应的科技提供商尚未出现，导致酒店集团即使拥有 CRS，也无法同国际分销商和代理商实现对接和售卖，这是酒店集团 CRS 在中国市场无法发挥积极作用的主要原因。

（五）受管理水平和技术水平限制

受经营管理人员和从业人员素质的限制，尽管我国新建酒店以及更新改造酒店的硬件设备设施的规格与国际水平相当，但软件方面存在着较大差距，其中尤以经营管理水平和技术支持水平偏低为甚。事实上，运营 CRS 对技术水平的要求并不高，对于一家酒店只需一台或数台 PC 机，加上一个 Modem 及一根外线电话线即可，预订中心和外部网的连接便可实现联网销售。然而，许多酒店的计算机管理系统往往还停留在内部管理的功能上，对外网链接产生的技术问题往往束手无策，未能发挥 CRS 对外销售的功能。

在技术支持上，我国许多地方的酒店业对酒店业务和网络知识深入了解的人才并不充足，致使在实际运行中经常发生重复预订、信息错误等问题，影响了 CRS 的应用效果，也使酒店管理者们对 CRS 产生一定的疑问。对此，提高从业人员素质，加大对从业人员新技术的培训，以及引进高素质人才充实到酒店中来，是解决这一问题的根本所在。

（六）客户价值尚未深度挖掘

国内酒店的 CRS 建设还只停留在技术层面，没有真正发挥其作用。尽管我国有些酒店已经拥有自己的管理信息系统和 CRS 系统，但由于这样那样的原因，导致花巨资建设的 CRS 不能发挥真正的作用。那些在 CRS 中不断积累的顾客资料库，只是被当作再次识别顾客的信息库而已。系统的应用没有真正渗透到顾客数据采集和分析、酒店管理和营销以及发展战略等更深的层面上，酒店经营模式大多还停留在传统阶段。信息资源是 21 世纪酒店管理的主要对象，只有基于对相关信息的掌握，尤其是客户资源信息，酒店才能够利用和挖掘这些信息，找到信息价值的应用所在。CRS 的应用，到最后就是利用它寻找最有价值的客户信息，为这些重要客户制定经营策略，从而体现 CRS 对信息资源管理的价值所在。

七、CRS 发展趋势

由于信息技术的发展和数字化浪潮的冲击，酒店 CRS 的系统架构发生了移动化、智能化的重大变化，CRS 与酒店电子商务平台逐渐融于一体。

（一）CRS 系统的云化

根据 Hospitality Technology《2020 年酒店业技术研究报告》，自 2017 年以来，酒店的云上系统已经开始逐渐发展起来。值得注意的是，2017 年只有 34%的酒店 CRS 是迁移到云上的，而在 2020 年，这一比例上升到了 62%。

目前，云计算的普及已经深入各个行业，成为数字化转型的重要组成部分，也是数据能够跨区域、跨品牌和跨业态流动的基础。CRS 等酒店管理信息系统架构的云化，将使业务模式更加灵活和敏捷，便于酒店集团的规模化发展。

"对于我们来说，云战略一定是数字化转型的重要组成部分"，洲际酒店集团 IT 总监钟捷说。"我们现在的系统云化迁移已经进展到了中期的阶段，一部分软件比如 PMS、CRS、会员管理系统等已经实现了'云化'"，深圳格兰云天酒店管理集团 CIO 何飞说，"我认为云化后最直接的好处有两个。一是维护成本的下降。原来每一家酒店都需要配备 IT 人员进行本地维护，现在可以由一个来同时负责几家酒店的系统管理。二是计算力的增加。尤其是在数字化过程中，计算力大小将直接决定你的系统运行速度，而系统运行速度将直接决定你的系统数据处理的速度和能力。"

（二）以客户为中心的预订

OTA 非常擅长打价格战，酒店运营商在这一点上永远不及 OTA。但是基于价值的销售就不一样。这是酒店运营商的优势所在，而且能够为客户提供真正的价值。

根据客户的喜好以及当前环境，推出具有吸引力的打包产品或是特别优惠，酒店就可以刺激客户。一般传统包价模式是以固定组合形式出现的，通常包含交通、住宿、餐饮以及周边短途旅行。传统模式并不能为旅行者提供任何个人喜好的空间，在一定程度上限制或阻碍了旅行者的选择。

动态打包不仅仅是打通传统意义上纯房产品的传输，还能进一步为酒店和渠道双方提供酒店+景区、餐饮、酒店衍生产品等多元素产品的动态整合。动态包价给予消费者更灵活、更广泛的选择，使他们能够通过自身的喜好、需求选择添加多样化的产品；而系统则会实时根据已设定的逻辑计算相应的价格，完成终极产品包的整合，完善并提升用户体验。

基于动态包价技术，酒店/旅行社/差旅公司可提供更多样化的产品，提高客户转换率/留存率，使酒店/旅行社/差旅公司的利润更大化、最大化。

（三）新兴分销渠道

传统的 OTA 模式可帮助客户筛选酒店，但筛选到最后，用户发现他们依然面临很多选择，需要花费很多时间去进行选择。在为用户打造无缝旅行体验方面，一些 App 和元搜索（MetaSearch，如谷歌、Kayak 和 Tripadvisor 等）已经能够为用户实现更好的模式：它们将用车、交通如飞机、酒店和旅行涉及的其他场景元素打通，不仅向旅客展示搜索结果，还允许旅客直接预订或者将旅客引导至酒店的官网完成预订，使得用户在不同场景的需求在同一个平台得到满足，这将引发新一轮的用户体验升级。同时，传统 OTA 赖以存在的基础也遭受到了挑战。

因此，尽管大多数酒店运营商都知道要连接携程、飞猪、美团、Booking.com 和 Expedia 等大型平台，尽管这些大渠道已经很稳定了，但是酒店运营商还应该关注小众分销渠道，推广自身的独特住宿体验，吸引细分客群。只专注于传统大牌渠道的酒店最终将失去收益增长机会，失去客户。

（四）会员渠道与私域流量运营

中国高星酒店在会员渠道占比方面，整体市场低于 20%，单体酒店低于 10%，主要的原因一是用户触达困难，二是没有有效的技术、运营的策略。

酒店发展会员，传统上主要依靠短信、邮箱和外呼，想要直接触达比较困难。现在，用"连接"就可以取得目标客户的手机号码、ID 等，"触达"也变成了可能，包括用推文、微信群、朋友圈等，让酒店在线营销这一部分成为可能。

酒店除了渠道管理，同时要具备用户管理的能力。随着微信、微博、抖音等社交平台的发展，过去几年最大的变化是，每家酒店都有了自己直接连接用户、自己发展用户、自己运营用户的基础能力。

对于酒店如何运营私域流量，需要关注如下关键点。① 全场景精准连接在店用户，最好的解决方案是 100%通过产品和服务连接在店用户。② 全品类在线化产品和服务，提升转化率。酒店不仅应该销售房类产品，还应该销售套票、餐饮等各种各样的服务。③ 基于每个用户打标签，基于客户画像，完成用户分类分层运营。④ 重视全员营销，在提升岗点销售额的同时获得精准私域用户。

第三节　酒店电子商务概述

酒店电子商务是 CRS 电子预订应用的深化，并向相关的销售、服务、营销等商务电子化延伸。自从移动互联网在酒店普及应用以来，酒店电子商务的份额在不断增加，如 2019 年开元酒店集团的电子商务订房量已超总订房量的 35%，电子商务已成为酒店最核心的系统，前台的 PMS 系统已开始处于应用的边缘，仅成为业务数据的核心。游客出门旅行的服务预订主要是酒店住宿，可见酒店的电子商务在旅游中占据较大的比重。未来随着网民互联网使用习惯的增强和酒店网络预订体系的完善，中国酒店电子商务在线预订市场发展速度会更快，将成为在线旅游市场增长的强劲引擎。随着互联网用户规模及在线预订市场的不断扩大，众多国内酒店业巨头也纷纷"触电"，开始开拓未来酒店电子商务的散客市场。

一、酒店电子商务的内涵

电子商务源于英文 electronic commerce（electronic business），简称 E-C（E-B），简单地说，就是电子+商务，是商务活动的电子化。基于互联网的电子商务起步于 1995 年，在后来的几年里逐步开始在旅游和酒店业应用。酒店电子商务是电子商务在酒店业的具体应用，主要指通过先进的信息技术、网络通信技术和数据技术，结合无所不能的人工智能，实现所有酒店商务活动的电子化过程。在起步阶段，酒店电子商务主要应用于信息发布和网络订房等环节，目前电子商务已渗透到酒店业务的所有领域，包括服务、管理和营销。按照酒店商务活动的流程，酒店电子商务的内容涉及酒店信息发布与网络营销、酒店服务产品的搜索和选择、酒店产品的在线预订与支付、售前售后的产品咨询，也包括酒店内部流程的电子化及酒店管理信息系统的应用等。因此，酒店电子商务的内涵其实就是经营业务的商务，即所有商务流程的电子化处理。

酒店电子商务的开展都是围绕商务的电子化展开的。酒店有各种各样的商务活动，包括产品销售商务、营销分销商务、物品采购商务、企业合作商务以及内部流程商务等。酒店应战略性地选择突破点建设电子商务系统，每家酒店各种商务活动的重要性各不相同，主要取决于它对酒店收益影响性的大小。例如南京金陵集团，随着成员酒店的不断增加，认为物品采购管理对集团收益的影响较大，因此它们在 2005 年建立了基于采购的电子商务系统。又如杭州香溢大酒店，随着香溢成员酒店的增加，产品销售对集团品牌的影响较大，因此它们建立了基于网络订房的电子商务系统。各酒店都通过实施电子商务增加了收益，因此酒店开展电子商务的实质就是通过电子商务为酒店降低经营成本，提高数字经济占比和收益。

二、酒店电子商务的模式和分类

每一个行业开展电子商务都有自己的商务模式，也有各自开展数字经济融合传统经济的应用分类，酒店行业也不例外，它也有自己应用的模式和分类。

（一）酒店电子商务模式

电子商务模式就是指在网络环境和大数据环境中基于一定技术基础的商务运作方式和盈利模式。如早先的 GDS 分销电子商务就是在专用网络环境下，通过点对点通信技术实现的电子商务运作模式。研究和分析电子商务模式以及分类体系，有助于挖掘新的电子商务模式，有利于开展具体的软件规划和设计，也为电子商务模式创新提供途径，更可以为企业制定特定的电子商务策略和战略，提供有效的实施步骤。

通常酒店按照交易对象不同划分成多种商务模式，如可以分为酒店企业对企业客户的电子商务（business to business，B2B）、酒店企业对消费者的电子商务（business to consumer，B2C）、酒店企业对政府的电子商务（business to government，B2G）、消费者对消费者的电子商务（consumer to consumer，C2C）、消费者对酒店企业的电子商务（consumer to business，C2B）五种主要模式，其中覆盖范围最大的主要有酒店企业对企业（B2B）和酒店企业对消费者（B2C）两种模式。

在酒店，目前还有 B2O 和 O2O 等商务模式应用，随着新技术和新业态的不断出现，还在不断创新出新的商务模式，而且这些商务模式可以细分出更多的商务模式。这些内容读者可以通过互联网搜索获得更多的酒店电子商务模式知识，限于篇幅这里就不展开了。

（二）酒店电子商务应用分类

按照不同的划分标准，酒店电子商务也有不同的分类方式。

按照实现电子化的程度划分，酒店电子商务可以分为完全电子商务和不完全电子商务。完全电子商务是指从交易最初的磋商到最后成交的所有业务流程都实现电子化。不完全电子商务是指酒店电子商务活动的某些流程仍需要在线下进行。例如，一些低星级酒店，只通过电子商务平台（或第三方平台）进行预订，具体的支付是在线下完成的，这种就属于不完全电子商务。

按照开展电子交易的范围划分，可以分为本地电子商务、远程国内电子商务和全球电子商务。目前，国内大多数酒店都以远程国内电子商务为主，少数高档酒店或国际酒店集团的电子商务范围基本上都以全球电子商务为主。

按照原模式的分类，酒店电子商务还可分为服务提供者电子商务、中间代理商电子商务、价值整合商电子商务以及虚拟社区型的酒店电子商务等。

酒店电子商务不同的类型决定了电子商务系统的业务流程和交易对象，因此酒店需根据自己的需求建立有助于扩展业务的电子商务系统。本书所讲的酒店电子商务，主要是酒店服务本身所涉及的电子商务。

三、酒店电子商务系统的作用

酒店电子商务系统的重要性正在逐步替代酒店 PMS，成为酒店经营中最有竞争力的信息系统，电子商务已是当今酒店业发展的必然趋势。通过电子商务，酒店可以向全球图文并茂、应有尽有地展示自己的产品风貌和特色，推销自己的客房和各种服务。它不仅可以开拓市场的广度和深度，为酒店开发客源市场带来无限的商机；还有利于开拓酒店的品牌，利用网络形成自己的忠诚客户群体；也有利于酒店产品和服务的创新，扩展自己的市场份额。同时，电子商务系统也推动了酒店的管理和运营模式的变革。具体而言，电子商务在酒店经营中可发挥以下作用。

（一）有利于管理模式变革

电子商务能变革业务流程，同时也会对管理模式产生重大影响。酒店电子商务系统作为商务流程的自动化运行方式，也影响了酒店管理的预订模式、接待模式和营销等传统管理模式，由此产生了在线预订、移动接待、网络营销、电子采购等新业态管理模式。通过电子商务，酒店管理层不再需要时刻待在办公室，而是能够实时远程控制与管理，实现移动办公。管理层通过远程访问电子商务系统，实时查询所需要的信息，掌握酒店当前的经营运作情况，以做出敏捷的科学决策。同时，酒店电子商务还促进了酒店组织结构的变革。电子商务和计算机网络改变了信息传递方式，使管理效率得以大幅度提高，管理幅度变宽，促使组织结构扁平化，使管理层更加接近底层业务，也就更加接近市场和消费者。这样的组织结构变革有利于酒店的连锁经营和集团化发展。

（二）有利于开拓市场空间，创新营销方式

酒店电子商务系统打破了地域、行业、企业的各种界限，使酒店企业开拓市场的能力大大提高，获取和应用信息的能力也大大增强。这对于非常依赖第三方预订渠道的酒店企业来说，是一个开拓自身市场空间的绝佳机会。通过电子商务系统，酒店可以优化市场营销渠道，减少中间环节，实现酒店直接面对旅游消费者的商务模式。酒店通过电子商务的门户网站，可直接培养自己的消费群体。由于电子商务可以突破区域的限制，也就意味着酒店可利用网络直接进入国际市场，而国际旅游者通过多语种的网站，可以直接了解酒店的产品和服务，实现在线预订，也使得很多国外比较先进的模糊房价、团购、尾房特价等方式的采用都成为可能。

（三）有利于酒店国际品牌建设

酒店服务产品的无形性特征，使得酒店的品牌建设和传播存在一定的困难。通过将酒店的产品、服务、设备设施进行适当的"有形化"，借助于国际互联网，酒店可以树立国际品牌。例如，酒店可以把大量的信息放到自己的门户网站上，如将历史信息、服务信息、酒店的环境情况等做成超链接供客人查阅，还可以用数码照相机或数码摄像机把酒店的硬件设施和服务人员的服务过程"记录"下来，用视频方式给客人以身临其境的感觉。同时，由于电子商务系统为酒店提供了不受时空约束的虚拟空间，其受众面更广，服务信息的传播

速度更快，有利于提升酒店的知名度，促进酒店国际品牌的树立和传播。已经有越来越多的酒店通过电子商务门户网站宣传自身形象，形成便捷的商务处理流程，在网络客户群中形成良好的服务口碑，并且随着网上用户数量的快速发展，电子商务系统提升酒店品牌形象的作用还将进一步扩大。

（四）支持与协作伙伴的无缝操作

酒店的产品和服务需要众多协作伙伴的支持。运用电子商务系统，酒店与协作伙伴的商务操作可以实现无缝对接，形成 B2B 电子商务网络，实现信息共享，降低业务交易成本。协作伙伴可以直接通过外联网进入酒店电子商务系统（需要授权具体的功能），查询由其负责供应的物资需求数量和当前库存，以便提前做好供货准备。酒店电子商务系统也可以直接查询协作伙伴的供货记录及物资品质，并对协作伙伴的商务进行监督和评估。

（五）有利于顾客关系管理

酒店经营，客户是主导者，是酒店的财富基础。维系与客户的关系比什么都重要，这是酒店经营的一条潜规则。目前，酒店用于管理顾客关系的主要是会员系统或 CRM，这也是酒店电子商务系统的重要内容之一。CRM 可以作为酒店销售人员的工具，也可以作为营销的工具和关系维系的工具，通过 CRM 可以优化销售和营销策略，挖掘出最有潜能的客户，为其提供差异化服务。同时，通过酒店电子商务门户网站，客户可以在线提问和咨询相关服务，酒店通过在线互动式沟通，可以充分了解客户的需求，从而有助于提供个性化的产品和服务，在提升客户满意度的同时，获得更好的收益。

（六）有利于产品和服务创新

酒店电子商务的应用促进了新产品的出现，酒店团购产品的出现就是一个很好的例子。不管是高星级酒店还是经济连锁酒店，近几年酒店通过设计适合团购的客房和餐饮产品，通过自己的门户网站进行团购产品销售，极大地促进了酒店产品的销售，还提升了酒店的网络知名度。酒店电子商务还可以通过应用新技术手段来促进产品和服务创新的设计。例如，移动网络技术的发展使许多酒店的客房能够提供 Wi-Fi 服务，客户可以方便地上网了解酒店的更多信息，可以更加便利地获取服务。在线预订将会成为电话预订、网络预订后又一个非常重要的预订方式。旅游者可以通过自己的手机访问酒店的 App 或小程序，实现信息的查询、服务的预订，然后用手机支付，直接获取更个性化的服务。

四、酒店电子商务系统的功能

酒店电子商务系统的功能不同于碎片化的电子商务应用，它考虑的是整体的功能和系统运行的效果。现在的电子商务系统注重功能性开发和实用性应用，使每个功能设计都带给客户良好的体验，让客户熟练地使用，不会产生任何功能的闲置，这就是一个成功的电子商务系统。酒店电子商务系统是酒店应用完整的信息系统，现阶段具有以下一些应用的功能。

（一）在线服务

这是电子商务系统的基础性功能。酒店电子商务的在线服务包括咨询服务和预订服务，也包括机器人服务等，它可以在酒店自己的官网展开在线服务，也可以在 App 等小程序开展在线服务，它是酒店电子商务的网络窗口，面向所有消费者客户和酒店会员客户，服务形象和敏捷服务是系统追求的目标。

（二）内容管理

内容管理包括产品展示功能、商务内容管理功能以及流程内容管理功能等，它既是电子商务的基础性功能，又是扩展性功能，具体取决于管理的内容范围。酒店电子商务的内容虽然不是很多，但细分的要求比较高，所以细分后的内容管理还是比较丰富的。比如客户管理的内容，酒店可以细分很多层次的客户，根据他们的贡献业绩、消费潜能、消费频次和水平等进行个性化处理，这些内容管理都可反映出酒店电子商务的服务特色，需要经营者去精心策划。

（三）库存管理

库存管理属于酒店电子商务的基础性管理。尤其是不可储存的客房产品，需要通过精心的库存管理实现全天的收益最大化。电子商务可以灵活地处理酒店库存产品，根据收益最大化的模型计算，决定不同时段的客房销售策略，用灵活的价格吸引客人消费，也为酒店获取了收益。

（四）协同处理

协同处理也是酒店电子商务的基础性功能。酒店的产品属于服务型产品，产品的销售和服务需要多个环节的协同处理，不管是在 OTA 平台预订还是通过 CRS 预订，都需要协同处理同一个订单的对客服务。又如同一个消费者可以享受客房服务，也可以享受餐饮服务，以及酒店内的娱乐服务，这些服务均由不同的部门主管，在服务过程中需要预订的协同、结算的协同。

（五）在线直销

在线直销属于酒店电子商务的基础性功能。作为一个商务型的信息系统，酒店旨在拓展销售渠道，如通过酒店官网的直销、通过社交平台的小程序直销等。酒店应通过互联网开展广泛的在线直销，没有自己直销功能的电子商务系统是不成功的。例如，开元酒店集团、南京金陵酒店集团等大型酒店，都是通过自己的在线直销获取了网络销售的主动权，否则酒店在网络市场就没有销售定价的话语权。

（六）交易服务

交易服务既是酒店电子商务系统的基础性功能，又是扩展性功能。酒店建设电子商务系统应重点规划好交易过程的服务，这是接触客人、获取客人需求最好的环节。为什么好多人认为飞猪旅行服务很不好，好多人认为携程旅行服务很到位，这就是交易服务环节给人带来的体验差异。酒店在设计自己的电子商务系统时，应把交易服务环节的功能设计好。

（七）便捷支付

便捷支付是酒店电子商务系统的基础性功能。一个好的应用系统应面向所有的客人，面向所有的第三方电子支付平台，这样客人就能顺利快速地获取服务，也减少了服务过程中的客人等待时间。如杭州绿云科技为酒店设计的智慧住产品，它给客人带来便捷的服务体验，任何客人办理住宿、支付等都可以在 30 秒内快速实现，不管你采用的是什么电子支付方式。这种便捷支付的功能设计已成为酒店电子商务系统中最重要的功能设计内容。

（八）营销监测

营销监测是酒店电子商务系统的扩展性功能。网络营销是每个酒店开展电子商务必须开展的业务，但有些酒店仅是开展营销而已，并没有监测手段，缺乏快速的网络营销评估依据，使得电子商务的绩效很难提升，也失去了电子商务开展的竞争优势。因此，作为酒店的经营者在构建电子商务系统时，应尽量设计网络营销的监测功能，通过软件实时跟踪营销过程，获取网络舆情，使电子商务系统真正为酒店创造市场的竞争优势。

第四节　酒店电子商务应用内容

酒店电子商务除了电子交易的内容以外，在开展电子商务建设中需考虑电子销售的内容、电子支付环节的内容，也要考虑网络营销的内容以及客户服务和维系的内容，还要考虑分销、采购等更多的应用内容。其实这些内容以前都有一些相关的信息系统应用，但电子商务考虑更多的是这些系统的整合应用。

一、电子销售

酒店电子商务系统主要是实现酒店商务活动电子化的应用系统。电子销售是围绕酒店所有商务活动各个环节的流程进行系统设计的，以直销为主的电子商务系统需要整合各种方式的在线直销；以分销为主的电子商务系统需要整合各种电子渠道的分销方式。本节的电子销售主要介绍酒店自身的直销以及相关的系统应用，如基于门户网站的电子销售、基于公众号服务的电子销售以及电子销售中的在线支付问题等；同时介绍电子销售中后台管理的相关内容，如权限管理、酒店基础信息管理、互动信息应答、前台网站维护、订单管理以及客户关系管理等功能。

电子销售可以是官网的方式，也可以是渠道等其他方式，这里主要讲酒店官网的电子销售。

官网即门户网站，酒店电子商务门户网站是酒店企业面向外界的服务窗口，是酒店电子销售的主场所，这里将对其进行重点介绍。官网既是展示酒店产品的窗口，客户通过互联网可以登录门户网站，查询酒店产品和服务信息，进行在线沟通和咨询；同时又是在线销售的窗口，可以实现在线预订并进行预订确认和支付等。因此，酒店可以通过电子商务门户网站进行电子促销、在线沟通、在线订房、网络营销等。通常，酒店电子商务门户网站一般应包括以下内容（见图 6-1）。

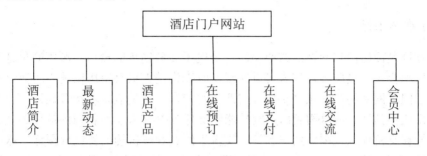

图 6-1　酒店电子商务门户网站功能

（一）酒店简介

通过酒店的电子商务门户网站，酒店可以将经营宗旨、发展历史、所获荣誉、成功事例等放到网站上，用于树立良好的企业形象，特别是将酒店的自身特色图文并茂地展示给消费者。酒店的门户网站不仅可以将酒店的背景、实力及经营特色做全面的介绍，同时还可推出风格独特的酒店视频信息，满足来自不同国家或具有不同爱好的客人的需求。通过文字、图片及三维动画等方式，生动地介绍酒店的背景和发展状况，在一定程度上可以起到品牌传播和促进销售的作用。

（二）最新动态

最新动态主要通过门户网站向消费者发布最新活动、促销活动以及行业动态等，也包括社会服务及旅游环境等信息，是酒店开展事件营销的主要窗口。面对随时变化的国际市场，酒店要及时调整其市场策略和产品组合以力争在竞争中获胜。通过最新动态栏目内容，向消费者提供酒店最新的产品信息、价格及优惠政策，向公众发布酒店的最新动态以加强社会对酒店的信任，提高客户的忠诚度，从而吸引消费者访问网站。网站内容的表现形式包括文字、图片、Flash 动画、视频等，还可以根据需要做成不同的语言版本，方便不同国家的合作企业和消费者使用。这不仅可以让消费者更加了解酒店的产品现状和发展，还可以促进搜索引擎收录。

（三）酒店产品展示

酒店产品展示是门户网站不可缺少的内容，而且需要高科技的支持。酒店的门户网站可以对酒店的各种服务产品及特色进行全方位的介绍，可以通过文字、图片、视频等展示方式，生动地介绍酒店的产品、服务、设备设施等，在一定程度上起到酒店品牌传播的作用。通过对酒店各种产品和服务的介绍，可以方便不同市场的客人选择自己所需要的服务产品。酒店可以根据自身的目标市场，突出重点服务产品的展示，从而将酒店推向全球的目标客户。另外，还可以将一些新的技术应用在酒店门户网站中，如虚拟现实（virtual reality）技术、信息推送技术、访问分析技术等。虚拟现实技术是一种可创建和体验虚拟世界的产品展示系统，它生成各种虚拟环境，作用于人的视觉、听觉、触觉，让人产生身临其境的感觉。虚拟现实技术应用于酒店网站时不仅可以看到图像，还可以看见内部操作演示。信息推送技术可以实现互动，让客户对客房、环境甚至服务进行体验，大大提高顾客与酒店的交互性。访问分析技术可以预测受客户欢迎的产品，达到需求挖掘的目的。

（四）在线预订

在线预订是酒店门户网站的核心功能，是电子商务销售的窗口。酒店的预订服务产品主要是客房和会议室设施等，客人可以在线实时查询是否仍有空房以及酒店会议室的日程安排。由于门户网站的在线预订主要针对两类客户，一类是散客消费者预订，一类是基于协议的合作伙伴预订，所以酒店门户网站能够支持 VIP 客人享用特殊的链接和优惠条件进行预订，能够支持单位或团体用户预订，支持签约企业或机构的协议价预订。这相当于把 B2C 和 B2B 整合到统一的系统平台，方便酒店进行库存管理和对客服务。目前，许多酒店门户网站实现的并不是完全电子化的预订方式。真正的电子商务网站，可以通过互联网实现酒店数据库的访问，能够在线实时查询酒店的库存并实现在线预订，但大多数酒店目前并没有实现这样的商务操作。

（五）在线交流

在线交流主要是提供酒店产品和服务的售前咨询、售中跟踪和售后反馈服务的功能。对于连锁酒店，经营方可以安排专人 24 小时在线服务，实现第一时间解答客户的疑问，促成销售。即便最终没有销售成功，在线交流也提供了一次良好的在线客户体验，有助于酒店品牌的树立和传播。当客户入住完毕，则鼓励客户进行在线售后反馈，可以通过 BBS、在线留言、在线聊天、移动 App 等方式，分享入住体验。反馈的内容要及时自动发送到相应处理人员的邮箱及酒店高层领导或质量管理部门。客户反馈系统的信息流向可以是上行、下行或平行的，相应的信息都会及时出现在相应的位置，不管是通过电子邮件还是其他方式，都要确保信息及时、准确地到达信息接收者处。通过在线交流系统，经营方可以对客户进行服务满意程度的调查，对调查结果进行及时的分析并提出完善的改进方案。

（六）会员中心

会员中心的职能主要用于客户注册、申请会员、管理预订信息、管理个人信息、管理会员积分、进行积分兑换等。客户可以在网站上直接注册成为会员，填写详细的个人信息以及表示愿意接受酒店的服务条例，可以直接按照自己的会员等级进行预订，并能够对预订进行取消或者确认。入住成功后，将会获得相应的会员积分，并可以进行积分兑换礼品、航空里程、免费住宿等服务。门户网站的会员中心也是酒店 CRM 的窗口，通过数据的交换，可以实现 CRM 的数据采集和互动信息的推送。

二、网络营销

网络营销是电子商务中最基本的电子业务，酒店也一样。除了利用自己的官网开展网络营销外，酒店还可以利用社交平台，如微信，开展各种形式的营销。通过微信可开展自媒体平台营销、朋友圈营销、小视频营销、小程序营销、直播带货方式的营销等。不同的是，网络营销所对应的信息系统都是图、文、视频并茂的信息系统，属于多媒体技术为主体的信息系统。另外，酒店还应利用电子分销渠道开展网络营销，如携程旅行网的分销渠道、飞猪旅行网的分销渠道、去哪儿网的分销渠道等，通过分销渠道投放旗帜广告，以及开展相关的促销活动等。随着移动互联网应用的普及，酒店可通过网络开展更精准的网络营销，如微博营销、人本营销、基于独立 IP 的营销以及基于会员的即时通信营销等。

三、电子支付

电子支付是任何电子商务系统不可缺少的应用内容，也是电子商务系统的核心环节。作为酒店的电子商务系统，由于是服务性行业，它应该具有丰富的电子支付环节，包括银联系统的电子支付，以及所有第三方的电子支付。在线支付也是电子商务的重要环节，如酒店门户网站为了提高确认预订单的比例，可以具备在线支付功能，让订单成为有保障的确认订单。目前，国内酒店的预订较少采用提前预付的方式，这就减少了消费者的违约成本，也给酒店网络订房带来许多不确定性。随着电子商务在线支付体系的完善，信用卡、在线网银以及第三方担保支付已被广大消费者所接受，酒店的在线支付比例在逐年增加。同时，在线支付功能的完善也便于酒店进行准确的客房库存管理，提升电子商务的效率和效益。另外，便捷的在线支付也为合作伙伴之间的佣金结算提供了便利。

四、客户服务

客户服务也是酒店电子商务系统的重要功能，完善的在线服务、敏捷的电子服务都能提高酒店销售的成功率，如官网的商务助理、小程序的移动服务、大堂的机器人服务、大堂的 VIP 电子迎宾、房间的智能迷你吧、餐厅的智慧电子支付、客户关系管理中的电子关怀服务、CRS 中的智慧订房、总机服务中的机器人助理以及 App 中的营销服务都能提升客户服务。所有这些都是酒店电子商务系统中的组成部分，酒店应通过电子商务系统中的所有小前台程序软件，做好客户服务，这对提高电子服务的转化率、提高酒店电子商务效益起着关键性的作用。

另外，酒店应在 CRM 中做好客户服务，因为 CRM 的管理对象都是酒店的常客，是重要的关系客户，是酒店优先服务的对象他们获取服务的便利性直接影响他们的满意度，如订房服务、关怀服务、信息服务等。酒店应在 CRM 的电子商务中优先做好自动销售、智慧促销、信息推送等服务，让客户感知到他们是酒店最重要的客人。

第五节 酒店移动电子商务

移动电子商务（M-Commerce）就是利用智能手机、PDA 及掌上电脑等无线终端进行的 B2B、B2C 或 C2C 的电子商务交易，它将移动互联网、移动通信技术、短距离通信技术及其他信息处理技术完美结合，使人们可以在任何时间、任何地点进行各种商贸活动，实现随时随地的线上线下购物与交易、在线电子支付以及各种商务活动。酒店移动电子商务可以满足内部的移动管理，满足所有客人随时随地获取酒店服务以及各种移动服务的需求。

一、移动电子商务的概念

就目前手机等移动终端的发展趋势看，移动互联商务在未来的较长一段时间内会保持较快的发展势头。如何运用移动互联服务（包括商务）占领市场，如何使用移动互联服务高效科学地进行酒店管理，已经成为行业竞争的关键所在。从酒店的角度看，所谓移动商务就是借助移动互联网和智能的移动终端，实现酒店商务或服务的移动化处理，包括网络商务、前台商务以及消费过程中的各类商务。这里的移动终端可以是智能手机，也可以是平板电脑，或者各种形式的掌上机，酒店服务人员通过各种类型的 App 或者小程序，随时随地地实现客人商务的即时处理。随着移动互联网的普及，以及各种小程序的成熟应用，移动商务将成为酒店商务前端处理的主流形式。而从消费者的角度看，移动电子商务就是借助移动互联网，利用自己的智能手机，获取自己所需要的信息，并可直接购买所需要的商品。

移动电子商务的业务模式目前主要有三种，即推（push）业务模式、拉（pull）业务模式和交互式业务模式。推业务模式主要用于一般信息的发布，如酒店的产品信息发送、招聘信息发送和网络广告等。拉业务模式主要是消费者的定制信息接收、咨询信息响应以及消费账单信息的查收。这两种移动商务都是单边模式，灵活性比较差，特点就是实现简单，系统实现费用较低。交互模式提供了双方互动的业务，业务的即时性比较强，得到了广大消费者的喜欢，目前酒店的移动商务有发展潜力的就是互动交互模式，当然系统实现的复杂性也高。酒店使用移动电子商务具有无可匹敌的优势，实践证明，只有移动电子商务能在任何地方、任何时间，真正解决酒店经营中的服务问题。

（一）移动电子商务的特点

通过智能的移动终端，移动电子商务实现了移动化的服务、随时随地的服务，极大地提高了电子商务的效率和效益，它不但拓展了酒店的业务渠道，也拓展了酒店的经营收益。它的应用特点可以归纳为以下几点。

1. 方便

移动终端既是一个移动通信工具，又是一个移动 POS 机，随时可以进行电子支付。消费者可以在任何时间、任何地点进行电子商务交易和办理任何咨询服务，包括预订、支付等。

2. 迅速灵活

客户的咨询、客户的预订马上可以得到迅速处理，而且随时可以变更和修改，灵活处理业务的变动状态。消费者也可以根据需要灵活选择服务产品和支付的方式，也可以设置自己喜欢的个性化信息格式。

3. 安全

移动电子商务都是通过消费者自己的移动终端处理交易业务，不管是咨询、预订还是支付，都在自己的手机上操作。而手机的 SIM 卡具有非常可靠的安全和密钥系统，通过手机发送的交易信息传输过程全部采用密文，确保了商务信息传输的安全性。

4. 不受时空限制

移动电子商务从固定地点的商务形式到随时随地的商务形式延伸，其最大特点就是移动用户可以随时随地获取服务、信息和应用，不受任何时空的限制，用户可以在自己方便的时候，使用自己的智能手机等移动设备查找、选择和购买，或获取其他需要的服务。

5. 个性化

个性化是移动电子商务的另一个重要特点。由于酒店移动电子商务针对的都是消费者个人的智能手机终端，它可以为不同的客户消费层定制服务，实现精准的个性化服务，如个性化操作界面、个性化信息推送、个性化定制价格、个性化定制服务等。酒店在移动电子商务开展中，应对不同层次的会员客户推行符合客户需求的个性化电子服务。

（二）移动电子商务的服务优势

酒店是旨在服务的行业，服务是酒店永远的话题。移动电子商务可以改善服务，新一代的移动电子商务，不仅改变了人们预订酒店和住宿的服务体验，同时也改变了酒店的运营和管理模式，给传统酒店行业迎来了新生的发展契机和动力。从消费者和酒店自身发展两个角度看，酒店移动商务的互联服务具有以下优势。

1. 多样性

首先，酒店移动商务应用是依附于移动终端设备的，最具有代表性的即手机和平板电脑。但是也不仅仅局限于此，自助入住机、银联智能 POS 机等移动终端设备目前也已经被应用到酒店服务中，并得到一定程度的普及。

其次，酒店采用多种手段将提供的服务通过移动互联流动起来，如通过网站、App、微信小程序及商城等各种不同的方式来推动流量增长，吸引潜在客户转变成实际消费者。

最后，移动互联服务功能多样化。酒店引导消费者进行酒店信息的查询、地址导航、分享入住体验等，提升客户的体验；也通过不同类型的 App，实时监控酒店营业情况，查看统计报表，协助一线岗位服务，如办理入住、管理客账、点菜送单、协助退房等，提高工作效率。最典型的多样化就是支付，除了银联的电子支付，还可以采用各种形式的第三方电子支付，解决和满足了各种消费者的移动支付问题。

2. 最新信息的即时共享

酒店利用相应的管理软件即时对外共享酒店最新信息，发布促销优惠，鼓励潜在客户查看酒店促销活动情况，知悉酒店提供的服务，阅读评论，浏览客房及餐厅图片等。人们可以利用生活中的各种碎片时间，如搭乘公交等交通工具的过程中，或者在餐厅、咖啡厅甚至在旅途中，都能够对酒店信息进行查询，享受酒店的咨询服务。任何时间、任何有移动网络或 Wi-Fi 网络覆盖的地点，人们都能够快速查询，符合现代化的生活理念。

此外，酒店还能够通过邮件、短信、微信向消费者及会员客户发送即时信息。一旦有预订或修改相关服务的信息，或者是告知优惠或活动，就可以自动向宾客推送消息，使客户能够在所持的移动设备上及时获取酒店的资讯和服务。

3. 提高消费者忠诚度

首先，酒店运用移动平台进行品牌推广，通过移动互联为客户搭建桥梁。酒店移动服务应用的功能十分强大，提供整个客户的体验链，从住店之前，至入住中，至离店后，全阶段抓住人们出行的消费需求，为广大消费者提供便捷、简单、安全的全新体验，在人机结合甚至是全智能的环境下，让客户感受到科技带来的高品质服务，提高客户满意度。

其次，酒店一般会利用一些优惠条件引导那些想通过移动平台预订的消费者注册成为会员，利用会员忠诚计划维护宾客关系，并且利用直销平台查看评论反馈，及时了解客户的住宿和美食体验，并对客户的问题和建议及时反应。这种迅速的回应对双方的有效沟通起到了显著的正面作用，可帮助酒店建立与客户之间融洽的关系。

再次，移动平台会对消费者的操作行为进行记录。酒店依据此类记录对消费者进行行为分析。例如华住酒店 App，不仅记录曾住酒店和最近浏览记录，还会记录旅客常用邮寄地址和发票信息，消费者下次使用时可直接引用，操作简单。

最后，部分酒店还会制定相关营销策略，倡导全民分销，通过平台记录用户的购买历史，以及推荐新用户成功购买的历史等，并予以一定的奖励，鼓励客户成为酒店的间接品牌大使，实现推广与销售。在此期间，酒店与客户保持长期的即时通信关系，使得客户更加信赖酒店，提高客户的忠诚度。

4. 鼓励消费者自助服务

传统酒店与移动互联技术的结合简化了服务过程，更多地鼓励客户自助服务，改善客户体验。客户通过智能设备可以即时获取专业服务，将预订、入住、离店及用餐的时间自由掌握在自己的手中。从管理的角度来看，酒店也大大节约了人力成本和管理成本，展现了酒店运营顺应科技发展的潮流、走在移动互联网时尚的前沿的特点。

近年来，还出现了"智慧酒店"的概念。酒店无人值守，消费者线上预订客房并支付，或无预订直接使用前台自助机，通过人脸识别等技术完成登记入住手续，通过刷脸、刷身份证、App 或微信等多种方式开启智能门锁，智能取电，通过多种方式控制房内电器，同时可完成入住后一键退房且免查房。它带给消费者更多的私密空间和时间。高科技的智能体验满足了现代社会人们的个性化消费需求。

5. 简化酒店管理流程

基于酒店服务行业的特点，酒店管理者需要实时掌握酒店的经营状况。在大方向上可以通过经营者或管理者自身的经验预估和把握，但是酒店对某月、某周、某天、某时段的营业情况的掌握是无法脱离酒店管理系统的。为方便酒店管理者对酒店经营情况进行全方位的把控，基于移动终端的酒店管理系统的出现，非常贴心地满足了酒店管理者在任何时间、任何地点都能监控酒店营业情况的数据要求，实现了酒店商务的移动化管理，也在一定程度上改变了酒店的管理模式。

二、移动电子商务的主要技术

移动电子商务的发展主要基于移动通信技术以及移动的智能终端，使得电子商务应用的任何一方随时随地都能即时处理商务，提高了电子商务的处理效率，也方便了消费者。尤其对于旅游、酒店这样的服务业，移动电子商务助推了旅游业的发展，对于酒店的从业人员，不管将来是在管理岗位还是服务于第一线，都需要了解和掌握一些移动电子商务的主要技术，以及它们的作用，学会用移动电子商务技术来创造自己的竞争优势，赋能自己的管理能力。

（一）无线应用协议

无线应用协议是一项全球性的网络通信协议，于 1998 年公布，它使移动互联网有了一个通行的标准，其目标是将互联网的丰富信息及先进的业务引入移动电话等无线终端之中，标志着移动互联网标准的成熟，实现了数字移动电话、互联网或其他个人数字助理机（PDA）、计算机应用乃至未来的数字化家电之间进行通讯的全球性开放标准。

（二）通用分组无线业务

通用分组无线业务（GPRS，general packet radio service）作为迈向第三代个人移动通信系统的重要里程碑，将使移动通信与数据网络合二为一，使 IP 业务得以引入广阔的移动市场。GPRS 是一种新的 GSM 数据业务，它可以给移动用户提供无线分组数据接入服务，采用分组交换的方式，数据速率最高可达 164 Kbit/s，给用户提供移动环境下的高速数据业务，还可以提供收发电子邮件、互联网浏览等功能，为以后 4G、5G 的发展奠定了基础。

（三）移动 IP 技术

传统 IP 技术的主机使用固定的 IP 地址和 TCP 端口号进行相互通信，在通信期间它们的 IP 地址和 TCP 端口号必须保持不变，否则 IP 主机之间的通信将无法继续。而移动 IP 的基本问题是 IP 主机在通信期间可能需要在网络上移动，它的 IP 地址也许经常会发生变化，而 IP 地址的变化最终会导致通信的中断。移动 IP 技术使得数据通信发生与语音通信一样的变革，它实现了通信在任何时间、任何地点，可以用任何一种媒体与任何一个人进行通信的梦想，使得移动节点使用固定不变的 IP 地址，一次登录即可实现在任意位置〔包括移动节点从一个 IP〈子〉网漫游到另一个 IP〈子〉网时〕上保持与 IP 主机的单一链路层连接，使通信可以持续进行。

（四）移动定位技术

移动定位技术是利用无线移动通信网络，通过对接收到的无线电波的一些参数进行测量，根据特定的算法对某一移动终端或个人在某一时间所处的地理位置进行精确测定，以便为移动终端用户提供相关的位置信息服务，或进行实时的监测和跟踪。根据移动定位的基本原理，移动定位大致可分为两类，即基于移动网络的定位技术和基于移动终端的定位技术，还有的把这两者的混合定位作为第三种定位技术。移动电子商务中应用较多的是基于移动终端的定位技术，其中又包括光跟踪定位技术、室内 GPS 定位技术、超声波定位技术、蓝牙技术等应用。

（五）无线互联网接入技术

互联网是由许多小的网络（互联网/子网）互联而成的一个逻辑网，每一个子网中连接着若干台计算机（主机），整个逻辑网以相互交流信息资源为目的，基于多个共同的网络协议，并通过许多路由器等接入设备公共互联而成。任何一个应用子网或终端都可以通过有线或无线接入互联网，对于无线互联网接入的应用技术，目前主要包括 Wi-Fi、无线路由器、蜂窝设备以及 3G/4G/5G 等无线接入技术或设备。

（六）射频识别技术（RFID）和物联网技术

RFID 是一种非接触式的自动识别技术，它通过射频信号自动识别目标对象并获取相关数据，可快速进行物品追踪和数据交换，其识别工作无须人工干预，可实现人—物—信息的交流。它的应用由电子标签和读写器组成，电子标签是射频识别系统的数据载体，主要由标签天线和标签专用芯片组成，能接收读写器的电磁场调制信号并返回响应信号，实现对标签识别码和内存数据的读出或写入操作。

物联网技术（internet of things，IoT）起源于传媒领域，是信息科技产业的第三次革命。物联网是指通过信息传感设备，按约定的协议，将任何物体与网络相连接，物体通过信息传播媒介进行信息交换和通信，以实现物物相联的智能化识别、定位、跟踪、监管等功能。物联网的本质还是互联网，只不过终端不再是计算机（PC、服务器），而是嵌入式计算机系统及其配套的传感器、读写器等应用。

（七）蓝牙技术

蓝牙技术（bluetooth）是实现固定设备与移动设备之间短距离数据交换的无线技术。它可以同时连接多个设备，很大程度上克服了数据无法同步的困难，如今由蓝牙技术联盟管理，蓝牙的波段是 2400～2483MHz，用跳频技术将要传输的数据分割成数据包，通过指定频道分别传输，基于数据包和主从架构的协议可以同时和多个设备通讯录共享，无论是哪种条件和情况都是从双数开启。蓝牙主设备最多可与一个微微网（一个采用蓝牙技术的临时计算机网络）中的七个设备通信。当然并不是所有设备都能够达到这一最大量。设备之间可通过协议转换角色，从设备也可转换为主设备。在酒店的移动电子商务中，蓝牙技术是应用较普遍的一种移动技术。

随着移动电子商务技术的不断成熟，在移动电子商务的应用中，还有许多移动技术的应用，如云计算和大数据也都是移动电子商务应用的重要技术，这里就不重复介绍了。

三、移动电子商务在酒店的应用

移动电子商务在酒店的应用已越来越普遍，为了适应消费者在互联网环境下的服务需求，酒店已开始把不同的应用系统逐步实现移动化的应用系统，既方便了管理，又便捷了服务，使客人获取服务的响应更敏捷，如前台 PMS 的 M-PMS、收银系统的 M-POS 以及App 和小程序等移动商务应用等。酒店的移动商务已从不同的角度组建应用系统，一个是从服务的角度，主要通过不同的移动服务系统为消费者提供移动商务的便利，如可以是基于手机网站或手机 App 提供的移动商务，或者是基于微信社交平台以及小程序提供的移动商务；另一个是从酒店管理的角度，专门为经营管理者提供专业的移动商务解决方案，有专门的电子支付解决方案，也有专门的移动收银系统解决方案，或者是客房或餐厅的移动商务管理解决方案等。

（一）服务角度的移动商务

数字化时代，受移动互联网和大数据应用的影响，传统的服务模式已经不能完全满足消费者的需求。在获取酒店服务的整个过程中，为了帮助消费者获取服务的便利，诸多服务已经逐渐从 PC 端向智能手持终端设备转移，把前台服务延伸至互联网。从消费者角度看，酒店开始建设多种移动服务软件，有针对 OTA 渠道服务的移动软件，也有针对社交平台的微应用软件，以下是酒店行业内常见的移动服务软件应用。

1. 与 OTA 直连

PMS 系统与 OTA 实现直连，能够解决实时预订和确认的问题，减少 OTA 客户的预订烦恼。

移动互联时代下，在线分销的趋势崛起并渐成规模，OTA 市场份额逐渐扩大，大多数单体酒店对第三方分销渠道的价值有深刻的认识。它们更愿意借助第三方分销渠道的力量，借助渠道自带的流量光环，更好地拓展市场。一方面为消费者提供预订的便利，另一方面为酒店拓展销售渠道。通过 PMS 厂商为酒店提供高效优质的酒店管理软件的同时，提供通过接口技术实现多个渠道直连酒店分销的服务。这样，消费者在第三方平台的预订订单，能够实时同步到 PMS 系统，无须人工转录，有效避免预订行为与预订录入系统之间的时间差导致的消费者不良体验。同时，OTA 直连酒店能提高订单的准确性和有效性，避免出现错单或漏单，节约酒店核对订单、核算对账的人力成本，从根本上提升了酒店移动电子商务的处理效率。

2. 用智慧住与 PMS 直连

智慧住是杭州绿云科技的产品，它可以直连酒店 PMS，优化排房和改善入住环节，解决支付环节出现的常见问题，为消费者提供便捷的预订服务和入住登记服务，既快速又可实现无接触服务，是酒店移动电子商务中处理效率最高的移动应用。智慧住采用了大数据和 AI 技术，以智慧酒店及客人入住场景需求为技术创新出发点，是面向酒店客户和大众消费者推出的酒店智慧移动服务解决方案。目前智慧住具备健康码认证、移动登记、开具发票、会员营销等多项移动服务功能，既减少了客人的等待时间，又避免了人与人之间的接触，同时实现了 PMS 系统服务延伸至消费者身边，拓展了酒店移动电子商务新的生态链。

3. 通过微应用开展移动电子商务

酒店移动电子商务中的微应用是酒店信息系统中最活跃、使用种类最多的应用软件。大多数微应用主要活跃在微信社交平台，用于营销、服务和咨询。微信如今已然成为人们的一种生活方式的载体，也是酒店移动电子商务的主战场。过去，酒店仅仅把微信当作发布信息的平台，而现在越来越多的酒店将微信平台当作产品推广、客户入住体验提升、忠诚客户体系建立的官方渠道。例如洲际、温德姆、希尔顿等国际知名集团均已开通微信小程序，以实现预订、服务、营销、商城等一个或多个商务功能。

启用微信社交平台不仅能提升和优化酒店运营、管理效率，降低获客成本，而且微信公众号和小程序二合一的运营模式，注册绑定会员，提供促销优惠，将访问者转化成消费者，将消费者转化成忠实客户，推动酒店的在线销售和服务。消费者利用自己手中的智能手机，就可以通过酒店的微应用实现咨询、选择，预订自己感兴趣的服务，也可以购买酒店提供的其他商品。

具体的酒店微应用架构如图 6-2 所示，该图由绿云科技设计提供。

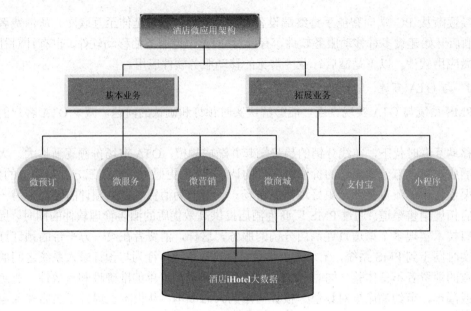

图 6-2　酒店微应用架构

（二）管理角度的移动商务

以上的移动商务基本都是消费者在直接使用，利用相关的应用来获取服务。而另一类酒店管理角度的应用由酒店员工使用，通过移动商务应用来提升服务，实现敏捷的移动管理。从酒店管理的角度来看相应的移动商务应用，此类移动商务产品一般由酒店员工或者管理者使用，属于酒店内部的移动商务，由他们为消费者处理相关商务，更加敏捷、准确地进行酒店一线岗位的系统操作，实现移动化的商务处理，也减轻服务人员的工作量。此外，一些移动产品应用还改变了酒店管理人员的工作方式，提升了对客服务的体验。

例如，M-PMS 可以为消费者在酒店内任何地方办理入住登记和退房手续；MiPay 可以为客户办理任何银行的银联卡实现支付和结算；MiPOS 可以为客户解决在酒店内任何地方的消费结算和付款方式，也可以转挂房间账或转挂公司账；客房宝可以解决客人在房间内的任何消费结算和付款方式；智能迷你吧和机器人的结合可以解决客户在客房内的任何购物消费结算和支付。所有这些都是酒店管理角度的移动电子商务应用，未来还有更多的酒店移动商务管理系统应用出现，如智慧住的移动商务应用已经把管理与服务完全融合起来，实现了酒店移动商务的智慧化应用。

四、酒店移动电子商务发展趋势

酒店移动电子商务发展趋势与人工智能等新技术应用密切相关，人工智能这一快速发展的高科技使机器能够胜任那些之前只有人类才能做的工作。机器人在未来会对酒店客人的某些方面或相关体验产生影响，能处理与客人相关的酒店商务。机器人带来的好处之一是其提供的客服数据，以及敏捷而精准的服务。万豪洛杉矶国际机场居家酒店（The Residence Inn LAX）里，机器人沃利（Wally）能为雇员和客人寻回物件。生产清洁机器人的公司 Maidbot 推出了管家机器人罗茜（Rosie），希尔顿有礼宾康妮（Connie），所有这些机器人的智能都已非常接近人类，有些服务能力甚至超过人类。未来酒店会尽可能在客服和营造兴奋点方面采用机器人，而这最终都是为了节省酒店人力成本，提高移动电子商务的效率和效益。

（一）智能手机仍然是消费者获取酒店服务的主要工具

消费者用智能手机获取服务仍是未来移动商务的主要方式，不同的是未来可以自由地直选房间类型，预订过程的体验更加人性化，手机订房与酒店的移动 PMS 可以直接交换数据，如绿云科技的智慧住服务产品就在研发直连 PMS 的服务功能，消费者可以更个性化地获取服务。随着人工智能的应用普及，用手机获取服务的商务处理也更加智慧，商务助理、精准推送、智慧支付将成为移动商务的基础性技术应用。

（二）酒店总服务台将被微平台替代

酒店总服务台的功能随着移动电子商务的普及日趋弱化，咨询服务、结算服务、入住登记服务被便捷的移动终端和自助终端替代，总服务台成为移动服务的咨询台，所有的消费发票都可以直接在消费者的手机上查看获取。尤其是移动支付，随着区块链技术的普及应用，数字货币成为未来结算支付的主要方式，移动商务的电子支付将更加智慧和便捷，真正的零等待结算即将到来。酒店的微预订、微支付、微营销、微商城、微接待应用极大地替代了总服务台原有的功能。

（三）支付环节将更加便捷

酒店经营中的收银环节，不管是消费者的退房结算，还是住店过程中的消费结算，都将更加便捷和人性化。不管是在餐厅的消费，还是娱乐场所的消费，或者是其他休闲服务的消费，支付环节都可以实现消费者所需的结算方案，如房间账务总结算、公司挂账总结算、客房之间合并总结算、基于独立 ID 号的总结算。移动商务中的支付环节处理将更有智慧和人性化。

（四）大数据使移动商务更智慧

酒店的移动电子商务都在进行平台化建设，也就是说酒店都已有自己的数据中心，大数据应用也已成为未来酒店移动电子商务应用的必然趋势，不管是移动服务、移动定位还是移动支付，为了精准地帮助消费者获取酒店服务，所有酒店信息系统都必须建立在平台的大数据基础上。从目前来看，酒店的大数据应用刚刚起步，与 OTA 等服务商相比，酒店自身的大数据应用还缺乏有效的数据基础，如何帮助酒店企业实现大数据应用是未来研究的方向。例如，消费者行为数据的收集、官网客户画像系统的应用、移动服务中精准营销的应用，这些研究和应用都可以完善移动电子商务的服务，用大数据的分析来改善服务，提升酒店移动商务的绩效。

实践证明，酒店开展移动电子商务已是必然趋势，未来也将有更新的技术、更好的模式发展移动电子商务，酒店的连锁化、集团化、联盟化经营都需要移动电子商务的支持。例如，锦江之星、如家、7 天连锁、开元集团等的数字化意识比较强，移动电子商务系统建设走在了前列，已有完整的基于移动的电子商务系统。作为一个酒店的移动电子商务，未来应在在线营销上探索和创造新的模式，因为酒店在线营销是移动电子商务的核心业务，目前微信营销、微博营销等移动营销方式已被大多数的酒店采用，将成为酒店在线营销的主要模式。随着在线电子商务的开展，酒店的电子商务营销模式开始多样化，呈现了基于在线营销的多种销售模式。例如，尾房销售（Last-minute）模式，即每晚 6 点后可以以 3～5 折的超低价格订到当晚的剩余酒店客房；模糊定价（惠选）模式，即不告诉顾客具体的酒店名称，只提供一个折扣房价和简单的酒店描述；反向竞拍（C2B）模式，即酒店将可接受的最低客房售价放到系统中，然后让顾客来提条件和出价；酒店团购模式，即酒店拿出一定量的客房通过采用薄利多销的方式进行销售。这些模式的应用可以给移动电子商务带来一定的增量。目前，国内酒店团购、模糊定价等模式正逐渐被市场认可，既销售了一定量的客房，又起到了网络营销的电子商务作用。另外，这些销售模式有一个共同的特点，即价格较低，提前预付，且必须在线操作。这对于一直没有采用预付押金方式进行预订的酒店业来说，是一个突破性的改革。同时，它也满足了酒店淡季房间销售的需求，还迎合了价格敏感客户的需求，具有一定的营销作用，在在线预订的移动商务中发展较快，是目前酒店移动电子商务中发展势头较好的一种方式。

拓 展 学 习

1. 酒店 CRS 的竞争优势
2. 酒店电子商务系统的竞争优势
3. 移动电子商务中的最新技术
4. 酒店在线营销中的新模式
5. 酒店客户关系管理中的在线营销

案例分析与习题

一、案例分析

案例 6-1 洲际酒店集团推出微信服务账号

2013 年 10 月 28 日，洲际酒店集团宣布与腾讯微信携手，在移动平台上合作推出微信服务账号"IHG 优悦会"，此举也使得洲际酒店集团成为国内首家与腾讯微信合作并建立微信服务账号的国际酒店集团。"IHG 优悦会"是全球第一个，也是规模最大的酒店忠诚客户奖励计划，目前在全球拥有超过 7400 万名会员。会员可以通过入住洲际酒店集团旗下九大品牌（包括洲际酒店及度假村、皇冠假日酒店及度假村、英迪格酒店、假日酒店等）的酒店获得奖励积分，用于兑换洲际酒店集团旗下 4600 多家酒店的免费住宿。

"IHG 优悦会"微信服务账号为消费者量身定制了服务菜单，并通过实时互动系统，如酒店预订、点击显示内容、基于地理位置的服务以及回答"粉丝"相关促销问题等为用户提供各项多样化的增值服务。"IHG 优悦会"微信服务账号的主要构成及功能包括以下内容。

（1）洲际酒店集团优悦会介绍。

（2）优悦会会员积分查询。

（3）预订酒店房间/查询及预订附近酒店。

（4）最新活动及促销信息。

（5）洲际酒店集团旗下的品牌概览及品牌介绍。

（6）旅行者贴士及洲际酒店集团目的地精选。

（7）酒店预订/会员注册/促销等互动功能。

"此次'IHG 优悦会'微信服务账号的推出，帮助我们在客人抵达酒店之前，就为他们开启一场舒适、难忘的完美旅程。客人可以通过微信轻松预订酒店房间，查询并预订附近的酒店，了解最新促销信息等。"洲际酒店集团大中华区首席商务官倪轩裕（Nick Barton）表示："'IHG 优悦会'微信服务账号的推出并不是一个单项举措，而是洲际酒店集团全面数字化战略中重要而坚实的一步。我们根据中国消费者的喜好，充分利用手机应用及网络的优势，达到在移动设备上建立一套绿色环保服务系统的终极目标。"

如今，社交媒体发展迅速并时刻影响着人们的生活。洲际酒店集团非常重视社交媒体及营销，并先后在微博和淘宝等社交媒体平台推出服务账号。

思考题：

洲际酒店集团为什么要推出微信服务账号，你如何看待社交媒体在酒店营销方面的应用？

案例 6-2　基于移动互联网的酒店预订

到北京开会的王小姐刚刚走出 T3 航站楼，打开手机，时间显示 23:00。航班再一次晚点，她很着急，因为现在早已过了和酒店协商的最晚抵达时间。

排队等出租车期间，王小姐犹豫着去哪儿住，总得给自己和出租车司机一个方向。她打开了 iPhone4 上面的客户端，搜寻着合适的酒店。其间她发现了一项新功能——"夜销"，上面有不少当晚的特价房，位置不错，价格也优惠。抱着尝试的心态，王小姐选了一家位于安定门附近的四合院酒店，输入姓名和手机号码后，顺利提交订单。很快，她便得到了反馈，已经成功预订。王小姐高兴地跳上出租车，奔向自己的新目标——安定门"北京院子酒店"。

抵达酒店迫近午夜，王小姐有些后悔，因为来之前没有给这家酒店打电话，一张"夜销"订单是否管用，她也不确定。但当前台询问姓名的那一刻，她放心了，对方告诉她在 40 分钟前已经确认了她的房间，273 元的价格和"夜销"订单上面的标注一模一样。

"夜销"酒店伴随着去哪儿网客户端同时覆盖了 Android 和 iPhone 手机平台。去哪儿网无线产品总监杨昌乐表示："用户只要下载最新版的去哪儿网 Android 或 iPhone 手机客户端便能享用'夜销'，每日 18:00 至次日 6:00，准时供应。"

思考题：

1．"夜销"酒店的市场如何？
2．"夜销"预订通过移动互联网有哪些好处？

二、习题

1．什么是计算机预订系统？简述酒店计算机预订系统的作用。
2．什么是中央预订系统？中央预订系统适合哪些类型的酒店应用？
3．计算机预订系统和中央预订系统有哪些区别和相同点？
4．通过查阅资料，了解 CRS 更多的发展历史。
5．CRS 的应用能帮助酒店获取怎样的竞争优势？
6．什么是电子商务？什么是电子商务系统？
7．酒店电子商务有怎样的特点？和酒店 CRS 有哪些区别？
8．酒店电子商务有哪些应用模式？试举例说明。
9．酒店电子商务有哪些应用分类？举个实际的应用例子。
10．作为单体酒店，应怎样选择网络营销的方法？
11．什么是 OTA? OTA 的电子商务和实体酒店的电子商务有什么区别？
12．酒店电子商务给酒店经营带来了什么影响？
13．简述酒店电子商务应有的功能？
14．什么是电子销售？酒店有哪些电子销售的方式？
15．试举例说明酒店有哪些常用的网络营销方法？
16．什么是电子支付？酒店有哪些电子支付平台的应用？
17．什么是移动电子商务？酒店有哪些移动电子商务的应用？
18．简述你所了解的移动电子商务营销系统，分析其潜在优势。
19．什么是移动定位技术？酒店有哪些移动定位技术的应用？
20．什么是移动互联网接入技术？酒店有哪些移动接入技术的应用？
21．作为一家单体酒店，应怎样规划和设计自己的移动电子商务营销系统？怎样才能形成适合自己的特色优势？
22．作为一个酒店集团，应如何构建移动电子商务系统及发展自己的中央预订系统？怎样才能创造自己的竞争优势？
23．未来大数据技术在移动电子商务系统中有怎样的应用？试进行简单分析。

第七章　酒店管理信息系统的运行管理

学习目标

　　通过本章的学习，要求学生：① 了解酒店管理信息系统日常运行管理的内容及要求；② 掌握酒店管理信息系统维护的内容；③ 了解酒店管理信息系统安全管理的意义；④ 掌握酒店管理信息系统运行的维护方法；⑤ 熟悉酒店管理信息系统云化后的运维内容和方法。

　　酒店管理信息系统设计和开发完成之后，系统就进入实际的运行阶段，能否正常运行直接决定了系统最终的效果。而要保证酒店管理信息系统正常运转，在酒店经营中发挥作用，日常运行管理是必不可少的。其中，人的因素和制度的因素至关重要。此外，对酒店管理信息系统进行定期或不定期的维护决定了酒店管理信息系统运行的生命周期和稳定性。合理的酒店管理信息系统的维护管理是酒店管理信息系统持久高效运转的保障。酒店管理信息系统也会经常遭受黑客等外界因素的骚扰，因此，加强酒店管理信息系统的安全管理也是系统稳定运行的前提。最后，本章还对酒店管理信息系统云化后的维护管理进行了简单介绍。

第一节　酒店管理信息系统日常运行管理

　　酒店管理信息系统的日常运维是一项非常重要的工作，因为同样一个系统运行在不同的酒店，运维的工作不同，会产生不同的运行效果。作为一个酒店经营的支撑系统，系统的日常运行管理显得尤为重要，其中人员和制度保障是日常运行管理的核心。

一、日常运行中的组织及人员保障

　　酒店管理信息系统日常运行管理的目标是使系统在某个预期的时间段内能正常地发挥相应的作用，支持酒店经营并取得相应的实际效果。因此，对于酒店独立机房运维的系统，其相关运维人才的培养和相关组织结构的设置显得相当重要。

（一）酒店管理信息系统相关组织结构设置的重要性

　　从信息的角度管理酒店，信息很重要，信息系统运维更加重要，而保障系统运维工作的组织结构尤其重要。酒店管理信息系统的运维是一项比较复杂的工程，因此需要相应的组织结构和人员来保障。第一，管理信息系统应该考虑高层、中层、基层管理人员和普通员工等不同岗位的需求。第二，酒店管理信息系统应该充分考虑酒店各个部门的需求，以保证酒店整个流程和目标的实现，包括客房、餐饮、采购、营销、娱乐、财务、库存、工程、技术、人力资源部等，实现各个部门子系统的协调和统一。第三，从酒店管理信息系统的实物构成来看，主要由硬件、软件、数据、规程和人员等构成。硬件、软件的选择与配置，既和酒店外部因素有密切的联系，又和酒店内部许多因素有十分密切的联系。合理地配置一个酒店管理信息系统的硬件、软件和人员等，是一个酒店管理信息系统高效运转、满足管理需要的前提和保证。第四，从酒店管理信息系统的职能构成来看，它是由若干子系统组成的。因此，现代酒店在开展管理信息系统协同工作时，加强组织管理工作是十分必要的。

（二）酒店管理信息系统领导机构职责

信息系统的运行管理必须设置相应机构，这并不是指目前很多酒店设置的电脑室，而应该是被命名为信息管理部或信息中心的机构。对于酒店集团来说相应的信息机构，其主要职责是负责企业信息资源、信息技术应用战略与信息系统的管理，实现酒店信息化到数字化的转型。根据其所涉及的部门范围及信息的重要性，信息中心在酒店中的地位应高于其他职能部门。

信息中心除了负责系统的运行管理外，还要承担信息系统的长远发展建设、通过信息的开发与利用推动酒店各方面的变革等工作。具体来讲，其主要职责应该包括负责贯彻酒店数字化领导小组及首席信息官（CIO）的相关决定；负责酒店信息系统的规划和开发、维护与运行管理；负责为各业务部门提供信息技术服务，包括制订、安排和执行数字化培训计划；负责对酒店内部重大数字化项目的检查考核；负责信息、知识的挖掘；负责制订和监督执行酒店自主知识产权的软件开发计划；负责对酒店数字化方面专家的聘任提名及业绩考核等。

为了稳步推进酒店数字化建设工作，并保障建设完成的酒店信息系统得到很好的应用，现代酒店应该成立酒店数字化建设领导小组。在酒店数字化建设领导小组中，应由酒店的"一把手"担任领导小组组长，以便体现"一把手工程"的原则，并体现出酒店领导对数字化工作的高度重视。各小组成员应该包括酒店决策层相关领导、酒店数字化领域知名专家、与酒店数字化有关的二级部门领导以及各主要职能部门的主要业务骨干。酒店数字化建设领导小组应从全局上权衡、协调、审定、决策及组织酒店数字化实施，保障实施酒店数字化系统所需的人力和物力，为整个酒店实施酒店数字化营造良好的氛围，其主要职责包括组织酒店数字化建设中、长期规划的审定，进行酒店数字化建设重大工程项目实施方案的决策，进行酒店数字化建设机构相关人员的考核、任免与奖惩等。

（三）酒店 CIO 及职责

信息作为独特的资源在酒店经营决策中的作用越来越大。网络信息时代的特点表现为一方面企业淹没在信息的海洋中，另一方面企业却难以找到有用的信息。如何在复杂的环境中发现机会、把握机会、利用机会，建立先发优势，是酒店在激烈的竞争态势下获取竞争优势的关键。因此，越来越多的酒店设立了 CIO 一职，尤其是酒店集团企业。CIO 往往由组织的高层决策人士担任，其地位如同公司的副总经理，有的甚至更高。CIO 并不是传统的信息中心主任，不负责服务性、辅助性部门的工作，而负责酒店数字化。

　　信息主管的任务是在企业整体战略框架下，负责企业信息管理战略规划的制定，积极参与单位的预测、决策、控制等管理活动，领导信息管理部门，管理多种形式的酒店运行信息、外部行业信息、国家性的经济政策，协助 CEO 有效利用信息技术所提供的信息确定企业战略目标和实施策略，当好领导的参谋，并且在实施当中及时获得反馈，迅速调整战略规划。在现代酒店中，以 CIO 为首的信息系统部门有以下职责。① 制定系统规划。加强实践应用研究，负责管理信息系统规划、实施和更新换代，管理、运行和维护系统，制订资金需求计划、人员安排和培训等。② 负责信息的处理全过程。与企业领导和相关职能管理部门一起，确定合理、统一的信息流程，按照流程协调各个相关部门在信息处理方面的关系。③ 制定各项管理信息系统制度，同时负责对各个部门每时每刻产生的信息进行收集、整理、加工和存储，确保信息的准确性和一致性。④ 信息的综合开发。对各方面的信息进行综合处理和分析，得到对全局更为重要的信息，提供给各个管理部门，尤其是决策层，并由系统以适当的形式发布。⑤ 搞好信息标准化等基础管理。和有关管理部门一起，共同搞好系统运行中的基础管理工作，主要是信息编码等标准化、规范化工作。⑥ 负责系统的运行和维护。作为系统主要的日常技术性工作，包括系统硬件软件维护、数据库的数据录入及管理、机房日常管理、用户服务等，其中软件维护是最主要的工作。

　　酒店企业的 CIO 一般应具备以下知识和能力。第一，有良好的管理素质，包括基本的管理能力、协调能力、人际沟通能力和对酒店内部各个业务部门信息的分析和处理能力，了解现代酒店的运行规律。第二，有丰富的 IT 知识和能力。CIO 必须是信息技术和信息管理系统方面的行家，应具备最新信息技术的跟踪能力和有效运用能力。第三，有一定的商业知识和商业头脑。CIO 必须围绕酒店的战略目标来确定技术方案，利用一切可利用的信息重构企业的商业行为，支撑企业的商业决策，以使管理信息系统对酒店经营发挥最大的作用。各个酒店的实际情况不同，机构设置不同，机构改革和整体的目标也不同，因此不能套用一种模式。设置信息管理机构是一个总的发展趋势，至于具体实现，可以在原有机构的基础上落实人员，抓好几项重点工作，然后逐步充实，不一定一步到位。

二、系统日常运行管理的内容

　　酒店信息系统日常运行的管理包括对信息系统的运行进行控制，记录其运行状态，进行必要的日常维护，并做好系统的安全保密工作，其目的是使信息系统真正符合管理决策的需要，为经营服务，为管理决策服务，使酒店信息系统在一个预期的时间内能正常地发挥其应有的作用，产生其应有的效益。

　　酒店信息系统日常运行管理的内容通常包括如下几点。

（一）系统运行情况的记录

　　系统运行中，必须对系统软、硬件及数据等的运作情况进行记录。运行有正常、不正常和无法运行等情况，后两种情况应将所见的现象、发生的时间及可能的原因做尽量详细的记录。运行情况的记录对系统问题的分析与解决有重要的参考价值。严格地说，从每天工作站点计算机的打开、应用系统的进入、功能主页的选择与执行，到下班前的数据备份、存档、关机等，按要求都要就系统软硬件及数据等的运作情况做记录。由于该项工作较烦琐，在实际中往往会流于形式，因此一般应在系统中设置自动记录功能。但作为一种责任与制度，一些重要的运行情况及所遇到的问题，如多人共用或涉及敏感信息的计算机及功能项的使用等仍应做书面记录。系统运行情况的记录应事先制定尽可能详尽的规章制度，具体工作主要由使用人员完成。系统运行情况无论是自动记录还是由人工记录，都应作为基本的系统文档做长期保管，以备系统维护或更新时参考。

（二）系统运行的日常维护

在数据或信息方面，需日常加以维护的工作有备份、存档、整理及初始化等。大部分的日常维护应该由专门的软件来处理，但处理功能的选择与控制一般还是人工来完成。为安全考虑，每天操作完毕后，都要对更改过的或新增加的数据做备份。一般来讲，工作站点上的或独享的数据由使用人员备份，服务器上的或多项功能共享的数据由专业人员备份。除正本数据外，至少要求有两个以上的备份，并以单双方式轮流制作，以防刚被损坏的正本数据冲掉上次的备份。数据正本与备份应分别存于不同的磁盘上或其他存储介质上。数据存档或归档是当工作数据积累到一定数量或经过一定时间间隔后转入档案数据库的处理，作为档案存储的数据成为历史数据。为防止万一，档案数据也应有两份以上。数据的整理是关于数据文件或数据表的索引、记录顺序的调整等，数据整理可使数据的查询与引用更为快捷、方便，对数据的完整性与正确性也很有好处。在系统正常运行后数据的初始化主要是指以月度或年度为时间单位的数据文件或数据表的切换与结转数等内容的预置。在硬件方面，日常维护主要有各种设备的保养与安全管理、简易故障的诊断与排除、易耗品的更换与安装等。硬件的维护应由专人负责。

（三）突发事件的处理

信息系统运行中的突发事件一般是由于操作不当、计算机病毒、突然停电、服务器或网络故障等引起的。发生突发事件，轻则影响系统功能的运行，重则破坏数据，甚至会导致系统的瘫痪。突发事件应由信息管理机构的专业人员处理，有时要由原系统开发人员或软硬件供应商来解决。对发生的现象、造成的损失、引起的原因及解决的方法等必须做详细的记录。

三、系统日常运行管理制度的构建

现代酒店使用各种计算机终端的管理信息系统，并逐步实现管理信息化后，其业务流程、工作方法、各职能部门之间以及酒店与外部环境之间的相互关系都将发生一定的变化。因此需要制定一系列新的管理规章制度，以确保系统运行的安全。这些规章制度应该包括以下两方面。

（一）信息系统的安全运行管理制度

集团酒店一般设立中心机房，建立安全运行管理制度是中心机房可靠运行的保障。通常，设立中心机房主要有两个目的：一是给计算机设备创造一个良好的运行环境，确保计算机设备正常运行；二是防止各种非法人员进入机房，保护机房内的设备、机器内的程序和数据的安全。中心机房安全运行是通过制定与贯彻执行机房管理制度来实施的。

中心机房管理的主要内容包括以下几方面。① 有权进入机房人员的资格审查。一般来说，系统管理员、操作员、录入员、审核员以及其他系统管理员批准的有关人员可进入机房，系统维护员不能单独进入机房。② 机房内的各种环境要求，如机房的卫生要求、防水要求、防火要求。③ 机房内的各种环境设备的管理要求。机房中禁止的活动或行为，如严禁吸烟、喝水等。④ 设备和材料进出机房的管理要求。

（二）信息系统的其他管理制度

信息系统的运行制度还表现为软件、数据、信息等其他要素必须处于监控之中。在现代酒店计算机信息管理的环境下，还需要制定一些其他的管理制度，具体包括如下项目：① 必须有重要系统软件、应用软件的管理制度；② 必须有数据管理制度，如重要输入数据的审核、输出数据备份保管等制度；③ 必须有权限管理制度，做到密码专管专用，定期更改并在失控后立即报告；④ 必须有网络通信安全管理制度；⑤ 必须有防病毒的管理制度，及时查杀病毒，并备有检测、清除的记录；⑥ 必须有人员调离的安全管理制度。人员调离的同时马上收回钥匙、移交工作、更换口令、取消账号，并向被调离的工作人员申明其保密义务，人员的录用调入必须经过人事组织技术部门的考核并接受相应的安全教育。除了以上项目之外，还必须有系统定期维护制度、系统运行操作规程、用户使用规程、系统信息的安全保密制度、系统修改规程以及系统运行日志及填写规定等规程。

四、系统日常运行管理的注意事项

按照酒店管理信息系统设计，系统运行的环境还需要配置相应的硬件和软件，并在系统运行过程中注意这些运行环境的变化。同时，正确使用酒店管理信息系统，还需要人员的配备，通过使用的人充分发挥系统的最大作用。因此，系统运行管理还需要解决以下问题。

（一）酒店各级员工都应重视管理信息系统的作用

在酒店管理信息系统运行之初，有许多操作人员往往依赖传统的习惯与思维，认为还是老的一套记录方法更直接、更熟练，不太愿意接受新系统或新方法。这对用信息系统实现酒店的管理创新和服务创新是非常有害的，对充分发挥信息系统的作用也是极为有害的。酒店各级员工应充分而灵活地使用酒店管理信息系统提供的各种功能进行酒店经营管理活动，虽然酒店管理信息系统提供的面向中、下层管理者的业务功能较强，而面向高层管理者的决策功能较弱，但不能据此认为它对高层管理者的决策管理活动没有裨益，酒店各级管理人员都应积极使用酒店管理信息系统提供的信息实现辅助管理决策。

（二）通过培训提升各级操作人员的素养

酒店管理信息系统涉及酒店多个部门且使用者水平参差不齐，因此必须在酒店员工中开展酒店管理信息系统的操作培训和应用技能培训，从基本的计算机知识入手，使酒店员工掌握硬件、网络、工具软件、应用软件等使用技能和有关基本操作知识。在此基础上，了解酒店管理信息系统的功能结构和硬件配置，最后重点掌握所在岗位将要使用的子系统的各项功能及其操作方法。经过短期培训和一段时间的试运行，各级酒店管理人员和服务人员可以熟练地操作酒店管理信息系统。岗前培训要重视培训一批骨干，上岗后还要定期考核。

（三）提升管理信息系统的安全性能

在酒店经营过程中，管理信息系统承担着多种角色。在基层，它是重要的业务管理系统；在中层，它又是经营的管控系统；而在高层，它又是一个重要的管理辅助决策角色。不同层次、不同部门的管理人员职权不同，但他们都依赖信息系统管理着自己的业务。为了提升系统的安全性能，任何使用人员都必须设定一定的使用权限，任何系统使用者不得超越自己的使用权限。特定岗位的管理者能使用本岗位的子系统进行本岗位责任范围的经营管理活动。例如，预订子系统可以查看客房子系统房价，但无权更改房价。因此，对系统使用人员进行分组，确定各组用户的使用权限，也是系统日常管理的重要内容。

（四）加强日常运行管理和维护管理

针对系统运行中的故障排除、功能扩充、性能改进等方面，酒店应配专职电脑工程师和知识工程师，负责排除各种故障，包括硬件维修和软件错误纠正。随着酒店规模的扩大和经营向多样化发展，酒店管理信息系统也需要进行相应的功能扩充维护，如增加会务子系统，系统信息的维护和使用，这些都需要知识工程师。改造现有酒店管理信息系统的硬件和软件，提高其性能，则属于性能改进方面的维护。此外，还必须重视适应性维护，如新的会计制度颁布后，就必须更新原有财务子系统，按新的会计制度设置新的财务账目。只有不断加强维护和更新系统，才能发挥信息系统的最大作用，也才能延续信息系统的生命周期。

第二节　酒店管理信息系统维护管理

维护管理是信息系统运行中非常重要的内容，因为一个信息系统使用的环境和管理的内容都在不断地变化，维护的目的是促使信息系统适应变化的环境，延长系统使用的生命周期，让信息系统为酒店经营做出更好的贡献。本节将简要归纳酒店管理信息系统的维护内容、维护范围和维护的有关步骤。

一、酒店管理信息系统维护的内容

任何一个信息系统的运行都需要维护，酒店管理信息系统也不例外。通常维护的内容包括硬件和网络维护、系统功能性维护、数据文件维护和系统代码维护等。由于篇幅限制，本部分只简单介绍这些维护的内容。

（一）硬件和网络的维护

硬件的维护是指对主机、工作 PC 机以及外设的维护和管理，主要包括突发性故障维护和定期预防性维护，前者对于突发性的故障集中人力集中检修或更换；后者按照一定的设备维护理论，定期对系统设备进行检查和保养，如机器部件的清洗、润滑，易损部件的更换，等等。随着云技术的普及应用，酒店硬件维护的工作量已越来越小，大多数酒店已开始用 IaaS 的模式租用硬件系统。

网络维护主要包括使用性维护、网络带宽调整、无线网络设置等。酒店网络分两大块，一块是酒店经营管理的网络，另一块是客房使用的网络。它们必须区分开，分别进行维护管理。网络维护的目的是使信息系统正常运行，数据无障碍交换，以满足酒店经营中管理与服务的需要。

（二）系统功能性维护

系统功能性维护主要针对应用程序的维护。程序维护是指根据酒店需求变化或硬件环境的变化对程序进行部分或全部的调整或修改。酒店业务处理过程是通过应用程序的运行实现的，而酒店业务一直在变化之中，或者管理需求也在不断地变化，一旦程序发生问题或者业务及需求发生变化，就必然会引起程序的修改和调整。因此，功能性维护的主要活动是对程序的处理流程、处理功能进行维护或扩充，以满足酒店经营管理的实际需要。大多数信息系统的功能性维护由软件开发者或服务商进行维护操作，酒店仅需提出具体需求即可。

（三）数据文件维护

数据文件维护包括数据备份和存储空间整理，前者要求经常或定期对重要数据进行备份，对重要数据实时备份；后者要求对系统运行过程中产生的各种临时文件等进行清理，减少存储空间的无谓占用，提高系统运行效率。数据文件维护还包括系统故障引起的数据不一致情况，如突然掉电、网络故障引起的数据文件不一致。

（四）系统代码维护

系统代码是科学管理的主要手段。随着系统应用范围的扩大、处理业务的增加以及应用环境的变化，系统中各种数据代码都需要进行一定程度的增加、修改、删除或调整，甚至根据新业务的要求编写新的代码。

二、酒店管理信息系统维护的范围

酒店管理信息系统维护的主要工作是系统的软件维护工作，维护范围主要包括以下四种。第一，正确性维护。由于在系统测试阶段不能暴露出系统中的所有错误，因此在系统投入实际运行后，就有可能暴露出系统内隐藏的错误，用户会发现这些错误并将其报告给维护人员，对这类问题的诊断和改正过程就是改正性维护。第二，适应性维护。软件运行环境的变化会影响系统的正常运行，如计算机技术发展迅速，操作系统的新版本不断推出，功能更加强大的硬件的出现，必然要求信息系统能够适应新的软硬件环境的变化，以提高系统的性能和运行效率。为了使系统适应环境（包括硬件环境和软件环境）的变化而进行的维护工作就是适应性维护。第三，完善性维护。在系统的使用过程中，用户往往会产生管理需求的变化，或者业务处理方式不恰当，要求修改或增加原有系统的处理功能，提高其性能。为了满足这些要求而进行的系统维护工作就是完善性维护。完善性维护是系统维护工作最主要的部分。第四，预防性维护。预防性维护是为了提高软件未来的可维护性、可靠性，或为将来的修改与调整奠定更好的基础而修改软件的过程。目前这类维护活动相对较少。从多种维护工作的分布情况统计结果来看，一般改正性维护占全部维护活动的20%左右，适应性维护占25%左右，完善性维护达到60%左右，而预防性维护仅占4%左右。

三、酒店管理信息系统维护的步骤

在酒店管理信息系统的维护过程中，无论是程序、文件还是代码的修改，都会影响系统的其他部分。因此，系统的维护工作一定要特别慎重，必须做好合理的组织与管理。通常，对于一些重大的修改项目还要填写变更申请表，由审批人正式批准后才能进行维护工作。为了减少维护过程中的混乱，明确职责，非常有必要成立一个维护步骤的规程，该规程由维护管理员、系统管理员和修改负责人参与，明确他们的职责范围，使维护工作有规可循。在这种规程方式下，维护管理员负责接受维护申请，然后把维护申请交给某个系统管理员去评价。系统管理员是一名技术人员，他必须熟悉软件产品的某一部分和整体结构。系统管理员对申请做出评价，然后与修改负责人确定修改的方案。综上所述，从维护申请的提出到维护工作的执行有如下步骤。

第一，提出要求。由系统操作的各类人员或业务领导提出对某项业务工作的修改要求，申请形式可以是书面报告或填写专门申请表。

第二，领导批准。维护管理员接受维护申请。系统管理员对申请做出评价，由系统运维部门的领导负责审批各项申请。审批工作也要进行一定的调查研究，在取得比较充分的第一手资料后，对各种申请表做不同的批示。

第三，分配任务。修改负责人根据维护的内容向程序员或软件人员进行任务分配，并确定完成期限和其他有关要求。

第四，验收成果。当有关人员完成维护修改任务后，由维护小组和用户验收成果，并将新的成果正式投入使用。同时，也要验收有关的文档资料。

第五，登记维护情况。登记所做的修改，作为新的版本通报有关用户和操作人员，指明系统新的功能和修改的地方。

在进行系统维护时，对于某些重大的修改，可以看作是一个小型信息系统的开发项目。因此，要严格按照系统开发的步骤进行。

第三节　酒店管理信息系统安全管理

信息系统的运行涉及许多安全隐患，尤其是新一代的开放型酒店信息系统更需注重信息安全。如果没有一套严格的系统运行安全管理制度，会对酒店经营产生重大的影响。本节将探讨信息系统安全管理的相关问题。

一、影响酒店管理信息系统安全的因素

影响酒店信息系统安全的因素很多，有网络的因素，也有系统本身的因素，还有系统环境的因素以及使用人员的因素，本部分将讨论这些因素。

（一）信息安全的维度

狭义的信息安全是指信息的机密性、完整性和不可否认性，主要研究加密和认证等方法。从管理的角度看，还可实现"技术与管理并重"的目标要求，这样可以把信息安全管理属性归纳为目标性、执行性、机密性、时效性、适应性、完整性和可用性七个属性。按照这种目标要求，各种各样的管理措施或技术措施会对达成信息安全管理的属性进行管理。但对于酒店信息系统的信息安全来说，信息安全通常仅讨论三个方面的属性，即机密性（confidentiality）、完整性（integrity）以及可用性（availability）。

机密性是为了对抗对手的被动攻击，保证信息不泄露给未授权的人，或者即便数据被截获，所表达的信息也不被非授权者所理解；完整性是为了对抗对手的主动攻击，防止信息被未经授权的人所篡改；可用性是为了确保信息及信息系统能够为授权使用者正常使用。

（二）影响信息系统安全的因素

一个完整的酒店信息系统由计算机、通信网络设备、应用软件、数据资源和运行环境组成，对信息系统安全构成威胁的因素主要有恶意攻击、安全缺陷、软件漏洞、结构隐患和环境因素等。

1. 恶意攻击

恶意攻击是一种有目的性的破坏行为，可以分为主动攻击和被动攻击。主动攻击是指以各种方式有选择地破坏信息，如删除、修改、伪造、添加、乱序、冒充、重放等；被动攻击是指在不干扰网络系统正常工作的情况下，进行截获、窃取、破译等。恶意攻击有以下四个方面的特征：智能性，从事恶意攻击的人员大都具有相当高的专业技术和熟练的操作技能；隐蔽性，人为的恶意攻击隐蔽性强，不易引起怀疑，作案技术难度大；严重性，涉及金融资产的网络信息系统恶意攻击，往往使金融机构损失巨大，甚至破产；多样性，恶意攻击的技术手段多样，体现在数量、形态、传播手段等诸多技术方面。

2. 安全缺陷

一般的攻击能够得逞，主要是因为网络或信息系统本身具有安全缺陷，主要包括网络硬件的安全缺陷（可靠性差、电磁辐射、电磁泄漏等）、通信链路的安全缺陷（电磁辐射、电磁泄漏、搭线、串音、无链路加密等）、软件漏洞等。在我国，一些特殊的网络安全缺陷还包括技术被动引起的网络安全缺陷（芯片等关键设备都依赖进口）、人员素质问题引起的安全缺陷（法律要人去执行、管理靠人去实现、技术靠人去掌握）、缺乏系统的安全标准引起安全缺陷（网络安全标准还不完善）。

3. 软件漏洞

由于软件程序的复杂性和编程方法的多样性，软件系统中很容易有意无意留下一些不

易被发现的安全漏洞，也就容易引起黑客的攻击。软件漏洞一般包括操作系统的安全漏洞（后门、I/O 非法访问、访问控制混乱等）、数据库及应用软件的安全漏洞（数据库文件格式、文件存放路径、口令加密机制等）、TCP/IP 协议的安全漏洞、网络软件和服务的安全漏洞（Finger 漏洞、匿名 FTP 漏洞、Telnet 漏洞和 E-mail 漏洞等）、口令设置的安全漏洞（口令长度设置、口令时间限制等）。

4. 结构隐患

结构隐患包括网络拓扑结构的安全隐患和网络硬件的安全隐患，网络拓扑结构包括总线型结构、星形结构、环形结构、树形结构，一般网络由这些网络结构组成混合结构。网络硬件的安全隐患主要是相关的网络硬件、网桥、路由器，尤其是路由器，大量用于广域网络，而路由器受目前技术及性能方面的限制，本身的安全性较差。

5. 环境因素

除了上述因素，企业内部的行政管理、人员素质、职业道德及责任心等对系统的安全也有重大的影响。① 安全意识不够。计算机信息管理系统在国内应用的普及深度不够，许多酒店的管理者仅将信息系统看作企业所有经营管理系统的一个附加系统，并未引起充分的重视，对信息系统的安全意识也不够。② 自然及不可抗力因素，如地震、火灾、水灾、风暴及社会暴力等。③ 信息系统安全运行的管理制度不健全。目前酒店内关于信息系统的管理制度多数集中在保障计算机硬件设备的物理安全，但不能满足信息系统整体安全的需要。④ 计算机安全立法。计算机安全、计算机犯罪、计算机病毒的立法无疑是影响信息系统安全的因素，需要用法律的手段加强对信息系统安全的保护。⑤ 工作人员素质。具体包括业务人员的素质、责任心、严密的行政管理制度和法律法规，以防范人为的主动因素直接对系统安全性的威胁。⑥ 信息系统的管理机构设置。信息系统是酒店经营管理体系的重要组成部分，必须为该系统设置具有相当权限和责任的机构，并配置足够的人员和资金，确保该机构正常地发挥作用。

二、酒店管理信息系统的安全策略和措施

信息系统的安全问题在设计阶段应该予以考虑，主要包括物理实体安全设计、硬件系统和通信网络的安全设计、软件系统和数据的安全设计等内容，硬件和通信网络的安全主要依赖设备的选型和协议的选取，但其不属于本书的讨论范围。下面就网络安全设计、软件安全设计、系统数据安全设计进行讨论。

（一）网络安全设计

1. 网络安全防范体系的框架结构

为了能够有效了解用户的安全需求，选择各种安全产品和策略，有必要建立一些系统的方法来进行网络安全防范。网络安全防范体系的科学性、可行性是其可顺利实施的保障。基于 DISSP 扩展的一个三维安全防范技术体系框架结构；第一维是安全服务，给出了八种安全属性（ITU-T REC-X.800-199103-I）；第二维是系统单元，给出了信息网络系统的组成；第三维是结构层次，给出并扩展了国际标准化组织（ISO）的开放系统互联（OSI）模型。

框架结构中的每一个系统单元都对应于某一个协议层次，需要采取若干种安全服务才

能保证该系统单元的安全。网络平台需要有网络节点之间的认证、访问控制，应用平台需要有针对用户的认证、访问控制，需要保证数据传输的完整性、保密性，需要有抗抵赖和审计的功能，需要保证应用系统的可用性和可靠性。针对一个信息网络系统，如果在各个系统单元都有相应的安全措施来满足其安全需求，则认为该信息网络是安全的。

2. 网络安全防范体系的层次

作为全方位的、整体的网络安全防范体系也是分层次的，不同层次反映了不同的安全问题，根据网络的应用现状情况和网络的结构，可将安全防范体系的层次划分为物理层安全、系统层安全、网络层安全、应用层安全和管理层安全。① 物理环境的安全性（物理层安全）。该层次的安全包括通信线路的安全、物理设备的安全、机房的安全等。物理层安全主要体现在通信线路的可靠性（线路备份、网管软件、传输介质）、软硬件设备的安全性（替换设备、拆卸设备、增加设备）、设备的备份、防灾害能力、防干扰能力、设备的运行环境（温度、湿度、烟尘）、不间断电源保障等。② 操作系统的安全性（系统层安全）。该层次的安全问题来自网络内使用的操作系统的安全，如 UNIX、Windows NT、Windows 2000 等，具体表现在三个方面：一是操作系统本身的缺陷带来的不安全因素，主要包括身份认证、访问控制、系统漏洞等；二是对操作系统的安全配置问题；三是病毒对操作系统的威胁。③ 网络的安全性（网络层安全）。该层次的安全问题主要体现在网络方面的安全性，包括网络层身份认证、网络资源的访问控制、数据传输的保密与完整性、远程接入的安全、域名系统的安全、路由系统的安全、入侵检测的手段、网络设施防病毒等。④ 应用的安全性（应用层安全）。该层次的安全问题主要由提供服务所采用的应用软件和数据的安全性产生，包括 Web 服务、电子邮件系统、DNS 等。此外，还包括病毒对系统的威胁。⑤ 管理的安全性（管理层安全）。安全管理包括安全技术和设备的管理、安全管理制度、部门与人员的组织规则等。管理的制度化极大程度地影响着整个网络的安全，严格的安全管理制度、明确的部门安全职责划分、合理的人员角色配置都可以在很大程度上降低其他层次的安全漏洞。

3. 网络安全防范体系设计准则

根据安全防范攻击的安全需求、需要达到的安全目标、对应安全机制所需的安全服务等因素，参照 SSE-CMM（系统安全工程能力成熟模型）和 ISO 17799（信息安全管理标准）等国际标准，综合考虑可实施性、可管理性、可扩展性、综合完备性、系统均衡性等方面，网络安全防范体系在整体设计过程中应遵循以下九项原则。① 网络信息安全的木桶原则。网络信息安全的木桶原则是指对信息均衡全面地进行保护。"木桶的最大容积取决于最短的一块木板。"网络信息系统是一个复杂的计算机系统，它本身在物理上、操作上和管理上的种种漏洞构成了系统的安全脆弱性，尤其是多用户网络系统自身的复杂性、资源共享性使单纯的技术保护防不胜防。② 网络信息安全的整体性原则。该原则要求在网络发生被攻击、破坏事件的情况下，必须尽可能地快速恢复网络信息中心的服务，减少损失。因此，信息安全系统应该包括安全防护机制、安全检测机制和安全恢复机制。③ 安全性评价与平衡原则。对任何网络，绝对安全难以达到，也不一定是必要的，所以需要建立合理的实用安全性与用户需求评价与平衡体系。④ 标准化与一致性原则。安全体系的设计必须遵循一系列的标准，这样才能确保各个分系统的一致性，使整个系统安全地互联互通、信息共享。⑤ 技术与管理相结合原则。安全体系是一个复杂的系统工程，涉及人、技术、操作等要素，单靠技术或单靠管理都不可能实现，因此必须将各种安全技术与运行管理机制、人员思想教育与技术培训、安全规章制度建设相结合。⑥ 统筹规划，分步实施原则。由于政策规定、服务需求的不明朗，环境、条件、时间的变化，攻击手段的隐蔽性，安全防护不可能一步到位，可在一个比较全面的安全规划下，根据网络的实际需要，先建立基本的安全体系，保证基本的、必需的安全性。⑦ 等级性原则。等级性原则包括安全层次和安全级别。良好的信息安全系统必然是分为不同等级的，包括对信息保密程度分级，对用户操作权限分级，对网络安全程度分级（安全子网和安全区域），对系统实现结构的分级（应用层、网络层、链路层等），从而针对不同级别的安全对象，提供全面、可选的安全算法和安全体制，以满足网络中不同层次的各种实际需求。⑧ 动态发展原则。要根据网络安全的变化不断调整安全措施，适应新的网络环境，满足新的网络安全需求。⑨ 易操作性原则。安全措施需要人为去完成，如果措施过于复杂，对人的要求过高，本身就降低了安全性；另外，措施的采用不能影响系统的正常运行。

（二）软件安全设计

酒店信息系统的软件包括系统软件和应用软件，系统要求这些软件在正常运行的同时，必须有一定的抵抗错误的能力，以下为具体要求。

（1）选择、安装安全可靠的操作系统和数据库管理系统，这是酒店应用软件的基本构成。

（2）选择安全可靠的应用程序。可以采用的策略有设立安全保护子程序；对所有的程序都进行安全检查测试，并定期执行程序抽样检查；对应用程序进行加密处理，这是保护系统免受病毒破坏、免遭窃贼获取真实程序文本的一个好办法。

（3）尽量选择使用现有安全、可靠的软件。根据系统的需要，选用已经在实践中证明是可靠、安全的商业性应用软件。

（4）加强软件安全管理。经常性地对软件进行测试，并随时检查软件是否感染上病毒，尤其要经常性地对软磁盘进行病毒检查。

（5）重视软件安全保护技术的研究，如软件加密技术和软件固化技术等。

（6）提高软件开发过程和应用过程的标准化、工程化、系列化水平，加强版权保护。

（三）系统数据安全设计

系统数据的安全被认为是网络安全的核心，为了有效防止攻击和恶意篡改，要采用数字证书、CA 认证、动态口令、加密等手段，同时采用热备份、冷备份、远程存储等措施保存好数据，确保系统遭到攻击或瘫痪后能以最快的速度恢复。此外，可以采取措施对信息、数据的来源设置跟踪机制，一旦发现有攻击行为，系统应该能够及时报警，自动采取相应的对策，如关闭有关服务、切断物理线路的连接等，以保证数据、信息的可靠性。同时，建立安全的信息防护体系时，必须考虑到危及信息安全的各种因素，包括信息系统自身存在的脆弱性和来自系统内部、外部的各种各样的威胁。以计算机和网络为特征的信息系统存在着固有的弱点和脆弱性，如果利用这些弱点，信息系统中具有重要价值的信息可以被不留痕迹地窃取，非法访问可以造成系统内信息受到侵害。脆弱性主要表现在电磁辐射泄漏、存储媒质失控、数据可访问性、磁性介质的剩余磁效应等方面。

对于系统数据的安全性，可以考虑采取以下几种策略。

1. 环境安全策略

系统面临的安全威胁来自多方面，有信息的泄漏，如击键窥探、电磁泄漏窥探、内存空间窥探、磁盘缓存窥探等；有信息的伪造与篡改；有资源的窃取；有系统遭受蓄意破坏等。为保证信息系统安全必须首先考虑环境安全，采取有效措施，统筹兼顾，做到物理实体的选址考虑；应急措施与路径冗余；防电磁辐射泄漏；媒质的安全，如介质的保存、保护与备份等；防止线路截获，如线路的短路、断路，并联盗窃，感应窃取以及通信干扰，等等。

2. 系统内部安全策略

信息系统内部常用的安全策略有信息系统容灾技术和安全操作系统及访问控制技术等。

3. 系统备份与数据加密策略

备份技术与故障恢复技术是信息系统安全的重要组成部分，是确保信息系统在遇到各种不测事件、遭到破坏时能尽快投入再使用的保证。备份技术包括全系统备份技术和部分系统备份技术，备份方式有全量备份、增量备份和差分备份等，另外还应该对系统数据加密和加密数据备份，以确保数据的安全。

4. 系统间的安全策略

由于自身的安全缺陷和网络的开放性，使得信息系统的安全面临极大的挑战，人们不断研发新的技术改善其弱点，在系统间也同样面临类似问题。在信息传输过程中，通信双方必须有身份验证机制才能保证彼此信任，否则通信就失去了真实性。为了保证系统间的安全机制，实现信息传递过程中的机密性、完整性、抗否认性、可用性等，其系统的信息传输安全必须具备下列安全功能：身份及信息验证、网络的访问控制、通信信息的加密、鉴别技术、安全审计技术等。

目前，酒店信息系统中的数据安全非常重要，除了制度上的保障外，技术保障是基础，信息系统中的数据安全策略着重研究信息系统间、信息系统内部以及数据链的诸多环节的容错、容灾、访问控制等问题。对于信息系统的设计必须考虑安全性原则、整体性原则、投资保护原则、实用性原则等，既要保证系统内部的稳定性、安全性，也要保证系统间的友善性和互联、互通、互操作性，避免有价值信息的泄漏，避免自身受到外界的恶意攻击。

三、酒店管理信息系统病毒防御方法

计算机病毒也是酒店信息系统很大的安全威胁，如果不加以防范，会严重影响信息系统的安全运行，尤其是网络病毒和数据库病毒，而且随着网络应用的普及，病毒种类也在不断增加。本部分将简要介绍几种传统的计算机病毒种类、病毒的特点以及病毒的防御方法。

（一）计算机病毒的种类

1. 系统病毒

系统病毒的前缀为 Win32 PE、Win95、W32、W95 等。这些病毒一般公有的特性是可以感染 Windows 操作系统的*.exe 和*.dll 文件，并通过这些文件进行传播，如 CIH 病毒。它们都属于网络型病毒。

2. 蠕虫病毒

蠕虫病毒的前缀是 Worm，也属于网络型病毒。这种病毒的公有特性是通过网络或者系统漏洞进行传播，大部分蠕虫病毒都有向外发送带毒邮件、阻塞网络等破坏特性，如冲击波（阻塞网络）、小邮差（发带毒邮件）等。

3. 木马病毒和黑客病毒

木马病毒的前缀是 Trojan，黑客病毒的前缀一般为 Hack。木马病毒的公有特性是通过网络或者系统漏洞进入用户的系统并隐藏，然后向外界泄露用户的信息，而黑客病毒则有一个可视的界面，能对用户的电脑进行远程控制。木马、黑客病毒往往是成对出现的，即木马病毒负责侵入用户的电脑，而黑客病毒则通过该木马病毒控制电脑。现在这两种类型越来越趋向于整合了。一般的木马病毒有 QQ 消息尾巴木马 Trojan.QQ3344，还有大家遇见比较多的针对网络游戏的木马病毒如 Trojan.LMir.PSW.60。

4. 脚本病毒

脚本病毒的公有特性是使用脚本语言编写的，它是通过网页进行传播的网络型病毒，如红色代码病毒（.RedLof）。脚本病毒还有如下前缀：VBS、JS（表明是何种脚本编写的），如欢乐时光（VBS.Happytime）、十四日（Js.Fortnight.c.s）等。

5. 宏病毒

宏病毒也是脚本病毒的一种，由于它具有特殊性，因此在这里单独算一类。宏病毒的前缀是 Macro，第二前缀是 Word、Word 97、Excel、Excel 97 其中之一。感染 Word 97 及以前版本 Word 文档的病毒采用 Word 97 作为第二前缀，格式是 Macro.Word 97；感染 Word 97 以后版本 Word 文档的病毒采用 Word 作为第二前缀，格式是 Macro.Word；感染 Excel 97 及以前版本 Excel 文档的病毒采用 Excel 97 作为第二前缀，格式是 Macro.Excel 97；感染 Excel 97 以后版本 Excel 文档的病毒采用 Excel 作为第二前缀，格式是 Macro.Excel。

6. 后门病毒

后门病毒的前缀是 Backdoor，该类病毒的公有特性是通过网络传播，给系统开后门，便于黑客入侵，给用户的计算机带来安全隐患。

7. 病毒种植程序病毒

这类病毒的公有特性是运行时会从体内释放出一个或几个新的病毒到系统目录下，由释放出来的新病毒产生破坏性，如冰河播种者（Dropper.BingHe2.2C）、MSN 射手（Dropper.Worm. Smibag）等。

8. 破坏性程序病毒

破坏性程序病毒的前缀是 Harm。这类病毒的公有特性是本身具有好看的图标来诱惑用户点击，当用户点击这类病毒图标时，病毒便会直接对用户的计算机产生破坏，如格式化 C 盘（Harm.formatC.f）、杀手命令（Harm.Command.Killer）等。

9. 玩笑病毒

玩笑病毒的前缀是 Joke，也称恶作剧病毒。这类病毒的公有特性是本身具有好看的图标来诱惑用户点击，当用户点击这类病毒时，病毒会做出各种破坏性操作来吓唬用户，其实病毒并没有对用户计算机进行任何破坏，如女鬼（Joke.Girlghost）病毒。

10．捆绑机病毒

捆绑机病毒的前缀是 Binder，这类病毒的公有特性是病毒作者会使用特定的捆绑程序将病毒与一些应用程序如 QQ、IE 捆绑起来，表面上看是一个正常的文件，当用户运行这些带捆绑病毒的程序时，会表面上运行这些应用程序，然后隐藏运行捆绑在一起的病毒，从而给用户造成危害，如捆绑 QQ（Binder.QQPass.QQBin）等。

除此以外，还有文件（寄生）型病毒、引导型病毒、幽灵病毒和复合型病毒等，有兴趣的读者可以通过网络进一步了解这些病毒的特征和防治方法。

（二）计算机病毒的特点

通常，计算机病毒是一个程序，具有自我复制性，任何计算机病毒都带有以下一些特点。

（1）寄生性。计算机病毒寄生在其他程序之中，当执行这个程序时，病毒就起破坏作用，而在未启动这个程序之前，它是不易被人发觉的。

（2）传染性。计算机病毒不但本身具有破坏性，更有害的是具有传染性，一旦病毒被复制或产生变种，其速度之快令人难以预防。传染性是病毒的基本特征。在生物界，病毒通过传染从一个生物体扩散到另一个生物体，在适当的条件下，病毒可得到大量繁殖，并使被感染的生物体表现出病症甚至死亡。计算机病毒也是这样。

（3）潜伏性。有些病毒像定时炸弹一样，什么时间发作是预先设计好的。例如，黑色星期五病毒，不到预定时间一点都觉察不出来，等到条件具备的时候一下子就爆发，对系统进行破坏。一个编制精巧的计算机病毒程序，进入系统之后一般不会马上发作，可以在几周或者几个月甚至几年内隐藏在合法文件中，对其他系统进行传染，而不被人发现，潜伏性越好，在系统中的存在时间就越长，病毒的传染范围就会越大。

（4）隐蔽性。计算机病毒具有很强的隐蔽性，有的可以通过杀毒软件检查出来，有的根本就查不出来，有的时隐时现、变化无常，这类病毒处理起来通常很困难。

（5）破坏性。计算机中毒后，可能会导致正常的程序无法运行，造成计算机内的文件被删除或受到不同程度的损坏。

（6）可触发性。病毒因某个事件或数值的出现，诱使病毒实施感染或进行攻击的特性称为可触发性，为了隐蔽自己，病毒必须潜伏，少做动作。病毒既要隐蔽又要维持杀伤力，它必须具有可触发性，病毒的触发机制就是用来控制感染和破坏动作的频率的。病毒具有预定的触发条件，这些条件可能是时间、日期、文件类型或某些特定数据等。

（三）计算机病毒的防御方法

对于计算机病毒的预防，应该做到以下几点。

（1）培养尊重知识产权的观念，支持使用合法原版的软件，拒绝使用盗版软件，只有这样才能有效降低使用者计算机发生中毒的机会。

（2）平日就要将重要的资料备份起来，毕竟解毒软件不能完全还原中毒的资料，提前备份才是最重要的。

（3）建立一张紧急救援磁片，PC 计算机和服务器主机都有不同的救援磁片，应将 Windows 操作系统做成一张光盘，在紧急情况使用。

（4）不要随便使用来历不明的档案或磁碟，如果要使用，可先用杀毒软件扫一扫，同时将较长时间不用的程序文件关闭。

（5）准备一些好的防毒、扫毒、解毒软件，并且定期使用。

（6）合理使用防病毒工具软件，如 360 安全卫士，也可以将两种防病毒软件工具交叉使用。

建立正确的防病毒基本观念，了解病毒感染、发作的原理，也可以提高个人的警惕性。总之，要做到以下六字口诀：关（关闭电源）；开（开机）；扫（用防毒软件扫描病毒）；除（若侦测有病毒，则立即删除）；救（若侦测硬碟分割区或启动区有病毒时，可用"硬碟紧急救援磁片"救回资料）；防（为了预防受到病毒的侵害，建议经常更新防毒软件，以建立完善且坚固的病毒防御系统）。

第四节　酒店云系统的运行管理

随着酒店管理信息系统的云化，其运行管理也发生了深刻的变化，系统的维护管理、安全管理从酒店的角度看已不那么重要。传统的 IT 架构使用了这么多年，所有的信息系统架构及网络架构都基于此打造，那么在传统架构虚拟化、云化后的今天，如何针对系统虚拟化、平台化、云环境进行信息系统使用的维护，已是酒店 IT 技术人员非常关心的工作内容。特别是虚拟化技术应用后，每台宿主机里面众多的虚拟机怎么去维护？众多的容器、微服务、App 怎么运维？这些都是酒店数字化信息系统运行管理面临的挑战。本节将围绕酒店云系统的运行管理进行介绍。

一、云系统运维管理服务体系

酒店管理信息系统的运维服务体系从酒店的角度看比原来的 IT 运维要简单得多。酒店管理信息系统在走向云计算架构后，酒店端的运维管理已经大大简化，基本上只是围绕本地终端设备及相关网络的正常运行等日常工作，大量的核心运维工作都转移到云端，由云系统服务商来完成。

对于云系统服务商而言，建立和完善酒店管理信息系统云平台的运维服务体系是它的重点工作，它包含运维服务制度、流程、组织、队伍、技术和对象等方面的内容，整合运维服务资源，规范运维行为，确保服务质量，形成统一管理、集约高效的一体化运维体系，从而保障酒店管理信息系统的网络和应用系统安全、稳定、高效、持续运行。

（一）运维管理制度建设

以完善的运维服务制度、流程为基础。为保障运维工作的质量和效率，应制定相对完善、切实可行的运维管理制度和规范，确定各项运维活动的标准流程和相关岗位设置等，使运维人员在制度和流程的规范和约束下协同操作。

运维制度体系建设的内容主要涵盖机房管理、网络管理、资产管理、主机和应用管理、存储和备份管理、技术服务管理、安全管理、文档管理以及人员管理等类别。各类制度具体内容因需要而定。

运维管理流程建设可以使日常的运维工作流程化，职责角色更加清晰，从而使解决问题的速度和质量得到有效提高，实现知识积累和知识管理，并可以帮助运维部门进行持续的服务改进，提高服务对象的满意度。运行维护流程包含的环节有事件管理、问题管理、变更管理及配置管理。

（二）运维服务平台建设

运维技术服务平台由运维事件响应中心、运维流程管理系统、运维监控和操作中心等系统构成。

运维事件响应中心负责客户端运行和应用系统问题的接收及转发，问题接收分为网络响应和电话响应两种方式，对于响应人员无法当场解决的问题，转发到运维部门的相应岗位，并向用户反馈解决情况。

运维流程管理系统的建立，可以使日常的运维工作有序化，职责角色清晰化，能够有效地提高解决问题的速度和质量，使运维部门的相关支持信息更为畅通、透明、完整，实现知识的积累和管理，更好地进行量化管理和设定优化指标，进行持续的服务改进，最终提高整个运维工作的效率和质量。

运维监控和操作中心包括监控管理、资源管理、操作管理等典型运维场景，通过提供一站式运维能力，打通底层基础设施到上层应用的全栈监控+运维操作，同时具有多场景联动的智能运维能力，具体包括以下内容。

（1）统一配置中心，统一配置管理，对基础资源、逻辑资源和业务资源的元信息和关联信息进行管理，拒绝数据孤岛。

（2）监控中心，全栈监控能力覆盖网络设备、服务器、中间件、应用等对象，提高实时监控和报警能力，保障业务正常运行。

（3）运维中心，对相关的网络、设备、应用中间件、云资源等进行统一运维管理，提高系统运维效率。

（4）操作中心，自动化的程序分级发布和变更过程检查，支持作业任务批量下发、定时执行，全面提升变更效率。

（5）智能运维，异常检测、原因分析、精准告警和趋势预测等智能化分析场景，提高企业的智能化运维能力。

（三）运维服务队伍建设

以高素质的运维服务队伍为保障。运维服务的顺利实施离不开高素质的运维服务人员，因此必须不断提高运维服务队伍的专业化水平，这样才能有效利用技术手段和工具，做好各个平台的运维工作。

二、云系统与云运维

云计算本质上是一种 IT 资源和技术能力的共享。在云计算兴起之前，对于大多数企业而言，硬件的自行采购和机房自建是主流的 IT 基础设施构建方式。除了服务器本身，机柜、带宽、交换机、网络配置、软件安装、虚拟化等底层诸多事项总体上需要相当专业的人士来负责。有了云计算，用户可以不用去关心机房建设、机器运行维护、数据库等 IT 资源建设以及主机的维护，也不需要关心应用系统的维护和管理，而可以结合自身需要，灵活地获得对应的云计算整体解决方案和资源。

（一）云系统的运维特点

酒店云系统运维是一种新型 IT 运维模式，与传统 IT 运维存在多方面的差异。传统 IT 运维存在人员成本偏高、自动化程度低、无法有效管理庞大资源等缺陷，基于云计算的酒店应用系统运维服务实现了三大转变，具体如下。

首先，它变被动为主动，云运维以各种监控、告警、日志、报告服务工具为依托，通过全面的网络式监控及早发现故障隐患，从而可以建立起主动式 IT 运维。

其次，它变复杂为简单，增加一家酒店门店时，只需要在云系统平台进行相关的配置，就可以激活新增分支机构的业务上线并监控管理整个 IT 系统，整个过程简单高效，而不需要部署复杂的 IT 运维软件。

最后，它为用户提供了一种快速部署和应用运维系统的方法，彻底改变了传统的高成本运维服务模式。云运维把数据乃至应用程序全部集中到云端，这意味着大量在本地的运维工作转移到云服务器端，运维的总体工作量大大减少，运维成本也就大幅降低。

此外，云系统运维在服务理念、服务形式、工作模式等方面也体现出与传统 IT 运维极大的差异。由此可见，云运维是传统 IT 运维在新时代下各方面优化转型的趋势。

（二）云系统运维的服务质量管理

目前，酒店管理信息系统已经逐渐升级到云化的 SaaS 模式，让酒店客户能够通过互联网连接和使用基于云的酒店业务管理软件，包括门店端的 PMS、客房服务、人事、财务、供应链和集团端的集团管控、中央预订、会员管理、电子商务平台等核心系统。

SaaS 模式下酒店云系统服务商提供完整的酒店业务解决方案，酒店客户可以以即用即付的方式进行购买、租用服务，并可方便地通过互联网连接到该应用（通常使用 Web 浏览器）。所有基础结构、中间件、应用软件和应用数据都位于服务提供商所在的云数据中心内。服务提供商负责监控和管理应用软件及相关基础软硬件平台，并根据适当的服务协议确保应用和数据的可用性和安全性。

因此，在酒店管理信息系统上云后，酒店 IT 除了继续管理酒店内部的前端设备和内部网络的安全可用及互联网接入的正常运行外，大量的核心运维工作都转移到由云系统服务商来完成。相应的服务质量保证，在云系统服务商和酒店 IT 之间基于服务等级协议（SLA）来约束。

SLA（service-level agreement）服务级别协议是指提供服务的企业与客户之间就服务的品质、水准、性能等方面所达成的双方共同认可的协议或契约，SLA 一般都会写在合同里。

比如甲骨文 ERP Cloud 是这么规定的，不包括计划内的停机时间（例如维护），系统设计为一年 365 天，一周 7 天，每天 24 小时可用，服务级别协议标准定在 99.5%，也就是 100 天的时间里，只有半天时间系统是可以因为异常而不能提供服务的。

那么对于云系统服务商而言，确保达成 SLA 需要关注以下几方面。

（1）软件方面，保证产品经过严格的测试，做到产品上线后不会出现重大 bug。

（2）硬件方面，做到硬件及时维护。

（3）OS、中间件、数据库方面，做到及时更新补丁、升级等维护。

（4）做到 24 小时对系统的软硬件进行监控，设定故障阈值，出现问题第一时间报警并解决。

（5）实施灾备，主系统出现问题，第一时间切换到备用系统上。

一个高的 SLA 是云系统服务商技术能力的体现，也是客户采用该 SaaS 系统的重要参考指标。在客户购买 SaaS 服务后，能够达成与客户承诺的 SLA 来保证系统正常运行，是客户续交年费的关键；而不能达成与客户承诺的 SLA，不但会给云系统服务商自身带来经济损失，同时也会影响客户对该公司 SaaS 服务的信任度。

三、云系统服务商的运维管理

云系统平台的运维管理是一项相对专业的工作，需要对云系统平台的结构、功能、业务关系等有深入的了解，才能够更好地在实际的业务中实施管理和应用。因此，云系统的运维管理一般都由平台服务商承担，酒店用户并不需要参与云平台的运维管理。通常，服务商对平台的结构、功能、环境、业务逻辑等有更深刻的认知和理解，能保证云系统的安全运行。对于建私有云的酒店用户，在云平台上线运营前期可以由服务商予以支持，代酒店客户进行云平台的运营管理服务，待云平台稳定运营后，对客户运营团队进行集中化培训，再将私有云平台交由客户进行运营管理。下面主要针对服务商简要介绍运维管理的内容。

（一）云计算与云原生

对于云系统服务商而言，软件开发和运维模式相对传统 IT 架构发生了天翻地覆的变化。云原生（CloudNative）离不开云计算，是一种基于云计算的软件开发应用方式。云+原生，云即云计算，原生则是摒弃传统的运维开发框架，通过容器化和 DevOps（development + operations 的组合词）、微服务架构实现应用弹性伸缩和自动化部署，充分利用云计算资源实现在最少的空间里做最大的事。

简单来说，云原生的应用实现包括以下四点。

（1）微服务，主要解决软件开发中一直追求的低耦合+高内聚。相对于单体应用，微服务的本质是把大的模块分成若干块低耦合的组件。

（2）DevOps 指开发和运维不再是割裂的两个团队，而是相互协作、相互支持的一个整体。

（3）持续交付，指在不影响用户使用的前提下，快速迭代并发布新功能。

（4）容器化，通过容器化封装，运维时不再需要关心每个服务所使用的技术栈，所有服务都被无差别地封装在容器中，可以被无差别地管理和维护。

就云系统运维而言，DevOps 是一个敏捷思维，是一个沟通文化，也是组织形式，是为云原生提供持续交付的应用能力。

（二）DevOps 与云系统运维

在传统的软件开发流程中，软件开发人员花费数周至数月编写代码，然后将代码交给 QA（质量保障）团队进行测试，然后将最终的发布版交给运维团队去部署。所有的这三个阶段，即开发、测试、部署。这样的软件交付模型称为"瀑布（waterfall）模型"。

随着时间推移，用户对系统的需求不断增加，与此同时，用户期望的交付周期却越来越短。这样的背景下，笨重迟缓的瀑布式开发已经不合时宜。于是在 2000 年左右，出现了"敏捷开发（agile development）"的概念，作为一种能应对快速变化需求的软件开发模型，提供 CI 和 CD 的支持能力，CI 是 continuous integration（持续集成），而 CD 是 continuous delivery（持续交付）。

敏捷开发可以帮助开发人员更快地发现问题，产品被更快地交付到用户手中，团队可以更快地得到用户的反馈，从而进行更快的需求响应。而且，敏捷开发小步快跑的形式带来的版本变化是比较小的，风险会更小，即使出现问题，修复起来也相对容易。

虽然敏捷开发大幅提升了软件开发的效率和版本更新的速度，但是它的效果仅限于开发环节。研发团队和运维团队的割裂成为新的瓶颈，也带来了 DevOps 模式的引入。

DevOps 是一组过程、方法与系统的统称，用于促进开发、技术运营和质量保障（QA）部门之间的沟通、协作与整合，其模式内容如图 7-1 所示。

图 7-1　DevOps 结构内容组成

DevOps 不仅是组织架构变革，更是企业文化和思想观念的变革。除了观念，还需要根据 DevOps 思想重新梳理全流程的规范和标准。

在 DevOps 的流程下，运维人员会在项目开发期间介入开发过程，了解开发人员使用的系统架构和技术路线，从而制订适当的运维方案。而开发人员也会在运维的初期参与系统部署，并提供系统部署的优化建议。DevOps 的实施促进了开发和运维人员的沟通，增进了彼此之间的作业理解。

对比前面所说的瀑布式开发和敏捷开发可以明显看出，DevOps 贯穿了软件全生命周期，而不仅限于开发阶段，其差别如图 7-2 所示。

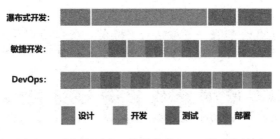

图 7-2　瀑布式开发、敏捷开发、DevOps 的差别

根据 2018 年的调查发现，74% 的受访者已经接受了 DevOps，而前一年这一比例为 66%。越大的企业，越喜欢 DevOps，包括 Adobe、Amazon、Apple、Airbnb、Ebay、Etsy、Facebook、LinkedIn、Netflix、NASA、Starbucks、Walmart、Sony 等公司，都在采用 DevOps。

如今，DevOps 几乎已经成为软件工程的代名词。

可以对实践 DevOps 的收益进行简单叙述。

（1）持续对运行环境在系统、应用层面进行监控，及时发现风险或问题，保障系统运行的稳定性。

（2）通过对服务器环境的定义，自动化建立、配置和更新，提高基础设施管理的效率及一致性，并更有效利用资源与可伸缩的架构，保证服务的健壮性。

（3）更短的交付周期。生产环境部署频率越来越快，简化生产部署流程，且自动化不停机部署。通过自动化的构建，部署过程快速频繁地将软件交付给用户，提高吞吐量；同时保障过程的安全、平滑、可视。

（4）更高的价值。通过对用户行为或业务指标的度量或反馈收集，为产品的升级管理决策提供依据。形成从特性提出到运营数据、用户反馈验证的实验性交付闭环，基于实际用户反馈调整计划和需求。

（5）更好的质量保障。在代码检查、功能和非功能验证以及部署各方面建立较完善的质量保障体系，尤其是自动化测试集。通过持续代码评审、静态分析、自动化测试、自动部署验证等手段构成一套有效的质量保障体系。

（6）更高绩效的团队。包含开发业务、开发测试和运维职能在内的一体化团队，以产品交付为共同目标紧密协作，共同承担责任。

（三）云系统服务商运维体系案例

杭州绿云作为我国国内专业致力于酒店业信息化平台研发、服务和运营的互联网服务企业，已形成包括绿云 PMS、Oracle Hospitality(Opera PMS)、数据平台和电子商务平台在内的四大业务集群，为大住宿业数字化提供全面解决方案，成为酒店业最信赖的合作伙伴。截至 2020 年年底，杭州绿云已签约酒店云客户超过两万家，其云系统平台架构如图 7-3 所示。

在图 7-3 所示的杭州绿云产品架构矩阵中，均为一体化云架构设计，纯云原生 SaaS 模式。杭州绿云长期以来积累了丰富的实践经验，有着完善的售后服务体系，培养和创造了一批精通专业技术、具备过硬工作作风的员工队伍，为用户提供全方位、高效、及时的平台维护服务和技术支持。通过遍布全国的售后服务体系和先进完善的售后管理理念，高效、迅速解决用户软件使用过程中出现的所有问题。

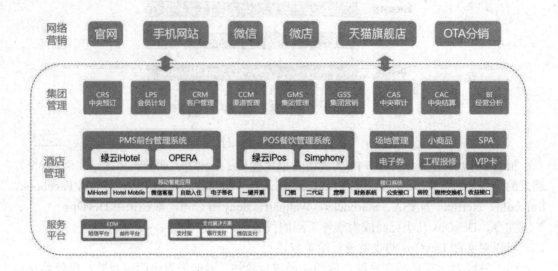

图 7-3　绿云云系统平台架构

杭州绿云科技基于如表 7-4 所示的服务响应级别划分，进行用户的云系统对应支持。

表 7-4　服务响应级别

代　　码	优 先 级	分类依据	响 应 时 间	目标解决或更新时间
P1	紧急	系统不能正常工作，严重影响用户重要业务	<5 分钟	<2 小时
P2	高	系统能正常工作，部分功能失效，严重影响用户重要业务	<30 分钟	<6 小时
P3	标准	系统能正常工作，部分功能失效，但不影响用户重要业务	<2 小时	<36 小时
P4	低	系统有轻微故障、使用咨询或系统自定义需求等	<4 小时	<72 小时

　　参考 SLA 的每一个指标，在对应的服务响应中，分别有时间记录，包括：① 客户反馈问题时间；② 小云响应，录入工号；③ 转接技术时间；④ 技术接手工单处理时间；⑤ 处理完成时间；⑥ 客户评价、工单验收时间。

　　针对每一个级别的响应时间，运维服务平台系统都将进行记载和跟踪，对于异常事件会及时短信及邮件提醒相关团队负责人，并且通过 SLA 定期回顾等形式跟踪和优化服务质量，保障平台下所有用户的软件能正常无误地运行。

拓　展　学　习

1. 管理信息系统维护的概念
2. 信息系统日常维护的工具

3. 信息系统网络维护的内容

4. 数据库管理系统及维护内容

案例分析与习题

一、案例分析

iHotel 平台的安全性设计

由于绿云 iHotel 平台基于互联网,就必须比传统的 PMS 酒店管理系统更加需要考虑安全性的问题。除了考虑传统 PMS 系统中各种有效的数据安全措施,如定时备份、异地备份、主从复制、双机高可用等以外,更需要从互联网安全方面下功夫,这主要体现在服务器安全、网络安全和客户端安全三个方面,下面分别做简单介绍。

(一)服务器安全

服务器要安全,首先要保证所采用的服务器硬件及相关网络设备必须可靠。硬件不好,再好的软件也不能保证不出问题。为此在系统构建之初,就为客户推荐业界有良好口碑的硬件设备,为之后的系统安全打下坚实的基础。

确定硬件之后再考虑系统软件和应用软件。iHotel 系统在选择系统软件时,不求最新,也不求最全,而是着重考虑软件的稳定性、可用性和安全性。服务器操作系统采用 CentOS 或 Red Hat,其中 CentOS 5.4、5.8、6.2、6.4 版本是 iHotel 系统服务器安装经常采用的稳定版本。服务器操作系统严格按照安装宝典进行安装,不安装不必要的模块,不启动不必要的服务,不开放不必要的端口,不采用不安全的协议,以保证操作系统安装完成时,系统是干净、安全、可靠的。

iHotel 服务器端应用层系统软件(Apache、Tomcat 和 MySQL 等)均采用久经考验的版本,以保证其既安全又可靠。在安装的同时还将对服务器进行进一步的配置调整,包括操作系统重要内核参数的调整,操作系统及数据库系统中用户、用户密码和权限的分类分级重新设置,相关连接端口的更换,防火墙的特殊配置,以及当前 Linux 已知 bug 的修复等。除了配置应用层运行监控,周期性的不同级别数据备份,还要对服务器 CPU 资源、内存资源、硬盘空间、网络情况、各种客户端登录情况及运行进程进行周期性的监测,确保各服务器内部不会被黑客入侵。

服务器部署完成后,除了发布更新 iHotel 程序外,一般不再下载安装新的模块。如需安装其他系统,必须严格走流程,得到相关人员的审核批准。未经审核批准对服务器进行操作,或虽已批准进行服务器操作但造成严重后果的,将对有关责任人进行严肃的处理和追究。

在系统部署方案上,保证数据库服务不直接对外,而是置于应用服务器后面,所有的数据均需通过应用服务器授权,保障数据库不直接暴露在公网;应用服务器配置了健全的授权安全机制。服务器建议托管在专业的 IDC(互联网数据中心)机房,充分利用专业机房抵御黑客攻击的能力;建议配备硬件防火墙;建议进行服务器端的集群或者热备,保障更高的可用性和安全性。对于一般的中小酒店集团或单体酒店，建议直接把数据服务托管在阿里云等专业云服务厂家，利用它们的专业服务提高服务器端的安全能力。

（二）网络安全

iHotel 的所有授权操作均采用行业标准的 SSL 安全协议。目前移动商务的网上支付领域均采用该协议。

在网络通信方面，服务器或相关路由器可配置公网 IP，使电信、联通、移动等多线接入，避免单一网络故障而造成的弊病。有条件的用户也可采用专网或 VPN 部署，并用公网做备用网络，进一步提高系统运行的安全性和稳定性。再一步，可配备 3G、4G 数据卡，作为系统断网后的应急处理；更可以采用绿云的手机 iPMS 系统，使用智能手机，除了进行日常的信息查询，也能够处理一些酒店的日常事务，进一步消除网络故障带来的隐患。如以上措施均无法见效，最后一招就是启用 iHotel 的应急处理系统，系统定时下传本酒店的当前在住客人清单、7 天内无预订的空房清单、今明两天预计到达的客人清单到酒店某台电脑，如遇中央机房、服务器、网络等故障，均可导出相关报表供酒店手工应急处理，尽量不影响酒店的日常运行，等系统修复后再补录相关数据。

（三）客户端安全

服务器既然提供服务给客户端，就必定要开放端口，供 iHotel 客户端访问。如何阻止非授权的客户访问服务器及相关信息，就是客户端安全的一项任务。

在常规登录控制（用户名加密码）的基础上，iHotel 还可以对客户端 MAC 地址进行注册控制，即对用户的接入设备进行物理认证。经过注册的 MAC 地址还可以与具体的用户名绑定，对系统登录做进一步的管理，避免用户名及密码泄露后造成的非法登录。对要求更高的客户，可像网上银行一样配备 U 盾，只有具有 U 盾、正确的用户名及密码才能正常使用系统。

客户端与服务器数据交换时，部分采用 https 协议，不怕被拦截；部分采用 http 协议，但用独立算法加密数据保证同样安全。客户端与服务器的重要文件传送，不采用 FTP 传送，而采用 scp 或 pscp 传送，以确保安全性。

酒店员工在操作过程中，临时走开，可快速锁屏；客户端到一定时间内无活动即自动锁屏，避免非当事人操作电脑；关键财务处理，可设置每次都需要输入密码。

iHotel 系统中的重要数据是加密的，有权限的人员在客户端可以看到某些解密后的数据。但客户端数据导出也有严格的权限控制，不但可以控制导出数据的人员，而且控制导出数据的多少。异常的数据导出甚至会触发服务器的熔断机制，来进一步保障数据的安全。例如，对每个客户档案可分成六小类：基本信息、身份信息、联系方式、宾客喜好、类型信息、业绩信息，赋予不同的查看、修改权限，以对客人信息的安全保密；对每张报表，可按浏览、打印、导出等分别进行权限控制。

思考题：

1. 结合案例材料和本章所学的知识，分析酒店管理信息系统的安全管理应该包括哪几个方面。

2. 分析本案例中给出的酒店管理信息系统安全做法的优点和不足。

3. 酒店管理信息系统运行的安全管理措施有哪些？应怎样落实？

　　4．iHotel 平台的安全性设计有怎样的特点？

二、习题

　　1．什么是信息系统的维护？维护工作对信息系统有怎样的战略意义？

　　2．试叙述酒店管理信息系统相关组织结构设置的重要性。

　　3．试分析酒店管理信息系统的领导机构职责。

　　4．什么是 CIO？试叙述酒店经营 CIO 的作用。

　　5．阐述酒店信息系统日常运行管理的内容。

　　6．阐述酒店管理信息系统日常运行管理的制度。

　　7．试叙述酒店管理信息系统日常运行管理的注意事项。

　　8．简述酒店人力资源管理信息系统维护的内容。

　　9．试分析酒店管理信息系统维护的范围。

　　10．简述酒店管理信息系统维护需经历哪些步骤。

　　11．试分析信息安全的维度有哪些。

　　12．简述影响信息系统安全的主要因素。

　　13．简述酒店管理信息系统的安全策略和措施。

　　14．试分析酒店管理信息系统的病毒防御方法。

　　15．简述计算机病毒的种类。

　　16．简述计算机病毒的特点。

　　17．云系统的运行管理有怎样的特点？与传统的 IT 运行管理有哪些区别？

　　18．什么是 SLA？它的作用是什么？

　　19．什么是运维服务平台？它应具备哪些服务功能？

　　20．什么是云原生？它在云系统维护中有哪些应用？

　　21．什么是敏捷开发（agile development）？它有怎样的开发模型？

　　22．DevOps 的全流程思想有怎样的软件开发组织架构？其特点是什么？

　　23．作为一家单体酒店，应如何建立信息系统运行管理的制度和规程？

第八章　酒店管理信息系统新技术的应用

学习目标

通过本章的学习，要求学生：① 了解新一代酒店经营的新需求；② 了解智能嵌入终端在酒店管理系统中的应用；③ 掌握云技术应用对酒店管理信息系统发展的影响；④ 了解酒店管理信息系统对物联网技术的应用；⑤ 熟悉酒店管理信息系统的智慧化发展趋势。

本章结合现代酒店经营的新需求，从智能终端、移动互联网、物联网、智慧化等应用角度，探讨酒店管理信息系统新技术的应用。随着近几年智能终端、移动互联网和物联网的广泛应用，酒店管理信息系统不断地与这些新技术融合，产生了一些新的系统和功能应用，并给顾客和酒店员工带来了新的体验。随着智慧旅游和智慧酒店的兴起，酒店管理信息系统与新技术的融合变得十分重要，它将使酒店服务的质量更加贴近顾客的心理需求。

高速发展的信息时代，酒店的智慧转型以及服务数字化将成为一种必然趋势。智慧酒店的产生与发展给酒店带来了经营动力，包括管理精度的提升、工作效率的提升以及对客人需求更快速的反馈。基于人工智能的智慧酒店建设可以在最大程度上实现酒店资源的整合，提高酒店服务水平、经营扩张能力、应急管理能力等。当然，IT新技术快速发展，酒店需要有新技术的应用能力，包括移动互联网、物联网、大数据以及云计算等服务技术，这些都让酒店在未来变得更加智慧。目前在国内，也有不少酒店完成了智慧的转型。比较著名的就是杭州黄龙饭店、上海锦江集团以及华住集团等，它们通过智慧酒店的解决方案，包括全方位的酒店管理系统与 RFID 智能体系，实现了自助入住以及更多与住客互动的目标，不但提升了客户住店体验与满意度，而且还提高了员工的工作效率，可谓双赢。

第一节　现代酒店信息技术应用的新需求

信息时代新技术的发展给酒店消费者带来了巨大需求，也给酒店经营管理带来了新的需求，产生了新的业态。酒店的经营面临着淡季、旺季、突发疫情、政治因素影响以及节假日的突发游客量等情况，需要针对自己产品的不可移动性和非储藏性等特性制订最佳收益方案，这要求经营者借助信息技术获取智慧。因此，信息传播与利用对酒店经营至关重要。酒店需要收集信息获取知识，最后产生智慧，其中技术应用是核心。在智慧酒店建设中，酒店经营者必须明确自己的新需求，明确哪些新技术可以成自己创造市场的竞争优势。实践表明，酒店业快速发展的趋势决定了其对数字化建设的新需求，因此建设智慧酒店先了解酒店自己经营的新需求才是关键。

一、酒店业发展的新趋势

随着社会的发展和人民生活水平的提高，我国酒店业已经越来越大众化，发展成为一个庞大的服务产业。当前，旅游者的消费需求已越来越个性化、多样化，旅游酒店也需要越来越多地提供"一站式"和综合化的酒店产品，这些都需要强大的信息资讯服务平台和移动化的商务网络来支撑。而世界范围内的旅游电子商务发展已成大势，低成本、高效率的电子商务已开始引领酒店产业的未来，如中介服务商 OTA 与酒店的深度融合、电子商务平台的旅游频道与酒店的深度融合、大型支付平台与酒店服务的深度融合、数字乡村旅游与酒店住宿的深度融合等，都充分说明了这一点。要实现我国酒店业从传统向现代、从粗放向连锁、从单体经营向联盟经营的转变，实现由酒店业引领的旅游大国变为旅游强国的目标，利用数字化技术对传统旅游业、酒店业加以全面改造提升、实现转型升级已经刻不容缓。

（一）我国酒店业发展的主趋势

随着人类的进步、社会经济的发展，我国酒店业还将继续发展。近年来，我国酒店行业的快速发展，主要受益于酒店行业自身服务水平的不断提高以及旅游行业的发展。经济型酒店连锁在不断发展，高端酒店在不断发展，三星级的中档服务酒店也在不断发展，尤其是个性化服务的民宿客栈住宿业更是蓬勃发展，而且酒店集团化发展的势头一直在持续，酒店住宿业已成为我国庞大的服务产业。

2020 年，酒店业受新冠肺炎疫情的影响，涉及住宿、餐饮、会议的高星级酒店感到了前所未有的压力，而这也促使酒店业逐步回归理性。与此同时，2021 年也是我国酒店数字化转型发展的关键一年，集团和连锁酒店领头数字化转型，单体酒店为了生存与发展也不甘示弱，数字化防疫、数字化营销、数字化服务成为酒店业发展的动力，中国酒店业的发展已渐渐走向成熟。这种调整和竞争的压力迫使我国酒店业寻求数字化技术支持的愿望更加迫切。已有数据表明，在中国经济转型与消费升级的大背景下，未来几年仍将是酒店业加速发展的黄金时期。

在未来的一段时间里，受经济型连锁酒店快速发展和民宿发展的影响，我国中低档星级酒店的发展艰难，高星级酒店在商务领域还具有一定的优势。因此，我国酒店业集团化发展成为必然趋势。截至 2020 年 1 月，我国酒店业发展报告显示，我国已有 1975 家酒店连锁品牌企业，酒店连锁化率已达 26%。例如，如家酒店集团、华住酒店集团、锦江国际酒店集团、金陵酒店集团、开元酒店集团等都是国内著名的酒店连锁品牌，其中开元酒店集团到 2020 年年底，已有近三百家成员酒店，是国内发展最快的一个高档酒店集团。这些集团酒店基于移动互联网技术的数字化应用将是未来发展的重点。它们将结合物联网和云计算技术，全面构建酒店集团运行的私有云系统，进一步利用新技术以数字化转型获取市场的竞争优势。

未来，高端酒店和经济型酒店仍然是品牌竞合的主战场，它们的新技术应用也走在了酒店业前列，而处于中端市场的中低档星级酒店，未来十年或将面临发展的黄金时期，因为它们存在市场的客户需求，也已经受到市场和投资方的重视，这种潜在态势或将引发酒店业态新一轮的变革。因此，抓住市场需求，我国中低档星级酒店在移动互联网、数据化营销、社交媒体、大数据挖掘和电子商务等新技术应用的推进下，必将成为新一轮酒店发展的新趋势。经过 2020 年疫情洗礼的我国酒店业，必将迎来新的数智化、绿色化、品牌化、多元化、连锁化转型，产业结构将不断优化，区域分布将更加合理，酒店将在变革组织结构、增加体验服务、升级供应链、满足健康消费需求方面进一步拓展新兴消费市场，成为酒店高质量发展的新方向。

（二）集团酒店拼技术

不管是经济型连锁酒店还是高档酒店的集团化，这些集团化管理的酒店未来经营是否成功拼的是技术，如锦江国际 2010 年就成立了旅游电子商务公司。华住酒店集团、开元旅业集团等都早已成立了信息公司，专门为酒店的数字化工程开展服务，也为酒店的电子商务提供技术支持。例如，锦江酒店集团拼的是 CRS 技术的开发应用，开元酒店集团拼在线直销的技术应用，君澜集团拼度假圈数字化技术的应用，浙旅投集团拼酒店运营管理数字化技术的应用，7 天连锁拼的是电子商务技术的应用。对于中档酒店，连锁化发展也是大势所趋，它们同样要拼技术应用才会取胜。据预测，中档商务连锁酒店将成为中国酒店行业未来发展的重点，数字化转型已全面展开，它们的新技术应用将是未来打拼能否取胜的关键。

（三）单体酒店拼特色

我国单体酒店数量非常庞大，它们未来的生存拼的是特色服务。单体酒店仅有特色服务还不够，还需要信息技术应用特色。例如，许多单体酒店利用 iPad 提供移动服务，如移动 check-in/out、移动点菜等，顾客可以随时随地办理入住或退房，给顾客带来了许多便利。还有些单体酒店利用人工智能实现无人酒店，建立完整的自助服务圈，在服务圈里由专门的客服专员或机器人提供敏捷服务，如销售专员、客房专员、客房机器人等，使酒店呈现了非常个性化的特色服务，获得了一些顾客的偏爱。单体酒店本来是酒店业中的弱势群体，但只要有信息技术的应用理念，用新技术创造自己的服务特色，同样可以在未来市场竞争中立于不败之地。在杭州已经出现了这样一批基于新技术应用的特色服务酒店或无人酒店。

二、酒店业经营对数字化的新需求

快速发展的酒店产业，日新月异的新技术，使我国酒店业对信息化建设产生了新的需求，提出了更高的数字化需求，酒店业与数字技术出现了高度融合的现象，产生了一些新的业态。酒店利用数字新技术并不是简单地用于前台管理和后台管理，而是更好地为消费者提供服务。酒店业经营对数字化的新需求主要体现在以下几个方面。

（一）存在旅游电子商务和内部管理整合的需求

作为一个现代酒店，核心任务是创造市场的竞争优势，而目前的信息技术应用存在太多的应用系统，最明显的应用就是管理与服务都是相互独立的，这种技术系统没有竞争优势。因此，仅为酒店企业提供管理的软件并不够，还需要帮助酒店拓展经营、开展电子商务的软件，这就需要将电子商务与内部管理进行整合。旅游电子商务是旅游信息化的中高级阶段，在欧美发达国家，旅游电子商务在酒店的应用已经非常普遍，产生的价值占整个旅游市场总份额的 60%以上。而电子商务是为顾客的数字化服务，许多服务已离不开酒店管理的相关信息，这种整合后的电子商务就是完全电子商务，是未来酒店应用数字化技术实现盈利的重要途径。因此，从顾客服务的角度来看，内部管理和电子商务集成整合，能更好地为酒店经营提供商务服务，对酒店的市场发展有更好的推进作用。这种整合需求不是一般的应用软件能胜任的，而是要结合物联网、云技术等应用才能实现。

（二）存在"一条龙"式的个性化服务需求

当前，许多酒店的信息化服务还缺乏特色与个性，信息服务缺乏吸引力。几乎所有的酒店网站都介绍着同样的内容、商务和版面等，信息内容雷同，缺乏酒店自身特色，个性化服务涉及的偏好、特色、价格、环境等信息很难找到。酒店门户网站和酒店信息系统严重隔离，顾客看不到实时信息，更无法体现酒店的个性化服务。目前，游客的自由行、定制旅游等需求，无法在酒店信息系统中体现，顾客有了智能手机，也无法获取个性化服务信息。酒店如何构建"一条龙"服务平台，如何利用游客的手机终端，为游客提供"一条龙"的个性化服务，将是未来酒店数字化面临的主要课题。从顾客的角度看，手机是获取信息最便利的工具，酒店必须适应这种变化。电子地图查询、移动导览、移动服务等都是目前游客的最大需求，这种需求同样需要新技术的整合应用才能满足。

（三）存在需要通过新的技术手段整合新媒体营销的需求

酒店网络营销的渠道主要有搜索引擎、在线社区、门户类网站、专业旅游网站以及微博、微信等。近年来，新媒体的不断涌现使酒店对如何利用这些新媒体不知所措，如微博营销没有使用成熟就出现微信营销，其他的社交网络媒体还在不断出现。如何整合这些新媒体，让酒店实现统一信息发布、统一促销、统一管理已成为酒店新媒体营销的新需求。作为酒店企业，虽然知道目前有很多网络营销的方法和渠道，但如何整合这些方法，如何评价营销的效果，营销信息如何接驳和传播，有没有其他新的营销方法等，都是酒店营销过程中面临的新问题，它们需要一种简便的新技术整合多种营销模式。新媒体营销的整合需求同样需要新技术的应用才能实现。

（四）存在需要用数字化提升顾客体验性和互动性的需求

未来的酒店服务不仅是住宿、用餐，还是休闲体验和互动，即度假类的休闲旅游服务。人类社会正进入体验经济、智慧经济时代，利用酒店度假是一种天然的体验活动，酒店可以为消费者创造一次难忘的经历，从这个意义上来说，酒店的本质就是消费体验，就是一次离开家门到酒店体验后再回去的完整经历。如利用 App 可以增加顾客的互动体验；利用客房 App 可以提升顾客的客房体验，即通过 App 互动达到营销的效果，甚至把 OTA 客户转为酒店自己的客户。作为一名自助游游客，完全可以通过移动互联网平台安排自己的全部行程，完成从设计旅游行程、获取详细的住宿资讯、享受线上预订服务、电子地图查询、虚拟现实（客房）体验、实地 GPS 导游到酒店住宿，全部行程的住宿都由顾客自己搞定，通过博客、贴吧、各种社交网站等分享旅游经历的完整过程，实现全程的数字旅游新体验。

所有这些都需要新技术系统的支持才能提升消费者的体验和互动性，这种体验性需求是未来酒店服务的必然趋势。

（五）存在需要用智慧服务平台整合资源的需求

客户角度的智慧酒店就是体验智慧服务，就是要让酒店服务信息能够通过智能技术广泛共享，无线传递，让消费者在移动中获得全面的、电子化的服务，这些智慧服务需要有一个平台来整合酒店资源，酒店要创造竞争优势，整合资源的需求越来越强烈，这同样需要新技术的支持。这些新技术通常指用虚拟现实、GPS、移动通信、物联网、云计算、精准定位技术等打造的酒店智能综合服务平台。该平台集旅游咨询、电子商务、管理、服务等功能于一体，由酒店 CIO 进行战略部署，酒店各部门进行密切配合，充分发挥信息技术和移动互联网的强大优势，整合酒店的各种信息资源，打造智慧服务综合平台，把产品资源、客户资源、旅游资源、服务资源整合在一起，为酒店服务的管理创新、服务创新和市场创新探索出一条智慧酒店发展之路。

第二节　酒店管理信息系统的云化

在互联网大脑的技术架构中，云计算技术已是互联网大脑的中枢神经系统，也是信息系统应用架构的中枢神经系统。随着数字化技术应用的深入，构建酒店大脑提升智慧酒店已成为一种数字化趋势，而云技术正是酒店大脑构建的中枢神经，用云技术构建酒店的云服务系统。未来酒店管理信息系统与云技术，其关系就是酒店大脑感觉神经系统和中枢神经系统的关系，酒店信息系统应用中任何的异常感觉均可触发中枢神经处理的决策指令。因此，未来的酒店管理信息系统都是在云技术架构下的云系统，能实现酒店管理与服务相融合的云服务系统。

2020 年，云计算进入发展的新十年，中国已成为全球云计算增长最快的市场，阿里云、腾讯云、华为云也成为全球云计算排名前十的云服务商。

一、云技术的概念与构成

云技术即云计算技术，是网络的一种应用。云计算（cloud computing）是分布式计算的一种，指的是通过网络"云"将巨大的数据计算处理程序分解成无数个小程序，然后通过多部服务器组成的系统进行处理和分析这些小程序得到的结果并返回给用户。云计算早期，简单地说，就是简单的分布式计算，解决任务分发，并进行计算结果的合并。因而，云计算又称为网格计算。通过这项技术，可以在很短的时间内（几秒钟）完成对数以万计的数据的处理，从而达到强大的网络服务。现阶段所说的云技术已经不单单是一种分布式计算，而是分布式计算、效用计算、负载均衡、并行计算、网络存储、热备份冗杂和虚拟化等计算机技术混合演进并跃升的综合性技术。

（一）云计算概念的提出

随着 web 网站与电子商务的发展，网络已经成为目前人们离不开的生活必需品之一。云计算这个概念首次在 2006 年 8 月的搜索引擎会议上提出，成为互联网的第三次革命。云计算把许多计算资源集合起来，通过软件实现自动化管理，只需要很少的人参与，就能让资源被快速提供。也就是说，计算能力作为一种商品，可以在互联网上流通，就像水、电、煤气一样，可以方便地为用户取用，且价格较为低廉。

对于一家酒店企业来说，一台计算机的运算能力是远远无法满足业务数据运算需求的，那么酒店就要购置一台运算能力更强的计算机，也就是服务器。而对于规模比较大的酒店来说，一台服务器的运算能力显然是不够的，那就需要酒店购置多台服务器，如应用服务器、数据服务器、官网服务器等，甚至演变成为一个具有多台服务器的数据中心，而且服务器的数量会直接影响数据中心的业务处理能力。除了高额的初期建设成本之外，计算机的运营支出中花费在电费上、人力上的金钱要比投资成本高得多，再加上计算机和网络的维护支出，这些总的费用是中小型酒店难以承担的，于是云计算的概念便应运而生了。

2008 年，微软发布其公共云计算平台（Windows Azure Platform），由此拉开了微软的云计算大幕。同样，云计算在国内也掀起一场风波，许多大型网络公司纷纷加入云计算的阵列。

2009 年 1 月，阿里软件在江苏南京建立首个"电子商务云计算中心"，随后阿里云小镇在杭州开建。同年 11 月，中国移动云计算平台"大云"计划启动。到现阶段，云计算已经发展到较为成熟的应用阶段。

2010 年 2 月，云计算开始在酒店应用，我国第一个云 PMS 系统在杭州绿云科技诞生，由此开启了云技术、云系统、云服务在酒店业的应用。

（二）云计算的应用特点

云计算技术的可贵之处在于高灵活性、可扩展性和高性价比等，尤其在酒店业的应用，节省了大量的数字化建设和系统运行的成本，与传统的网络应用模式相比，其具有如下优势与特点。

1. 虚拟化技术

必须强调的是，虚拟化突破了时间、空间的界限，是云计算最为显著的特点，虚拟化技术包括应用虚拟和资源虚拟两种。众所周知，物理平台与应用部署的环境在空间上是没有任何联系的，正是通过虚拟平台对相应终端操作完成数据备份、迁移和扩展等应用操作。

2. 动态可扩展

云计算具有高效的运算能力，在原有服务器基础上增加云计算功能能够使计算速度迅速提高，最终实现动态扩展虚拟化的层次，达到对应用进行扩展的目的。

3. 灵活性高

目前市场上大多数 IT 资源、软、硬件都支持虚拟化，比如存储网络、操作系统和开发软硬件等。虚拟化要素统一放在云系统资源虚拟池当中进行管理，可见云计算的兼容性非常强，不仅可以兼容低配置机器、不同厂商的硬件产品，还能够使外设获得更高性能的计算。

4. 可靠性高

服务器故障不会影响计算与应用的正常运行，因为单点服务器出现故障可以通过虚拟化技术将分布在不同物理服务器上的应用进行恢复或利用动态扩展功能部署新的服务器进行计算，不会影响应用系统的正常运营。

5. 按需部署

计算机包含许多应用、程序软件等，不同的应用对应的数据资源库不同，所以用户运行不同的应用需要较强的计算能力对资源进行部署，而云计算平台能够根据用户的需求快速配备计算能力及资源，实现按需使用和部署。

6. 性价比高

将资源放在虚拟资源池中统一管理在一定程度上优化了物理资源，用户不再需要昂贵、存储空间大的主机，可以选择相对廉价的 PC 组成云，一方面减少费用，另一方面计算性能不逊于大型主机。

7. 可扩展性强

用户可以利用应用软件的快速部署条件来更为简单快捷地将自身所需的已有业务以及新业务进行扩展。例如，计算机云计算系统中出现设备的故障，对于用户来说，无论是在计算机层面上还是在具体运用上，不会受到阻碍，可以利用计算机云计算具有的动态扩展功能来对其他服务器开展有效扩展。这样一来就能够确保任务得以有序完成。在对虚拟化资源进行动态扩展的情况下，可高效扩展应用，提高计算机云计算的操作水平和应用能力。

（三）云计算技术的服务构成

云计算其实就是一种网络服务，是提供计算资源、存储资源、软件资源、平台资源的一种服务。对于企业而言，云计算是相当重要的服务。在现阶段，从资源服务构成的角度看，它的服务构成分为三类，即 IaaS、PaaS 和 SaaS。以下为对这三种服务的具体解释。

1. IaaS

基础设施即服务是主要的服务类别之一，它向云计算提供商的个人或组织提供虚拟化计算资源，如虚拟机、存储、网络和操作系统。

2. PaaS

平台即服务是一种服务类别，为开发人员提供通过全球互联网构建应用程序和服务的平台。PaaS 为开发、测试和管理软件应用程序提供按需开发环境，也是用户按需付费。

3. SaaS

软件即服务也是其服务的一类，通过互联网提供按需软件付费应用程序，云计算提供商托管和管理软件应用程序，允许其用户连接到应用程序并通过全球互联网访问应用程序。酒店业开展的数字化应用软件基本都以 SaaS 服务模式开展其应用。

对于具体的企业应用来说，还有云管理、云服务、云监控、云财务等应用构成。

二、云技术在酒店的主要应用

酒店的数字化建设以及未来的运营成本是酒店经营管理者需要考虑的问题。在酒店消费者个性化需求高、市场竞争激烈、互联网营销难度越来越大的当下，酒店如何低成本、高科技地开展数字化建设，是每家酒店需要考虑的热点问题。作为一个酒店的数字化系统，如何拥有一个可弹性扩展、自动化运维、低费用高安全的云平台作为酒店的 IT 底层支撑系统，将是酒店获取市场竞争优势的关键所在。而云技术可以做到这一点，也是云技术这几年在酒店业的用快速发展的原因。

（一）酒店数字化平台的云化（云平台）

云平台是将酒店的数字化平台或电子商务平台通过 PaaS 模式和 SaaS 模式云化后的应用系统。例如，绿云科技的 iHotel 酒店平台就是国内最早开发的酒店云平台，它将酒店的前台管理、集团管理、客户管理、渠道管理、常客管理、中央预订系统以及财务等后台系统、酒店官网及微营销、微服务等应用整合在一起，并实现酒店平台的云端化、数据的云端化。它的特点是易扩展性和实现分布式部署，既适合大型酒店集团，也适合单体酒店使用，具有很高的网络安全和数据安全使用性能。对酒店用户来说还具有费用低廉的高性价比。

云平台的优势除了整合酒店所有的应用系统、实现数据的流动性、降低酒店使用和运营的成本，还彻底解决了酒店使用系统软件的版权问题。同时，建立了系统全天候运营的安全保障体系，如系统瘫痪、黑客侵入、病毒感染、客户资料流失、经营数据泄露等。因此，数字化云平台已成为酒店经营管理和开展电子商务的必选平台。

（二）酒店 PMS 的云化（云 PMS）

云 PMS 也是采用云计算技术 PaaS+SaaS 的模式提供软件产品及服务的，将酒店的 CRS、CRM、PMS、电子商务等整合成一体化的酒店前台商务系统，让酒店数据得以更加广泛地释放与应用，形成云平台下的酒店大数据，给酒店带来更多的收益、利润等。云 PMS 的根本作用是酒店前台商务的管理，新一代的云 PMS 让酒店的管理范围更加广泛，逐渐成为酒店的 XMS，这里的 X 就是超越了前台业务，包括酒店内部的所有业务。与传统的 PMS 相比，新一代的云 PMS 在数据的抓取、读取方面更加即时，将跨系统平台之间的交换层数据压缩到了最低，避免数据的传输、同步造成的延时和数据不一致，同时云 PMS 的跨平台整合让资源共享、会员漫游，从而加快了酒店联盟的推进，可轻松实现酒店联盟之间会员客户的共享。

云 PMS 和传统 PMS 相比，除了稳定、可靠、安全的业务处理能力，还具有全天候的在线客服能力，以及在线一体化的数据分析能力，更具有无缝对接第三方电子渠道、触达优质客户的经营生态能力。另外，经营中遇到服务器问题的容灾能力也是传统 PMS 系统无法相比的，酒店最需要的就是 PMS 运营的稳定性和可靠性。

（三）酒店餐饮的云化（云餐饮）

云餐饮是基于移动互联网和云计算技术，专门为餐饮服务业量身打造的应用系统，是酒店数字化的重要内容之一，通常由云餐厅和云 POS 等内容组成。所有的应用软件都在云端，通过移动设备供餐饮部经营使用，如通过智能手机和平板电脑，为餐饮服务中的预订、点菜、收银实现数字化的云服务。目前大多数云餐厅和云 POS 都是采用 SaaS 模式提供软件产品，如绿云的云餐饮等。从软件产品的规模区分，有面向集团（或连锁）的云餐饮系统和面向单体酒店的云餐饮系统，其中多数餐厅的管理和收银都采用云端的软件，少数系统的点菜系统采用本店的电子菜单，以帮助数餐厅根据当地的需求选择个性化的菜单。

在云餐厅，消费者可通过手机进行自助点餐、呼叫服务员结账支付，还能对餐厅进行服务评价；餐厅营业通过云餐厅自动接受消费者的点单等服务请求，服务员可以通过云 POS 实现智能收银，实现点餐的日常收银、加菜传菜、订单管理、日报表等功能操作；餐厅经理可通过手机或平板电脑随时查看营业报表，进行营业的日常管理，或发起针对性的营销活动，从而实现云餐厅的智能化管理，经营数据都在云端安全存放。

云餐饮系统的最大优势就是可以实现关联服务与管理的融合，如餐厅服务管理、移动支付服务、订货服务、采购管理、咨询服务、营销服务、促销活动管理等，以前餐厅无法做到的服务，现在都能通过云服务融合到一起，从而实现了酒店餐饮更个性化的精准服务。对餐饮部的业务管理环节，如收银、会员、库存、供应链、厨房、办公、财务、人事等，也都可以融合在一起，实现统一的在线管理和数据流动，从而提高餐饮经营的管理效率。

（四）酒店管理信息系统云化的业务价值

今天的酒店行业，市场瞬息万变，消费趋势和消费者生活方式发生了巨大变化，加速酒店进行数字化转型来提升服务，满足新的市场消费需求，是酒店上云的重要推手。

传统酒店业一直存在着数据分散、人员冗余、流程庞杂、成本高昂等问题。相比而言，基于云技术的酒店信息系统具有以下三大优势。

1. 节约运营成本

IT 基础设施云化和人工智能等高科技的应用，可以最大限度地缩减人力成本，提升人效比。对大部分酒店而言，传统 IT 服务资源利用率低、基础设施需要更新换代、IT 成本高、安全程度低，考虑到酒店 IT 现状以及业务发展，酒店最佳的选择是上云，相应的回报包括以下几个方面。

（1）云计算的成本比较低。云计算采用的是按需按量付费模式，相比传统的自建企业数据中心，投资成本低，可扩展性强。

（2）云计算的资源池共享。云服务提供商通过专业技术和资源优势保证服务器运算、存储、网络的高性能，实现租户之间的业务隔离及资源共享，用户可随时获取资源池中的服务。

（3）云服务提供商有专业的运维团队。云服务提供商具备专业的技术和运维团队，实现问题分钟级排查、定位、解决，保障云服务实时在线，企业零运维。

（4）云计算具备安全防护能力。云服务提供商具备不同层次的安全防护体系和安全产品供用户选择。

2. 改进运营管理

基于云计算的智慧酒店的大数据底层服务+数字化运营平台，可整合部门数据，改进内部管理，改善酒店能效。具体而言，有如下几个方面。

（1）资源上云，租用云服务商提供的等云化 IT 资源及相应的安全防护服务。

（2）管理上云，将管理信息系统部署在云端，或直接应用云服务商提供的云计算服务。

（3）业务上云，指酒店在云端协同开展设计和研发，或直接使用云上相关的 SaaS 服务。

（4）数据上云，采集生产经营数据，数据集成打通并向云上迁移，同步云端数据。

（5）整体云化，全面云服务化实现资源融合，驱动业务创新和价值重构。

因此，通过构建酒店智慧化管理平台，聚焦云化的智慧管理，整合内部资源，可以实现酒店财务管理、能效管理、人力资源管理一体化。以华住集团为例，其设有自己的 IT 部门，自主研发 PMS 酒店管理系统、易系列产品、智能收益管理系统等，以此管理旗下 18 个酒店品牌和 6000 多家酒店。

3. 改善客户体验

科技的植入不仅给顾客带来新鲜感，也使得住宿流程进一步简化，互动交流进一步优化，顾客的住宿体验更加便捷、舒适。具体的建设方向包括以下几个方面。

（1）立足智慧服务，改善客户体验。通过建立入住和退房自助办理体系、设计客房智能服务系统、引入智能机器人服务、创新员工对客服务等手段，简化住宿流程，促使酒店产品服务智慧化，如君澜酒店集团联合杭州绿云推出的 30 秒刷脸入住、在线选房、自助前台、闪住、智能客控、智能音箱、行李寄送等服务举措。

（2）着力智慧营销，提升获客能力。通过与旅游在线服务商合作、开发虚拟服务体验网站、开展新媒体营销等方式，迅速、灵活地满足顾客需求，实现酒店对外营销智慧化，如万豪酒店与腾讯合作的酒店"全场景智慧营销"项目，通过大数据匹配、LBS（地理位置服务）、内容植入等技术手段，为酒店品牌推广、潜客挖掘及预订引导赋能。

（3）构建智慧建筑，营造舒适环境。以酒店建筑为平台，利用互联网、物联网、智能家居、人工智能等新技术，打造酒店设备、办公自动化及通信网络系统，向顾客提供安全、高效、舒适、便利的住宿环境。

三、云服务系统在酒店大脑中的作用

酒店大脑是城市大脑的组成部分，也是酒店数字化建设的最高层次，尤其对于大型连锁酒店，酒店大脑的建设非常重要，将来所有酒店信息系统的应用都将由酒店大脑统一指挥和协调。已有实践表明，酒店大脑的建设主要是三大系统的融合，核心系统是 PMS，目前都已逐渐改造成云 PMS；运营系统是 OMS（订单管理系统），目前多数酒店已云化为云 OMS；营销加客服的系统是 CRM，在大型酒店集团也已云化为云 CRM，这些系统都是酒店的重要信息系统。PMS 掌握了所有客户的消费数据及偏好，OMS 解决了客人到店后需要的所有服务，并掌握了客人的行为数据，CRM 解决了客人到店消费前需要的所有服务，包括营销服务、关怀服务、销售服务等，掌握了未来客人的消费趋势。PMS、OMS、CRM 云化后就是酒店经营中最重要的云服务系统，它们解决了酒店售前、售中、售后的所有服务，如何预测任何一个消费客户未来的消费行为，就是这些云服务系统融合成酒店大脑后要做的事情。

酒店除了这三大系统的云化外，现在许多微应用都已通过云端发布，如机器人服务、小程序服务、自媒体营销服务等，它们也都属于酒店的云服务系统。现阶段，酒店三大云服务系统在酒店大脑中的作用可简单分析如下。

（一）云 PMS 在酒店大脑中的作用

云 PMS 是酒店大脑的指挥系统，它能识别任何一个客户与酒店的关系。是重要客户，还是一般客户，或者是有潜力的客户，它都能鉴别出来，包括他们的兴趣爱好。因此，它储存的数据可以流向全身，在云 OMS 服务需要时使用，也可以在云 CRM 服务需要时使用，实现整个酒店企业业态神经感觉的高度统一，提高对客服务的满意度。另外，通过大脑的学习功能，不断提升和完善酒店大脑的服务策略，不断积累大脑的知识，用酒店最大收益的策略去指挥云 PMS 数据的释放和流动。

（二）云 OMS 在酒店大脑中的作用

云 OMS 是酒店大脑的协调系统，它能感觉任何一个住店客户需要的服务。是咨询服务，还是维修服务，或者是其他的预订服务，它都能即时响应并在规定的时间内完成服务。因此，该系统储存的数据多数是客人的消费行为数据。它的数据可以给云 PMS 查看使用，也可以给云 CRM 开展精准营销时参考使用，或者在开展关怀服务时参考。云 OMS 在酒店大脑中就是要感觉到任何一个住店客户的需求，知道他们需要服务的时间，需要服务的地点，并且知道用什么方式去提供服务，会让住店客人真正感受到像在家一样。

（三）云 CRM 在酒店大脑中的作用

云 CRM 是酒店大脑的手足系统，也是大脑的末梢神经系统，它能感觉到任何一位客户的需求趋向，感觉到市场客源的变化，并鉴别出客源消费变化的原因。因此，该系统除了储存市场数据，还储存了对客服务的活动数据，储存了客户对酒店的贡献度和忠诚度数据。它的分析数据需要时可以在云 PMS 查看，也可以需要时在云 OMS 查看，实现三大系统在线的协同服务。云 CRM 的核心工作就是提前做足服务，为酒店经营积累客户，维系好与任何一个客户的关系，还要随时感觉到市场的变化、客户的变化，并提前做好应对准备。

酒店还有其他云服务系统，它们都在酒店大脑的统一指挥下工作，有兴趣的读者可以根据具体的云系统，自行分析它们在酒店大脑中的作用。限于篇幅这里就不展开了。

四、云技术在酒店业中的应用实例

酒店管理信息系统在云上已有很多应用场景，几乎包括了所有的酒店管理与服务软件，除了前面介绍的云 PMS、云餐饮以及一些云服务系统以外，还有一些如酒店的云采购平台、酒店智慧大脑等实例应用，以下做简单介绍。

（一）云端供应链——锦江全球采购平台实例

锦江国际集团是上海市国资委全资控股的中国规模最大的综合性酒店旅游企业集团之

一，酒店是它核心的业务板块之一。目前，锦江国际已经成为亚洲第一、全球第二大的酒店集团，仅次于万豪国际集团。

为了实现"全球第一"的目标，锦江按照"基因不变、后台整合、优势互补、共同发展"的 16 字方针整合全球酒店资源，打造"一中心三平台"，即锦江酒店全球创新中心和 WeHotel 全球旅行产业共享平台、全球统一采购共享平台、全球酒店财务共享平台。

锦江全球统一采购共享平台承担全集团采购的整合任务，目的是建立统一的供应链管理平台，目前，锦江全球采购平台已经实现公司化运营，除了向锦江国际旗下的一万多家酒店提供采购服务，也为外部酒店提供服务。通过统一的全球采购平台，锦江国际不仅为直营、加盟、外管以及外部酒店输出供应链管理能力，而且通过大规模集体采购来提升议价能力，从而降低了酒店的经营成本。

从业务角度来看，该平台专注于提供酒店用品和服务，入住供应商已超过两千家，涵盖酒店从筹建设计、筹建施工到运营阶段的各种产品与服务，多功能的线下展厅"锦江融"体验馆和线上全球采购平台相结合，为全球客户提供一站式服务。

从 IT 角度来看，该平台融合了 B2B 采购电子商务平台、供应商关系管理系统、大数据分析平台等各系统，实现了"三位一体"综合性采购服务的宗旨，打通从供应商自主注册、寻源、招选、在线竞价、合同、供应商绩效、采购申请、预算、审批、下单、支付、供应商交付、收货、库存、发票、AP（无线接入点）等端到端的全流程，并且集成了智能客服、物流查询、对公支付等，并赋予了平台数字化的能力。

（1）B2B 采购电子商务平台提供"一站式服务"，为酒店提供从筹建到运营的完整解决方案，包括自营及第三方的集中采购、物流追踪和统一运营等功能；除了集成京东企业购，还计划与苏宁展开合作，为酒店提供更多的采购选择。

（2）供应商关系管理系统则将传统供应商合作管理迁往云端，通过云端收集与存储供应商数据。通过集成百望平台开票功能，将审批、开票的流程线上化，大大提升供应商的开票效率。基于丰富的供应商资源，实现了随时随地的业务互联，在线竞价，公开透明。

（3）大数据分析平台是全球采购业绩的仪表盘。该系统采集业绩、客户、产品、供应商等多维度的数据并利用数据挖掘技术进行分析，通过计算机和手机端 App 提供更直观、更具时效性的信息，为管理层的决策提供数据支持。利用 BI 商务智能系统，锦江全球采购平台计划打造面向酒店、面向供应商、面向品牌的全链条数据服务。

目前，锦江全球采购平台的年总成交金额为百亿级别。但是如此庞大的平台，却由仅 10 余人规模的 IT 团队建设与维护，如此的团队产出能力，除了因为有与 SAP、德勤、汉得、腾讯等各 IT、咨询企业展开专业化的生态合作外，采购平台完整的云端部署、云端运营模式也提供了非常大的帮助。

（二）运营管控——阿里巴巴菲住布渴未来酒店智慧大脑实例

对于一家酒店的运营来说，不仅要实现消费者的智能化体验，更要实现酒店运营管理的数智化。以疫情为例，酒店入住率锐减，但员工成本却无法降低。降薪？裁员？一系列举措带来的是酒店管理难度的增加。如何让酒店拥有更强的抗风险能力、更高效的管理能力和更优异的盈利能力，实现降本提效，要从管理和运营方式上寻找答案。

2020 年 12 月，阿里巴巴菲住布渴发布"未来酒店智慧大脑 2.0"产品，解决方案全部采用云技术系统构建。菲住布渴集合阿里巴巴产研团队，致力于未来酒店智慧大脑 2.0 的研发。其底层逻辑 IaaS 运用了阿里云大数据、云计算、IoT 以及传统行业系统核心能力抽取；PaaS 层搭建了核心双中台：智慧酒店数据中台和数字化业务中台，结合深度算法和数据模型，为酒店运营决策提供有力的支持；SaaS 层最终实现了 C 端智慧酒店体验、B 端数字化管理能力以及酒店自运营能力的提升。酒店智慧大脑云架构如图 8-1 所示。

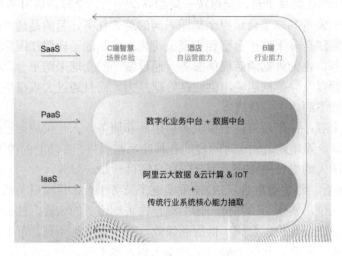

图 8-1　酒店智慧大脑云架构

　　菲住布渴 CEO 、阿里未来酒店管理有限公司董事长王群介绍，这套云系统解决方案为菲住布渴带来酒店管理效率及人效比的大幅提升，前厅服务、销售预订、财务人事的人工成本大幅度降低了 80%。

　　阿里巴巴核心专利技术"韦陀"搭建了菲住布渴酒店智慧安防体系；阿里云提供稳定安全的大数据底层服务；钉钉团队和阿里巴巴企业智能提供数字化工作平台；支付宝提供小程序和酒店自运营能力的支持；行业主流 PMS 厂商提供酒店管理系统的支持；飞猪提供旅游行业数字化升级的解决方案；人工智能实验室（A.I.Labs）提供最新设计的天猫精灵和机器人；饿了么、口碑作为本地生活平台提供支持，同时菲住布渴和饿了么联合开发的外卖机器人有效地解决了酒店大门到客房的外卖配送问题；优酷提供了娱乐影音的支持……从宏观上来说，菲住布渴不仅仅是一家酒店，也不是传统意义上的酒店管理公司，而是一个开放的平台，各行各业的生态都有可能和菲住布渴酒店智慧大脑发生互动。所有这一切，根源上都离不开开放的云计算技术、互联网技术和物联网技术的支撑和助力。

第三节　酒店管理信息系统与物联网

　　物联网技术在酒店经营中的应用，实现了酒店人、财、物的一体化管理，并真正实现了管理与服务平台的整合和统一。在数字化酒店中主要应用的是物联网+互联网技术，物联网主流技术分为 ZigBee 与 LoRa。ZigBee 是基于 IEEE802.15.4 标准的低功耗局域网协议，是一种无线连接，可工作在 2.4GHz（全球流行）、868MHz（欧洲流行）和 915 MHz（美国流行）3 个频段上，分别具有最高 250Kbit/s、20Kbit/s 和 40Kbit/s 的传输速率，它的传输距离在 10～75m 的范围内,但可以继续增加。LoRa 是 LPWAN 通信技术中的一种,是美国 Semtech 公司采用和推广的一种基于扩频技术的超远距离无线传输方案。这一方案改变了以往关于传输距离与功耗的折中考虑方式,为用户提供一种简单的能实现远距离、长电池寿命、大容量的系统,进而扩展传感网络。目前,LoRa 主要在全球免费频段运行,包括 433、868、915 MHz 等。在酒店服务和顾客之间,利用物联网技术将从感知、互动与个性服务等方面对酒店服务产生系列性的提升作用,推进的主线仍在信息服务、体验改善、服务扩展与智能化管理等方面。

一、物联网在酒店应用中的主要作用

物联网技术应用在酒店经营中产生的积极作用是多方面的,这已经被实践所证明。下面就简单地从三个方面说明它的主要作用。

(一)管理与服务的整合

物联网通过红外感应器、GPS(全球定位系统)、RFID、移动终端等信息设备将消费者与酒店信息系统互联起来,实现智能化识别、定位、管理和信息通信及交换,从而为顾客提供个性化的服务。物联网真正将手机等移动终端作为信息交互平台,有效提升移动管理中的服务水平,如旅客出行的目的就是要亲身经历、亲身感知、亲身体验住店环境,此时,RFID 感应技术提供了情景感应查询服务和互动服务,当顾客到达酒店的大堂时,可能并不会发现一件普通器物或普通大堂后隐藏的一些感应物背景,而信息系统可感应到到达大堂顾客的身份,这时系统就能自动提示服务员主动迎接,这就是智慧管理与服务的整合。

(二)提高住店客人获取信息的便利性

物联网技术使消费者获取服务变得更加便利,从出门前的选择和预订,到酒店的接待,消费者的服务信息均将全方位纳入物联网信息体系。而且,物联网技术有利于酒店资源的整合,包括信息资源,特别方便住店客人的获取。应用物联网技术可有效实现酒店信息、环境信息、旅游信息的集成共享,并为不同的消费者提供不同的信息支持和服务。

物联网有助于提高酒店接待中的诸多便利,借助物联网可帮助住店客人便捷地找到电梯、客房位置,方便寄存自己的物品,并可快速确认 VIP 客人级别。物联网还可解决客人陌生环境中的语言沟通障碍,智能解答客人的咨询需求,如洲际酒店发布了首个手机房卡方案,旗下两家分别位于芝加哥和休斯顿的酒店将进行该方案的试运行,已解决越来越多的年轻人和商务旅行者希望更简单、高效地办理入住手续和领取房卡的需求。在多样化服务上,系统可通过对客户的识别和定位,提供即时导航与安全保障,这些都能改善客户住店体验,还能为经营者增加收入。

(三)提高酒店智能化管理水平

从目前各国的实践进展来看,利用物联网技术发展智慧酒店的领域十分广泛。在智慧管理方面主要涉及客房管理、固定资产管理、员工管理、能耗管理等方面,如通过 RFID 智能标签系统,就可以有效地实现这些智能管理。一个智慧酒店管理系统可以通过 RFID

技术随时随地交换信息，如杭州的黄龙饭店利用物联网、无线网络在 2010 年构建了全球首家智慧酒店，在酒店的节能管理、接待管理、会议管理、服务流程管理中全部实现智慧化管理，使酒店真正实现了精细化管理和敏捷管理。实践表明，通过物联网应用，许多酒店出现了智慧客房、智慧会议室、智慧的人力资源管理，极大地提高了酒店经营的智能化管理水平。

二、物联网在酒店应用中的主要服务系统

酒店信息系统利用物联网技术可以实现多种智能化服务功能。实践表明，物联网技术在酒店服务系统中主要应用于以下方面。第一，实时信息交换。基于无线宽带网、RFID 与红外感应技术、二维码等，为住店客人提供场景与物件定位感应的信息播送，也可以是手机页面形式，通过不同物件点的传感器触发播送。第二，移动商务服务。消费者可在客房中购买一些纪念品、日常用品，可通过手机在线扫描或碰一碰的方式，进行在线交易和后续服务。第三，其他服务。例如娱乐中的一些特殊服务等，可以通过 RFID 或其他娱乐活动中的标记物触发获取。

（一）RFID 贵宾提示系统

贵宾提示系统可以在大堂、餐厅、会议室、商务楼层等服务点使用，当 VIP 客人携带 VIP 卡进入酒店大门或餐厅时，RFID 读写器就可以读到客人的基本信息。系统在远程探测到 VIP 客人到店时，在相应的电脑上提醒工作人员 VIP 客人的到达，并提示前台大堂经理或客服人员马上前往接待。餐厅也可以提前做好服务准备，或迎接他到指定的位置。

（二）RFID 电梯远距离呼梯系统

这种远距离呼梯系统可以感应到客人的到来，通过在电梯厅安装布设 RFID 远距离读头及天线，可以感应到住房客人在前台登记取卡后来到首层单元门口（电梯厅门口），电梯自动感应远距离 RFID 卡后联动控制电梯到达一层。它和楼层客房导航服务系统结合，可以智慧引导客人到指定楼号和指定电梯号。

（三）电梯楼层控制系统

电梯楼层控制系统可以识别 VIP 客人的房卡，住哪一层，通过在电梯轿厢顶装饰板上方安装布设 RFID 远距离读头及天线，当 VIP 客人持卡进入电梯后自动识别楼层（客人无须按键），并启动相应楼层灯按钮，直接将 VIP 客人送往该楼层。该楼层控制系统可分单层、多层、开放层，客房一般为受控层，通过物联网的自动识别，为 VIP 客人增加了新的体验。当客人手提行李，或在打电话时，这些功能无疑可以给予方便。就算客人两手空空，也可以免去其举手之劳。

（四）楼层客房导航系统

楼层客房导航系统在使用 RFID 技术后成为体现高科技支撑的一个服务系统。该系统旨在为宾客快速而人性化地找到所需入住或访问的房间，其原理是当宾客走出电梯轿厢后

被电梯厅内的读卡设备正确识别该楼层房号信息，即在前方视线等高的墙体上通过显示屏以电子地图方式显示所去客房的方位，同时跳闪指示编号，达到位置引导的功能，同时使目标客房外面的欢迎灯保持闪动，达到醒目导航的目的。

（五）客房的设施智能控制

对于宾客服务的应用除了信息预录入、直接确定房间、到达酒店后刷身份证即可入住，还可支持房卡、身份证、手机等多种开门方式。客房室内灯光电器可通过手机/智能面板直接控制，无须费力起身寻找开关或遥控器；空调预开启调温，智能灯光灯色调节，智能语音欢迎和功能介绍；智能预订餐饮洗衣等增值服务，客房无人时可自动通知清洁人员上门打扫，悄无声息地完成贴心服务。简单地讲，用一部手机可控制客房所有电器完成酒店全服务型互动式体验。

三、物联网在智慧酒店中的实践

智慧酒店建设，物联网是核心的关键技术，它对酒店服务流程的再设计是颠覆性的。目前，物联网在智慧酒店建设中的实践主要有以下几个方面。

（一）颠覆传统的迎宾方式

在一家酒店，迎宾无非是门童给开个门，笑脸相迎。重要的客人可能是经理、总经理亲自在门口迎接，这样的礼遇不是一般人可以享受的。试想一下，如果让每一位客人享受到高规格迎宾的待遇，是怎样的情况？对酒店是怎样的提升？客人进入酒店登记入住，取得房卡，每次进入大堂，欢迎屏会显示针对性的欢迎词。如果是重要的客人，经理等人会主动迎上去，哪怕这个经理与客人从来没有见过面，但是能准确地叫出客人的尊称。试想一下，如果你就是那位客人，感受如何？对于这个经理来说，他没有特别的能力，只是手中的手机帮了他的忙。准确地说，是 RFID 技术在这家酒店的应用，才让它在客人面前显示了良好的服务。

（二）客房节能的自动控制

酒店能耗控制的最大变数在客房，因为公共区域、餐厅等都有相应的服务员监管。一间客房的照明、空调以及其他用电设备，不同的住客损耗的电能相差很大。另外，客房门窗的关闭程度也对客房用能产生较大的影响。利用物联网技术可以智能控制客房的门窗，控制客房空调的合理使用，以及控制客房照明，杜绝不必要的浪费。客房节能控制系统可以监测客房是否有客人在，监测门窗是否关闭，检测空调是否在合理使用（无人状态是否也开着），检测照明是否合理，从而达到客房最低电能的使用状态，又不影响对客服务。

（三）资产设备的智能管理

酒店有非常庞大的固定资产和可移动资产，资产的管理一直是酒店经营的弱项，如大型设备的管理，管理人员必须清楚这些设备什么时候检修，什么时候保养，什么时候润滑。如果管理不到位，就会影响设备的使用寿命，也会增加设备的维修成本。有了物联网的资产管理，工程部办公室就可以对设备的维护工作一目了然，提高设备管理的精度。对于可移动的资产设备，通过物联网技术可以对设备使用的地点、使用部门和使用人实现可视化管理，有效地保护了酒店移动资产，避免了可能产生的损失。

（四）突出个性的 VIP 服务

VIP 服务系统主要安装在前台的各服务点，专门为 VIP 客人提供个性化的服务。例如，在酒店的餐厅安装专门的 VIP 服务系统。当客人接近餐厅时，服务人员就会感知到客人的消息，知道客人在这里的消费习惯（吃什么菜系、喝什么酒、坐什么位子等）。这样就可以为客人提供更周到、更贴心的温馨服务。举行大型活动时，采用这样的 VIP 系统，迎宾人员可以从事先录入的贵宾资料中取得眼前这位刚到达的贵宾情况，可以有针对性地提供迎宾服务（准确的称呼、导引到座位、通知相关人员等）。

（五）科学高效的员工工服管理

RFID 在酒店中的应用，除了可以为客人提供高科技的体验，还可以应用在酒店内部员工的管理上，为提高酒店的管理水平提供保障。例如员工工作服管理，RFID 工服管理系统可以提供工服送洗→清洗→整理→交付等一系列的服务。如果员工的工服到周期没有送洗，就会有短信提醒。整理时，通过扫描工服上的标签可以提高效率，交付时应用扫描也不会出差错。与对员工的工服管理类似，对其他需要换洗管理的材料，如床单、被套、毛巾等，也可以实现同样的智能管理，这里不再一一叙述。

第四节　酒店管理信息系统与智慧酒店

自从 2010 年全球在杭州诞生第一个智慧酒店以来，各地对智慧酒店建设的热情不断涌现，出现了一些具有智慧特色的智慧客房、智慧餐厅、智慧会议室等。例如，青岛快乐视界的"智慧 e 房"系统，可以搭载在酒店的客房电视上，把传统的客房电视变成具备客房Wi-Fi、电视、电脑、信息发布、智能客房服务和智能客房控制等功能的酒店专用智能电视。现在，酒店宾客越来越重视智能化、科技化的入住体验，整合性强、服务体验好的酒店智能系统也受到酒店业主的青睐。

一、智慧酒店的定义与构成

智慧酒店是在酒店竞争日趋激烈的环境中形成的，目的是为经营者创造竞争优势。那么，我们为什么要倡导智慧酒店？大家知道，在信息时代，对酒店服务的要求越来越高，网络越来越发达，生意也越来越难做。智慧酒店给酒店业带来了机遇，因为借助于网络智慧、数据智慧，酒店经营者可以知道客户在哪里，在什么时候需要服务，需要怎样的服务，从而帮助酒店获取市场的竞争优势。在酒店市场，大家都很清楚，利用网络可聚集人气，利用智慧可聚集名气，优质服务可聚集财气。智慧酒店给经营者带来的就是优质服务。

（一）智慧酒店的定义

智慧酒店有多种定义形式，有技术角度的定义，有应用角度的定义，也有方法论角度的定义。由于目前还没有严格的科学定义，这里就从应用的角度给出智慧酒店的简单定义。所谓智慧酒店，就是利用精准定位技术、移动互联网技术、人工智能技术、物联网相关技术、数据分析技术等手段，实现酒店的精准管理、敏捷服务和有序经营，形成酒店与客户之间相互可感知、信息播送的经营生态系统，从而提升酒店的服务能力和市场竞争优势。智慧酒店通常包括智慧酒店管理、智慧酒店服务和智慧酒店营销等内容。

（二）智慧酒店的构成

在智慧酒店建设中有各种各样的智慧型系统，它们形成了酒店的智慧前厅、智慧客房、智慧销售、智慧餐厅、智慧财务、智慧工程、智慧人力资源管理、智慧安保等智慧系统。通过采用新一代的无线网络技术、物联网技术、移动互联网、精准定位技术以及云计算技术，通过智能服务终端，形成了一个集成的、满足酒店管理与服务的综合平台，具体构成如图 8-2 所示。

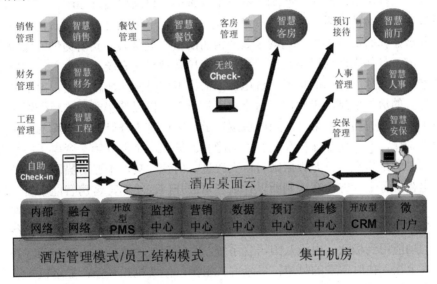

图 8-2　智慧酒店概念框架构成

在图 8-2 中，智慧酒店的建设是建立在酒店管理模式和员工结构模式的基础之上的，并有基于云技术的集中机房。它把酒店的 PMS 系统、内部网络（Intranet）、融合网络、监控中心、营销中心、数据中心、预订中心、维修中心以及开放型 CRM 和微门户等整合在一起，所有操作都在桌面云的基础上，都可以实现个性化的配置和统一运行管理。其中 PMS 是整合平台的关键系统，它必须是开放型的 PMS 系统而且具有完整的智慧管理和智慧服务功能。图 8-2 的构成可满足于酒店集团的智慧建设，对于成员酒店就不需要集中机房了，所有成员酒店的使用都在集团的统一平台上操作，各自处理自己的业务，业务数据也由集团统一管理。

二、智慧酒店的三个层面

在智慧酒店的应用中，通常包括三个层面的智慧系统，即客户体验层、客户互动层、内部管理层。它们对管理与服务都有非常独特的提升作用。下面以杭州黄龙饭店的智慧建设为例做简单介绍。

（一）客户的智慧体验

酒店首先是为顾客提供服务的载体，因此顾客体验的智能化是智慧酒店的第一要义。伴随信息科技的日新月异，顾客对酒店体验的智能化有着越来越高的要求。十年前，客房的网线配备还不普及。而今再看，无线网络基本上成为高星级酒店的必备。顾客，尤其是高星级酒店的客人，对现代科技有着高出常人的接受能力和热爱程度。酒店设备如果不能与时俱进，顾客只能压抑自己的需求。一旦酒店能够满足这种需求，顾客对其消费的热情将得以充分释放。更有甚者，顾客体验具有消费的"棘轮效应"，简单地说就是"由俭入奢易，由奢入俭难"。一旦体验到最新的科技，次新的体验将不再具有吸引力。举一个简单的例子，苹果公司推出 iPad2 后，老版的 iPad 市场价格一日跌幅接近 30%。

黄龙饭店给顾客的多重智能体验：第一次住店往往令客人耳目一新，再次住店则得心应手，对其智慧体验欲罢不能。这就是黄龙饭店的核心竞争力，其所提供的体验是最高端的，是唯一的，具体表现为以下几点。第一，客房智慧导航系统。所有入住黄龙饭店的客人都可以拿到一张独一无二的房卡，进电梯只需刷卡即可到达所住楼层，出电梯后系统会自动感应客人的房卡信息，走廊内三道指示牌指引直至自己的房间。这轻松解决了客人在酒店里找不到房间的问题。第二，VIP 快速通道。VIP 客人在开车入车库的同时完成登记入住和房卡制作，非常便于保护高端客人的隐私。第三，全世界第一套电子门禁系统。大多数酒店门禁就是猫眼，黄龙饭店则有巨大改进。门铃一响，不必看猫眼，门外的图像会主动跳到电视屏幕上，方便客人判断以什么形象去开门。第四，客房智能手机。每间商务客房配备一台智能手机，号码就是客房电话，可实现全球漫游，免费拨打，免费接听，这极大地方便了出差在外的异地客人，尤其是外国客人。第五，互动服务电视系统。黄龙饭店将电视的功能用到极致，内设八国语言系统，系统会自动选择以母语欢迎客人入住，自动弹出客人上次入住时常看的频道；显示客人祖国气候及杭州气候；显示机场航班动态方便客人合理安排时间，甚至可以在酒店商务中心打印登机牌；为客人提供点餐服务；为客人提供杭州各类服务信息等。第六，苹果 iPad 点菜系统。黄龙饭店是全球酒店业第一家采用 iPad 点菜的酒店，并且自己研发出一套点菜系统 I-MENU，所有菜品均可清晰显示，除了形象的画面，各种食物的成分也清楚标示，方便搭配。诸多创新体验令客人目不暇接，流连忘返。新奇的体验，舒适的住宿，黄龙饭店用全方位的智能系统"俘虏"了一批又一批客人的芳心。系统化的智能体验客房完全超越数字客房的狭隘范畴，实现了顾客体验的全面覆盖，为酒店在高端客源市场开辟出前景光明的蓝海之路。

（二）对客的智慧互动

现代酒店服务涉及的信息稍纵即逝，服务环节增多更会导致信息在传递过程中损失，进而直接导致服务失败。因此，对客交互的智能化是提升服务品质的关键，但是很少有成功的案例。黄龙饭店则很好地破解了这一难题，利用智能系统实现对客交互的智能化，极大地提升了服务品质。下面以酒店常见服务作为切入点阐述黄龙饭店对客交互的智慧互动。

第一，客人识别。服务员见到客人要问好，但存在的问题是酒店客房规模大，再好的服务员也难以记清楚每位客人的姓名，叫错了姓名更是尴尬。如果对客人不加区别地问好，客人也会因为不被尊重而心生反感。在黄龙饭店这种情况不会发生，因为每位客人都有一张独一无二的房卡，当客人走进黄龙饭店这张房卡就会被感应，服务员就能收到相关信息，上前问好并提供服务。第二，对客服务。客人住店期间有服务需求，这种信息在很多饭店往往经过多次传递而无法及时完成，甚至因此而招来投诉。在黄龙饭店这种情况不会发生，因为每个当班员工都配备一台手机。客人将服务需求信息告知服务中心，服务中心立即将服务信息发给当班员工。如果员工有时间有能力完成则确认，有事难以抽身则可以转给其他员工。服务完成后员工会向服务中心确认完成，而服务中心则会征询客人的意见。这样的一个服务过程不存在信息损耗，可以说实现了顾客—信息中心—职能部门的完美对接。第三，点菜系统。客人用 iPad 点菜，服务员则用 I-TOUCH 确认。客人的需求通过信息系统直接传到厨房，厨师与服务员实现无缝对接。第四，会议系统。会议自动签到系统无须与会的宾客一一签到就能统计已到和未到的人数，还能分析各类数据，并能将参会人员的具体信息汇总成报表，让每次会议的结果均可见可查。例如，智能会议管理系统会自动统计客人在不同的展区停留的时间、每个展区参观的人次等，展会主办方就能轻松地分析出哪些产品更加有市场吸引力。基于智能系统的对客交互实现了服务的高效率，实现了传统人力所不能达到的新型服务，这也是杭州黄龙饭店核心竞争力的重要方面。

（三）酒店内部的智慧管理

智慧管理是提升管理绩效的最有效手段，也是目前智慧酒店建设的重要方面。目前大多数酒店采用的智能化系统主要针对物流和资金流，用于成本控制，对于员工服务的考核管理仍主要靠逐级负责人考核的办法，其中人的主观因素占了很大比重。酒店经营得好则所有人都忙于接待服务，管理力度就会减弱，长此以往就形成了"经营和管理不能兼得"的状态。而服务是服务员对客人的不可储存的劳动，很难精准计件计量，忙起来就是一笔糊涂账。在黄龙饭店不会发生这种情况，员工的付出有着精确的统计，因此才能真正有效地激励员工。

第一，员工管理。当班员工的制服内有专业专用标签，在各个工作区都有读写器，显示员工定位。员工通过随身携带的手机接收任务并汇报完成情况，所有的服务都会在中央系统留下"痕迹"，便于统计员工的工作量。第二，资产管理。在贵重物品上粘贴专用标签，当资产被非法移动时，系统会自动报警，这直接解决了酒店贵重物品的资产管理难题。第三，流程管理。无论是客房服务还是餐饮服务，整个流程都是无纸化办公，所有的流程都经过中央系统，流程控制一目了然，信息通畅，管理高效。正是由于采用智能化管理，酒店员工考核成为激励的有效工具，有凭有据的奖惩让员工心服，从而激励员工以更大的热情投入工作。

报修管理、能耗管理、财务管理等都有相应的智慧系统，它们对酒店内部的整体管理智慧化都起着非常重要的作用，限于篇幅就不再详述了。

三、酒店如何从智能化到智慧化

根据以上提到的智慧酒店的三个层面，酒店可以根据自己的情况有选择地开展智慧建设，任何酒店的智慧建设都必须循序渐进。那么，酒店如何从现有智能化发展到未来的智慧化呢？首先分析自己的竞争优劣势，并从规划开始。

（一）统筹与规划

酒店信息化建设涉及的事务千头万绪，智慧建设更是一头雾水，没有统筹无法有序推进。智慧酒店建设涉及的弱电工程宛如酒店的神经系统，需要融合网络统筹规划。就拿杭州黄龙饭店来说，智慧建设由总经理亲自主抓，并且与多领域多产品的经销商进行交流，按照酒店所需的规格进行规划设计，这在一般的智慧酒店建设中是很难见到的。最多是工程部经理负责弱电项目。正是这位有酒店管理和计算机两个学位的总经理的开拓性思维，才建成布局合理且行之有效的黄龙饭店的神经系统，奠定了智慧酒店的基础。这种统筹与规划既需要对酒店行业有深刻的认知，对酒店客人需求有精准把握，更要对最高端的信息技术的应用熟练自如，因此两个专业领域知识的整合是智慧酒店的关键。在节能的智慧建设方面，同样需要统筹规划，涉及大堂、公共服务区、会议室、客房、餐厅等节能的整体规划设计。

（二）嵌入与延伸

嵌入是将新的功能模块加入原有设备或系统。高端电器价格昂贵，但一般人使用起来与一般品牌电器差异并不大，那是因为一般人没有将电器的使用价值开发出来。就以电视为例，黄龙饭店的电视不仅可以收看电视节目，还能查看包括航班信息在内的综合信息，能够提供娱乐服务，能够提供信息支撑。电视、电话这样的酒店常用设备成为智慧酒店的核心功能载体，关键在于在其中嵌入新的功能模块，充分挖掘设备的使用价值。延伸是对设备进行升级改造，使其具备原来不具有的功能。iPad在黄龙饭店成了菜单，手机成了客房电话，电视成了猫眼，将这些常见设备设施进行改造升级，使其具备了新的智慧功能。同样，在大堂的玻璃屏、卫生间的玻璃屏或隔离屏，都可以嵌入电视屏，为客人提供需要的信息服务或娱乐服务，而平时它们看上去都是名副其实的玻璃装饰品。

（三）研发与创新

嵌入与延伸是对常规设备潜能的充分挖掘，研发与创新则是全新的发明与应用。黄龙饭店与IBM建立合作关系，充分利用IBM在信息科技领域的专业研发能力和黄龙饭店在酒店管理领域的高科技应用能力，研发出全方位的酒店管理系统与RFID等智能体系，双方共同拥有知识产权。酒店管理信息系统使得酒店运转完全纳于智慧系统，实现高品质服务和高效率管理。射频识别技术则使得酒店在顾客识别、会议服务和员工管理等领域取得开拓性进展，更彰显智慧酒店的真谛。这里智慧型的酒店管理信息系统研发是关键，必须成立研发的需求开发组，围绕酒店的管理与服务创新，全面提升酒店管理信息系统的智慧功能，包括酒店的电子商务处理、住店客人的互动服务、移动接待服务以及App应用服务等。

（四）成本与收益

对于智慧建设来说，酒店业主关心的是成本与收益，如何全盘考虑需要一定的智慧。从老酒店一跃成为智慧酒店，外人一定认为其弱电系统改造成本不菲，但事实上成本并没有大幅提升。通常，弱电系统大约占酒店整体改造总成本的 5%～8%，黄龙饭店则只用了6.8%。关键是黄龙饭店充分发挥常用设备的潜在价值，通过开发软件嵌入并扩充其功能，所投入的成本并不高。通盘考虑后做整合开发，黄龙酒店节约了不少成本。例如，原来引进酒店的六根线，包括电信、电视、电话等，整合之后只需要一根线，这为运营商省下大量成本，酒店也因此受到工业和信息化部的表彰。而采用 iPad 等先进设备更节省费用。以菜单为例，iPad 用作点菜不仅给客人更多信息，且菜单更新只需要改变程序即可，而纸质菜单则需要重新印刷，成本颇高，因此整体成本控制得非常好。再看收益，由于采用最新的技术给客人独一无二的数字科技体验，黄龙饭店已经成为杭州顶级奢华酒店，摆脱原来无休止价格竞争的红海，在高端市场上竖起民族酒店品牌。由于采用全覆盖的管理系统，酒店用工较同星级酒店大幅下降，它拥有 598 间客房却仅有 780 名员工，而高品质服务在管理系统的支撑下更显卓越。在酒店信息系统方面，通过研发新一代的信息系统，硬件环境利用云技术可以租用，PMS 软件的运行更加便宜，整体上新一代的系统使用成本也比原来低很多，而开放型的系统更显示出其对客服务的智慧。

因此，智慧酒店的建设通盘规划（围绕管理与服务核心点）是关键，业主和酒店管理团队的新技术应用能力也是关键，而技术目前都不是问题，只要酒店经营需要，只要酒店能提出智慧的需求，都可以通过现在的新技术实现新一代的智慧酒店解决方案。

四、IBM 智慧酒店的解决方案案例

美国 IBM 公司是最早提出"智慧地球"概念的公司之一，又在智慧酒店方面开拓了新的应用领域，是最早提出智慧酒店技术方案的引领者。虽然 IBM 智慧酒店解决方案已过去十多年，但它经典的解决方案还是值得如今酒店智慧建设借鉴，尤其是它方案的整体性、基础性、低运行费用等，以及云技术和桌面云应用方案。

（一）IBM "智慧的酒店"背景分析

2010 年，IBM 全球信息科技服务部（global technology service）发布了 IBM "智慧的酒店"四个系列解决方案，即机房集中管理，桌面云，自助入住登记、退房和无线入住登记，融合网络。其中，机房集中管理是 IBM 针对中国酒店不断扩大规模的 IT 整合外包方案，桌面云是酒店客户终端的虚拟化方案，自助入住登记、退房和无线入住登记是针对用户体验的全新数字化服务，融合网络是 IBM 对新型酒店网络布设的架构规划。该四大解决方案的发布不仅体现了 IBM 对中国酒店行业的深刻洞察以及在酒店行业最新科技的应用，更为中国酒店业信息化建设树立了新的标杆，通过 IBM 对中国酒店行业信息化建设的不懈努力与深耕，进一步巩固了 IBM "智慧的酒店"解决方案对中国酒店行业的领导地位。IBM "智慧的酒店"解决方案将大幅提高酒店客人的体验，极大地优化酒店管理流程，提高员工工作效率并降低管理与运营成本，从而显著提升酒店的综合竞争力，帮助酒店业客户达到了经营、能效、用户体验的多重目标。

酒店业面临智能化、个性化、信息化三大趋势。作为国民经济发展支柱产业之一，旅游业的不断快速增长对中国酒店业产生巨大需求，酒店业市场开放和外资控股也为中国酒店业带来巨大挑战。而中国酒店业正处于调整、转型的关键时期，在经历了汶川地震、全球金融危机、北京奥运盛会、上海世博会、经济转型等一系列重大事件之后，经营状况有所分化。虽然自 2009 年以来中国酒店业入住率处于上升趋势，但同时全国每年至少有 50 家五星级酒店在建设中，行业竞争日益激烈，导致 2013 年因经济转型而全面下滑。尤其 2020 年的全球新冠肺炎疫情大暴发，给酒店业带来了前所未有的困难。面对以上诸多挑战，中国酒店业逐渐意识到规模化、数字化、国际化和节能化是酒店业发展的必然趋势。IBM 指出，酒店智能化将成为酒店业顺应趋势、接受挑战的制胜武器，及时共享客人的信息，给客人提供人性化的服务已成为酒店管理的目标与方向，而酒店装潢、客房数量、房间设施等质量竞争将退居二线。未来酒店的竞争将主要在智能化、个性化、数字化这三个方面展开，即所谓的"智慧的酒店"。IBM 多年来致力于协助中国酒店业客户进行智能化、个性化和数字化改造。为实现这一愿景，IBM 利用系统集成方法，通过现代计算机技术，融合统一的通信技术、现代控制技术以及现代建筑艺术并有机地优化组合，向客户提供一个投资合理、安全节能、高效舒适、便利灵活并且人性化的新一代智慧酒店技术方案。

（二）IBM 智慧酒店的解决方案

1. 机房集中管理

连锁型酒店逐渐在中国成为酒店业主流，而通常每个酒店都拥有自己独立的 IT 机房、服务器和管理软件，也需配备一个 IT 团队来支持 IT 运维。随着酒店规模的不断扩大以及人力成本的不断提高，连锁型酒店所承担的 IT 运维成本将不断增大酒店盈利的负担。针对这一现象，机房集中管理和 IT 整合外包将成为酒店 IT 解决方案的新趋势。在 IBM 的机房集中管理解决方案中，IBM 建议未来的连锁酒店应建设集中的 IT 机房，以取代分散在各个酒店的独立机房，进而各个酒店不再设置服务器及软件，只需通过网络连接到集中 IT 机房，即可使用大机房的服务器以及软件进行正常的酒店业务管理。此外，IBM 建议酒店客户充分利用 IT 外包服务，减少酒店公司内部的 IT 人力成本和设备维护成本，并使用 IT 服务商所提供的设备租赁服务，直接获得更大的 IT 机房，在 IT 服务商专业人员的辅助下轻松实现智能化的酒店管理。

2. 桌面云

酒店 IT 的传统架构覆盖数量众多并且极度分散的 PC 客户端，面临着难以管理、总体拥有成本高、难以实现数据保护与保密以及资源利用效率不高等诸多问题。IBM 针对以上难题设计了创新的云计算集成 IT 解决方案——"桌面云"，帮助酒店客户增强其竞争力，通过提高管理效率、减小运行和维护负担以及降低人力需求等，最终实现总体建设成本的降低。通过"桌面云"的部署，酒店管理方可大大提升酒店网络的管理性，实现桌面环境设立、配置、资源管理和工作负荷管理的集中化与简单化，有效地将硬件资源归集和共享，并且灵活地实现计算资源的重用以及桌面环境计算资源的动态分配。"桌面云"的运用更实现了用户端的零维护，降低了故障率和管理成本，免除升级的烦琐并最大化了使用周期，在有效控制使用权限的同时提高工作效率。此外，"桌面云"还带来了高度的系统安全性，数据输出的集中管理使客户端避免了病毒感染，实现了数据保护与保密。考虑到酒店及计算环境的规模性和复杂性，"桌面云"解决方案更从酒店客户实际需要出发，提供端到端的安全性，简化验证和增强登录的安全性。

3. 自助入住登记、退房和无线入住登记

在高峰时段，酒店的客人经常需要排队等候。IBM 设计的"自助入住登记和退房"以及"无线入住登记"解决方案，能够提供人性化、省时、便捷的服务，为客人省去不必要的排队时间，给客人带来更为出色的入住体验。另外，此解决方案无线无纸、节能环保，在为客户提供简单省时的服务体验的同时，更帮助酒店细分客流，进一步提升效率。

"自助入住登记"服务可以让客人在大堂或电梯厅的自助登记设备上直接办理入住登记和退房手续。即使有 VIP 客人驱车入住，车库的自助入住登记设备也可在汽车进入车库的入口处同时完成入住登记和房卡制作。而"无线入住登记"服务为在 VIP 休息室沙发上休息的客人提供无线联网的触摸式计算机，通过电子入住登记表进行登记。客人只需要在触摸屏上显示的入住登记表上签字就可以完成入住手续，USB 接口的小型制卡机可以立刻完成房卡的制作。

4. 融合网络

IBM "智慧的酒店"解决方案提供基于 IP 技术的融合网络，集成电话、办公无线网络、客房上网、客用无线网络、电视系统、办公网络和安保系统。融合网络的实施可最大限度地提高员工的工作效率，减少系统故障和降低各系统的运维成本，有效降低酒店管理、运行和维护的成本，实现了高级互联网上网服务、会议网络服务等增值服务，并通过便捷的无线网络和可靠的网络接入使员工可以使用任何端口连接办公网，实现有线网络和无线网络一体化服务，较传统网络显著提升了使用效率、可靠性和便捷性，节省投资的同时易于维护和管理。

在传统的酒店网络架构中，酒店往往分别建设独立的电话网、客房上网、管理办公网、视频网等网络。而采用了 IBM 提供的融合网络技术后，酒店客户可以建设一个 IP 网络并同时覆盖以上各网络，避免建多个线路网络设施和重复建设。对于酒店的建设方和管理方来说，IBM 的解决方案以实在的实施费用和具有竞争力的价格为其提供先进的技术和服务。而对于客人和员工来说，IBM 的解决方案为他们提供了高性能的网上浏览服务以及全新的入住体验。在酒店机房集中管理、桌面云、自助入住登记和退房/无线入住登记以及融合网络这四大最新解决方案之外，IBM "智慧的酒店"还提供多种服务，以满足酒店客户智能化、个性化和信息化的需求，包括楼层导航、互动服务电视系统、智慧电话、IP 电话、电子猫眼、互动虚拟酒店展示和会议管理等高级功能 [1]。

第五节　酒店管理信息系统与智能终端

新一代的酒店管理信息系统必然是基于 Web 的开放型信息系统或云系统，它可以接入各种形式的智能终端，为酒店服务员和住店客人服务。通常，智能终端在酒店的一些业务环节中使用，可给酒店和顾客带来便利，并能够实现酒店管理信息系统的拓展和延伸。

---

[1] 引自 http://www.jifang360.com/news/2011111/n059414709.html（有修改）。

一、自助入住登记/退房

随着信息时代的来临，当你入住酒店时，只需在酒店自助入住机器上插入身份证，自行进行登记就可以完成入住手续并获取房卡。利用最新技术的酒店自助入住系统就实现了这个愿望，为酒店添加了接待服务的职能终端。到酒店开房，有复杂的开房流程，包括前台接待、人员确认、身份证扫描、预付开房押金、门卡发放、打印凭证等，酒店前台因为烦琐的操作，以及硬件设备多种多样也经常出现错误。如果只有一个人办理入住可能时间方面还可以接受，但遇到早晨高峰可能就难以承受了。自助入住登记的智能设备可以为客人节省很多时间，而且有较好的私密性。

搭载最新技术酒店入住系统的自助终端机如同 ATM 机可摆于酒店的一层大厅，用户在自助服务机上办理住宿手续。当客人进入酒店后，插入身份证，机器就会进行人脸识别，确认信息是否正确。信息确认后，便会出现自动选房和个性化选房两个选项。如果选择自动选房，系统便会随机挑选一间房间给你。而当客人选择个性化选房之后，便可按照客人的喜好选择房间。选定后首先出现的是房型界面，可选择房型和价格，之后便会出现酒店的楼层界面，以及可选择的空房间。客人在选择房间后，会跳出室内照片、360 度全景图以及视频。当全部选定后，界面就进入了登记信息和附加服务项目页面，之后机器便会自动制作房卡和打印房间信息纸条。当客人结账时，只需将银行卡或会员卡插入机器，系统便会自动结账，同时打印发票。

二、客房智能控制器

只要客人一进入客房，安插好房卡，所有的空调系统、电视系统、灯光系统等全部都自动到位了，电视就会自动播放酒店总经理的欢迎致辞，空调也开始运作。因为整个酒店都控制在舒适的恒温状态，整个酒店温度一样，所以在插好房卡并开启空调之前，客房也不会太冷。以 PAD 为客房控制终端的数字酒店智能客房整体解决方案涵盖客房智能控制系统、数字酒店多媒体系统和酒店通信系统，且可以无缝对接与互动，完美演绎数字酒店智能客房新潮流，将引领全球下一代酒店数字客房的发展趋势。智慧客房方案运营商 COTELL 肯特致力于为酒店客房提供数字酒店智能客房综合解决方案及研发、生产、销售数字通信终端设备，产品方案涵盖数字客房整体解决方案、智能客房控制系统、酒店数字多媒体系统、电话机及通信终端产品，先进的信息化技术不仅使客人享受到更便捷和人性化的服务，也提升了现代化酒店的服务与管理水平，为酒店带来了更大的收益。客房智能控制器方案主要有如下特色。

（一）营造客房新体验

注入科技元素，客人从预订房间到退房，智能系统全程陪伴，登记入住和退房结账方便快捷，客人的服务要求能得到快速的传达和反应，让客人感觉到时刻被"关注"，同时客人的私人空间也会得到充分的保护，不会受到一切不必要的打扰。贴心服务无处不在，照明服务、舒适度（空调）、无线服务等大大提升了客人入住的舒适体验，完美呈现酒店宾至如归的特色，提升了酒店的竞争力。

（二）人性化的节能体验

融入低碳环保节能理念，根据不同人员设置不同的取电模式，通过智能身份识别取电开关，识别进入客房人员的身份，设置相应的电源使用权限；采用智能调节空调模式，在室温达到适宜状态时，自动将空调设置为适宜温度；运用红外控制器对卫生间和排气扇进行控制，当客人离开卫生间后，延迟一段时间自动关闭卫生间内的灯光和排气扇，有效降低酒店电能消耗，既能做到真正意义上的节能又不降低服务水准。

（三）高效管理的智能体验

数字智能客房系统能处理客人的各种需求及提供各种服务，节省了楼层巡查人员，降低了工作强度，大大提高了工作效率，且系统本身能自动生成入住率、能源消耗、客户使用信息等相应报表，节省酒店人员的工作量。在提高服务水平的同时达到提高经济效益的目的。

（四）自助服务的盈利工具

系统通过电视机、遥控器、PAD 组合，营造全天候自助服务，形成全时立体化沟通及视频语音文字互动平台，展现极具震撼性的娱乐影音效果、灵活方便的信息发布、快速方便的网络购物，以全新的多媒体方式引导客人消费，提升酒店品牌影响力，开创酒店增加收益的新模式。

智能客房控制器将成为客房管理与服务的综合智能终端。

三、智能嵌入模块

智能嵌入模块可以应用到需要的信息系统，提升酒店信息系统的智能化服务能力，包括对 VIP 的服务、电子门禁的服务、语音助理服务以及客人的远程登记服务等，既提升了酒店的服务形象，又提高了酒店服务的效率，更给客户带来了高科技的体验。

（一）智能门禁器

若你在客房不便应答的时候有人按门铃，门外的图像会主动跳到电视屏幕上，方便你判断以什么形象去开门。打个幽默的比方，如果领导来了，你可要衣冠整齐、面带笑容地去开门；而朋友来了，衣衫不整或许也不错。然而，需要注意的是，由于楼层走廊灯光较为昏暗，楼层服务员最好走到光源下方，方便客人辨认。智能门禁器的画像信息也可以保存在系统中，以便酒店安保系统的存档与查询，这也是智能安保的要求。

（二）智能语音机器人

语音机器人已成为智慧酒店的标配终端，通过与网络互联，将语音指令传输到语音云端，进行 AI 分析，从而对系统进行判断反馈。作为客人在酒店服务情景中与酒店人员、酒店设备交流控制的另一种方式，可以通过智能语音机器人实现对客房电视、灯光、空调、背景音乐的设备的控制，客人只要动动嘴巴就能搞定一切，同时对于独自入住或者带小朋友的客人，智能语音管家更将是非常贴心的小伙伴，拥有智能语音机器人的客房不仅能提升酒店服务档次，也必将成为经营中的鲜亮卖点。

同时智能语音机器人也会应用在酒店预订服务中，在多人同时打电话来预定时，能够辅助人工客服更好地完成酒店预订工作，提升订房率，科学快速地调整房态，酒店也不会因为人工的疏忽而造成有房没人订、订了房又没房的尴尬局面。

（三）智能电视设备

智能电视设备其实是嵌入智能信息服务模块的电视机。住酒店偷个懒，想在客房点菜是一件常事儿。然而在很多酒店，客房点菜总是翻着酒店指南，翻半天找到一些信息，然后拨打服务电话点菜。如今，想躺在床上像看电视一样点个菜已经不是难事儿了，图文并茂，价格明细，看会儿电视之后餐点可直接送到客房。智能电视包括航班信息、地理信息、旅游信息、商场信息以及酒店信息，如航班信息系统以当地机场的出发、到达两方面展示信息。整个信息15分钟更新一次，并提供机场的电话号码方便致电询问。客人住酒店不用担心航班延误或者因天气取消怎么办，只要打开电视查询航班状态即可，若航班延误就可多住一天酒店，不需要去机场苦苦等候。当然，15分钟更新一次信息，也可以让客人实时了解航班的延误状况。另外，只需将电脑和客房内的四合一多功能一体机连接，即可打印路线图和机票登机牌等。智能电视设备是酒店管理信息系统中的一个智能设备，也是一个网络设备，可以显示酒店外网的任何信息，如电子杂志，客人可以在客房通过电视看喜欢的杂志内容（如《中国地理》）。

（四）智能考核终端

酒店每一个楼层的服务员以及餐厅的员工都有一个I-TOUCH。在员工管理方面，以短信的形式接收楼层服务或者餐厅点菜服务，不仅能够减少服务出错率，还能根据服务时间对员工进行工作考核，发送在I-TOUCH上的任务时间即时开始。这种智能考核终端的主要任务是接收任务、计时、考核和统计，酒店员工手持I-TOUCH上岗，不仅是给酒店员工心理上的一个惊喜感，更重要的是加快服务速度，减少服务出错率，以及对员工进行智能考核。对于楼层服务员来说，当客户拨打0，0接收任务并分配给这个楼层的服务员，那么他的I-TOUCH就会收到服务信息。对于餐厅的服务员来说，每一个点菜的iPad相对应地配对一个I-TOUCH。每个包厢一个iPad，在客人点好菜之后，由酒店的服务员确认信息，确认无误后发送给相应的I-TOUCH。那么接收到信息的服务员就马上开始准备这个包厢的菜品。智能考核终端的使用极大地提高了酒店的服务效率，也提高了管理效益。

四、智慧住服务产品

智慧住不仅是我国首款能完全融合Opera系统和云PMS的酒店智慧前台解决方案，还可以通过智慧住和智慧住小程序，实现云PMS和客户智能手机的服务对接，以及支持全渠道的所有互联网订单。酒店服务客人体验最深的是接待服务和退房服务环节，快速的接待和快速的退房是客人最好的体验，尤其是团队比较集中以及早上退房的时间段，如何提高服务效率、减少客人等待时间是酒店一直在努力的方向。智慧住服务产品就是酒店期盼的一款服务产品，它可以大幅度提高接待服务和退房服务的效率，受到了酒店和消费者的喜爱。

智慧住通过移动互联网和云服务技术实现了与电子门锁系统的无缝对接，实现了酒店会员管理系统的对接，实现了无缝对接客房智慧导航系统（RFID）以及嵌入早餐券模块，是目前酒店智慧前台中融合服务环节最完整的一个产品。客人拿到房卡，进电梯只需刷卡就可以到达所住的楼层，出电梯后系统会自动感应客人的房卡信息，走廊内会有指示牌亮灯，指引客人行至房间，客人再也不用担心迷失在酒店深长的走廊中，第二天可以直接用房卡做早餐券，高效而省心。绿云智慧住产品如图 8-3 所示。

图 8-3　绿云智慧住终端服务产品

（一）智慧住的服务优势

智慧住服务产品通过互联网一端可以连接云 PMS 及相关信息系统，另一端连接移动终端，通过智慧识别为客人快速办理入住登记和退房操作，也可以办理客人的续住操作，在前台服务上它具有以下几方面的服务优势。

1. 解决高峰时段客人排队现象

酒店高峰时段往往有客人排队现象，如团队业务的集中办理、退房业务的集中办理等，前台需要直面客户的各种需求。通过智慧住服务产品的移动服务和智慧服务，按照客人需要的方式提供服务，如可以在客房，也可以在会议室或者在餐厅，为客人提供所需要的服务，避免高峰时段用户集中，大型团队扎堆办理，现场环境嘈杂，秩序杂乱甚至排队服务等现象。

2. 实现 30 秒快速入住

智慧住操作简易，并且有语音提醒，无须客人长时间等待，平均 30 秒可完成一个有预订入住的客人，或办理一个客人的退房操作。客人不管用什么支付方式，智慧住都能快速解决。

3. 减轻员工劳动强度

智慧住可以由客人自助机支持入住、续住、退房全流程的操作，将员工彻底从前台解放出来，可为客人提供更贴心的服务，所有的接待、登记、排房、收银、健康码核查都由智慧住自动解决，极大地减轻了前台员工的劳动强度。

4. 零接触服务，提升客户服务体验

智慧住允许到店之前办理线上预登记，到店后刷身份证取房卡即可，不仅免接触，还可以为客人节约大量时间，整个入住流程完全可以自助，自助机整合健康码验证功能，免去客人出示健康码的步骤，整个接待过程提升了对客的服务体验。离店退房时，客人可使用智慧住小程序线上自助结账、自助开发票，节省客人时间。

5. 低成本、高效率

价格相对其他自助机要便宜得多，小巧的体积便于摆放于前台（总服务台），在最显眼的位置便于客户使用，高效率地实现入住、续住、退房等业务操作。

（二）智慧住的功能特点

智慧住除了可以移动式地办理散客入住、团队入住、退房结算、客人续住等业务功能，与酒店其他的自助设备相比，还具有以下一些服务功能特色。

（1）支持线上小程序预先登记，可线上支付费用以及添加同住人；

（2）天然具备支付宝的各种支付能力（如刷脸支付、信用免押、分期支付等）；

（3）无缝对接绿云 PMS 系统、健康码、电子发票等；

（4）入住即可成为会员，可为酒店快速发展会员，实现会员在线管理；

（5）支持团队凭证入住，团队可实现有序快速入住；

（6）可对接各地公安接口、人脸比对系统等；

（7）支持所有银联电子支付和第三方电子支付平台。

另外，平板电脑设备是酒店信息系统中最常见的智能终端，在酒店使用非常普遍，也是和酒店管理信息系统最方便互联的智能设备。目前酒店的移动管理、移动服务基本都使用平板电脑，用来实现移动接待、移动退房、客房的酒店服务指南等。在餐厅，用平板电脑无线点菜，也极大地提高了餐饮的服务质量和管理效率，提高了出菜率。在未来，酒店的人力资源管理、工程设备管理以及会议服务管理等都开始使用平板电脑，它的使用是酒店管理信息系统范围的延伸，也是智慧酒店的重要标志之一。

拓 展 学 习

1. 移动互联网的应用原理
2. 云计算技术概念及在酒店的应用
3. 大数据的概念及应用
4. 酒店管理信息系统平台化的概念
5. 智慧酒店及相关新业态的概念

案例分析与习题

一、案例分析

深圳珠江皇冠假日酒店固定资产管理系统

（一）实施背景

深圳珠江皇冠假日酒店是龙岗唯一一家国际五星级商务酒店，是龙岗中央商务区首席商务旗舰综合体建筑群，也是2011年世界大学生运动会指定接待酒店。酒店毗邻龙岗区政府、龙岗文化中心及龙岗世贸中心，享有良好的声誉、便利的交通、齐全的生活及商务设施，令宾客的旅程更惬意。酒店具有丰富的管理经验、胜人一筹的优质服务，竭诚为宾客营造全新舒适的环境。为了进一步加强酒店管理力度，整合企业资源，更好地提升酒店综合实力，珠江皇冠假日酒店加强固定资产管理力度，着力打造科学化、合理化、现代化的固定资产管理模式。从2011年开始，珠江皇冠假日酒店推广应用"简普固定资产条码管理软件"。

（二）管理目标

完善资产管理制度，科学清楚地划分管理权限与责任；有效避免资产流失，及时了解资产使用状况；减少盘点工作量，提高盘点效率；实现专业设备、大型设备的检修、维护；实现转移、调拨、借还及转借资产的跟踪管理；有效管理大量低值易耗品。

（三）方案实施

1. 归口管理

按照职责就近设立资产管理员，科学划分资产管理责任。珠江皇冠假日酒店部门、客房众多，实物资产数量大、种类多。"简普固定资产条码管理软件"提供了管理权限设置的思路，设置多级资产管理员可以将管理责任细分与明确。对客房内资产使用情况最为熟悉的是客房管理人员，按照工作便利原则，对各客房的资产实行归口管理，客房管理员就是该客房的资产管理员，客房内资产的使用由其负责管理和监督，资产发生了任何变化都要及时进行记录和告知。这种归口管理方法将管理责任分解与细化，在不增加人员的情况下实现了资产管理体制的建立与完善。各级管理部门可对所辖资产进行独立管理或查询等，酒店领导可对各场所的资产信息进行集中统一管理。

2. 提供折旧管理功能

作为五星级酒店，珠江皇冠假日酒店的资产种类众多，折旧的方式也各有不同。"简普固定资产条码管理软件"的折旧管理模块专门提供了平均年限折旧法和五五分摊法，可以非常方便地进行固定资产及低值易耗品的折旧计算，并提供相应的折旧月报表、折旧年报表；出于灵活性考虑，折旧管理模块还提供了手工录入与修改功能，在对实物折旧前或根据规定实物折旧率被改变时，财务人员可以对实物折旧进行手工录入或修改，以确定实物的累计折旧。同时折旧模块还提供折旧数据的备份与恢复功能，保证了折旧数据的安全。

3. 盘点工程——酒店视客人为生命

为尊重客人的作息时间，酒店客房内的资产进行盘点时不可能完全按照事先设定的时间和计划完成，这就对盘点的方式和效率提出了很高的要求。盘点必须非常灵活与高效，在客人不在客房的时间段进行快速的盘点，且在各个客房的盘点过程中保持一种持续性。"简普固定资产条码管理软件"可以按部门进行盘点，随时将每一件资产的相关数据输入"简普固定资产条码管理软件"后，软件会自动赋予该资产唯一的资产全息身份证资产编号，并可打印出条形码。条码上的内容可由用户自己设定，其中包括固定资产名称、购入日期、保管/使用部门等内容。将条形码贴在固定资产实物上，既能明显地区分固定资产的使用部门，又给盘点带来极大的方便，盘点人员不必通过记录资产编码、核对账本的方式进行手工盘点，只需通过专门的条码识别器对固定资产上的条码进行阅读，条码信息会自动存储在条形码识别器中，再由软件与财务系统对账，自动生成各种报表，实现自动化盘点。

4. 对转移、借还、转借、流动资产进行跟踪管理

由酒店行业的性质决定，经常需要转移、借还、转借、流动的资产在珠江皇冠假日酒店大量存在，如对讲机、PDA 点菜机、餐盘、座椅等。软件的资产转移功能为转移、借还、转借、流动资产的管理提供了有效的解决方法。进行资产转移或借出时，迁出地的资产管理员只需将条形码阅读器设置为转出或借出，逐一扫描迁出的实物，就可以实现实物的转出工作。到迁入地点，迁入地或借入地的资产管理员将条形码设为转入或借入，逐一扫描转入的实物，就可以实现实物的转入工作。扫描结束后将条形码阅读器的数据传入"简普固定资产条码管理软件"，系统会自动进行实物转移的批量处理，并生成实物转移或借出一览表。

5. 设备管理模块确保专业设备、大型设备的维修、保养及时

珠江皇冠假日酒店各经营场所有大量的专业设备和大型设备，如 KTV 设备、厨房设备、收银机、监视器、电子安全门等，均需定期进行维修、保养和检测。"简普固定资产条码管理软件"的设备维修、检测模块，对设备进行维修、保修、保养、检测、检测到期报警等管理，珠江皇冠假日酒店根据软件记录将各品牌、各型号设备的质量、维修率、保修服务和价格进行横向比较，来选择更高性价比的专业设备，使酒店的设备维修和养护成本明显降低。

（四）效果评价

"简普固定资产条码管理软件"管理理念先进，操作灵活实用，使用以来改变了珠江皇冠假日酒店原来资产管理分散、效率较低的问题，从根本上新建了酒店固定资产管理模式，使得资产管理操作更加方便，管理效率也提高了数倍，切实促进了酒店实物资产管理的现代化、信息化和高效率，使酒店实物资产管理水平上了一个新的台阶。作为五星级大型酒店，珠江皇冠假日酒店一直致力于酒店管理模式、管理方法的创新与实践。"简普固定资产条码管理软件"在该集团应用的成功，为整个酒店的资产管理提供了保障，使各项资产的管理均有据可查，责任落实明确，管好了酒店的"家底"，为珠江皇冠假日酒店在国内酒店中优势地位的建立和保持起到了一定的推动作用。

思考题：

1. 结合案例材料和本章所学的知识，分析酒店固定资产管理系统应该包括哪些功能模块，实现哪些功能。

2. 本案例中给出的系统有哪些优点和缺点？

3. 思考一下，酒店后台管理系统还应该包括哪些模块？

二、习题

1. 什么是现代酒店的新需求？酒店信息技术应用的新需求还有哪些？

2. 智慧酒店的定义说明了什么？如何构建有特色的智慧酒店？

3. 新一代的酒店管理信息系统通常有哪些智能终端设备？

4. 试叙述自助入住登记系统的作用。

5. 你所了解的客房智能控制器的特点和作用有哪些？

6. 请阐述移动远程登记设备的核心功能。

7. 什么是云计算机技术？它有哪些服务模式？

8. 什么是酒店云服务系统？请举例说明。

9. 什么是 SaaS 服务模式？在酒店有哪些 SaaS 服务？

10. 酒店采用云服务系统有哪些核心优势？

11. 什么是酒店大脑？它在酒店经营中起怎样的作用？

12. 请说明酒店云 PMS、云 OMS、云 CRM 三者的关系。

13. 简单介绍智能考核终端的功能及作用。

14. 简述物联网的作用，它在酒店管理信息系统中有哪些应用？

15. 简述 RFID 贵宾提示系统的工作原理。

16. 简述 RFID 电梯远距离呼梯系统的工作原理。

17. 简述物联网与互联网的关系。

18. 什么是楼层客房导航系统？简要叙述它的工作原理。

19. 什么是智能语音嵌入终端？它在酒店有哪些应用？

20. 什么是智慧住？它在酒店有怎样的应用场景？

21. 为什么说云技术是酒店大脑的中枢神经系统？

22. 什么是智能嵌入模块？请举例说明。

23. 酒店信息系统从智能化到智慧化，指的是什么？如何理解？

24. 什么是酒店的智慧服务？什么是智慧营销？

25. 根据你了解的酒店信息系统应用，酒店还有哪些智能嵌入模块应用？

26. 什么是智能语言机器人？它带给了客人怎样的智慧服务体验？

27. 什么是智能考核终端？它在酒店智慧管理中发挥怎样的作用？

28. 什么是 App？目前酒店有哪些 App 应用？

29. 作为一家单体酒店，应如何开展智慧酒店建设来提升自己的市场竞争优势？

第九章 新一代酒店管理信息系统应用实例

学习目标

通过本章的学习，要求学生：① 了解绿云 iHotel 酒店信息化平台的概念、架构、组成和科技创新点；② 了解绿云 iHotel 酒店信息化平台在集团管理方面所能发挥的基本作用；③ 了解绿云 iHotel 酒店信息化平台的客房系统的主要功能、优点与操作流程；④ 了解绿云 iHotel 酒店信息化平台在移动应用方面的作用和模块；⑤ 了解绿云 iHotel 酒店信息化平台在电子商务和网络营销方面的作用和模块；⑥ 了解绿云 iHotel 酒店信息化平台在云计算下的部署方法和服务方式。

本章主要介绍设计新理念和新框架，以及创新点和主要模块，让学生了解新一代酒店系统 iHotel 是如何实现将酒店营销、管理、服务、控制等多方面软件应用整合成平台的。通过学习本章内容，让学生了解酒店信息化服务平台的作用、功能和发展方向；通过 iHotel 平台的相关概念、功能和操作说明介绍，了解使用者如何灵活地设置系统的各种代码和各项参数，从而实现酒店的管理，使系统成为酒店今后进行营销、管理和服务的电子商务平台。本章将从 iHotel 概述、客房管理、餐饮管理、集团管理、移动应用、电子商务与网络营销、云部署和云服务等多个角度，介绍绿云 iHotel 酒店信息化平台在满足和推动现代化单体酒店和连锁酒店信息化需求和发展时所发挥的作用。

第一节　iHotel 酒店信息化平台概述

自 20 世纪 70 年代起，酒店信息化系统随着计算机技术的发展，从计算机技术体系的角度而言，共经历了四代产品：小型机多用户系统时代、文件服务器系统时代、客户机/服务器（C/S）架构时代，以及目前正在迅速发展的基于互联网、浏览器/服务器（B/S）架构的云计算服务时代。从酒店经营管理的角度而言，计算机应用系统也经历了四代产品（从一个软件向一个平台转变）。

（1）事务型酒店管理软件基本是对酒店手工操作的简单模仿，实现最简单的排房管理、房态管理、账务处理功能，代表了 20 世纪 80 年代的酒店计算机应用水平。

（2）管理型酒店管理软件主要在前述事务型基础上，加强了对客房管理、财务核算方面的管理功能，代表了国内 20 世纪 90 年代中后期及 21 世纪初的酒店计算机应用水平。

（3）对客服务型酒店管理软件在强调酒店管理的基础上，更加侧重于加强对客服务的理念，这类软件最明显的特征是，如果一个房间住有多人，账务不仅各人分开，档案也各自分开，强调对客人的个性化服务及处理。这类软件最典型的代表是西软 X5 系列、FIDELIO 和 Opera 系统。该类软件于 2003 年后引入我国。

（4）平台型酒店信息化软件。它的使用范围不再局限于酒店内部的管理，而是拓展到整个集团，甚至社会外部。设计理念上主要以服务（含营销）为主线，以依托互联网实现酒店管理、财务核算、对客服务为辅线，适应新形势下酒店经营管理和电子商务的新需要。平台化的基础架构可以用 IaaS，软件使用可以用 SaaS 或 PaaS，采用的是云计算服务方式，把管理与服务集成在一起。

绿云 iHotel 酒店信息化平台系统不论在计算机技术体系上，还是在酒店管理理念上，都是最新一代（第四代）平台型的酒店信息化产品。软件研发始于 2009 年，总结了国内外 B/S 架构酒店系统的成败经验，充分研究了传统酒店软件的优缺点，于 2010 年 7 月正式注册公司，2011 年 7 月首次推出 iHotel 原型系统，2012 年 6 月发布 iHotel 1.0 版本。目前既有适合酒店集团的版本，又有适合小规模单体酒店的版本，是目前国内发展最迅速、最完整的酒店信息化服务云平台软件产品。

一、iHotel 平台技术架构

iHotel 系统是一套完全基于云计算的酒店信息化平台，不仅适合连锁酒店集团使用，也适合单体酒店及经济型酒店使用。该系统目前有标准版、商务版、农家乐版等多种应用架构。

在数据存储上，一个数据库（业务库）内可存放多个酒店数据，以提高服务器的使用效率；一家酒店的数据也可分为运行库和历史及报表数据库，以保证系统的使用性能不受时间推移的影响；集团信息可分为主数据库、用户及配置数据库、会员数据库、CRS 数据库、历史及报表数据库等，以达到分布式处理、提高系统性能的目的；成员酒店对应的运行数据库可放在集团总部，也可按照酒店要求布置在成员店本地，以减轻成员店的网络压力和心理负担。因此，这种可水平扩充的构架，能有效地节省连锁酒店集团或单体酒店的整体经济成本，并提升强大的系统拓展性能和计算能力，同时整个体系的规模也可以按照经营总量的拓展而灵活部署。

在用户体验上，无论是针对终端消费者和系统用户，还是针对酒店的管理者，iHotel 都致力于提供最佳的用户体验，让相关的人喜欢用、方便用，尽量降低培训成本，提升系统应用效率。为此，采用富互联网应用（rich internet applications，RIA）技术，让用户感受 C/S 模式下的用户体验，而避免纯浏览器方式的使用不便。这是 B/S 架构和 C/S 架构的完美结合。另外，还增加对移动平台（iOS 苹果设备、Android 移动设备等）的支持，只要在有 Wi-Fi 或 3G 信号的地方，就可随时随地使用相关功能；还特别增加对门户网站、手机网站的一体化支持，使客户能非常方便地得到信息支持。

在技术使用上，所有产品都将尽量构建于开源框架的技术体系下，以便提供更加开放的技术能力和强健的性能，同时还可以有效地节省成本，降低整个系统的总体成本。具体实现上，iHotel 开发平台采用了先进且稳定成熟的技术框架，即 Linux 技术、Java-SSH 技术框架、开源数据库 MySQL 和大型数据库 Oracle、富互联网应用 RIA 技术 Flex（Flash Builder）等。

系统可以在互联网上运行，也可为了增加安全性和稳定性，在 VPN 虚拟网络上运行。

酒店用户可以一次性购买软件使用权；也可采用 SaaS 软件服务模式，即按需采用每年或每月支付使用费的方式；对一些超大型的连锁酒店集团，也可采用委托定制、一次性支付版权费的方式，如上海锦江都城（锦江之星）酒店管理有限公司。iHotel 的具体技术架构如图 9-1 所示。

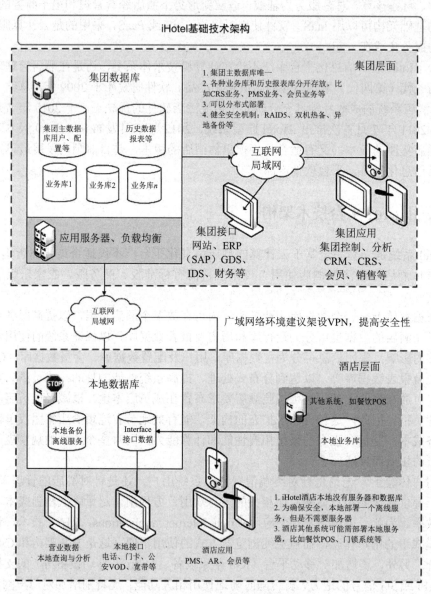

图 9-1　iHotel 平台技术架构

二、iHotel 系统组成

iHotel 是一个开放的酒店信息化平台系统，可包含所有有关酒店信息化的系统。对于一般的酒店而言，基本系统包含集团和成员酒店（单体酒店）两部分。

有别于传统的酒店 PMS 软件，iHotel 系统首先基于集团管理进行设计，是先集团后个体酒店的设计，突破了以前系统先有酒店 PMS，之后通过系统接口再加集团帽子的弥补设计方法，因此在集团管理方面具有非常明显的优势。iHotel 系统集团部分的具体架构如图 9-2 所示。

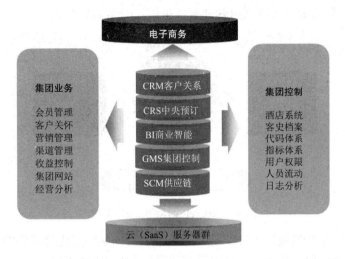

图 9-2　iHotel 集团系统架构示意图

从图 9-2 可以看出，总部（集团）系统是在一个集中的云服务器群上面的集成系统，主要负责四大部分的系统功能。

（一）云（SaaS）服务器群

这里的服务器由多组构成并且相互连接，进而形成一个完整的云计算体系。为什么不部署一个唯一的一组服务器呢？这是因为连锁酒店的经营规模会不断发展变化，在采用单一服务器组的情况下，永远无法满足酒店动态拓展的需求，在初期会产生极大的浪费，到后期又会出现计算能力捉襟见肘的情况。而采用灵活、动态的服务器群组策略，可以非常有效地实时部署和拓展，既经济又有效。

（二）总部（集团）业务处理

这里主要是一些常规的业务处理，如 CRS、CRM、LPS、BI 等，这些系统包含会员管理、收益控制、经营分析、营销管理等，还可增加集团采购等供应链环节，以及人力资源、办公自动化、财务管理等信息化项目。

（三）总部（集团）控制

针对连锁酒店集团，总部对成员酒店的控制尤其重要。通过绿云 iHotel 的集团控制，总部可以非常简便地进行酒店各项系统的可用性控制，包括 PMS 系统控制、代码体系控制、指标体系控制、权限管理控制、系统性能分析、系统日志分析等。

（四）电子商务

该部分涉及酒店总部的网站建设、手机网站、微信平台、短信平台、渠道管理、电子商务服务、各类 OTA 接口等。更进一步，还可包含酒店集团会员联盟、异业会员联盟、网上商城等外延电子商务体系。这部分主要解决酒店集团的电子商务业务，使传统业务与电子商务业务有效地整合在一起。

对成员酒店而言（如没有总部系统，就是单体酒店系统，此时总部系统可是一个空系统或虚拟集团），其构成与传统酒店管理系统类似，如图 9-3 所示。

图 9-3　iHotel 个体酒店系统架构

成员酒店系统是直接通过 VPN、企业内网或者公共网络直连总部的中央服务器。成员酒店自身可以不设任何服务器，这样可以有效降低系统的运行成本。

在业务系统方面，主要是前台系统（PMS）、会员系统和各类接口系统，如身份证扫描、公安局系统接口、门卡接口等。针对星级酒店，还可有餐饮娱乐 POS、供应链、人力资源等子系统。

此外，某些单体酒店可以开展独立的电子商务和网站业务，也可以单独设立独立的会员体系。

三、iHotel 软件功能结构

iHotel 是一个既适合酒店集团，又适合单体酒店运作的集成开放型平台，完整平台的软件功能结构共分五大部分，即集团管理、酒店管理、电子商务、辅助系统和移动平台，具体如图 9-4 所示。

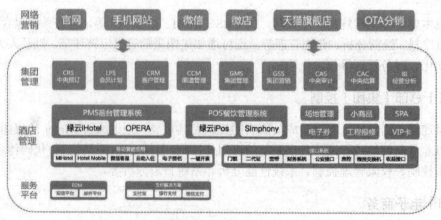

图 9-4　iHotel 平台系统结构

下面对其中的几个主要功能做简单介绍。

（一）集团控制系统（GMS）

（1）集团可以自由查看、控制每个成员酒店各应用模块运行状态。

（2）所有代码可以自由界定控制深度与广度。

（3）全集团可统一管理所有用户，支持用户横跨多家酒店，同时赋予不同权限。

（4）经营指标体系统一管理。

（5）客户档案、协议公司集中管理。

（6）房价、房量、配额等可由集团自由控制。

（二）中央预订系统（CRS）

（1）多功能中央预订引擎——客房、会议室、餐饮。

（2）渠道管理——分类与控制、房量与价格控制、促销策略控制、渠道分析、佣金管理、收益控制等。

（3）良好的客房存量管理和价格管理。

（4）与 PMS 无缝直连。

（5）登记单详情与业绩回传。

（6）综合分析报告。

（7）支持 CTI（计算机电话一体化）接口及来电通。

（8）支持网站与其他预订渠道接口的一体化控制。

（三）客户关系（CRM）及会员管理（LPS）

（1）集中客史、协议公司、大客户管理。

（2）客户个性化信息服务：特征、喜好等。

（3）实时信息同步。

（4）支持多种会员计划。

（5）支持积分卡、折扣卡、储值卡。

（6）支持个人卡、公司卡、附属卡。

（7）支持一人多卡、一卡多账户。

（8）支持计次管理。

（9）支持一卡通。

（10）连接短信平台、邮件平台。

（11）连接网上会员社区。

（四）网站门户与电子商务（EIP）

（1）企业门户及信息发布。

（2）网上预订。

（3）网上会员自助服务——注册、预订、积分兑换、消费查询、充值。

（4）网上支付。

（5）网上促销管理。

（6）签到管理。

（7）电子券管理。

（8）客户社区。

（9）在线咨询与服务。

（五）酒店客房管理系统（PMS）

（1）用户权限及代码体系管理。

（2）客户管理。

（3）协议单位管理。

（4）会员管理。

（5）销售员管理。

（6）房价及佣金体系管理。

（7）预订管理（含长包房管理、钟点房管理等）。

（8）接待管理。

（9）收银管理。

（10）业主管理。

（11）公寓管理。

（12）客房中心管理。

（13）前台收银管理。

（14）应收账管理。

（15）夜审处理。

（16）报表及信息查询。

（六）酒店餐饮娱乐管理系统（POS）

（1）宾客预订管理。

（2）餐位资源管理。

（3）餐饮预订。

（4）支持拼音助记码、菜码、按类查询等多种电脑点菜方式。

（5）支持点菜宝、触摸屏、iPad、微信扫码、自助点餐等多种点菜方式。

（6）支持时价菜、套菜、临时菜、计时菜等多种菜品方式。

（7）支持厨房出菜、催菜打印管理。

（8）收银及结账管理——单菜赠送或折扣、菜单折扣、服务费、单菜款待等，账单合并及分拆，预结账单。

（9）出菜估清管理。

（10）早餐管理——早餐内含与外加、早餐勾兑、成本核销。

（11）系统设置——桌号、站点、菜谱、烹饪要求、销售模式、厨房打印、菜谱按季节变价。

（12）交接班报表及统计分析报表。

（七）酒店接口及外联平台

（1）接口管理：电话计费与等级控制、房卡接口（宾客门卡）、数字电视及 VOD 接口、后台财务系统接口、公安户籍接口、身份证扫描接口、短信接口、邮件接口、电梯控制接口、公共电脑控制、发票接口、自助机接口、网关接口、客控接口、ERP 接口、停车场接口、收益系统接口、BI 接口等。

（2）短信平台——预订确认和取消、会员身份确认、结账提醒、经营信息动态发送、生日祝福、节日问候、预订提醒等。

（3）银行卡支付平台——与第三方支付公司联合研发，降低银行卡收单费率，方便酒店结算和对账；网站预订预付保证；手机认证支付，享受网上交易费率；前台 POS 刷卡支付，客人传统支付。

（4）一卡通系统平台——集成各种卡的功能，如身份识别、积分与储值、门卡控制、自助服务等为一体，方便客人使用和携带。

（八）移动应用平台

（1）针对酒店管理层：实时经营查询、房态查询、审核处理、指令下达、投诉处理等。

（2）针对客户的网上服务：自助下载安装、自助注册、网上预订、网上会员服务、网上会员社区等。

（3）针对客户的网下自助服务：银行卡自助支付、自助选房、自助登记、快速退房、自助费用录入。

（4）针对酒店内部：信息查询、客户关怀、房态管理、小酒吧销售、工程报修、销售拜访跟踪、移动 POS。

（5）微信平台：自助预订、选房、登记、结账等；店内服务（呼叫、账单、房间温度等）；会员服务（订单、积分兑换、点评、电子券等）；信息发布（新闻、促销）；互动服务等。

（6）支持苹果 iOS、Andriod 等各个移动平台。

（九）商业智能 BI

（1）商业智能——聚合、抽取、转换、装载、分析。
（2）跟踪酒店制定的经营核心 KPI。
（3）自动累计并创造知识库。
（4）快速、高效、多维、丰富的分析呈现。
（5）仪表盘、警示灯、运营监视、雷达等。
（6）客户分析、产品分析、财务分析、营销分析、预算决策等。

第二节　iHotel 的前台管理

前台系统通常指 PMS（property management system），直译为物业管理系统，在酒店领域一般指酒店客房计算机管理系统，也可称酒店前台管理系统。iHotel 的 PMS 系统功能非常丰富，既有适合中高端星级酒店使用的 iHotel 标准版系统，又有适合中小型酒店使用的 iHotel 商务版系统，内容涉及客房、会议室以及新型娱乐项目等管理。iHotel 前台管理的部分功能如图 9-5 所示，这里给出的仅是常用的前台管理功能。下面选择几个核心的管理功能做简要介绍。

图 9-5　iHotel 部分前台管理功能界面

一、预订管理

预订是客人感受酒店服务的起点，预订模块从数据流转上来说，是与客人接洽后将客人预订信息输入系统的过程，从酒店销售角度来说是向客户推销产品、吸引客户购买产品，并最终完成销售的过程。作为一个服务平台，预订模块同时还负有收集客户购买产品的需求、征询客户对酒店及其产品的评价、了解客户的选择因素的职责。预订管理面对的客户不仅仅是散客，还有协议公司、旅行社、订房中心等各个分销渠道。针对不同类型的客人和不同的订房需求，预订管理需要整合酒店营销的理念，结合收益管理的观点，推出满足客户需要的产品或者是有差异化的产品，尽可能地吸引客户，使预订效益向酒店收益最大化靠拢。图 9-6 是预订管理信息输入的界面图。

传统的散客预订和团队预订的操作过程这里不再介绍，下面简要介绍关于预订类型、开放式预订接口以及房价查询等功能及应用。

（一）预订类型

iHotel 预订的方式多样，除了常规的散客预订和团队预订类型区分以外，还可分为担保预订和无担保预订两种类型。

1. 担保预订

担保预订属于保证的确认预订，对于担保预订已到预订时间而客人未到时酒店要根据规定进行费用的收取或为客人继续保留房间直至某个时间点为止，具体以酒店业务流程为准。有担保的预订确保了酒店的营业收入，防止客人没取消预订而未抵店给酒店带来的损失。有担保的预订客人一般会在可取消的时间内提前通知酒店取消预订，否则将会损失自己的担保金。

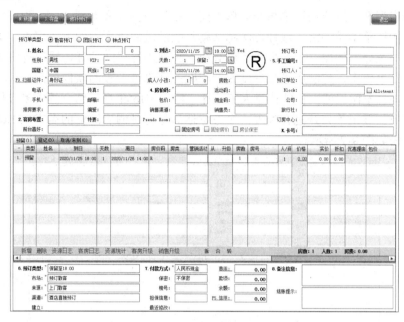

图 9-6　iHotel 预订管理操作界面

2. 无担保预订

这种预订一般指酒店同意为客人将房间保留到某个规定的时间（通常为 18:00），规定时间内客人未到达，酒店有权单方面取消客人的预订，以保证酒店的利益。

（二）开放式预订接口

随着社会信息化程度的提高，电子分销已经成为降低销售成本、提高销售效率的有效手段。无论是传统的 GDS，还是后来的 IDS，或是酒店自有网站预订、微信官网预订，都开始注重与 PMS 的实时双向无缝对接，保证信息的实时传递，降低在线预订、操作环节中的人工成本，给客户提供更好的购买体验。绿云 iHotel 系统的预订管理根据现代化发展需求，也内置了符合 OTA 标准的开放式预订接口，可以与 GDS 供应商、IDS 供应商、酒店或集团网站、微信官网、酒店集团的 Call Center 进行无缝对接，在为酒店拓宽销售渠道的同时也降低了分销商的销售成本，并实现针对各个渠道制订房价计划、设置房量配额等具体业务操作。

（三）房价查询

在 iHotel 的预订过程中，可以随时查询系统的房类和房价，也可以利用房价查询直接选房预订。用房价查询的方法进行房间预订比较快捷，它集中了客房预订时需要与客人核对的重要信息，如入住日期、房晚、预订姓名、是否有协议等，且可以根据不同的客户类型、客户不同的预订方式、不同的预订需求智能地筛选出可以提供给客户的房类产品，达到既符合客户利益又满足酒店最大利润要求的效果，同时也起到了内部房价控制的作用。

二、接待管理

大多酒店管理系统的预订单与登记单为同一张，当预订客人到达后，预订单自动转化为登记单，预订单不做保留，这种方法越来越不能满足酒店不同的业务需求，不利于预订信息的查找与统计。例如，三亚很多酒店有个人长期进行房间预订，然后再将这些预订委托酒店进行二手售卖，与酒店进行月度或者季度的结算，一般的软件在预订单转化为登记单后的预订信息不做保留，仅能依靠人工统计。绿云 iHotel 系统结合酒店多方位的业务需求，将预订单与登记单分开进行处理，多方位地满足各种酒店经营的需求。iHotel 的散客接待登记界面如图 9-7 所示。

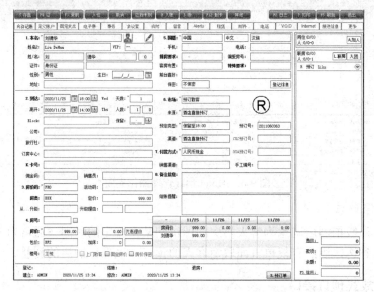

图 9-7　散客接待管理的登记操作界面

（一）联房操作

对于一张预订单中的多个房间，在产生登记单后会自动进行联房。若几个散客为同行客人，为了方便查询和结账，账务处理可以使用联房的方式，将客人的房间进行关联，关联后在其中一个登记单或结账界面就可以看到所有联房的客人。

（二）批量处理

对于同住客人、预订多间房或者团队预订，再进行信息变更往往是多人或者多间同时进行变更。为方便处理，在产生登记单后，可以批量处理，选择需要一同更改信息的客人，批量进行订单信息更改，使接待管理方便快捷。

（三）房态图查询

在接待管理中，可以随时查询系统的房态图，选择需要的房间类型，也可以直接在房态图上完成接待的登记工作。系统的房态图形式之一如图 9-8 所示。

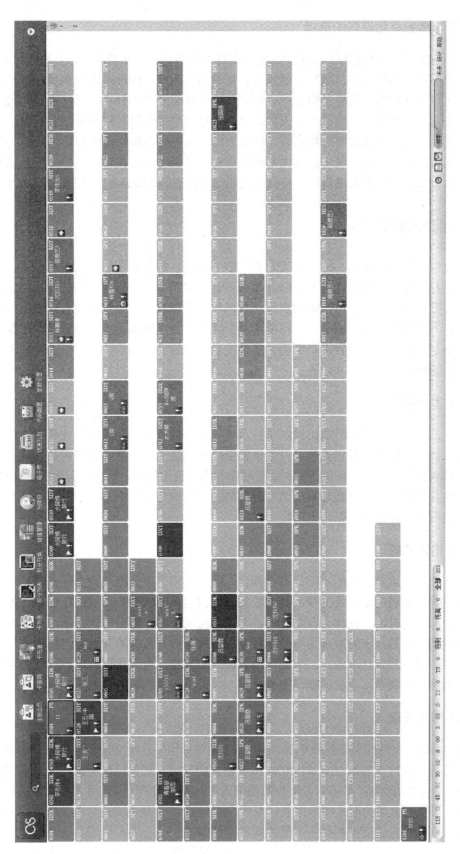

图9-8 接待过程中的房态图操作界面

（四）客房智能化设备的选择

随着酒店客房信息化程度日益提高，在原有传统设备之外，又增添了许多数字化设备，如数字点播系统、房控系统、数字电话系统、语音留言系统，iHotel 系统内置了各类标准化接口，可以与这些数字化设备做连接。酒店根据实际需要可选择设置哪些设备的接口。例如系统与房控系统接连，可以在客人入住时自动进行空调温度、灯光效果的设置，还可以根据客人对房间灯光和温度的特殊喜好记录为客人设定他喜欢的温度和灯光效果；另外，客房中心还可以通过房控系统了解客人是否在房间，是否可以打扫房间，打扫完了通过房控系统可以报干净房，客人退房时还可以通过电话直接进行 Minibar 消费抛账等。

三、前台收银

前台收银功能包括统计、核对客人消费、账务调整、预付押金管理、费用结算、退房结账及账单打印等业务处理。绿云 iHotel 系统设计了多项酒店账务管理的功能，如结账提示、自定义账务分类管理、电脑报房查房、签单和照片控制等；系统还设有专业的第三方支付通道，方便快捷且为酒店节省信用卡结算手续费，实现精细管理。前台系统的收银功能既可以满足酒店业务中多种客户类型、多种支付方式的处理需求，又可以满足多种优惠模式的业务处理需求。

（一）签单挂账

客人在酒店消费期间，经常出现签单挂房账或者挂应收款项的情况，住店客人能否签单挂房账，协议单位哪些指定人员可以签单挂应收账款是工作人员必须把握的。前台系统对于普通住店客人签单挂房账的控制，主要根据客人的信用等级、预付押金状况进行判断；对于挂应收款项的客人，可通过系统的签单控制功能，根据扫描到系统中签单挂账客人的照片、签名图像进行核对，以避免风险。

（二）错账调控

客人在店期间消费需求的不同、员工操作、服务失误等不可避免地会使系统账项与实际账项有差异，若调配不当将会导致经营数据严重偏差，酒店财务审核工作困难；本系统从账务发生与调配时间、操作人与调配人、普通账与明细账、权限管控四个维度出发，以最大限度地确保经营报表的准确为第一出发点、责权区分且符合酒店业务逻辑为第二出发点，设定冲、调、扣减（rebate）、明细调账四种调账方式，由酒店根据自身的业务流、管控层级、数据统计偏向，自由选择调控方式。

（三）账单管理

iHotel 系统具有便捷灵活的账单管理功能。"账单打印"功能支持多种语言，如中文、英文、日语等；支持 Word、Excel、PDF 三种格式的导出；账单风格丰富，能适应客户多变的需求，可按费用明细（显示宾客所有的明细费用）、费用分类（以费用大类的形式显示）、日期分类（以费用大类的形式按照入账日期进行排列显示）、房间费用分类（以费用大类的形式按照入账的房号进行排列显示）的方式进行打印等。

（四）支付直连管理

聚合支付利用自身的技术和清算组织改变了消费者的传统支付习惯，让支付不断简捷化；以微信、支付宝为代表的扫码付的背后，酒店的支付对接、对账等也将影响酒店收银、财务对酒店管理系统的内部使用体验，绿云 iHotel 系统扫码付、信用住、平台自动对账在酒店消费者轻松扫码付的同时，也为酒店工作人员提供了最便捷的工作体验。

银行卡作为较传统的支付方式，大部分酒店需要在银联 POS 机上完成刷卡操作后，再在酒店管理系统中完成预授权录入、撤销、支付等，操作烦琐且容易出错；绿云 iHotel 系统已完成银行卡刷卡对接，POS 机刷卡信息记录直接录入酒店管理系统，并生成相应的报表刷卡款项，减少出错率的同时让银行回款对账更加轻松简捷。

四、客房中心管理

客房中心是进行酒店房态控制的重要部门，并且担负预订、在住客人的客房相关服务信息的传达及客房消费入账的任务。针对这些工作需求，绿云 iHotel 系统提供了全面的客房中心管理功能，能有效地识别并监督房态，及时进行客房入账，可以在房间排队的情况下有效地协调前台和客房的房间清洁工作，针对已分配给客人的房间，通过系统通知，安排优先打扫，并有完善的遗留物品管理等功能，提高了管理效率，明确了部门间的责任，降低了管理难度。

（一）房态多样性管理

保证酒店管理系统房态与实际房态一致，是客房中心工作中非常重要的一项，系统提供 9 种房态，并设计了多状态分时段的房态管理功能，方便酒店对房间状态精准辨识，在高效辨识服务下保证客房的销售；绿云 iHotel 系统房态既可以列表查询，又可以图形排列查询，还可以按不同时间段来查询。

（二）报房查房管理

报房查房是客房部为前台销售所做的基本保障工作，客房部与前台针对客人的入住、退房会有很多对接的工作。例如，在酒店出租率比较高或者酒店某种房型房量少但预订量大的情况下，经常会出现房间资源紧张的状况，当预订客人到店时，为客人安排的房间仍未被打扫，前台需要通知客房尽快清理；当客人结账退房时，前台需要客房部查看客人房间是否有消费或者客损；针对这些工作，iHotel 系统的报房查房功能可以满足两个部门间信息的及时传递，并且有实时的系统提醒、操作记录功能，使信息实时且责任明确。

（三）客房的消费入账管理

不同的酒店有不同的业务流程，对于客房 Minibar 消费的录入，前台与客房均可进行，但客房中心也具备入账窗口，通过客房中心管理模块，实现客房消费的实时入账。

（四）租借管理

物品租借时需要跑到物品存储处查看物品存量，客人离店时要确保查房人员知晓离店物品是否有未归还的借物，时间效率、信息传递即时性影响了对客服务时间、酒店固定资产的消耗；绿云租借物品管理可以清晰地显示可租借物品的存量，同时也支持同酒店自由调配，换房、退房系统报查房时同消息一起推送给查房调度人员，可以即时提醒查房人员各房间的未归还物品信息。

（五）宾客遗留物品管理

宾客遗留物品的确认、存放位置、领取、逾期内部处理等各个环节记录快速查找、确认，大部分酒店常规的纸质记录对查找确认、后续核实、记录保存等都经不起太多意外情况的考验；绿云的遗留物品管理对遗留物品的记录内容规范、查找速度、领取、逾期处理等有明确的规定，在趋向于无纸化办公的同时提高信息查询的速度、信息存储的安全。

五、市场营销

市场营销是酒店经营活动的重要组成部分，它始于酒店提供产品和服务之前，它的主要任务是研究宾客的需要，促进酒店客源的增长，开发酒店市场的潜力，增进酒店的收益。市场营销涉及满足宾客需求的产品从酒店流通到宾客的一切业务活动，最终使酒店实现其预设的经营目标。市场营销不仅仅是单一的推销模式，它的涉及面广而深，包含市场营销的调查，酒店产品的设计、开发和定价，产品推销，产品流通等方面的内容。iHotel 系统为酒店的市场营销活动提供全方位的技术支持，包括销售员管理及业绩考核、房价体系、佣金体系、宾客档案、协议单位、会员管理、促销管理等。下面节选部分内容做简单介绍。

（一）房价体系

每家酒店都会有一套基本的客房定价方案，这是根据客源制定的相应的房价体系。客源的分类可粗可细，每一种客源都会匹配一套独有的房价计算方法，在系统里称为房价码。例如，酒店将客源分为散客、公司客户、团队客户等，需要设置相匹配的房价码，即散客价、公司协议价、团队价等。如果公司客户又细分成普通公司客户、政府客户、订房中心客户等，则房价码就对应为公司价、政府价、订房中心价，依此类推。设置后在操作过程中只要选择相应的房价码，系统就会自动生成对应的具体房价，以及该房价码所包含的一些附加信息，如包价（房包早、服务费等）、市场码、来源码等，为市场分析数据的统计起到铺垫作用。为了更好地提高酒店效益，针对不同的客户群，在不同的时间段，可为迎合市场的多种需求而制定一系列价格体系，如提前几天预订的不同价、连住价、打包产品价、预付价等。

与房价体系类似，可为各种介绍单位（如订房中心、OTA 等）建立佣金体系，实现返佣自动计算。iHotel 支持阶梯返佣功能。

（二）宾客档案

对于酒店来说，宾客档案是酒店的重要数据，良好的宾客档案管理对于客户走向比例分析、酒店服务分析、个性化服务提供、客户忠诚度维护、酒店竞争纵横向分析等有重要作用。

绿云 iHotel 系统的客户管理功能吸取了高星级酒店对客服务理念，提供了全面的创新管理内容，设计了一系列人性化、个性化的项目，可以对客人的特征和历史消费情况进行量化分析，从而确保酒店更好地了解客人的消费情况，以便有的放矢地开展酒店的对客服务和营销工作，便于管理层对客户的消费行为进行各方面分析，使客户流失、价值下降等情况减少，为管理者提供有利的管理决策依据。宾客档案包括宾客照片、签名图片关联存储、地址、电话、会员信息、会员发展、客户喜好、住店历史信息及收入详情分析等信息记录。绿云 iHotel 系统仅对有证件号码的宾客信息进行档案生成，否则不生成档案，这样大大减少了酒店档案库中垃圾客史的数量，并且在为客人进行预订时不必在庞大的档案库中进行对应档案的筛选，既加快了预订的速度又减少了后期对档案库中的档案进行维护的费用。

1. 档案管理

绿云 iHotel 系统的宾客档案主要由基本信息、身份信息、联系方式、宾客喜好、类型信息、业绩信息、餐饮喜好七大模块组成，模块分类清晰，利于查看及录入。绿云 iHotel 系统的客户档案可以根据七大模块进行相应的权限设定，保证了客人的信息隐私。iHotel 系统的具体档案管理界面如图 9-9 所示。

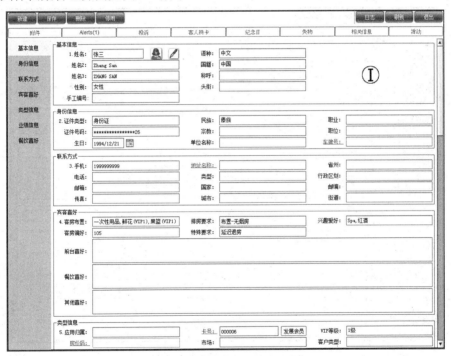

图 9-9　客户管理中的档案界面

2. 客户关怀

酒店重视服务细节，希望能为客人提供更好的服务，针对酒店的这种需求，绿云 iHotel 系统在各部门工作流程中都设计了便利的客户识别功能，做到从细节上关注客人，下面举几个常用的例子。

（1）接受预订时，在将客人提供的信息与档案库中的相关档案进行匹配后，弹出该客人的个性化服务信息，如是否为 VIP、客房偏好、排房要求、特殊要求、喜好等，预订时将该信息记入预订单，相关部门可以根据这些需求提前进行布置，以便为客人提供更贴心的服务。

（2）前台登记时，客人只需报姓名，操作员即可在预订单上看到客人丰富的个人信息和个性化服务信息，如排房要求、客房布置等，若该客人生日将至，系统还会主动弹出生日提醒。

（3）前台收银时，客人报房号或姓名，系统能快速查找到账务主单，通过系统通知客房进行查房。结账时，系统会主动弹出结账提示信息，如转账信息、租赁未还等。

（三）协议单位

客户是酒店的财富，除了前面讲述的宾客档案管理外，客户关系的另一核心就是协议单位的管理，协议单位也是酒店的重要客户群。协议客户的消费通常占酒店销售额的很大一部分，因此本系统非常重视协议单位的资料收集、统计、管理等内容，并贯穿于各模块的各大业务中。协议单位共分为公司、旅行社、订房中心三类。

协议单位档案管理界面如图 9-10 所示，项目分类与宾客档案一致，同样具备不同的控制权限。

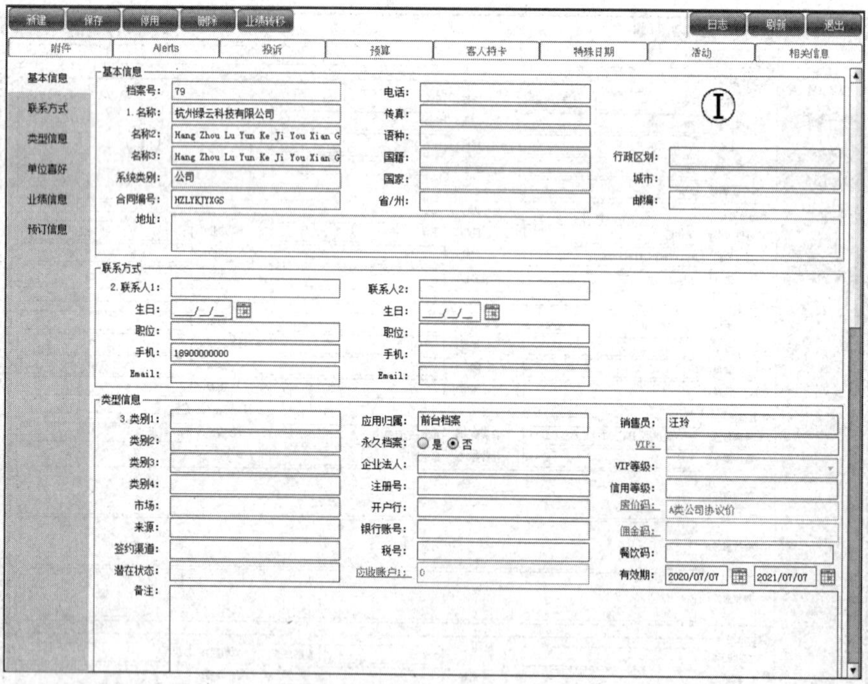

图 9-10 协议单位操作界面图

针对宾客或协议单位，除档案外的另一核心内容是服务价格的设置，即享受的各种价格体系。本系统允许一个档案关联多个房价码、餐饮码（用餐折扣率）等优惠包。当消费发生时，系统会自动让协议客户享受相应的优惠比例，并自动累计消费。

（四）会员管理

为了更多地争取客源，丰富酒店的市场组成结构，酒店多推出常客奖励计划，常客奖励计划是酒店培养客户忠诚度、吸引新客户、回报老客户的一种营销手段，尤其对于连锁型酒店，常客计划是酒店集团笼络客户的一种常见方式。一般采用会员特殊礼遇、消费折扣、积分奖励等方法来体现酒店对常客的重视和关怀。iHotel 对客信息包括住店历史、宾客档案、会员管理三级，其中会员管理是最高一级的宾客管理方式，具体内容将在第三节介绍 LPS 会员管理时再进行补充。

绿云 iHotel 会员系统一般会根据会员的贡献程度进行等级的升降，或者由储值、现金购买的方式确定首次等级。每个等级可以根据酒店的计划设定不同的礼遇，会员的消费可产生积分，积分可用于兑换房间或礼品。酒店针对会员也会经常性地做些问候、拜访、促销等活动，以与客户保持联系，让客户感受到酒店的尊重。会员系统往往由一张卡片作为载体，按照制作工艺来分，有普通纸卡、PVC 卡、金属卡、磁卡、IC 卡和射频卡等（相应的读写设备有磁卡读写器、IC 卡读写器、射频卡读写器等）；按照功能来分，有积分卡、储值卡等；按照使用对象来分，有个人卡、单位卡、附属卡等；按照隐私程度来分，有记名卡、不记名卡；按照等级来分，有铂金卡、金卡、银卡、普通卡等。

六、夜审处理

夜审的目的是在当日结束时完成酒店内部账务的整理，包括完成账务核对、数据确认、清理文件及更新内部数据库。在夜审的处理中，一天中所需要收取的房费等费用在入账时被自动生成和控制，日常统计被计算和打印出来，旧的数据被累计叠加，并且更新日期。酒店管理系统有自己的系统日期，这个日期不是在午夜的时候进行自动变更，而是在夜审完成后才进行变更。如果夜审推迟时间较长，必须考虑属于旧日期的相关费用，如房费等费用尚未入固定费用，防止费用漏收且系统在夜审后才能产生相应的分析报表，因此，系统夜审时间推迟得太晚对于正常的系统操作及分析有直接的影响。

（一）夜审准备工作

在运行夜审之前，需要对相关的数据进行核对，以保证数据的准确性，系统中标记为"T"的必须将该列中的数据处理为 0，否则不能进行夜审处理，如应离未离客人列表、缺失市场码来源码主单等。夜审中需要确认的部分可以根据酒店对相关数据的重视程度不同在后台夜审设置中进行选择设置，设置完成后开始夜审工作。

（二）运行夜审

在将夜审中所有必须处理的数据处理完成后，需要对房价、包价等系统自动进行入账的项目进行核对，核对完成后，可点击统计报表及数据更新，系统自动进行夜审。在系统弹出"成功完成夜审处理"提示框后，就代表夜审已完成。

前台系统的另外部分内容，如用户权限、代码体系、会员系统、报表体系、经营分析等，与集团操作基本相同，具体内容将在第三节的集团管理中补充描述。限于篇幅，其他的前台功能就不一一列举了，读者可以通过 iHotel 的门户网站 www.ihotel.cn 或者通过学校开通的 iHotel 教学系统进行进一步的详细了解。

第三节　iHotel 的集团管理

集团管理主要针对连锁经营类酒店和集团所属的会员酒店，通过中央服务器可以为酒店提供统一预订，进行酒店会员的统一管理，同时针对具体的需要汇总各类经营报表。酒店管理层可以通过系统及时了解各个酒店的运营情况，更有效地对数据进行分析，找出相关的应对策略；也可以有效地对下属酒店进行评估、实时监控和策略调整，为分布在不同地点或是不同品牌的酒店提供一体化信息系统解决方案。集团管理主要分为集团控制系统（GMS）、CRS、CRM、LPS 以及 BI 五部分功能，下面将逐一进行介绍。

一、集团控制系统（GMS）

所谓集团控制系统，就是集团总部用于控制成员酒店经营的一些核心模块，包括这些模块的运行设置、运行过程和运行数据等，实现对成员酒店核心系统运行的可视化管理，电子商务的营销、预订和促销等模块都由集团总部控制运行。针对连锁酒店企业，总部对成员酒店的控制与管理尤其重要。通过绿云 iHotel，集团总部可以非常简便地进行酒店各项系统的代码体系控制、权限管理控制、经营监督控制等。

（一）代码配置

系统代码是软件运行的重要组成部分，它为后期的数据统计以及报表分析奠定基础。集团要想实时了解与查看酒店的各项经营数据，完善统一管理模式，必须着手从代码配置规范化做起，如客户代码配置、房类代码配置、房价代码配置、账务代码配置、协作单位代码配置、餐饮菜单代码配置等。

（二）用户权限管理

系统操作中，所有使用电脑系统的部门、班组均需在用户管理模块设置对应的用户名及权限，以此控制操作区域，实行责任制管理。由集团下发的角色权限，成员酒店不得修改。用户权限管理分角色管理和权限管理两部分，角色管理又分为角色组别与角色两部分，首先建立角色组别（指酒店对应的岗位组别），选择"新增"选项，打开新增角色组别窗口，如图 9-11 所示。设置时角色类别若选择为集团角色，则不会下发至成员酒店；若要将该组别下发至成员酒店，此项须选择为成员店角色。确认好角色组别，再进行角色添加，角色是指酒店对应的岗位（如客服中心分为总机接线员、客房中心文员等岗位），在角色管理窗口下选中目标角色组别（即图 9-11 所设置的组别），选择"新增"进行角色添加，如图 9-12所示。

权限管理分为系统权限与报表权限两项，可以根据酒店操作员的不同岗位赋予相应的系统操作权限，以及报表查看和使用的权限。如图 9-13 所示，"已选"表示该角色现有的系统权限，集团可以根据管理需要为角色配置对应权限。报表权限又分为浏览、打印、导出三项，更加细致地体现集团管理的严谨化。用户管理界面可以建立操作员的姓名及代码，赋予对应的用户角色，也可根据需要设定工号在不同酒店的角色、角色外的附加权限等。

图 9-11　角色组别增加操作界面　　　　图 9-12　角色增加操作界面

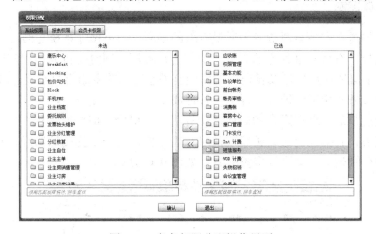

图 9-13　角色权限分配操作界面

（三）参数设置管理

集团可以自由查看、控制成员酒店的系统功能应用情况，充分利用系统的灵活性，根据不同品牌酒店的运营需要合理管控，以达到集团规范化的管理要求。系统参数配置如图 9-14 所示，集团可以通过参数设置实现对成员酒店的管控，如集团启用"每日房价"功能，并更新至相应成员酒店，酒店可修改客房住店期间的价格，并可设定成员酒店能否修改该参数。

图 9-14　系统参数配置操作界面

二、中央预订系统

中央预订系统（CRS）帮助酒店集团利用中央数据库管理旗下酒店的房源、房价、促销等信息，并通过与其他各旅游分销系统连接，使成员酒店能在全球范围内实现即时预订。目前，中央预订系统主要由三大渠道组成，即 GDS 全球分销系统（覆盖旅行社）、IDS 互联网分销商（如国际上的 Expedia 和 Travelocity、国内的携程和艺龙等）、酒店集团自身的网站和呼叫中心，在国际市场上，这是一个非常成熟的产业链。CRS 同时为酒店集团其他营销及管理活动提供资料平台（如常客计划、动态促销、企业销售、电子营销等），可以说 CRS 是集团总部控制其成员酒店的有效工具之一。

（一）渠道控制

酒店分销渠道是产品与消费者沟通最有效的场所。中央预订系统与酒店 iPMS 管理系统之间无缝对接，有效共享各方的服务资源和客户资源，同时支持酒店门户网站的预订服务，全面实现多渠道在线预订及预留房的集中有效管理，减少酒店收益经理/渠道经理的工作量，大幅度降低酒店渠道销售过程中的管理成本。

渠道控制就是对各种渠道在酒店所能预订房量、房价等信息的管控，并且可以根据实时客情灵活配置，有效地促进营销策略的可行性实施，进一步提高酒店经营目标。集团可以为不同渠道分别建立方案进行房量配置，如图 9-15 所示。

图 9-15　渠道控制操作界面

图 9-15 中选中目标渠道代码，单击右列的"配置"按钮，可以进行房型、房价、房量的详细设置。系统支持一键打开或关闭对应渠道，以及每星期不同日期房量的分别配置。在该页面下半部分还可以根据需要查看某一时间段的渠道分配情况，显示直观，方便了操作员的统计与分析。

（二）房价查询及中央预订

中央预订系统的房价查询集中了成员酒店可以出售的所有客房信息，且可以根据不同的客户类型、客户不同的预订方式、不同的预订需求智能地筛选出可以提供给客户的房间产品，达到既符合客户利益又满足酒店最大利润要求的效果。

如图 9-16 所示的 CRS 查询界面，预订员根据客户需求在左边列表中选择需要预订的酒店（按照城市、区域、房类等查询），即可显示对应酒店的房价、房量明细（此处所看到的房价均来自于渠道配置中的设置详情），并针对不同的客户群体（如协议公司、会员等）关联不同的房价优惠策略，以使酒店有限的房间资源得到更好的利用。此图中显示了周一至周日 7 天每日的房价。预订员在得到客户确认后，双击目标价格就直接进入预订主单页面，通过简单的信息输入即可完成预订工作，并把订单实时传送到成员酒店。

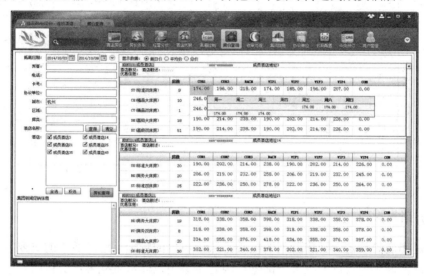

图 9-16　CRS 房价查询界面

（三）客情查询

系统提供丰富的客情查询、客情预测分析功能，集团可以自由查看各成员店的实时数据，便于管理层实时监控，销售部门预测市场走向，操作员及时把握客房预订情况。

房量查询用于当前或将来客房可用与占用资源的查询，预订部门可以了解各个房型的当天及未来时间段的每天占用情况，对销售调控非常有用。实时房情实际上类似于一个实时监控中心，可以将酒店的各类关键数据一目了然地实时反映出来，让管理人员方便地知道酒店的即时经营情况，如图 9-17 所示。

CRS 系统的其他一些功能及分析报表等内容限于篇幅这里就不做详细介绍了，有兴趣的读者可以通过申请用户的上机操作来了解。

三、客户关系管理系统

客户关系管理系统（CRM）是酒店经营活动面向长期的客户关系的一个信息系统，具有关系维系、自动营销、自动销售、呼叫中心等功能，以求提升酒店信息化管理与服务的全面创新，其目的之一是协助酒店管理销售的稳定、新客户的招揽、保留老客户、提供客户服务及进一步提升酒店和客户的关系。客户管理主要用于快速及时地获得问题客户的信息及客户历史问题记录等（如宾客档案、协议单位），这样可以有针对性并且高效地为客户解决问题，提高客户满意度。系统站在顾客的立场上进行思考，充分理解顾客的需求，为顾客提升收益，从而实现顾客数量的增加，更好地留住客户以及提高客户忠诚度。

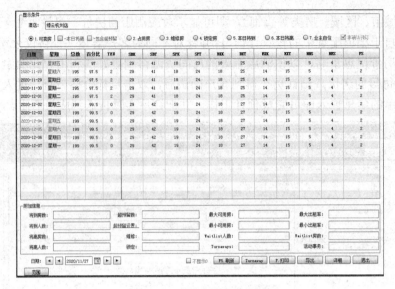

图 9-17　房量查询操作界面

（一）销售管理

客户是酒店的财富，销售管理的核心是协议单位的管理，这是酒店的重要客户群。协议客户通常占酒店销售额的很大一部分，因此本系统也非常重视客户资料的收集、管理等内容，并提供精准的数据统计。

系统中的档案贯穿各个模块各大业务。协议单位分为公司、旅行社、订房中心三类。对于销售部来说，除了维护宾客档案外，最重要的一项工作便是对协议单位档案进行有效管理，完善协议单位信息，更好地提供服务，留住客户，提高酒店在业内的口碑。

协议公司档案界面如图 9-18 所示，项目分类与宾客档案一致，同时也具备权限控制功能。

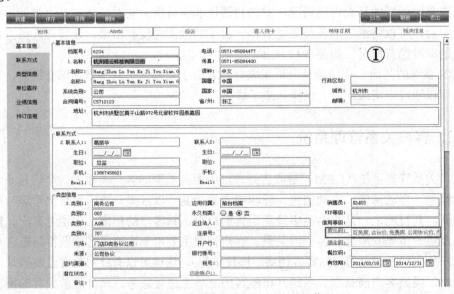

图 9-18　销售管理中的协议公司操作界面

协议管理中的核心内容是服务价格设置，即享受的优惠措施，针对宾客或者协议单位客户的优惠措施，本系统支持一个档案关联多个房价码（住房优惠率）、餐饮码（用餐折扣率）等优惠包，当消费发生时，系统会自动让协议客户享受相应的优惠比例，并自动累计消费。

（二）房价体系管理

每个酒店都有一套最基本的房价方案，是根据客源制定的房价体系。客源的分类可粗可细，每一种客源都会匹配一套独有的房价体系，在系统里称为房价码。为了更好地提高酒店效益，需要针对不同的客户群，在不同的时间段，为迎合市场的变动而制定一系列价格体系。iHotel 系统可以实现由集团统一下发房价码，并绑定对应的市场码、来源码等信息，这样集团能够更精准地收集数据，以及对客源结构做出分析，从中获取市场趋势变化，制订合适的销售方案，为酒店未来的发展动向及时做出评估，从而提高酒店集团的经营创收。

（三）销售与营销分析

作为酒店经营"龙头"的市场营销部（销售部），酒店的销售与营销环境是影响酒店市场营销管理效益的关键，必须时刻掌握环境的变化。营销环境的分析是酒店开展营销活动的前提条件，对市场环境的正确分析与把握，能指导酒店管理人员正确制定合理的市场营销战略。在 CRM 中，系统销售与营销分析模块具体分为经营业绩分析、销售分析、CRS分析、协议单位分析等项目，并可以针对日期、月度分别统计与分析经营的情况。

（1）销售分析，即客源结构分析，可以从市场码、来源码、渠道等方面进行详细分析，为酒店针对性地提供宾客服务起到重要的指引和辅助作用，也为实现客房收益最大化提供资料平台。

（2）经营业绩分析，主要分析各项数据，通常采用饼图与曲线图的方式呈现，让管理者更加直观地掌握运营走向，帮助他们及时做出下一步的预算方案。

（3）CRS 分析，主要分析集团预订的总体情况和未来趋势，近期存在怎样的问题，分析相关原因以及为下一步提供促销方案，并提供一系列的预订（包括成员酒店）分析报表。

（4）协议单位分析，主要分析协议单位的消费情况以及消费趋势，为下一步关系维系制订更好的预算方案。

四、会员管理系统（LPS）

会员管理是酒店为吸引顾客、增加盈利而采取的一种手段，其管理目标是鼓励顾客提前购买消费权，让顾客有一种归属感，同时享受会员制的各种综合服务项目和会员专用项目。会员卡可由集团总部统一设定会员卡类别、等级、规则等，向成员酒店发放，也可由酒店自行定义。会员凭卡消费时可以获得优惠，一方面刺激了顾客的消费，另一方面也增加了酒店的稳定收入。

（一）会员计划

集团可统一管理成员酒店会员卡的种类及其属性（如储值卡分金卡、银卡，积分卡又分普卡、折扣卡等），可以设置多项会员计划，以及对应的优惠比例、办卡条件等，促使成员酒店对会员信息的管理规范化，保证会员各类报表数据统计的唯一性。在系统中有"代码配置"的会员卡项，可以设置不同的会员计划及其会员卡等级（其中包括卡类属性、卡号规则、优惠比例、适用范围等项目），以此满足各个成员酒店不同的会员制度需求，形成酒店集团自己的会员计划。

（二）积分规则设置

积分是酒店给予会员的消费奖励，可用于兑换奖品。积分越高，可兑换的奖品也越丰厚。酒店为了刺激会员消费的积极性，往往会以不同的会员卡等级匹配不同的积分生成规则，提升会员消费频次及单次消费额度。在系统中，集团所设置的积分规则可以选择适用酒店范围，系统支持按照消费项目、市场、来源、房价码、付款方式等设置不同的积分比例。通常集团会员不允许成员酒店自己设置积分规则，而是由集团统一管控设置。

（三）集团预发卡

集团可使用预发卡功能对成员酒店进行会员卡号号段分配，酒店为客人办理会员时仅可发放本酒店号段内的卡号，其目的是控制卡号范围，便于识别，杜绝空卡浪费，降低成本，防止假冒。此外，预发卡还可以作为集团下达给成员酒店的指标任务，适时调动酒店全员销售的积极性，促使会员发展数量迅速增长，如图9-19所示。酒店成功售卡后，只需在注册会员页面的"卡号"处输入该预发卡号，系统就会自动带出会员计划和会员卡等级等相关信息。

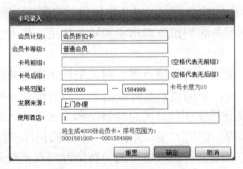

图9-19　集团预发卡操作界面

五、经营分析及商业智能系统（BI）

实践表明，数据管理是管理学中最直接、最有效、具有绝对说服力的手段之一，充分利用好数据并进行分析，能从中了解市场环境的趋势变化，为管理层下一步的决策提供坚强后盾。iHotel系统对于数据的收集渗透到各项流水业务中，不仅具备各种各样的报表呈现功能，还设计了一套丰富多彩、项目集中的经营分析视图，让管理层对于酒店的运营情况了如指掌，同时可以多角度展开对比分析，帮助他们合理做出下阶段经营的战略部署。系统分析模块具体分为经营业绩分析、销售分析、CRS分析、协议单位分析等项目，并可以针对日期、月度分别统计与分析。

（一）经营业绩分析

系统通过集团及成员酒店关键指标监控、收入分析、RevPar 分析、出租率分析、平均房价分析等各项数据对比，采用饼图与曲线图的方式分别呈现，让管理者更加直观地掌握运营走向，从而及时做出下一步的经营决策方案。图 9-20 所示是某集团的营业收入分析示意图。

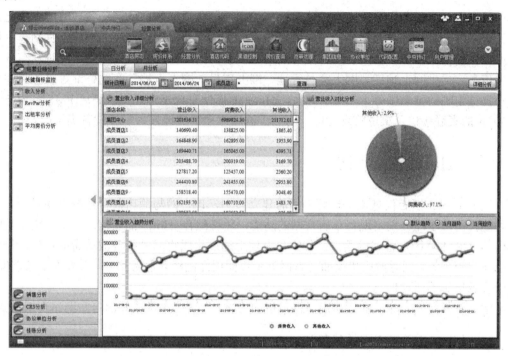

图 9-20　某集团营业收入分析

（二）销售分析

作为酒店经营"龙头"的市场营销部，酒店的销售与营销环境是影响酒店市场营销管理效益的关键，必须时刻掌握环境的变化。营销环境的分析是酒店开展营销活动的前提条件，对市场环境的正确分析与把握，能指导酒店管理人员正确制定合理的市场营销战略。销售分析主要是客源结构的分析，可以从市场码、来源码、渠道、房价码、预订类型等方面进行详细分析，为酒店针对性地提供宾客服务起到重要的指引和辅助作用。

（三）CRS 分析

主要分析集团预订的总体情况和未来趋势，近期存在怎样的问题，分析相关原因以及为下一步制订促销方案提供依据，并提供一系列的预订（包括成员酒店）分析报表。

（四）协议单位分析

主要分析协议单位的消费情况以及消费趋势，包括权重设置、价值评估、动态监控、特别关注等，为更好地维系相关协议单位关系而制订相应的服务方案。

第四节　iHotel 的电子商务

酒店电子商务是指通过先进的信息通信技术手段实现酒店商务活动各环节的电子化。绿云 iHotel 酒店信息化平台本身就是基于电子商务的平台，帮助酒店通过建立官网、手机网站、微信、微店等平台向客户图文并茂地展示自己的产品、特色、风貌，及时发布各类促销信息，提供网上预订、网上会员管理、网上支付、网上点评、在线咨询等服务，并向客户提供定制的信息服务。在此基础上，iHotel 酒店信息化平台还提供酒店 PMS 系统与各类 OTA 的直联接口及渠道管理功能，有利于酒店方便快捷地接入和管理各类渠道。

一、iHotel 酒店官网

绿云 iHotel 酒店信息化平台可为酒店建立官网，该官网与酒店前台系统自动对接。酒店集团官网除了能分别实现各单店官网的功能，还可配合 iHotel 酒店信息化平台集团端的 CRS 和 CRM 集团卡管理等需求，使客户方便地通过集团官网进行各成员店的预订、集团卡的自我管理等，同时酒店集团通过官网展示集团层面的经营服务形象，并发布酒店新闻、促销优惠措施等活动信息。

酒店官网是一套专业的酒店商务网站解决方案，为酒店提供成熟的自主网站直销模式。

（一）iHotel 酒店官网的优势和特点

（1）无缝对接绿云 iHotel 酒店信息化平台系统，打造酒店直销平台，提供实时数据查询。

（2）优秀的 VI（视觉识别系统）设计能力和经验。

（3）支持灵活的房量与价格配置。

（4）支持 e 会员管理与服务。

（5）支持在线支付和担保。

（6）支持全面的会员服务体系，包括点评、社区、投诉、站内信、积分管理、积分商城等。

（7）内嵌短信服务和邮件服务平台。

（8）同步配套手机网站服务。

（9）采用 CSS 架构，支持 Web 2.0/3.0，符合 W3C 标准，支持地图数据、MVC+Wedgit 插件。

（二）酒店预订

酒店预订是官网的核心业务，是酒店直销的主渠道。本系统的酒店预订分为会员预订和非会员预订，各自享受个性化或差异化的服务。消费者在官网上可通过查询预订、目录预订、地图预订等方式进行客房预订，并可方便地进行订单查询、确认和取消；另外还可对酒店的餐饮、会议室以及其他设施如车辆、商品等进行在线预订。对于集团或连锁酒店，官网的酒店预订纳入 CRS 的统一管理，共享系统的数据库。

（三）营销管理

酒店通过官网可以开展多种形式的网络营销，尤其可针对会员开展一系列的关系营销，有非常好的直销效果。成员酒店可以在官网上用各种方式展示优惠促销活动，如电子券管理（可包含现金券、免房券、折扣券等）；支持团购活动；支持各类优惠套餐的发布和管理；各类包价促销（如含早餐、接送机服务、景区门票、洗涤用品等）；支持点评管理以及各类第三方社交渠道的嵌入（如微博、QQ 在线客服、驴评网、到到网等）。酒店通过自己的官网可向第三方渠道或其他 OTA 服务商发布营销信息，与分销服务商同步开展酒店的促销活动，并可了解网络舆情，随时调整自己的营销策略。

二、iHotel 手机网站

当今的信息时代，已经快速进入了移动互联网时代，在旅游酒店领域，通过手机订房已经越来越普遍。有关权威机构预测，手机预订业务将很快超过计算机预订业务，成为电子商务的主力军。因此，酒店集团和单体酒店对建立自己的移动互联网营销能力的需求越来越迫切，手机网站应势而生。绿云 iHotel 平台的手机网站已成为酒店电子商务的主要窗口（见图 9-21）。

图 9-21　手机网站示意

（一）iHotel 手机网站的优势和特点

手机网站的优势主要表现为可随时、随地、随身提供服务，具体表现在以下几个方面。

（1）专业的手机网站解决方案，成熟的酒店自主网站直销模式。

（2）无缝对接绿云 iHotel 酒店信息化平台系统，打造酒店移动直销平台，实时数据查询。

（3）优秀的 VI 设计能力和经验。

（4）支持灵活的房量与价格配置。

（5）支持在线支付和担保。

（6）支持全面的会员服务体系，包括点评、社区、投诉、站内信、积分管理、积分商城等。

（7）内嵌短信服务和邮件服务平台。

（8）无缝对接酒店官网。

（二）iHotel 手机网站的主要功能

手机网站的功能包括对客的一些商务服务和信息互动，主要表现为以下功能。

（1）首页展示。主要是酒店 logo 展示及各项可实现功能导航，如预订、优惠、积分商城、设置等。

（2）酒店展示。该页面里可以选择性地放置酒店介绍、优惠推广、设施一览、服务展示、图片展示、地理位置等信息，提供电子地图，方便确认酒店方位。

（3）客房预订。在该页面下可实现客房预订全过程，即日期选择、实时可用房查询、各类客房房型、客房促销活动，并可实现房费的在线预付。

（4）会员管理。可方便地进行会员注册、网上购卡充值、持卡激活、会员信息管理、订单管理等会员自助服务，还有会员积分、会员升级、我的社区、会员计划及会员公告等管理功能。

（5）渠道对接。可实现各类渠道对接接口、微信公众号对接、二维码对接以及各类网银支付的对接。

（6）后台功能。可方便地进行后台管理，如数据同步、酒店信息编辑、价格控制、房量控制、促销编辑、订单查询统计等。

三、iHotel 微信营销

随着移动互联网的快速发展和微信应用的普及，越来越多的酒店用户希望利用微信、微店等平台来吸引更多更有活力的客户，开展实时的网络营销。在深入研究目前的技术和用户需求的基础上，顺应市场需求，iHotel 快速推出了微信营销产品，为酒店建立微信服务圈，开展微信营销。目前该系统已和酒店的电子商务系统对接，在不远的将来，酒店可利用微信开展营销、直销，微信服务将会成为酒店经营的新业态。图 9-22 所示是微信订房主界面示意图，形式与手机网站类似。iHotel 微信平台就其实质而言，是嵌入了许多微信接口功能的微网站系统，因为通过微信接口，可与使用者身份、酒店公众号相关联，所以可为用户提供更加丰富的系统服务功能。

图 9-22　微信订房示意

（一）微信自助系统

（1）自助登记。客户通过扫描二维码等方式关注了酒店的微信公众号，即可通过该平台进行自选房型、预付、自选房号、Check in 等操作，再到总台用身份证换房卡，实现自助酒店入住的完整过程。

（2）在店期间自助服务。可随时点评酒店服务、查看当前客房账单、查看店内服务指南以及进行各类智能客房控制，如空调控制、VOD 点播、相关咨询等。

（3）在店期间交互式服务。可通过微信平台进行呼叫服务、点餐、店内在线客服、客内微信用户相互推荐等。

（4）自助结账。客人可通过微信平台呼叫查房、查看账单/积分、结账（移动支付）、总台取发票等。

（5）开门服务。客人通过微信，向有线联网的酒店门锁系统发送开门指令，从而达到微信开门的效果。

（二）会员微信服务

微信平台中的会员系统可实现以下功能：关注即成为会员，即微信号码与会员绑定，实现线上线下会员一体化；会员信息查询；积分兑换、消费信息查询；电子券的金额、使用范围、有效期查询；会员点评；等等。

（三）微信预订

微信预订系统除可方便地进行客房预订操作（含地图预订）、地图导航、订单管理等功能，还可根据酒店需求进行其他预订服务，如餐饮、会议室、车辆、票务等预订。

（四）微信促销

通过微信营销平台，可直观、直接、及时地把各类促销信息送达目标客户。促销信息可以在公众号群发，也可在朋友圈中发布。大量的案例证明，微信朋友圈的转发推广比公众号群发效果更好。酒店可以在后台定期发布优惠活动，每个优惠活动都可附带一个二维码和12位序列号的电子券，客人看到活动后，动动手指就可以领取电子券，然后到酒店向工作人员出示使用。酒店客人或微信用户也可转发优惠活动页面到自己的朋友圈，转发时系统会自动绑定转发者的微信号。其他用户通过转发的链接领取了优惠码，最终到店使用，相关的业绩会记录在转发者名下，酒店可以根据效果给转发用户相应奖励，从而达到全员营销的目的。

（五）微店系统

希望开微店的会员可单击"我要开店"按钮，填写自己的基本信息和申请信息后，系统将自动为用户开设虚拟微店。微店的首页可以进行个性化的装饰，其余内容与官方微网站保持一致。微店店长将自己的分店链接分享到朋友圈或者发送给微信好友，其他用户通过链接进入酒店微网站预订，最终成交后的业绩计入该店长名下，酒店根据规则给予店长佣金奖励。微店系统依赖于酒店微信服务号存在，需要借助微信本身的账号系统，所以它无法独立生存，是酒店整个微信公众账号的一部分，主要起到扩充增强的作用。微店店长需要每天签到，保持与微信系统的联系。如果有客人在微店上预订或者咨询，消息会自动推送到微店店长的微信中，然后他们就可以与自己的客人进行互动。

（六）其他功能

（1）微信点评。为增进客户体验，iHotel 微信营销平台还提供了多维度的点评服务：抓取显示第三方（如驴评、到到、慧评等）的点评；提供平台供客人对酒店服务进行随时点评，并可设奖励积分；服务员点评；等等。

（2）微信互动。平台还提供了各类社交化的互动服务，如游戏互动（刮刮卡、大转盘、老虎机、砸金蛋、一站到底等）、投票活动、微留言、微调研、朋友圈分享有礼等。

（3）微信商城。可进行积分换实物、积分升级、积分换服务、网银直接购买商品、为朋友购买商品等操作。

（4）后台管理。平台可方便地进行数据同步、酒店信息编辑、价格控制、房量控制、促销编辑等后台管理。

四、OTA 直连平台

酒店除了自己的直销电子商务系统，目前更多的是利用各种 OTA 渠道开展间接电子商务。绿云 iHotel 平台为酒店提供了全面的电子商务解决方案，在为酒店建立直销平台（如上述的官网、手机网站、微信、微店）的同时，还与各大分销渠道（如携程、去哪儿、艺龙、淘宝等）建立了 OTA 直连对接。

虽然携程、艺龙等 OTA 采用预留房和 Ebooking 方式在一定程度上解决了实时预订和确认的问题，但依然无法克服库存、价格以及客人预订信息实时传递的软肋，系统直连才是提升预订转化率、运营效率和用户体验的最终解决之道。直连技术也是各大 OTA 今后发展的目标。

有了直连技术，客人通过各种搜索引擎、订房 App、订房网站、订房微信可以与酒店 PMS 系统或者中央预订系统进行实时数据交互，客人可以直接或者间接获得酒店的最优价和实时房间确认，其订单可以直接进入 PMS 系统，就如同在线预订机票一样，客人、酒店和 OTA 都能获得最大利益。这种间接的电子商务是通过接口平台来实现的，酒店通过接口对接可以降低运营成本，提高客户体验，减少服务差错，提高网络营销的工作效率。

iHotel 直连平台除与 OTA 对接，还帮助单位酒店或酒店集团与 Switch 类公司（如 Derby、Hubs1 等）、差旅公司、旅行社、包房商、酒店库存商、酒店联盟、航空公司等对接，通过渠道管理，为酒店提供更加广泛的网络营销渠道。

第五节　iHotel 的移动应用

随着智能手机、iPad 等移动终端的普及使用，酒店使用移动设备的场景越来越多。对于酒店客人来说，使用著名 OTA 开发的 App 应用订房已经成为习惯，而且这些 App 应用也是携程、艺龙、去哪儿等转战移动互联网争夺客源的重要手段。对于普通酒店和小型连锁酒店而言，由于受推广力度、使用客人数量的影响，开发 App 显得不是很有必要，完全可以用前述的手机网站、微信平台来实现基本相同的功能。所有这些基于移动互联网的应用都是酒店客人使用的移动应用。

除此以外，iHotel 平台还提供基于支付宝小程序的客人自助服务系统，基于酒店内部管理使用的 MiHotel 系统、iPad 版 PMS 系统、智慧住客房服务平台、电子签名等移动应用，下面做简要介绍。

一、MiHotel 系统

信息准确快速的流通、数据挖掘的即时性终将直接影响酒店的效益，只有不断地动态调整才能使收益不断趋于最大化；绿云 MiHotel 集团层、酒店层 App 可以帮助酒店集团/

酒店管理人员一部手机全维度了解酒店房态、房量、经营数据、订单查询等，并且可以根据酒店品牌、地区进行分类统计；旺季还可以作为机动人员帮助前台客人完成基础登记入住、结账退房办理；管理人员也可根据自己的需要设置预警条件，达到设定条件后自动发送提醒消息给接收人，及时进行经营方向调整；真正做到数据模块化、可视化、自动化供集团管理层、酒店管理层及时全面了解酒店的运营情况。

（一）监控酒店运行状况

手机 iPMS 与酒店服务器数据实时同步相连，集团/酒店管理层可随时查看酒店的经营情况，根据当前信息及时做出决策调整。图 9-23 所示是 MiHotel 营收情况界面图，上面列出了酒店当前的主要信息，如总收入、客房收入、餐饮收入、出租率、平均房价、RevPAR、房间情况、客人抵住离等，一目了然。集团层可以根据城市、品牌、区域、酒店等进行数据统计维度切换，如图 9-24 所示；系统提供不同维度的数据分析图、数据界面供管理人员进行数据抓取、分析。

图 9-23 营收情况界面　　　　　　　　图 9-24 酒店切换界面

酒店端 MiHotel 提供房态资源详情图，如图 9-25 所示，可查看每一个房间的客人信息、账务情况、空闲状况、维修信息等；同城房态可帮助酒店管理人员了解集团下相同城市其他成员酒店的房间占用情况；系统提供的房类预测，可查看未来每天各种房类的预订数、可用数和维修房数，如图 9-26 所示；提供昨日及历史信息的相关数据比较。有了这些信息，酒店管理者对经营状况随时能够"心中有数"。

图 9-25 房态图界面

图 9-26 房类预测界面

（二）便于酒店针对 VIP 服务

MiHotel 系统提供基本的预订、登记入住、结账、挂账、将到查询等功能，因此针对 VIP 客人的接待、结账退房可不再限于酒店总台，可利用智能手机把相关工作延伸到机场接机处、大堂吧、咖啡厅，甚至在客人的房间办理。

MiHotel 系统可随时查看自己的客户是在住状态还是已经退房，酒店的 VIP 客户是预订状态还是已经到店；想要给自己的 VIP 客户安排一个常住的或满意的房间，打开手机即可查看此房某天是否为空房，如是空房可直接立即着手预订此房而不用酒店预订部人员来操作。

（三）酒店应急处理

再优良的网络也存在断网或网络故障的可能，而 MiHotel 系统完全可用于酒店断网的应急处理。只要有云端服务器及网络正常，酒店就可用手机 MiHotel 连接云端，给客人办理退房、挂账、预订转入住、直接登记等最基本的操作，保证酒店的正常运作。另外，该系统还提供交接功能，便于服务员在断网时还能正常地交接班。

（四）消息预警

酒店的服务琐碎而细致，客人的消费、住店体验等是动态的，而数据因为客人的动态行为而不断变化，酒店/集团管理人员可设定预警事件的日期、触发时间、提前天数、判断条件等，将当天、未来达到预警指标的事件自动发送消息提醒指定的人员，使管理人员第一时间接收到"达标"数据消息，及时反应调整，让经营数据不断趋向收益最大化。

二、iPad 版 PMS 系统

由于智能手机屏幕及处理能力的限制，部分 PMS 功能不方便在智能手机上实现，而 iPad 能提供更多的功能、更完美的用户体验，因此 iPad 版 PMS 是介于手机 iPMS 与 PC 标准版之间的一个移动版本，功能实际上就是绿云于 2012 年 6 月开始开发的 iHotel 商务版酒店信息化平台。

iHotel 商务版本着"返璞归真，简单就是美"的设计理念，借鉴了苹果 iOS 的设计思路，是对 iHotel 标准版精华的提炼，聘请了国内外优秀的 UED 设计师和 UI 设计师，重新设计了用户界面、操作流程，化繁为简，降低了使用人员的培训难度，极大地提高了用户使用体验。它一经推出，就以突破传统的设计思想，被锦江之星等著名经济型连锁酒店和一大批中小型单体酒店所采用，并以其便捷性、稳定性、优良的界面设计等优势获得了广泛的好评。

商务版在设计时，就考虑了利用 Flex 开发工具的可跨 Windows、iOS、Android 平台的优越性，并考虑可在 Windows 触摸屏运行的需要，进行了综合设计。因此，基于 PC 的商务版运行稳定后，就很容易移植到 iPad、安卓 Pad 等移动终端上，进一步拓展了 iHotel 平台的产品线。图 9-27 所示是 iHotel 商务版（iPad 版）的主界面。

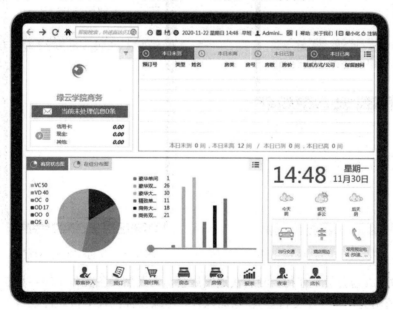

图 9-27 iHotel 商务版（iPad 版）主界面

商务版的另一优势就是可以与标准版采用同一个数据库后台运行，因此可与标准版混合使用。这样在同一个集团内，中高星级酒店可用标准版，中小型的经济型、精品型酒店可用商务版，需要移动操作的可使用 iPad 版，很好地满足酒店集团多种多样的需要。

iPad 版除用于机场、别墅、咖啡厅、客人房间等移动服务场所，还可利用其精致且不占空间的优点，也可在精品酒店的总台使用（打印机、身份证、门卡等外设，需另用 PC 机联网实现）。

三、智慧住

微信、支付宝小程序这个新领域吸引了众多开发者和创业者；两家都为小程序开发者提供了技术、激励平台；小程序帮助酒店提供更为便捷化、本地化的使用体验，以支付宝智慧住自助系统为例：蜻蜓设备上运行的是由绿云基于支付宝底层协议开发的小程序，同时调用绿云 PMS 后台系统，如图 9-28 所示，支持支付宝小程序和蜻蜓自助设备线上线下互动，支持在线订房，支付宝营销活动可直接抵扣消费券，无缝对接绿云 PMS 系统、健康码，宾客可通过智慧住小程序自动匹配订单、完成在线人证核验即可自动分房获得房卡，帮助客人"30 秒零接触快速办理酒店入住"，如图 9-29 所示。

图 9-28　支付宝蜻蜓设备

图 9-29　支付宝辅助小程序

"入住即可成为会员"有利于酒店快速发展会员，天然具备支付宝的各种支付能力（如刷脸支付、信用免押、分期支付等）；除此以外，由绿云提供发卡机硬件设备，该款硬件集成了身份证阅读、制房卡、读房卡、回收房卡等诸多功能，离店退房时，使用智慧住小程序线上自助结账、自助开发票，节省客人时间，酒店接待时间大幅缩短，人员成本大大降低，同时也提升了入住体验。

四、客房服务平台

酒店客房中心承担着酒店客房的管理和清洁维护、房间消费管理、客人需求的响应和处理、清扫排班等重要职责，传统方式是通过 PC 机的相关管理功能，结合电话呼叫来完成相关信息的管理及对客服务的对接工作。例如，客人打电话至总机要求借物服务，总机用电话通知客房中心后，客房中心用电话/对讲通知楼层服务人员完成服务，这种中转传达方式极易出现信息的偏差，而且实时性也不强。绿云推出的服务平台可帮助管理酒店房务排班清扫、对客服务、工程维修、设备保养工作；提升房务规范管理，优化服务流程，节约成本，拓展销售渠道，提升客人体验，规范工程设备管理及保养管理，高效管理工程报修；提供及时、便利的跨部门工作沟通渠道，客人与服务人员的直接对接打通消息流转路径，极大地提高了工作效率并减少了差错。

绿云客房服务平台是一款基于企业微信、微信小程序与绿云 PMS 系统高度集成的产品，支持排班管理，如图 9-30 所示，房态变更、Minibar 消费处理、客借品处理、查房报房等业务实现客房部移动化业务处理；为客人提供自助呼叫服务体验，客人可通过客房电话、小程序随时随地呼叫客房服务，如图 9-31 所示；系统将客人需求实时传递，提高效率，降低出错率，服务超时及异常工单逐级上报，最大化地保证服务的链接责任；支持工程设备管理、保养计划管理，可据保养计划自动生成保养工单，监控保养工单全流程；提供多种报修入口，支持客房维修后的检查与评价，提高客房部与工程部的配合度；客人住店期间酒店中的商品可在手机商城中直接下单购买，无形中促进客人消费，提升酒店业绩。

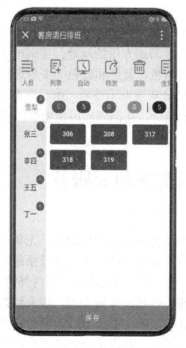

图 9-30　客房排班界面

图 9-31　小悦管家界面

五、iHotel 电子签名

客人与酒店发生某些业务的时候，需要客人签字以保证业务的安全性和准确性。例如，客人在酒店消费结账时需要在纸质账单上签名，以确保当事人同意支付在酒店的所有消费，来保证交易的可靠性。纸质账单的打印无形中增加了酒店在纸、墨水、打印机上的成本支出；并且纸质账单时间长了容易出现丢失和磨损等情况；纸质账单不容易查找，会大大增加酒店员工的工作量，并给酒店经营带来一定的影响。所以，电子签名的出现，在某种程度上能较好地解决这些问题。电子签名是指数据电文中以电子形式所含、所附的用于识别签名人身份并表明签名人认可其中的内容，以保证消费交易的安全性、真实性和不可抵赖性。

绿云在 iHotel 酒店信息化平台中也引进了电子签名功能，可在客人登记单、押金单、账单以及其他系统需要的地方实现电子签名，并进行相关保存和查阅工作，具体包括以下两种实现方式。

（一）与专用的 Wacom 设备做接口

Wacom 公司是世界领先的数位板系统和笔感应式数位屏系统制造商，它深刻洞悉客户的具体需求，推出了电子签名应用解决方案，致力于通过电子签名技术解决公众领域信息无纸化的发展瓶颈，旗下高科技产品 DTU-1031、STU-430、STU-530 等一系列专业电子签名液晶数位屏，在保证办公质量和数据安全的前提下，能为各行业带来高效的无纸化办公模式。Wacom 设备解决电子签名的采样工作，通过接口传送给 iHotel，由 iHotel 进行保存，并进行后续的信息查询和处理工作。

（二）采用 iPad 实现电子签名

iHotel 也可利用 iPad 平板电脑的画笔功能，用手写或专用的画笔，实现电子签名的输入功能。电子签名界面，画笔只有一种，颜色可有黑色、蓝色和红色等多种选择，一般没有撤销功能而只能清除全部书写再重新输入。用 iPad 实现电子签名，由于成本低，程序可以灵活修改，还可与前述的自助系统等移动应用相结合，在酒店应用领域有广阔的前景。

第六节　iHotel 的云部署和云服务

云计算技术在酒店行业的应用，可使酒店无须服务器及其相应能耗，无须昂贵的服务器操作系统及数据库软件，无须购买酒店管理软件和支付升级费用，降低系统使用和维护难度，因此可以极大地减少酒店使用成本和应用难度，可广泛地应用于国内外的星级酒店、经济型酒店、招待所、酒店式公寓、度假村、旅馆、客栈及家庭旅馆，极大地提高整个住宿行业的计算机应用水平，满足整个行业经营发展的需要。由于 iHotel 基于云计算，因此自然可享受互联网、云计算技术带来的种种优势。下面主要讲述 iHotel 平台的云部署、云服务和对云系统的一些应用设计理念。

iHotel 系统是一套完全基于云计算的酒店信息化平台，不仅适合各种连锁酒店集团使用，也可为各种单体酒店提供满足各自酒店需要的多种版本。在酒店的实际云部署中，主要包括以下几个方面。

一、公有云、私有云和混合云

根据云计算服务性质的不同，可以将云计算应用分为公有云、私有云和混合云。

公有云通常指第三方提供商为全社会提供的云系统，这种模式一般只能通过互联网使用，服务可能是免费或低成本的，也有部分是按使用量来付费的。这种模式在私人信息和数据保护方面也比较有保证，且通常可以提供可扩展的云服务并能高效设置。国内目前常见的公有云有阿里云、华为云、腾讯云等。

私有云是企业为自己单独使用而构建的云系统，因而可对数据、安全性和服务质量进行有效控制。公司拥有基础设施，并可以控制在此基础设施上部署应用程序的方式。私有云可部署在企业数据中心的防火墙内，也可以托管在一个安全的 IDC 机房内。

混合云是公有云和私有云的混合，它们相互独立，但在云的内部又相互结合，可以发挥出所混合的多种云计算模型应用各自的优势。

iHotel 酒店信息化平台在以上三种云模式下均可部署。绿云公司也投入了一定的资金，租用国内著名 IDC 机房建立专为绿云酒店用户使用的私有云——绿云平台，提供给中小单体酒店或连锁酒店使用。图 9-32 是 iHotel 平台为用户提供基础云服务的几种方式的示意图。当然，绿云平台也可租用公有云，直接提供给酒店用户使用（基础服务是公有的，使用方式是私有的）。

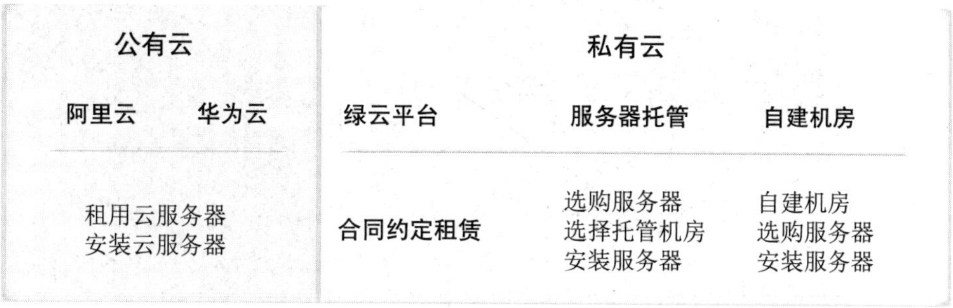

公有云		私有云		
阿里云　　华为云		绿云平台	服务器托管	自建机房
租用云服务器 安装云服务器		合同约定租赁	选购服务器 选择托管机房 安装服务器	自建机房 选购服务器 安装服务器

图 9-32　iHotel 平台建立云服务器的几种方式

综上所述，公有云和私有云对于酒店来说，都是可以选择的建设方案。它们各有优缺点，公有云建设最快、扩展方便，按需使用，前期成本较低，但性能、可控度、服务质量相对有不足；私有云安全、可控，性能、服务质量有保障，但建设周期较长，前期成本较高，系统资源利用率不高。

从综合成本、性能、安全、可靠、服务质量等多方面考虑，我们建议有充足资金实力且有相当计算机维护能力的大型酒店集团或高星级酒店，可采用自建机房或服务器托管的私有云方式，但像门户网站、微信平台这些突发性访问量不可预测的系统应用也可部署在公有云上，即采用混合云模式。而对于中小型单体酒店、刚起步的酒店集团、酒店数量不多且 IT 力量较薄弱的酒店集团，建议采用公有云方案；但这类酒店最简单、最方便的方式，还是采用绿云平台，这样可真正做到酒店只要使用的终端能稳定上网，就可充分使用 iHotel 平台，其他的事情全部由绿云代劳了。

二、集中式和分布式

除了单体酒店和采用绿云平台的连锁酒店外，对于一般的连锁酒店集团，还要考虑成员酒店的服务器部署问题。iHotel 平台支持成员酒店集中式部署、分布式部署，或二者相结合的混合式部署。

（一）采用集中式部署模式

在酒店本地不部署服务器，而完全使用集团总部提供的云服务器平台，这是大部分连锁酒店常用的服务器部署方式。

通常，集团数据可分为主数据库（含用户及配置数据库）、会员数据库、CRS 数据库、历史及报表数据库、业务数据库等，其中业务数据库可存放多个酒店的数据。这样，如果这些最主要的数据库都存放在同一台服务器内，实现统一管理，就是 iHotel 集中式部署方式。如果业务数据库只部署一家酒店数据，就相当于单体酒店的服务器部署。

这里的服务器可以是公有云中租赁的虚拟服务器，也可以是酒店集团自己建立的私有云虚拟服务器。如果考虑的是物理服务器，还需考虑数据安全的问题，如图 9-32 所示，是物理服务器集中部署方案示意图。

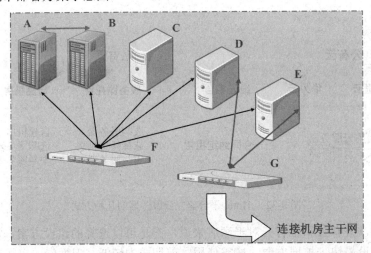

图 9-33　物理服务器集中部署方案

在图 9-33 中，A 和 B 均是数据库服务器，采用双机热备方式（AB 之间用浅色线表示数据库服务器直连，作为双机高可用心跳线并相互复制，有的方案也可采用独立磁盘阵列柜方式）；C 和 D 均是应用服务器，做负载均衡；E 为网站服务器，负责官网、手机网站和微信等公众性应用服务，建立独立部署；F 为服务器内网交换机；G 为机房外网交换机，连接机房主干网；D、E 与 G 之间的连线表示外网连接线。

当然，小型连锁酒店可采用两台服务器组成主系统，一台作应用服务器，另一台作数据库服务器，两服务器同时工作且相互冷备份。一旦有一个服务器出现故障，可手工切换到另一服务器工作，但是如果数据库服务器出现故障，就存在丢失部分数据的可能。这类集团的网站及微信应用服务器，还是建议采用另外的服务器或租用公有云方式。

更小型的连锁酒店或单体酒店也可采用一台服务器，既作应用服务器又兼作数据库服务器，但考虑到安全可靠性问题，不建议用这种方式。酒店如出于节省成本考虑，还不如租用公有云或采用绿云平台。

（二）采用分布式部署模式

在酒店当地仍然部署本酒店使用的业务库服务器，并与集团总部用公网或 VPN 连接。这种模式的显著优点是，对成员酒店的网络要求可降低。如果与集团总部断网时，成员酒店仍能处理酒店本地的日常业务，只是集团会员、代码维护、总部订单等少部分功能在断网时不能使用。这种模式的缺点是，成员酒店需增加相应服务器、电力费用等系统投入，一般适合高要求的高星级或网络条件非常差的成员酒店使用。

（三）采用混合式部署模式

在实际规划的应用中，允许某些成员酒店用公网直连集团数据中心，某些成员酒店自己部署业务库服务器，也可先用公网连接区域中心，再由区域中心连接集团总部（在区域中心部署业务数据库服务器群），这种模式一般适合大型的酒店集团使用。

分布式、混合式中所指的酒店业务库服务器，可以是物理服务器，也可以是虚拟服务器；可以部署在集团总部同一个局域网内，也可分布在酒店不同的具体位置，或者部署于不同的区域中心，更进一步地像后面案例分析中所讲的锦江都城集团实例中的一样分别部署于不同的国家。各个连锁店的客户端先根据 IP、路由选择相应的业务集群；系统再通过负载均衡转发，根据酒店 ID 将请求转发到不同组的应用服务器上；每个应用服务器再把相对应于此酒店的请求转发到相应的数据库服务器。成员酒店数据库集群根据酒店 ID，水平分割成不同的数据库实例，每个实例只处理相关的酒店数据即可，因此可以处理超大规模数据量的酒店请求。

在集团端层面，可根据集团规模把总部系统拆分成 CRS、CRM 和会员、报表和历史、主数据库及用户配置等子系统，并部署于不同的服务器中。各集团子系统之间通过 Web 直连的方式进行数据操作，保持良好的信息交互。成员店 PMS 服务器可通过 RPC 远程调用，和包括 CRS、CRM、集团分析、销售等的集团数据中心进行各种数据交互。

这样一个庞大而复杂的部署方案，在物理上是完全可实现的，但用户使用时是完全感觉不到的，它在逻辑上是集中的，保持了一个完整的一体化系统。例如，绿云大客户四川岷山集团的部署，目前旗下安逸闲庭及安逸 158 两品牌共 27 家成员店，岷山饭店及岷山大酒店两个品牌共 7 家四星级酒店，一起部署于共同的集团数据中心（托管于成都电信 IDC 机房），五星级的四川岷山饭店、四星级的沈阳岷山饭店服务器分别部署于酒店当地，五星级的西藏岷山饭店和四星级的林芝岷山大酒店共同部署于位于拉萨的西藏岷山饭店内，因此整个集团的服务器位于成都两处、拉萨、沈阳等四处，共同组成一个有机的整体，而这样的部署方式酒店操作员和其他使用者均无须知道，是一种典型的混合型部署模式。

三、iHotel 网络要求

由于绿云 iHotel 采用 RIA 技术而非纯浏览器方式，加上优秀的系统设计、编程能力和丰富的行业经验，保证了酒店只要很少的网络带宽，就能流畅地使用 iHotel 平台。酒店每台计算机只要保证有下行 128Kb/s、上行 64kb/s 的稳定网速的运行环境，就可随意、流畅地使用云平台提供的各种服务。为了保证系统使用的流畅性，一般建议酒店的对客网络与办公网络分离，并采用相应技术手段保证使用 iHotel 的计算机能有稳定的网络运行条件。

当然，为了保证系统更加安全、流畅和稳定，如能采用专网方式或 VPN 网络，iHotel 使用起来更能锦上添花，这一般适合较高星级的酒店使用。

拓 展 学 习

1. 公有云和私有云的技术应用及概念
2. 云 POS 和云餐饮的技术应用及功能
3. 酒店信息系统平台化的技术应用
4. 访问 www.ipms.cn，进一步了解绿云科技的发展及新系统功能
5. 云平台中微应用、微营销的最新技术应用

案例分析与习题

一、案例分析

案例分析 9-1 君澜酒店集团酒店管理信息系统应用实例 [①]

君澜酒店集团（Narada Hotel Group）是中国酒店集团 10 强和全球酒店集团 50 强。目前集团旗下主要拥有"君澜度假酒店""君澜大饭店""景澜酒店"三大品牌。从品牌运行看，在国内高端酒店品牌排名第 5 位，在全球酒店集团排名第 46 位；度假品牌全球第 4 位，国内第 2 位。该集团以国际化的视野和水准进一步扩大投资和管理，始终致力于打造中国本土的高端民族酒店品牌。截至 2021 年 2 月底，君澜酒店集团管理业绩遍及国内浙江、江苏、海南、陕西、山东、山西、湖南、湖北、河北、河南、江西、安徽、福建、吉林、广东、广西、四川、贵州、云南、上海、北京、甘肃、黑龙江等 25 个省市及自治区，投资管理超过 180 家酒店，客房总数逾 50 000 间。集团网站为 www.naradahotels.com，其首页如图 9-34 所示。

君澜酒店集团旗下主要拥有三大品牌："君澜度假酒店"（五星级的极具中国文化内涵的休闲度假酒店）、"君澜大饭店"（五星级的最具中国文化特征的城市休闲商务酒店）、"景澜酒店"（中端精选酒店）。其中君澜度假酒店 98 家，均为五星级高端酒店；君澜大饭店 36 家，也是五星级高端酒店；景澜酒店 44 家，均是四星级及以下的中端酒店。2021 年年底计划目标为 240 家，签约开业计划数达 52 家。

凭借对中国式服务业和本土文化的深刻理解，君澜始终坚持"不以豪华材料装饰取胜，以文化内涵取胜""不以硬件设施自豪，以软件、优秀员工队伍自豪""不以常规服务自

---

① 根据君澜酒店集团官方网站上的相关内容整理而成。

满，以差异个性服务自信"，务求为客人营造拥有如"家""博物馆""社区"一般的情感、艺术、社交场景及服务氛围，为宾客提供期望的服务，致力于为业主创造最佳效益，为员工搭建优渥的职业舞台。同时，用数字化促发展也成为集团所坚持的理念。

图 9-34　君澜酒店集团网站首页

（一）开启数字化战略促发展

君澜集团旗舰店浙江世贸君澜大饭店开业时使用当时国际上最著名的软件 HIS 系统，并于 2005 年更换成国内著名品牌软件，其他成员酒店均采用国内外最著名的酒店软件系统。集团还于 2012 年 7 月采购了一套国内集团版系统，并且为配合上马集团系统已更新升级了 3 家成员酒店软件。但由于各种原因，系统上线后使用非常不理想，集团为此组建了信息部，开启系统化的数字化战略计划，经过近一年时间的反复论证、考察和比较，最终于 2013 年 10 月正式确定全部系统更换成绿云 iHotel 酒店信息化平台。经过绿云和君澜集团 4 个月的共同努力，集团系统于 2014 年 2 月底初步上线（包含会员系统、中央预订系统、网站、手机微网站等），旗舰店浙江世贸君澜大饭店和金华国贸景澜大饭店也同时上线。至此，君澜酒店集团成为国内首家采用云 PMS、云平台的五星级连锁酒店集团。

到 2020 年年底，集团管理的成员酒店已有 66 家上线成功并稳定运行在 iHotel 平台下，集团准备再用半年时间，把余下的高星级品牌全部上线；接下来，再整合旗下景澜酒店系统为一个有机的软件整体。目前上线的系统有 CRS、CRM、LPS、网站、微信及微网站、电子券、集团分析、GMS、PMS、POS、俱乐部系统、MiHotel 等，并已与携程、淘宝、去哪儿、飞猪实现了直连，接着又与艺龙、同程、美团等对接，实现二维码扫码支付，整合财务、供应链、办公 OA 等，实现更大范围的数字化一体化平台。

（二）数字化转型促效益

通过近一年的系统运行，集团的软件运行成本大幅度下降，集团的管理成本也随之下降。成员酒店的运维人员、网络管理员也有所减少，增加的是网络营销人员以及在线客服人员，而他们可以为酒店增加电子商务的销售份额，使集团的网络扩展能力不断增强。与此同时，集团开启数字化转型计划，建立以数据为核心的线上运行体系，与飞猪等旅行网合作，实现流量、客户资源的同步增长，形成集团自己的会员池，利用数字化优势，做大会员体量，同时提升在线渠道的销售能力。

目前酒店线上运营以四大渠道为主，OTA 渠道与线上直销渠道在营销渠道收益占比超40%，且君澜所有品牌均使用国内酒店操作系统——绿云系统，并联合绿云、直客通管理操作平台与直营平台的互通，通过微营销、微服务等移动平台进一步挖掘酒店收益。

（案例来源：本案例由君澜酒店集团总裁办提供。）

案例分析 9-2　锦江都城集团酒店管理信息系统应用实例

上海锦江都城酒店管理有限公司是从一个经济型连锁酒店升级为有限服务酒店管理平台的酒店集团，旗下共有五个品牌：锦江都城、锦江之星、白玉兰、金广快捷和百时快捷，目前已拥有酒店总数超过 1297 家，管理房间数 1 469 008 间，覆盖了从中高档商务到超经济型的酒店市场，是国内最著名的四大经济型连锁酒店集团之一。锦江之星是定位于标准型的经济型酒店，是国内经济型酒店的鼻祖（第一家经济型酒店诞生于锦江之星），并在法国、菲律宾、韩国等设立了成员店；金广快捷酒店定位于非标准星级经济型酒店；百时快捷酒店定位于超经济型，是更低端的品牌；锦江都城酒店定位于中档酒店，是有限型服务酒店板块中最高端的品牌。

锦江都城公司的前身——上海锦江之星旅馆有限公司原来使用的是自己开发的PMS42系统，是一套传统的分布式 C/S 架构管理系统，每个门店需安装独立服务器，导致总部对门店的开业、数据传输、系统更新、错误调试、版本统一等管理操作达不到及时有效，管理效率低下。锦江之星随着多年的发展，分店数量已经极具规模，原有PMS42系统在业务流程、功能、技术上都需要与时俱进；在酒店业务上，由于分布式管理带来的房价不一致、订单不同步等问题也时有发生。因此，集团经过慎重考虑后，于 2013 年 9 月启动了基于中央集中式架构的 Merlin 项目计划，实施集团全面的数字化发展战略，并邀请了国内外众多优秀公司参与招投标工作。杭州绿云科技有限公司凭借其 iHotel 酒店信息化平台的优秀架构设计、丰富的酒店信息化行业经验、强劲的技术力量，从众多的国内外竞争对手中脱颖而出，最终中标了 Merlin 项目。2014 年 2 月双方签订了合作协议，正式启动了项目实施和更换新系统的战略步骤。

截至 2021 年 2 月，集团旗下运营新系统平台的有锦江都城品牌拥有的 138 家门店、百时快捷品牌拥有的 33 余家店、金广快捷（包含最近收购的城市客栈）拥有的 7 家店、锦江之星韩国店以及集团基本系统均已上线并稳定运行，锦江之星品牌店 960 家门店、白玉兰品牌 157 家门店均全部切换完成。已经上线的系统有 CRS、CRM、LPS、PMS、POS、审计系统、官网接口、微信接口、锦江电商接口，通过 Hubs1 接口与国外 Agoda、Booking等实现了直连，通过原来开发的 SI 系统与国内主要 OTA（如携程、艺龙等）实现了直连。其中，锦江都城品牌采用 iHotel 标准版系统，其他的四个品牌采用 iHotel 商务版系统，二者共用相同的 iHotel 集团平台。接下来的工作将包括网站、微应用等的完善，双方继续合作开发集团中央结算系统等。至此，国内首家可支持超大型、跨国界、跨地域的，具有典型混合部署方式的 iHotel 酒店信息化云平台将全部完成，并将覆盖锦江都城旗下 1297 多家连锁酒店，并完全具备原规划中的需支持 2000 家成员店的设计要求。

在系统部署上，上海总部集团数据中心采用 5 台 Dell PowerEdge R910 服务器，数据存储采用磁盘陈列柜，系统使用 VMware 虚拟服务器技术实现服务器资源的统一调度和管理。

具体部署上，CRS、会员各用一组虚拟服务器（一应用服务器和一数据库服务器）；百时快捷、金广快捷也各用一组虚拟服务器，使用 iHotel 商务版系统；锦江之星韩国店服务器部署于韩国，采用一主一备服务器方案，使用 iHotel 商务版韩文版系统；锦江都城品牌服务器部署于南京原时尚之旅集团总部 IDC 机房（锦江都城品牌的 21 家成员店来自于收购的时尚之旅酒店集团），采用一个应用主服务器和一个数据库主服务器，再加两个相应备份服务器组成，使用 iHotel 标准版系统。这么复杂的系统，使用 GMS 集团管理系统对所有信息数据进行统一管理，并处理相应的语言、时差、汇率等国内外差异。绿云新系统的投入使用，有力地支持了上海锦江都城集团实现国际化扩张的目标。

（案例来源：本案例由都城酒店集团提供。）

思考题：

1. 君澜集团是由于什么原因选择使用 iHotel 平台？它给君澜集团带来了怎样的竞争优势？

2. 君澜集团实施了 iHotel 平台的哪些应用系统？还需要完善哪些内容？

3. 上海锦江都城在国际化扩展中，使用 iHotel 平台带来的优势是什么？

4. 试分析上海锦江都城是如何使用 GMS 集团管理系统，实现境内外成员酒店应用软件的统一管理的。

二、习题

1. 什么是应用软件？什么是应用平台？区别在哪里？

2. iHotel 信息化平台的特点是什么？有什么优势？

3. 什么是 IaaS？它的应用特点是什么？

4. 什么是 PaaS？它的应用特点是什么？

5. iHotel 平台的电子商务有什么特色？它由哪些核心微系统构成？

6. iHotel 的商务版有怎样的特色？具有怎样的功能和布局特点？

7. iHotel 前台管理的功能界面图有怎样的特点？体现了怎样的设计理念？

8. 作为一个云技术架构的酒店信息化平台，设计的核心理念是什么？

9. 一个酒店从信息化平台到数字化平台，它应怎样设计对外所有的服务窗口？

10. 酒店的服务 App 和酒店信息化平台有怎样的关系？

11. 酒店有门户网站，有微网站，还有多个 App 应用，它们和酒店信息化平台是怎样的关系？

12. 请简述 iHotel 平台的电子商务功能，它们和第三方渠道的业务对接采用了哪些技术？

13. 什么是云管理？什么是云服务？iHotel 平台的特点是什么？

14. iHotel 的中央预订系统（CRS）有哪些功能特色？

15. iHotel 的客户关系管理（CRM）有哪些功能特色？

16. iHotel 的会员管理（LPS）有哪些功能特色？

17. 什么是集团控制系统（GMS）？iHotel 的 GMS 有怎样的特点？

18. iHotel 的移动应用有哪些特点？试举例说明。

19. iHotel 的云部署和云服务有怎样的应用特点？试分别做叙述分析。

20．为什么说 iHotel 平台既适合酒店集团使用，又适合单体酒店使用，同时又适合客栈微企业使用？

21．通过拓展学习，叙述什么是公有云、私有云、混合云，它们各应用于酒店业怎样的需求环境？

22．什么是智慧住？它给消费者带来了怎样的便捷服务？

23．在移动互联网和信息技术的影响下，酒店管理信息系统未来的发展趋势是怎样的？

24．作为一个客栈或农家乐经营户，应怎样选择 iHotel 平台的应用？

25．作为一个酒店集团，应建立怎样的云部署环境来打造市场的竞争优势？

参 考 文 献

1．陆均良，杨铭魁．信息技术与饭店管理[M]．北京：旅游教育出版社，2007．

2．庄玉良，贺超．管理信息系统[M]．北京：机械工业出版社，2011．

3．陆均良，沈华玉．旅游管理信息系统[M]．北京：旅游教育出版社，2010．

4．陆均良，沈华玉，朱照君．旅游信息化管理：理论与实务[M]．杭州：浙江大学出版社，2014．

5．张补宏，闫艳芳．国内外旅游信息化研究综述[J]．地理与地理信息科学，2012，28（5）：95-99．

6．钱亚钗．信息化背景下在线旅游服务发展趋势分析[J]．科技信息，2008（27）：401，427．

7．俞迎新．国际饭店集团进入中国市场的策略分析[J]．经济论坛，2006（13）：50．

8．何建民．2006年中国饭店产业发展的十大趋势[J]．饭店现代化，2006（2）：6-8．

9．黄霞贵．国际饭店集团取得成功的启示[J]．北京第二外国语学院学报，2005（3）：55-58．

10．陈春琴，曾路．论我国饭店品牌营销战略[J]．商场现代化，2005（28）：249-250．

11．陆方欢，邹能锋．安徽省旅游信息化现状分析及发展对策研究[J]．安徽农学通报，2008（11）：211-212，150．

12．徐莉．论青岛市旅游公共服务系统信息化建设[J]．青岛酒店管理职业技术学院学报，2011（3）：18-20，39．

13．傅细三．旅游信息化研究文献综述[J]．商业经济研究，2009（2）：95-96．

14．孙飒．旅游企业信息化的价值、问题和对策[J]．学理论，2011（3）：75-76．

15．李晋灏，王薇．信息化与旅游目的地营销研究[J]．科技信息（学术研究），2008（3）：65-66．

16．李凤霞，孟昭伟．旅游产业定位分析及信息化建设建议[J]．现代情报，2009，29（6）：205-208，212．

17．李京颐，陈文力，宁华．北京地区旅游企业信息化发展状况调查[J]．旅游学刊，2007（5）：46-53．

18．荣威，张蕾，刘翠．安徽省旅游信息化建设的现状及对策[J]．安徽科技，2006（1）：49-50．

19．林卫红．广州市旅游电子商务发展的构想[J]．广州市财贸管理干部学院学报，2000（4）：42-45．

20．陈海鹏．旅游信息化服务的发展及其优化研究[D]．济南：山东师范大学，2007．

21．姚继兰．移动 GIS 信息化技术研究[D]．泰安：山东农业大学，2006．

22. 董林峰. 旅游电子商务[M]. 2版. 天津：南开大学出版社，2012.

23. 陆均良，杨铭魁，李云鹏. 旅游信息化管理[M]. 北京：中国人民大学出版社，2010.

24. 鲍富元，董卫江. 国内旅游目的地信息化研究综述[J]. 内江师范学院学报，2012，27（5）：114-117.

25. 陈硕，冯学钢. 城市旅游信息化建设初探：以杭州市旅游信息化建设为例[J]. 华东经济管理，2005（3）：8-11.

26. 吕萌，蔡小晓. 旅游信息网络发布与旅游网站的信息化建设：以安徽省旅游网站为例[J]. 信息与电脑（理论版），2010，228（12）：69-70.

27. 邵培基，陈瑶，盛旭东，等. 四川省重点旅游景区信息化建设研究：以峨眉山景区的游客管理系统构建为例[J]. 电子科技大学学报（社科版），2011，13（2）：50-54，62.

28. 谭煦. 浅析旅游景区的信息化管理：以十三陵风景名胜区的信息化建设为例[J]. 旅游纵览（行业版），2011（4）：37-39.

29. 汪东亮，刘琼英，胡世伟. 乐山市基于物联网的旅游公交信息化服务系统的构建[J]. 中共乐山市委党校学报，2012，14（3）：78-80.

30. 穆林. 酒店信息系统实务[M]. 上海：上海交通大学出版社，2017.

31. 周贺来，王彬. 旅游企业信息化管理[M]. 北京：中国水利水电出版社，2010.

32. 周贺来，王彬. 酒店计算机信息管理[M]. 北京：中国水利水电出版社，2010.

33. 侯志强，刘建华，李泉勇. 饭店信息化实训教程[M]. 北京：科学出版社，2010.

34. 徐流. 饭店业实践前沿[M]. 北京：外语教学与研究出版社，2012.

35. 奚骏，崔久玉. 旅游电子商务[M]. 北京：北京理工大学出版社，2011.

36. 翁东东. 饭店财务管理软件应用[M]. 厦门：厦门大学出版社，2011.

37. 杜文才. 旅游管理信息系统[M]. 北京：清华大学出版社，2010.

38. 李秀丽. 旅游管理信息系统[M]. 北京：北京理工大学出版社，2011.

39. 沈丹丹. 浅析酒店服务的网上"直销预订"[J]. 管理观察，2012（8）：43-44.

40. 丁喜纲. 酒店管理信息系统的发展演变简析[J]. 浙江旅游职业学院学报，2009（1）：49-54.

41. 谷慧敏. CRS与中国饭店业营销[J]. 旅游学刊，1998（5）：23-26.

42. 朱明生. 国内酒店集团CRS开发的现状、问题和应对思路[J]. 饭店现代化，2009（8）：50-53.

43. 刁志波. 饭店业信息化的演进与发展模式[J]. 北京第二外国语学院学报，2010（1）：35-43.

44. 刘纪元. 电子商务发展的新阶段：移动电子商务[J]. 学园（教育科研），2013（1）：26-27.

45. 克雷格. 饭店如何应对社交媒体危机[J]. 饭店现代化，2013（5）：5-7.

46. 弓萍. 利用微信公众平台做好服务营销[J]. 现代营销，2013（10）：42-43.

47. 李丁，贾志洋，汪际和. 智慧旅游管理与智能推荐技术[J]. 中国管理信息化. 2013（7）：80-81.